Yan

Xiaofeng

颜晓峰自选集

YANXIAOFENG ZIXUANJI

学习出版社

颜晓峰

颜晓峰，国防大学马克思主义研究所所长，全军中国特色社会主义理论体系研究中心办公室主任，研究员。马克思主义理论学科学术带头人，博士生导师，中国历史唯物主义学会常务理事。1970年入伍，在北京军区某部炮兵团任班长、排长、干事。1982年起在石家庄陆军学院马列教研室、后勤学院政治教研室、国防大学马克思主义理论教研室任哲学教员。先后毕业于政治学院、国防大学、中国人民大学，获哲学硕士、哲学博士学位。享受国务院政府特殊津贴，获全军爱军精武标兵。出版《创新研究》、《诚信与文明》等专著，《认识自己构成自己的道路》、《中国特色社会主义的理论探讨》等文集，主编《当代中国马克思主义哲学思想研究》、《发展观的历史进程》等。

理论照亮人生

（代自序）

1972 年，我在连队当炊事员，那年 17 岁。

营房离县城十里地，坐落在太行山脉的一个山坳里，依下而上是炮场、宿舍、伙房。伙房在山脚下、路尽头，炊事班的宿舍连着食堂。

处于青春期的我，经历着多重饥渴，包括知识饥渴。

1966 年“文革”爆发、“停课闹革命”后，我只上了一年半初中，其中多数课程时间是学工、学农、学军安排的劳动和军训。我学会了耪地、割麦子，赶大车、推独轮车，学会了为棉纺厂的织布机装梭，学会了在山上刨树坑抡大锤打眼放炮。现在又学会了烧火做饭，修炉灶搞野炊、擀面条炸油条、腌酸菜点豆腐，都拿得起来，是班里的骨干，有希望接大班副。

可是，在小学时还算是好学生，当过中队长、大队委的我，总想看点书。

当时，炊事班的宿舍只有一本书：《反杜林论》。白色的封面、厚厚的，搁在牙具柜上。

1970年庐山会议之后，毛泽东指示学马列，中央开出了6本书。连队也下发了，文书没有漏掉我们，“反杜”发给炊事班。

炊事员的作息时间表是提前一小时起床做饭，早饭后准备午饭，中午补觉，下午准备晚饭，晚饭后打扫完食堂卫生就没事了。

晚上看书要有光、要有灯。可那时总是停电，尽管附近农村多数农家没有用电灯，尽管城里没有现在这么多的大耗电量电器。

可以点蜡烛。我记得是1角5分一支。连队公杂费有限，只能保证连部。我当时一个月的津贴费是7块钱，舍不得，而且一人买烛、全班沾光，还没这个境界。

煤油灯可以点，但灯和油司务长、上士没有发、没有买。

战士自有战士的办法。我也学着做了一盏油灯。

从卫生员那里要一个空药瓶子，在塑料盖上钻个眼，把铅牙膏皮剪一条长方形，从褥子里抽出一小团棉花拧成灯芯，放在牙膏皮中间，卷成一个管，插进塑料盖里，油灯做成了。

没有煤油有柴油。我们是122加农炮连，火炮牵引车是法国的GBC，高大生猛，烧柴油。我找了谭存雪，他是我在炮班时的司机，湖南醴陵兵，车开得好，人也好。他从油箱里给我灌了一瓶子柴油。

不点不知道，一点就知道。柴油灯比煤油灯的油烟大多了，黑烟直冲天花板。清早起来，鼻孔里全是黑灰。

现在才知道，油烟里含有致癌物。

灯光昏暗、油烟袅袅还不是主要困难，而是真的看不懂“反杜”。

什么“世界模式论”、鲁滨逊、魁奈的《经济表》……不知所云，如坠云雾。

没有别的书可看。

即使头疼，这种阅读毕竟给我展现了一个新的世界，使我走进了一个世纪前伟人的思想，让我领略了这就是理论的深奥和魅力。

就这样，记不得用了几个月，硬着头皮把这本书读完了。

一天，在营部篮球场，教导员李连科把我叫住了。他是50年代末入伍的吉林兵，从他的脸上和气质中读出来的是一个“正”字。

“小颜，听说你在学马列?”

我支支吾吾，无言以对。

“告诉我，你都记住了什么?”

“这个这个，‘道德是阶级的道德’。”

……

从球架下的石头上站起来，教导员拍拍我的肩膀，“坚持学下去!”

38年过去。多少人忘记了，多少事忘记了，多少话忘记了。这个人记住了，这件事记住了，这句话记住了。

人生的轨道，很多是在初始阶段就预设定了，用现在的术语叫做“路径依赖”。那时我没有想到，一盏油灯、一本“反杜”、一句勉励，竟决定了我一生的道路。

1974 年：军队团以上政治机关设专职理论干事，我调入团政治处任代理理论干事。

1982 年：石家庄陆军学院哲学教研室哲学教员。

1990 年：后勤学院政治教研室哲学教员。

1993 年：国防大学马克思主义理论教研室哲学教员。

进了省城、京城后，很难再体验停电之烦，办公桌里储存的两包蜡烛始终没有派上用场。

眼下，由四根日光灯、一盏台灯放出的明亮柔和灯光，从不同角度打在写字台上，供我写出《柴油灯下》。

几十年来，眼前经常晃动着当年的两团火：大锅下的熊熊炉火和床头前的微弱灯火。

炉火点燃青春，让我胸中激情不衰；灯火照亮青春，使我心底希望不灭。

顺便提及：当年三营七连、八连炊事班的烟熏火燎，为国防大学培养了两名教授，另一位是前几年写“原木在移动的故事”的李钢林。

（载郭俊波主编：《学习的力量》，
国防大学出版社 2010 年版）

目　录

哲学是一种思维方式
——关于哲学的探讨

世界的二重化与哲学的演化……………………………（ 3 ）

论哲学思维方式 ……………………………………（ 23 ）

科学技术与思维方式的历史演进 ……………………（ 36 ）

论人的内在尺度 ……………………………………（ 57 ）

全球化：马克思主义哲学的当代实践基础 ……………（ 72 ）

信用与文明 …………………………………………（ 93 ）

商品之谜的揭示及其社会认识论意义 ………………（101）

全球文化的融合与冲突 ……………………………（115）

论大众文化 …………………………………………………… (130)

当代中国马克思主义哲学大众化的新问题 …………… (145)

创新是一种制度产出
——关于创新的探讨

创新理论的若干问题 ……………………………………… (159)

知识创新的实践诠释 ……………………………………… (185)

知识与创新 …………………………………………………… (196)

论创新精神 …………………………………………………… (211)

论知识创新的能力 ………………………………………… (225)

论关系创新 …………………………………………………… (240)

论方法创新 …………………………………………………… (255)

论行为创新 …………………………………………………… (270)

创新活动的思维机制 ……………………………………… (285)

创新的设计与演进 ………………………………………… (301)

组织与创新 …………………………………………………… (320)

知识创新的经济评价 ……………………………………… (331)

知识创新评价：认识维度 …………………………… (345)

中国特色社会主义道路是不可逆转的路
——关于中国特色社会主义的探讨

社会主义从空想到科学的方法论转变 ……………… (361)
中国特色社会主义的创造性探索和回答 …………… (377)
旗帜道路理论体系的高度统一………………………… (384)
路在脚下——论中国特色社会主义道路 …………… (394)
坚持社会主义核心价值体系的重大问题 …………… (407)
增强政治鉴别力 ……………………………………… (417)
加快转变经济发展方式是我国经济社会领域的
　一场深刻变革 ……………………………………… (431)
促进社会主义核心价值体系的实践转化 …………… (446)
永久的精神财富 ……………………………………… (457)
构建社会主义和谐社会的重大意义 ………………… (464)
形成推动科学发展的强大合力……………………… (478)

军事哲学是指挥员的重要认识工具
——关于军事哲学的探讨

军事指挥员的重要认识工具…………………………（489）

和平发展合作潮流中的战争价值……………………（502）

国家文化的竞争与较量 ……………………………（519）

推进中国特色军事变革的系统动力…………………（541）

把好中求快作为军队贯彻落实科学发展观的
根本着眼点 ………………………………………（547）

把握当代革命军人核心价值观的全面性要求 ………（558）

论国防和军队建设的主题与主线……………………（564）

战争形态与认识变革 ………………………………（575）

试析军事认识的对抗性 ……………………………（600）

哲学是一种思维方式

——关于哲学的探讨

ZHEXUE SHI YIZHONG SIWEI FANGSHI

世界的二重化与哲学的演化*

形而上学(metaphysics)问题,即世界的本原和存在应不应该属于哲学思考的内容和范围,超验或思辨能不能成为哲学认识的一种方式和角度,以及形而上学和哲学、科学、整个人类认识的关系,是决定着哲学的存在价值、理论形态和发展方向的重要问题。本文试图以世界的二重化为背景,考察现代"拒斥形而上学"这一哲学思潮的历史渊源和理论基础,分析产生形而上学的根源,同时对马克思主义哲学及其发展的研究提出一点看法。

一、哲学史上的形而上学与反形而上学

世界在思维中的二重化是人类以哲学的方式认识世界的产物,又是哲学产生的标志。从古希腊的米利都学派和毕达哥拉斯学派起,就开辟了哲学的两种传统或认识世界

* 本文发表于《哲学研究》1989 年第 8 期。

的两种方式,即经验理性和思辨理性。两种方式描绘出两个世界,即现象世界和实在世界,或"可见世界和可知世界"(柏拉图)。由此分化为两门学问:"物理学"和"形而上学";造就了两种气质的哲学家:经验的哲学家和思辨的哲学家。虽然形而上学在古代被置于"第一哲学"的地位,但反形而上学倾向却不断对它的合理性、有效性提出疑问。如果说巴门尼德的"存在"是第一个形而上学的范畴,那么高尔吉亚的三个命题可以说是第一个反形而上学的纲领,并且以否定的形式预示了哲学史上不同的疑问中心,这就是存在是否存在,存在能否认识,存在能否传达。

一方面是世界的二重化,一方面又是来自两个不同方向统一世界图景的努力。近代以前,形而上学提供的关于世界的存在和整体的学说,成为统一世界图景的框架和基石。近代以来,形而上学的统治地位受到了来自不同方面的冲击和挑战,使传统的形而上学面临生存危机。

一是理性的自我批判。休谟的怀疑论给康德在思辨哲学的研究上指出了一个完全不同的方向。康德通过考察"先天综合命题是怎样可能的",发现"自在之物"不仅是自然科学所不能企及的,也是理性所不能把握的;只能由知识领域过渡到实践领域,理性的无力由信仰弥补,由自然形而上学发展为道德形而上学。康德认为,教条主义的形而上学的衰落时刻毫无疑问已经来到,但人类精神又不能一劳永逸地放弃形而上学研究,他希望通过彻底的、全面的理性批判,建立科学的未来形而上学。由于康德断言理性不能认识"自在之物",这就留出了非理性去弥补的"空场"。

二是世俗意识的觉醒。人的精神不再醉心于“彼岸的真理”，人们“趋向于尘世的享乐和尘世的利益，趋向于尘世的世界”，开始对形而上学的意义和形而上学家的作用表示怀疑：“形而上学变得枯燥乏味了”，“形而上学在实践上已经威信扫地”。[①] 在波普尔看来，当人类出现生存危机时，“哲学家却时而聪明、时而愚蠢地大谈关于这个世界是否存在的问题”，这是“哲学最大的耻辱”。[②] 在功用理性和工具理性的时代里，形而上学也被要求有“入世”的意义，而不仅仅是作为人的本性的一种表现。这种哲学视角的转变导致了关于世界和人的存在的意义的“形而上学欲望”，从外部世界的实在问题转向了人的存在问题，使当代许多形而上学表现出存在的哲学和人的哲学密切联系的特征。“什么是人?”成为形而上学的问题本身，以解除人对生活的最终意义的困惑。

三是科学的独立精神。科学与哲学的分离，它的“独立宣言”就是牛顿的“物理学，当心形而上学呵！”的警告。科学的严密性和精确性，观察和实验方法，在说明和解释自然方面取得了不断的进步和成功。这种科学时代的理性精神深深体现在科学哲学的发展之中。维也纳学派是现代“拒斥形而上学”的主要代表，他们力图建立“科学的世界概念”，目的是统一科学，认为科学上没有“深奥的东西”，应该坚定地站在单纯人类经验的基础之上，从形而上学的

① 参见《马克思恩格斯全集》第2卷，人民出版社1957年版，第161、162页。
② 波普尔：《客观知识》，上海译文出版社1987年版，第34页。

世界图景回复到统一的尘世的世界图景，以便指出形而上学是怎样在认识世界的过程中“误入迷途”的。[①] 因此，他们认为这是一场“哲学中的革命”（A · J · 艾耶尔等）。

应该承认，逻辑经验主义确实击中了传统形而上学的弊病，即形而上学不能仅仅依靠单纯的思辨，建立超验的知识，对世界的性质及规律作出最终的说明；形而上学的自我循环是以悖论为代价的，它不能自我保证、自我修复，是先天破缺的；形而上学如果要使自己对于世界的认识成为可交流的，就要使表达这种认识的语言和逻辑的工具完善化。但是，孔德规定的人类精神的最后阶段——实证哲学，只是一种假说，因为科学自身的发展程度还没有使消除世界的二重化成为“可证实”的。

二、语言—逻辑世界中的形而上学

逻辑经验主义不是在物理学—心理学的层面上，而是在语言—逻辑的层面上“通过语言的逻辑分析清除形而上学”（R · 卡尔纳普）。

分析命题和综合命题的区分，是逻辑经验主义的基石，除了这两类命题之外，在它看来都是没有认识意义、不表达任何思想的伪命题。蒯因在《经验论的两个教条》中，动摇了这块基石。他认为与经验无关的分析陈述是没有的，真假仅仅依赖于经验的综合陈述也是没有的。从科学的整体

① 参见《科学的世界概念：维也纳学派》，《自然科学哲学问题》1989 年第 1 期。

论出发,科学双重地依赖于语言(逻辑)和经验,不可能在个别陈述中把真理性分解为一个语言(逻辑)成分和一个事实成分。如果认为能划出来分析陈述和综合陈述的分界线,“这是经验论者的一个非经验的教条,一个形而上学的教条。”[①]只是由于假定了分析与综合之间的绝对区别,才可能为本体论问题和科学假说保持双重的标准。如果抛弃这个教条,就会“模糊了思辨形而上学与自然科学之间的假定分界线”,并承认“本体论和科学本身是合为一体而不可分的”。[②]

蒯因的批判意义在于破除了把科学的逻辑固定化、僵硬化、绝对化的教条。形而上学的命题对世界有所论断,但又不能完全用经验检验,它实际上体现了逻辑世界与经验世界、现象世界与实在世界相互过渡、相互渗透的过程。形而上学的陈述可以排除在严格的科学逻辑之外,但不能否认它与科学陈述的若即若离关系,以及向后者转化的可能性,科学是历史的,用理想化的要求规定实际的科学过程是不科学的。

宣称形而上学没有认识意义,是指它既不能描述存在的事态(真陈述),也不能描述不存在的事态(假陈述),这是以当时高度发展的二值逻辑(标准逻辑)为框架的哲学观念。二值逻辑是以自然界的无矛盾性为信念的,它反映了科学处于追求精确性、确定性和简单性阶段的要求,规定

① 蒯因:《从逻辑的观点看》,上海译文出版社 1987 年版,第 35 页。
② 蒯因:《从逻辑的观点看》,上海译文出版社 1987 年版,第 19、42 页。

了一个标准的可能世界和抽象的理想世界。这个逻辑世界的基本原则是矛盾律和排中律,给定任何命题,结果只能是真或假,其余可能均为无效。如果是在二值逻辑系统内讨论非真非假、亦真亦假之类的陈述,是这个系统容纳不了的,对这个逻辑模式确实是无意义的。

现代科学正在向认识模糊性、发现不确定性和探索复杂性方向发展。为了从逻辑上把握丰富多样的世界,在二值逻辑基础上,发展出了多值逻辑、模糊逻辑和不协调逻辑等非标准逻辑。如三值逻辑就容纳了在真假值之外存在着的另外一个不定值。二值逻辑中的矛盾律、排中律在三值逻辑中不是永真公式。非标准逻辑与标准逻辑不是不相容的,前者其实是对后者逻辑空间的扩展,是将后者作为自己的一种极限情况。非标准逻辑描述的是多值的、模糊的、不协调的可能世界,却更接近于真实的世界。它能够容纳更多的对现实世界的陈述,为思考这个世界提供了更多的渠道。

逻辑经验主义希望“探求一种中立的形式化系统、一种消除了历史语言痕迹的符号系统”,从而为思想的表述划定一条“可说的”和“不可说的”界限。这一思想来源于维特根斯坦,他认为,语言的结构与世界的结构具有同型性,原子命题与原子事实相对应,复杂命题可以分解为原子命题。“在逻辑空间中的事实就是世界”,“逻辑充满着世界;世界的界限也是逻辑的界限”。① 语言(逻辑)的界限与

① 维特根斯坦:《逻辑哲学论》,商务印书馆 1962 年版,第 22、79 页。

世界的界限是同一的,人们不能非逻辑地思考,不能思考非逻辑的事物,形而上学却硬要说那不可说的世界。整体的世界不能成为逻辑空间中的事实,思考它就是非逻辑的。这是为了避免集合论的悖论,而采取了类型论,以便排除"自我指谓"(self reference),防止"类型混淆"。类型论的原则是"一个集合不能是这个集合本身的元素;集合不准包含它自身在内"。这样,不仅在原子事实中体现的世界整体的存在,而且命题自身的逻辑形式,都是只可显示而不可讲述的。"凡是不能说的事情,就应该沉默。"①

提出类型论的罗素认为,为了在形式系统中排除悖论,需要某种类型论,但也承认"类型论在数理哲学中确实不属于已经完成和确定的部分,在很大程度上还是初创的、混乱的、模糊的"。② 为了弥补由于悖论出现而造成的缺陷,付出的代价是引进人为的分类,对语言的使用做出生硬的限制,这就把活生生的语言僵化了。当后期的维特根斯坦把视野转向日常语言时,他意识到自己犯了一个哲学家的根本错误。他没有观察语言的实际功能并加以描述,而是带着一种理想的先入为主的眼光去要求语言,不是让语言的表达式满足人对世界的认识,而是让表达式满足先验的语言框架。③ 他看到了"图像把我们禁锢起来"。其实,语言是一个网络,这个网络的结构制约着我们的世界的结构,但这个网络又是流动的,有弹性的,它有力量发展自身,超

---

① 维特根斯坦:《逻辑哲学论》,商务印书馆 1962 年版,第 20 页。

② 罗素:《数理哲学导论》,商务印书馆 1982 年版,第 128 页。

③ 施太格缪勒:《当代哲学主流》上卷,商务印书馆 1986 年版,第 557 页。

越其局限性,使“不可说的”向“可说的”转化。世界是个矛盾体,是个体的存在和整体的存在的统一,人们并不因为集合悖论而不去表述这种矛盾,而是寻找打破这种束缚的逻辑手段,使世界的状态和逻辑的体系在动态的调整中实现平衡。仅仅追求语言的无矛盾性,却会引起新的矛盾。

三、经验世界与“形而上”世界

逻辑经验主义要求有意义的命题必须是可以从经验上证实的,是用实证科学规范哲学。实证科学具有可检验性和公共性,形而上学却不能提供普遍接受的可验证的确定性知识。科学的乐观主义相信,在经验的基础上建立统一科学的条件已经具备,科学甚至物理学就可以完成提供完整的世界图景的使命。胡塞尔评论道:“在19世纪后半叶,现代人让自己的整个世界观受实证科学支配,并迷惑于实证科学所造就的‘繁荣’。……只见事实的科学造就了只见事实的人。”①

如果世界是完成的、封闭的、有限的存在,那么依靠人类不断增长的经验能力和不断扩充的经验世界,从原则上说是可以最终达到用经验去说明整个世界的目标的。可是世界(包括人本身)是未完成的、开放的、不断在创造着的存在,人类的经验能力和经验世界,即使从原则上说,也是有局限性的。人类精神在长期的进化过程中,发展出了理

① 胡塞尔:《欧洲科学危机和超验现象学》,上海译文出版社1988年版,第5页。

性思维能力,得以超越有限的经验存在,思索世界的无限性。人的经验能力是人具有的许多能力之一,人的经验世界不等于人能拥有的全部世界。即使限于科学的范围内,经验也不是科学的极限。

如果世界是个别的、孤立的、离散的存在,那么不断地分解和分析,在与人的经验对象相适应的水平上认识世界,通过积累和拼接,就能构建起科学的大厦;人们固守经验的领域,不去关心实际生活以外的事情,也能满足生存的需要。可是,现代科学要求的是系统的世界观,它把机械论的世界的部分和整体的关系颠倒了过来;不了解世界整体的性质,就不能真正了解具体的经验事件。与此相适应,那种某些被称作"形而上学"的真正的哲学思维,并不像有些哲人所想象的是某种奢侈品,没有任何现实的目的,只是在深思冥想中得到内心的满足。它实际上是从更广的视野、更深的层次上思考人与世界的关系,寻找人在宇宙中的位置,从而使人的经验世界具有更深刻的意义,人的经验活动具有更自觉更深远的目的。

以经验为界,使科学和形而上学绝缘,是现代经验主义的理想。在古代科学中,人们不得不用思辨来弥补知识的不足;在现代科学中,人们完全依靠实证的知识,排除思辨在科学中的作用是否可能?孔德把形而上学阶段到科学实证阶段描述为一个单向度的过程,实证哲学成为人类智力所达到的真正的最后阶段,是以世界有终点、认识的直线式发展的假定为依据的。科学在每一历史时代的成就,既可能使人误认为科学已达到了它的终极,也可能使人发现科学的基础潜在的危机,陷入新的困惑。形而上学与科学与其说是单向度的,不如说是相互过渡的。科学从形而上学中发育起来,在它的进程中,又会出现新的形而上学问题。如此演化,推进人类对世界总的认识。需要提到的是,与维也纳学派同时代的现代物理学家,如爱因斯坦、普朗克、玻恩等,即使在他们的“科学阶段”,也并不拒斥形而上学。科学是对未知领域的探索,“纯科学”的道路是很难行得通的。

逻辑经验主义要建立统一的科学,就要求确定一种可以表达任何科学论断的统一科学语言,以解决科学的传达问题。这种语言必须具有主体间性(inter subjectivity)和通用性,在逻辑经验主义看来,只有物理学的语言可以满足这个条件。“把物理语言用作科学的系统语言,那么,所有的科学都会成为物理学。形而上学也就成为无意义的而被抛弃。”[①]于是,两个世界的分裂就由两种语言的划分(科学语言和哲学语言)而愈益加深。

不同类型语言的分化,是出于满足人的多种需要和语言表达的多种功能。这有助于人类以各种不同的途径来描述世界,有助于这些描述趋于精确和专门化。但是,任何一种类型的语言都是有局限性的,不能成为某个领域的垄断者。出于各自特定的目的,多种语言一个对象,一种语言多个对象都是允许的。问题还在于,能否建立统一的科学语言。哥德尔用不完全性定理证明,一种统一语言即使对于

---

① 洪谦主编:《逻辑经验主义》,商务印书馆1989年版,第476页。

基数理论也不是充分通用的，试图用一种语言讨论它本身的前后一致性，那是毫无意义的。波普尔指出，建立一种既满足科学，又排除形而上学的语言是一种毫无希望解决的问题，不存在构造出一种适用于所有科学的语言的可能性。[①] 认为物理语言可以成为统一科学的语言是基于一种信念，即在存在的领域内，没有任何事物是不能还原为用物理方法加以考察和探讨的。但是，"我们的宇宙是否将适应对日益完备的物理主义还原的科学探讨，从原则上说这始终是一个未解决的问题。"[②]

要求人的经验能够用物理语言表示，在心理学领域就表现为行为主义。把私人的、主观的体验归结为可观察的行为方式，以便取消身心的对立，使身心关系成为假问题。实质上，行为主义是在动物水平上研究人的心理，以动物行为为依据的刺激反应单位没有真正说明人的选择性、创造性、价值观以及自我实现等品质，具有物理数据意义的信号不足以反映人类心理的独特性和复杂性。心理学家的反思是，"心理学有必要承认一个事实，即没有哪一种理论或范式能包容人类行为的广阔范围和全部复杂性。""在任何一门科学中寻求单一的统一的解释，只能证明是一种幻想。"[③]揭开心理世界的奥秘有待于生物科学、社会科学、认知科学以及人的哲学的高度发展。仅仅以物理学为楷模，

---

① 波普尔：《猜想与反驳》，上海译文出版社 1986 年版，第 377 - 399 页。

② 洪谦主编：《逻辑经验主义》，商务印书馆 1989 年版，第 563 页。

③ 查普林、克拉威克：《心理学的体系和理论》下册，商务印书馆 1984 年版，第 360 页。

借鉴物理学的方法是远远不够的。

四、世界二重化的实践根源

逻辑经验主义“拒斥形而上学”的努力没有成功，人类精神并没有终止“上下而求索”的追求。这就自然产生了对怀疑形而上学的怀疑，拒斥形而上学是否可能？何以可能？在我看来，从根本上说，形而上学能否从科学和哲学中清除出去，取决于产生形而上学的根源能否消除。

形而上学是人的世界分裂的结果。只有一个共同的外部世界，可是动物和人对自然的关系不同；动物仅仅是自然界的一部分，而人还能在对象化世界、属人自然中确证和实现自己的本质力量。从这个意义上说，人和动物生活在不同的世界里。不同时代的人具有不同的世界观，世界嵌入他们的思想框架中，会产生不同性质和程度的变形。特别是科学和哲学革命引起的世界观变革，使人们“看见的”是不同的世界。不同的知识结构、思维方式形成了人们的不同的思维空间和思维时间，使他们可以在不同的区域、层次、角度、位置和方向发现世界的多个侧面，使人们所理解的世界是不同的。同一个人当他运用感性能力感知事物和运用理性能力对这些事物做寻根问底的思考时，他总会对世界的秩序、原因之神秘产生一种“宇宙宗教感情”（爱因斯坦）。感觉的世界不等于世界本身，他发现了“我的”世界的分裂。这是世界进入人的认识领域后出现的裂变，这些裂变一直困扰着人类理性。中国哲学史的天与人、道与器、名与实、形与神、有与无、理与气等关系的争论，西方哲学史上的一与多、实体与属性、一般与个别、本质与现象、无限与有限等关系的思辨，都反映了世界在人的认识中的二重化。当然，这都是人的世界内部的分裂，这种分裂是可以通过语言理解和交流的。

人的世界的分裂反映了人的自我分裂。马克思在《关于费尔巴哈的提纲》中认为，世界被二重化为宗教的、想象的世界和现实的世界这一事实，“只能用这个世俗基础的自我分裂和自我矛盾来说明”。这是把神与人、天国与世俗的二重化归之为人的社会的分裂，前者是后者的折射。不仅人的社会存在分裂，而且社会的人本身也存在着“自我分裂和自我矛盾”，人既是感性存在物又是理性存在物，既是有限的个体存在又是无限的类的延续，既是受动的生命又是创造的生命，既面对现实又具有理想，既是主体又是客体。这一切都使人对世界形成了双重以至多重的关系，使人不同于动物，既拥有经验的有限的世界，又拥有超验的无限的世界。人面对的是一个“形而下”的世界，但人的精神存在、思维能力又使他的生活世界要达到“形而上”的境界。人们在询问思维过程中对“形而下”和“形而上”的抽象是否合理、是否可能，怀疑这是不是人类理智的狂妄、幼稚或步入歧途。结果发现，这种“不和睦与不幸的离异”(F·培根)是人的思维本性和实践本性所固有的。人类总是在为自己的世界、自己的认识、自己的语言划定界限，其实这一事实本身已经意味着超越了这种界限。

人的自我分裂的根源存在于人的实践本性之中。实践是反映人的本质的镜子,实践也具有它的内在矛盾。实践是感性的物质活动,是主体改造客体的能动活动,主体的意识、目的、价值等因素参与其中,通过实践解决主客体的矛盾,但这种矛盾不可能一劳永逸地解决。人们在实践中总会实际感受到和发现有某些未知的、尚不可控的因素在起作用,有某种无形的力量在干预其间,不少情况下实践的结果往往是非预谋的。实践作为主体改造客体的对象性活动,促使人的目的、意志、本质力量对象化,导致主体以不同的形式占有对象。对象化在一定条件下还会产生异化的后果,成为对主体的占有;这种异己的、制约主体的力量来源于人的活动本身,却又是超出实践的目的之外的。实践可以“制造”出某一自然过程,使“自在之物”能够向为我之物转化,这是确定的、绝对的。可是实践又是在一定历史条件下的具体实践,“自在之物”能够在多大程度上向为我之物转化,具有不确定性、相对性,这取决于人的本质力量的大小。而人的本质力量是历史地形成的,是一个进化的过程。实践是人与动物区别的根本标志,在实践中显示了人是类的存在物,使人能够在宇宙演化允许的时间范围内作为社会整体无限地存在下去。可是这种类的延续是在有限的个体生命中实现的,即使借助于社会、文化遗传,个体也要以浓缩的形式经历类似人类的认识的发生发展史,个体与世界发生的关系在范围和层次上,也是极其有限的。

“形而上”是“形而下”的“必然升华物”,①世界的二重

① 《马克思恩格斯全集》第3卷,人民出版社1960年版,第30页。

化归根到底是实践的内在矛盾的曲折反映,是实践中主体和客体(包括人本身作为主体和客体)、自在和自为、自由和必然等矛盾的曲折反映。理论的矛盾,只有通过实践的途径,借助实践的力量才能解决;实践的矛盾又影响和制约了理论的矛盾的解决。产生形而上学的根源能不能消除,最终取决于实践的矛盾能不能根本消除,这就等于又提出了一个"我能做什么"的康德式的形而上学问题。迄今为止,还没有一部《实践能力批判》问世,说明回答这个问题的难度,说明这个问题也只能在实践的历史过程中,由实践自身的发展回答和解决。人以实践的方式把握世界是通过逐步解决实践自身矛盾而实现的。在不同的历史条件下,实践的环境、结构和关系的作用是不同的,因而这些矛盾也具有不同的内容和表现形式,解决的方式也不同。因此不难理解,与其把取消形而上学,取消哲学思维作为哲学的任务,不如为形而上学在当代的存在和发展寻找新的途径、新的形式。

五、哲学的发展方式应该是合乎哲学的

"拒斥形而上学"是逻辑经验主义的基本原则,是 20 世纪西方哲学的一种趋向。另一种趋向是,以海德格尔为代表的人本主义哲学对传统形而上学的批判本身就是建立新的形而上学,他们从来没有放弃形而上学的立场。科学哲学则经历了一个对形而上学拒斥到容纳的演变过程。逻辑经验主义之后的科学哲学,意义标准几经修正,从严到

宽,使形而上学问题又以新的形式出现。科学实在论企图使形而上学成为科学中基本的调节性、启发性的观念,成为科学家思想方式的深刻结构,成为其关于事物本性的信念,成为科学的一部分。[①] 这就说明,形而上学不仅“剪不断”,而且还要“理不乱”。一方面,形而上学的领地在缩小,哲学的一些课题被科学“接管”。另一方面,形而上学又以多维的方式保留了自己生存的权利,又在科学及其他领域复兴,反映了人类认识世界的螺旋式上升。形而上学和科学的关系,由排斥转向在新的形态中相容、互补。人本主义和科学主义的对峙,在“后哲学文化”(R·罗蒂)中,也力图架设沟通的桥梁,使科学对哲学、艺术对哲学的拉力,成为一种融合力。在高度分化基础上的高度综合,科学和哲学的整合,自然科学和人的科学的合流,世界二重化图景的互相渗透,成为当代哲学的一种主要趋向。这种趋向在马克思主义哲学创建过程中就开始表现出来了。

几乎与孔德创立实证主义哲学同时,马克思、恩格斯也走出黑格尔哲学,开始了创建新的哲学的活动。为了清理以往的哲学,他们在《神圣家族》等著作中,总结了历史上的对“思辨的形而上学和一切形而上学”的批判,从而表明了他们的哲学立场和哲学态度。

马克思、恩格斯对历史上的“思辨的形而上学和一切形而上学”是持批判态度的,但有自己的鲜明特征和超越前人的批判之处。马克思、恩格斯批判的着眼点是旧哲学,

① 参见瓦托夫斯基:《科学思想的概念基础》,求实出版社 1982 年版,第 16 页。

特别是思辨的、神学的唯心主义，完成唯心主义向唯物主义的转变，而不是在一般的意义上否定哲学的形而上学性质和形而上学的哲学问题。马克思、恩格斯把 18 世纪的法国唯物主义作为 17 世纪唯理论的形而上学的对立面和对抗者，认为这是"用哲学来对抗形而上学"，把费尔巴哈唯物主义对黑格尔的思辨哲学的进攻比作"以清醒的哲学来对抗醉熏熏的思辨"，把黑格尔哲学的错误概括为"唯心主义的出发点和不顾事实任意地构造体系"，即唯心主义的世界观和脱离自然界和现实的人的纯粹思辨。这种批判没有否定世界观问题本身，而是作出了唯物主义的回答；没有完全排斥思辨，而是强调思辨与现实世界的联系。马克思、恩格斯既充分肯定旧唯物主义批判形而上学的"基本要点"，又反对旧唯物主义"敌视人"的、直观的、不理解实践的一面。没有因为赞同对思辨哲学的批判而走向全面否定的极端，对思辨哲学采取既有否定又有肯定，不是抛弃而是扬弃的态度。黑格尔"第一个全面地有意识地叙述了辩证法的一般运动形式"，这是人类理论思维的遗产，是不能"抛到大海里去"的，应该吸取其合理内核。马克思公开承认他是黑格尔的学生，并且在《资本论》中应用了黑格尔的方法。恩格斯认为，理论思维能力必须加以发展和锻炼，而为此"除了学习以往的哲学，直到现在还没有别的手段"。①更重要的是，马克思、恩格斯用物质生产和生活过程去说明形而上学产生的根源，而不是用观念说明观念，用思想解释

① 《马克思恩格斯全集》第 20 卷，人民出版社 1971 年版，第 382 页。

思想,并且指出“意识的一切形式和产物不是可以用精神的批判来消灭的”,[①]思辨终止于描述实践活动和实际发展过程的真正实证科学的开始。

能不能从马克思主义哲学对历史上的形而上学进行批判这一事实,得出拒斥形而上学是马克思主义哲学的基本原则这一结论?我认为问题不是这么简单的。马克思主义哲学没有构建一个自然形而上学或历史形而上学的体系,形而上学在马克思主义哲学中也没有独立存在的部分,但马克思主义哲学从来也没有使自己成为一门实证科学,而是把“坚持从世界本身说明世界,而把细节方面的证明留给未来的自然科学”,看成是“哲学的最高荣誉”。[②] 对传统形而上学的批判,是马克思主义哲学发展的一个环节,如果马克思主义哲学像逻辑经验主义一样,把拒斥形而上学作为构建自己哲学的基本原则,那也不成其为马克思主义哲学了。因为马克思主义哲学不是某一哲学流派的继续,而是吸收融会了整个人类思想的全部优秀成果,其中也包括思辨哲学的合理内核。诚然,马克思的实践唯物主义面向现实的世界和现实的人,表明了哲学新的视角、对象和功能,但实践唯物主义的根本意义是为面向现实的世界和现实的人提供一种世界观和方法论,这就内在地包含着一种本体论,而不是对现实直接的经验描述。哲学发展的源泉是实践,哲学发展的方式应该是合乎哲学的,应当有助于提

① 《马克思恩格斯全集》第3卷,人民出版社1960年版,第43页。
② 《马克思恩格斯全集》第20卷,人民出版社1971年版,第365页。

炼实践所规定的时代精神的精华。

马克思主义构建哲学的基本原则,是集中体现当代科学在日益分化基础上的日趋整体化趋势,建构以实践为基础的广义哲学(或广义科学)。马克思主义哲学克服了以往哲学脱离实践,孤立、片面发展的倾向,为哲学的发展找到了无尽的源泉,提供了广阔的空间。马克思主义哲学克服了自然主义和人本主义哲学传统的分裂。自然和人的分裂是自然主义和人本主义哲学对立的根源,由于以实践为出发点去理解"人和自然的统一性"问题,发现统一的纽带是实践着的社会。"社会是人同自然界的完成了的、本质的统一,是自然界的真正复活,是人的实现了的自然主义和自然界的实现了的人本主义。"[①]马克思的哲学世界观既不是自然本体论,也不是人的本体论,而是社会本体论。它为实现自然科学和人文科学的统一奠定了世界观基础。物理学和生物学,自然科学和人的科学的分裂是19世纪科学的特征。由于自然和人的对立能够在实践的基础上统一起来,人的本质力量对象化揭示了自然界属人的本质和人的自然的本质,实践成为一切科学的基础,因此,"正象关于人的科学将包括自然科学一样,自然科学往后也将包括关于人的科学:这将是一门科学",[②]一门由密切联系、相互制约的自然史和人类社会史构成的唯一的科学,即历史科学。这意味着克服形而上学与实证科学、哲学与科学的分裂。

① 马克思:《1844年经济学哲学手稿》,人民出版社1979年版,第75页。

② 马克思:《1844年经济学哲学手稿》,人民出版社1979年版,第82页。

马克思认为，如果仅有把哲学和自然科学结合起来的意志，而缺少这种结合的能力，一下子把自然科学和哲学结合起来，只不过是一种“不切实际的幻想”。随着实践的深入和对象化世界的扩大，科学通过实践和人的生活结合，也就具备了结合的实践能力。在广义哲学中，形而上学不能成为一门独立的学科或学问，也就没有黑格尔式的形而上学体系。但形而上学没有被拒斥，形而上学作为问题依然存在，它的解答是全部科学的共同任务，它的解决包含在全部科学的整个历史之中。思辨作为一种思维方式，依然有其存在的价值和理由，它不是，也不可能是“世界之外的遐想”，相反，它与世界的联系应当更具有自觉性。哲学没有实证化，而是和实证科学相互渗透，但又保留着“形而上”的特色，二者“非此即彼”的界限模糊了，形成了统一世界二重化图景的共同方向。广义哲学的基石不是某一门分类科学，而是对人类实践及其成果的总体思考，它随着实践的发展，吸收人类文明的一切成果，不断改变自己的形态，保持着“时代精神的精华”的永恒魅力。

论哲学思维方式[*]

哲学思维方式这个概念比较抽象，也比较模糊。这和思维方式的抽象性和模糊性有关，也和哲学的抽象性和模糊性有关。抽象是和具体相对应的，是超越感性直观的一种思维产物。人的思维能力达到什么程度，人就可以在什么程度上把握世界。模糊是和精确相对应的，是事物的边界不十分清晰并且是一个区间的一种状态。世界是什么状态，人的思维就应该按照世界的本来面目来认识世界。由此看来，依据我们的现有认知水平和认知方式，我们更多的是在抽象和模糊的意义上来理解和把握“哲学思维方式”的，这本身就是一种“哲学思维方式”。

一、思维方式的理解

理解哲学思维方式，首先要理解思维方式。思维方式

* 本文发表于《大连大学学报》2007 年第 4 期。

就是思维活动中相对稳定的模式、程序和习惯。

思维方式是实践方式的反映。思维方式不是孤立存在的，不是纯粹大脑活动的产物，从根本上说，它和人的实践方式特别是生产方式密切相连。一般地说，有什么样的实践方式和生产方式，就有什么样的思维方式；实践方式和生产方式发展到什么程度，思维方式就能发展到什么程度。

思维方式是历史的变化的。世界是发展变化的，思维方式也是发展变化的，没有永恒不变的思维方式。一个人的思维方式如此，一个民族的思维方式也是如此。

思维方式是共性和个性的统一。就人类而言，存在着共同的思维方式。例如各个民族在历史上都出现过宗教，宗教就反映了人在认识世界的过程中寻求终极原因和最高价值，但又是从超自然和超人间中寻找的一种思维方式。没有共同的思维方式，各民族就无法交流沟通。但人类又是以民族国家为基本单元的，每个民族的语言、文化、宗教、历史、经济、政治等存在着许多差异，由此形成了各个民族不同的思维方式。就个人而言也是如此，每个人的思维方式既有相同、相通的一面，也有其各自特性。没有两片完全相同的树叶，也没有两个思维方式完全相同的人。

思维方式具有可塑性。人有生物基因，环境的变化和科学的发展，使得生物基因是可改变、可改造的。民族和个人也有思维“基因”，这也是可改变、可改造的。思维方式的塑造既依靠外部环境的影响熏陶，也依靠社会主导力量的引领，依靠个人的自我修炼。

思维方式具有层次性。根据思维方式的主要依据和本质特征，可以分为四个层次。第一个层次是经验思维方式，是依据传统、惯例的思维方式，是把握具体事物的思维方式。第二个层次是科学思维方式，是依据实验、逻辑、数据的思维方式，是追求事物的可重复性、可交流性、可证实性的思维方式。第三个层次是艺术思维方式，是依据想象、情感、体验的思维方式，是显示人的心灵、张扬人的激情的思维方式。第四个层次是哲学思维方式，是依据追问、思辨、洞察的思维方式，是超越现象、把握本质的思维方式。需要明确的是，层次的区分不是高低贵贱的区分，每一种思维方式都是连接人与世界的一种关系和途径，都是人的思维所必备的；层次的区分不是截然分开、毫不相干的，而是互相包含、互相贯通、互相渗透的，实际的科学思维方式必须包含经验的、艺术的、哲学的思维方式，区分只是理论研究的需要。

二、哲学的形式和功能

哲学思维方式是思维方式的哲学形式、层次和境界。理解哲学思维方式，就要理解哲学。

哲学有多种表现和存在形式。一是日常生活中的哲学和系统化的哲学。哲学既存在于日常生活中，也存在于哲学家的言论著作中。不能说每个人都是哲学家，但每个智力正常的成人都有自己的哲学思想。而哲学家的贡献就是把这些朴素、零散的哲学逻辑化、系统化，提升为科学层次。二是各学科中的哲学和学科化的哲学。科学、艺术、宗教都包含着自己的哲学思想，学科化的哲学是把它们提炼、概括和升华。三是理论化的哲学与实践化的哲学。哲学是一种思想性、理论性的存在，它可以通过语言文字的形式表达出来，有条有理，有论有据，这是理论化的哲学。但思想性的东西，既可以通过理论化的形式表现出来，也可以通过实践化的形式表现出来。也就是说，不是用说的方式、文字的方式，而是用做的方式、行动的方式、结果的方式表现出来。行为比语言更能表明一种哲学。

回顾近代以来的历史，哲学的存在价值主要受到了两种力量的冲击，一是科学的力量，二是市场的力量。

在古代社会，哲学与科学还没有分化，是浑然一体的。科学就是哲学，哲学也就是科学。近代以来，科学从哲学中独立出来，取得了日益迅速的进展。科学的严密性和精确性，观察和实验方法，在说明和解释自然方面取得了不断的进步和成功。因此，19 世纪末 20 世纪初，西方国家产生了蔑视哲学、“拒斥形而上学”的思潮，认为实证科学是人类精神发展的最后阶段。但是，科学不能穷尽对世界的全部认识，科学只是人类掌握世界的一种工具。科学也不能回避和摆脱哲学的问题，也需要哲学的支持。上世纪初，物理学革命的领军人物爱因斯坦和玻尔等，就量子力学的客观基础展开了一场激烈的争论，争论的焦点根本在于：是不是“相信有一个离开知觉主体而独立的外在世界”,[①] 两军的分歧从根本上说是哲学分歧。哲学之所以能够历几千年而不衰，就在于它认识世界的独特方式，在于它思想的深刻内涵。

在19世纪末的欧美，资本主义市场经济迅速发展，功利主义、实用主义盛行，一切价值都要经过市场考量，凡事都要先问一下有没有用、能不能挣钱，于是产生了一股“哲学无用”的思潮，出现了“哲学烤不出面包”的责难。即使在当时，也有人针锋相对地为哲学的存在和价值公开辩护，认为哲学在人类事业中是最崇高而又最平凡的，它在最细微的地方下工夫，而展开了最宽广的远景，人们说哲学“烤不出面包”，但它却能鼓舞我们的灵魂，使我们勇敢起来。如果没有哲学远射的光辉照耀着世界的前景，我们是无法前进的。讲哲学有没有用，这个问题本身就没有绕开哲学。讲“有用”就涉及是在谋生的层次上讲有用，还是在人生的层次上讲有用的问题。哲学不仅在人生的层次上有用，而且在谋生的层次上有用。对哲学的作用也有一个怎样判断的问题。哲学的作用是一种思维的力量、精神的力量，它是通过塑造人的思想观念、思维方式、价值准则，来改变人的行为方式，进而改变世界的。这是一个“润物细无声”的过程，因此哲学的“用处”是不容易直接地、精确地衡量出来的。哲学的作用具有基础性、间接性、过程性、长期性的特征，急功近利、短期行为、“立竿见影”，是拒斥哲学的，或者说是

① 《爱因斯坦文集》第1卷，商务印书馆1979年版，第292页。

倒向了一种庸俗的、短视的、恶劣的哲学。几千年来，哲学作为人类理性与智慧的结晶，经久不衰，愈加醇厚，正是哲学的价值的有力证明。

在我看来，哲学的功能主要表现在：

从哲学与世界的关系看，哲学是一种追问，它试图揭示世界的本质。哲学起源于惊讶，惊讶世界之奥妙。我国战国时代的屈原写下了《天问》，问了170多个问题。人面对世界会发出无数的“为什么”的提问，从早期人类如此，人从幼儿时起也如此。这种追问既是满足人的生存本能，也是满足人的求知本性。即使在人类文明高度发展的今天，人也没有停止这种无休止的追问。

从哲学与历史的关系看，哲学是一种模型，它力图描述历史的内在联系。历史是由一系列说明发展的历史事件、历史数据和历史人物构成的历史过程，在这一历史过程中，存在着历史发展的规律，发现这一规律并用理论模型的方式表示出来，则是哲学的任务。历史的记录和叙述，是形成和提出历史规律的经验基础。哲学则是对历史的逻辑再现，是对历史发展内在的、本质的联系的认识。它舍弃了一些偶然的、枝节的、琐碎的历史现象，力图使对历史的认识上升为科学。

从哲学与科学的关系看，哲学是一种猜想，它可以引导科学的发展，又在思考科学的根据。哲学是前科学的，因为很多科学命题都是源于哲学。在古代，由于实验科学的手段和规范还没有发展起来，人们只能使用猜测、想象的方法，提出笼统、模糊的理论。《庄子·天下》中提出了“一尺之捶，日取其半，万世不竭”的命题，包含了物质无限可分的思想。但这只是思辨的产物，在当时还不能通过实验得到证明。到了近代以至现代，物质内部结构及其可分性，就成为微观物理学的研究对象。哲学还是后科学的，因为科学无止境，科学的每一步发展都会产生新的问题，这些新问题有的是还不能用科学手段解决的，需要作出哲学的回答。而且许多科学命题都隐含着哲学的基础，例如电脑的发明和使用，就内含着人脑的部分功能是可以用机器模拟和替代这样的哲学信念。

从哲学与宗教的关系看，哲学是一种理性，它给人以怀疑和批判精神。哲学与宗教都给出了世界的解说，从思维原则上区分，宗教的原则是信仰先于理性，如中世纪基督教宣称“信仰是一切研究和发明的先决条件”，“除了信仰之外，别无他求”；而哲学的原则是理性先于信仰，如 18 世纪法国的启蒙学者们认为，一切都必须在理性的法庭面前为自己的存在作辩护或者放弃存在的权利，在他们那里，思维着的理性成了衡量一切的唯一尺度。西方近代历史上，西方哲学从经院哲学的束缚下解放出来以后，在文艺复兴、宗教改革、科学革命、启蒙运动几股力量的推动下，怀疑和批判精神已成为哲学的自我意识与自觉意识。哲学重视独立思考，对哲学传统、思维定式、既成事物进行质疑，在批判中建立自己的理论和方法。

从哲学与思维的关系看，哲学是一种逻辑，它提供合理的、思辨的、全面性的思维方法。哲学是智慧之学、方法之学，它首先表现为是关于思维的智慧和方法。辩证法起源于辩论，辩论揭露了思维中的矛盾或漏洞，于是产生了在思维中实现矛盾统一的努力，产生了把思维中的漏洞打上“补丁”的努力，逐步形成了反映思维规律的思维逻辑，也就是辩证思维方法。

从哲学与人的关系看，哲学是一种反思，它使人不断自我认识。哲学既要认识自然，也要认识人自身。即使认识自然，也是以人为目的的，所以可以说哲学是人学。康德提出了“我能知道什么”、“我应该做什么”、“我可以希望什么”的问题，这三个问题合起来就是一个问题“人是什么”。只要人类存在，人的自我认识就不会停止；人的发展没有止境，人的自我认识也没有止境。

从哲学与生命的关系看，哲学是一种感悟，它使人深化生命的体验。人存在的根本是生命，人的生命只有一次。这种生命的根本性和珍贵性，使得哲学不能不面对生命，并得出自己的生命观、人生观，以教人善待生命、珍惜人生，创造人生的价值。在积极的人生观引导下，人把创造价值作为自己的生命表现和人生的积极实现，人以自己的全部生命活动实现着、创造着人的价值，人生的有限更激励着个人在有生之年，通过积极的人生实践，实现着人的价值。

从哲学与生活的关系看，哲学是一种规范，它给出生活的准则与方式。哲学包括伦理学，研究人的行为道德规范，指明什么是善和恶，教导人们从善去恶。伦理学是人的关系学，它指出人在与社会交往、与他人交往关系中的行为准则。伦理学是心理和谐学，它要求人们在各种欲望，诸如情欲、物欲、名欲、权欲面前，如何保持清醒、节制、淡然、豁达。

三、哲学思维方式的特性

哲学是世界观和方法论，同时也是一种思维方式。作为哲学的思维方式，其主要特征是：

超验性。与实证思维方式相比，哲学思维方式是一种“形而上”思维方式，也就是它的思维过程和结果是不能通过观察和实验来得到完全证明的。实证思维就是要求实验证明的思维，实证思维是科学思维的基本方式。“形而上”思维则不同。《易传》中的“形而上者谓之道，形而下者谓之器”，这个“道”就是哲学，哲学思维的基本特征，就是形而上。“形而上”与“形而下”的区分是人类以哲学思维的方式认识世界的产物，又是哲学思维产生的标志。它们都反映了人认识世界的不同方式，也就是哲学方式与科学方式。前者是抽象的、无形的、超验的，不是依赖感官，而是依赖思维把握的；后者是具体的、有形的、经验的，首先要依赖感官来掌握。通过感官，我们可以感觉到日月星辰、山河大地、花鸟鱼虫，但感觉不到“世界的本质”，这和动物没有什么大的区别。但依靠理性思维能力，通过理性思维活动，我们可以思考、研究和理解世界的本质这一哲学问题，这就和动物区别开来了。动物只拥有经验的有限的世界，而人则拥有超验的无限的世界，这就使人生活在和动物不同的世界中。人的理性思维能力，使人不满足于仅仅在分散的、表面的层面上把握对象、理解世界，而要在统一的、规律的层面上把握对象、理解世界。

无限性。与有限思维方式相比，哲学思维方式是一种无限思维方式，也就是它总是在对事物的根据和前提进行无止境的探索。有限思维就是思维有限度、思维有边界。人在日常事务中，思考总是有一定的实际目的，思考的结果达到了具体目的就适可而止。科学思维一般以科学能力为边界，以科学能够解决的问题为范围，以对命题的因果关系揭示为限度，证明达到完整正确就到此为止。但人的本性就喜欢想、喜欢问"有限之外是什么，为什么之后为什么"的问题。哲学思维可以不受实验证明的约束，就具有一种无限性。这种无限性是思维边界的无限性，思想无止境，思维无限制；是思维层次的无限性，不断深入，不断提升，不断超越；是思维理念的无限性，思维自由，思想解放，思想无禁区；是思维成果的无限性，反对终极真理，否定"顶峰"思维。哲学思维需要遐想，但不是胡想，它要遵循思维自身的逻辑；哲学思维需要超常，但不能"超人"，它毕竟是以人际之间的可交流性为条件的；哲学思维需要发散，但不能乱散，它还是有自己的问题取向的。

反思性。与对象性思维方式相比，哲学思维方式是一种反思思维方式，也就是它要以主体自身、以主客体关系为对象进行多维的考察。对象性思维是一种二维思维方式，它是以主体对客体的思维投向、客体对主体的思维回映为思维框架的。对象性思维以求是为目的，能够满足人的许多思维需要。人的思维方式发展的一个标志就是思维维度在增加，思维空间在扩大，思维复杂性在提高。原始人只有对象性思维，还不能把思维本身作为对象。而哲学思维则是考察人在进行对象性思维的时候，这种思维存在什么问题，应该怎样思维。《论语·子罕》中说："子绝四——毋意，毋必，毋固，毋我"，教人们在思维过程中不要凭空猜测，不要绝对肯定，不要拘泥固执，不要唯我独是，这就是反思思维的成果。反思思维不仅以主体自身为对象，还以主客体关系为对象，考察人在进行认识和实践活动中，怎样实现主客体的统一。而且，反思主客体关系并不限于三维，还可以对这三维关系进行更多维度的反思，考察反思本身存在什么问题。比如，总结历史经验、工作经验就是一种三维思维，它以历史上的、工作中的人的活动为对象。但人们又进一步发现，如果总结经验不遵循正确的思想方法和认识方法，只能总结出违背历史、违背事实、违背规律的所谓"经验"，因此首先要解决总结经验的思想路线问题。

抽象性。与具体思维方式相比，哲学思维方式是一种概念思维方式，也就是它的思维对象是超越了具体实物而具有普遍性的抽象。具体思维是一种感性思维，它以可感觉的事物为对象，如生物研究，无论是动物、植物、微生物，都是可以通过人的感觉器官和观察仪器感受到的，都有实际的、具体的对应物。哲学思维是以抽象概念为对象的，它在现实世界中没有现实的直接对应物，是对现实世界的普遍性质和一般规律的抽象。黑格尔逻辑学的基本概念和思路是："存在"（质、量、尺度）——"本质"（根据、现象、现实）——"概念"（主观、客体、理念），由此建构了客观唯心主义的思维体系。具体思维也要运用概念，任何概念都是一种抽象，"房屋"已经舍弃了各式各样的房屋的差异。只不过这种概念的感性基础更强，抽象程度还不高。哲学思维也是现实世界的产物，不能脱离具体思维，"物质"这个概念也是对物质世界所有对象的总概括和最高抽象。但哲学思维又能够提出和建立比具体概念更为普遍和抽象的概念，并以此为基础进行哲学研究。这种思维方式是人类对思维的总体性、概括性的一种追求，是一种思维能力的训练，它努力达到"以一统多"、"以简驭繁"的思维效果。

矛盾性。与相容性思维方式相比，哲学思维方式是一种不完全性思维方式，相容性思维追求思维的无矛盾性，而在不完全性思维看来，矛盾是思维的本性。追求思维的相容性、无矛盾性是科学思维的基本要求。但无矛盾性只是人类思维的理想追求，思维本身就是矛盾，既有思维形式与思维内容的矛盾，又有思维内部各种要求、各种原则之间的矛盾，还有思维的无限性和有限性的矛盾。因此，在具体问题的思维上，要体现思维的相容性；在对思维本身进行思维的过程中，就要容许矛盾的存在，就要学会在矛盾中思维。康德提出了纯粹理性的四组二律背反，相反的命题都可以得到证明。黑格尔认为，可以"在一切的表象、概念和理念中发现矛盾。认识矛盾并且认识对象的矛盾特性就是哲学思考的本质。”[1] 这些都表明，哲学思维是在辩证思维中进行的，辩证法的本性就是矛盾思维。这不是诡辩论，也不是“变戏法”，这种思维方式根源于人类思维的非绝对性、不完全性。现代数学的哥德尔不完全性定理也给予了启示。哥德尔不完全性定理是指：一个公理系统的相容性，即无矛盾性，绝不可能在该公理系统自己内部被证实。也就是说，在任何一个严格的数学系统中，必定有用本系统内的公理不能证明自己成立或不成立的命题，因此不能说数学的基本公理不会出现矛盾。这个定理消除了为全部数学提供严密基础公理的企图。

马克思主义哲学思维方式是马克思主义哲学所体现、包含的思维方式，它继承了以往哲学思维方式的有益成分，吸收了现时代思维方式的丰富内涵，形成了以马克思主义哲学为核心的崭新思维方式，是人类思维方式的结晶和精华。学习掌握哲学思维方式，主要是学习掌握马克思主义哲学思维方式。马克思主义哲学思维方式贯穿着革命的批判的精神，坚持彻底的唯物主义立场，体现实践的求实的思维取向，把握辩证法的思维规律，坚信历史的上升进步趋势，具有前瞻性，恪守科学的人本的思维原则，发展和谐共享的价值观念。这些在马克思主义经典作家和马克思主义中国化主要成果的论著中得到了充分的体现。

---

① 黑格尔：《小逻辑》，商务印书馆1980年版，第132页。

科学技术与思维方式的历史演进*

科学技术是人在一定的思维方式引导下，揭示出客观世界的规律性与真理性知识，应用于改造客观世界的实用性与工具性手段。思维方式是人在历史的活动中，历史地形成的思维定式、模式与格式。科学技术与思维方式都是历史的产物，一定历史发展阶段的科学技术与一定状况、特征的思维方式，二者具有某种相关性。科学技术的发展状况，限制、建构着人的思维框架和思维层次；思维方式的实际水平，也影响、制约着科学技术的发展方向和发展程度。从历史的进程考察，科学技术与思维方式的相互关联，在古代、近代和现代有着各自的具体内容，其中又表现出二者关系的历史规律与共同特征。

---

* 本文发表于《中国海洋大学学报》（社会科学版）2003 年第 3 期。

一、古代的科学技术与思维方式

古代社会经历了漫长的历史岁月和若干种社会形态，其间产生了对于人类文明具有决定意义的科学发现和技术发明，孕育着现代科学技术的某些胚胎与萌芽。古代社会是自然经济占统治地位的社会，社会发展极其缓慢，人的思维方式也就呈现出较为稳定的性质及表现。

"人猿相揖别。只几个石头磨过，小儿时节。"① 制造和使用工具，包括制造一把最粗笨的石刀，是从猿转变到人的标志。人能够用手把石头做成石刀，表明手变得自由了，并能不断获得新的技能，而由此获得的较大的灵活性便遗传下来。根据生长相关律，凡是有益于手的，也有益于手所服务的整个身体，包括人脑及其思维活动。反复制造和使用工具的行为，形成了人的动作思维。人的因果思维、推理思维是直接在动作中体现出来，通过动作而强化和固定化的。正如列宁指出的："人的实践活动必须亿万次地使人的意识去重复不同的逻辑的式，以便这些式能够获得公理的意义。"② 摩擦取火等发明是原始思维阶段观察、记忆、好奇、想象以及推理各种能力的直接结果。语言是从劳动中并和劳动一起产生出来的，语言和劳动促进了人脑的形成、发育和感觉器官的完善。同时，"脑和为

① 毛泽东：《贺新郎·读史》。

② 《列宁全集》第55卷，人民出版社1990年版，第160页。

它服务的感官、越来越清楚的意识以及抽象能力和推理能力的发展，又反作用于劳动和语言，为这二者的进一步发育不断提供新的推动力。”[①] 语言的产生特别是文字的发明，为思维提供了载体、工具和符号，使人的思维可以脱离实体凭借概念而进行，人的交流有了公共的媒介。在史前文化的野蛮时代，人类发明了手势或个人符号语言；图画文字或表意符号；象形文字或约定俗成的符号；表音的象形文字或用于简单记事的音符；拼音文字或书写下来的声音。[②] 在以后的历史中，语言和文字越来越丰富，词汇越来越抽象，也就使人的思维活动越来越丰富与抽象。数的出现表明了人已经能够进行抽象思维，古希腊的数学，如欧几里得几何，表明了逻辑运算和演绎能力的发展程度。由此造成的结果之一是，迅速前进的文明完全被归功于头脑，归功于脑的发展和活动；人们已经习惯于用他们的思维而不是用他们的需要来解释他们的行为。这样，随着时间的推移，便产生了唯心主义的世界观，这种世界观，特别是从古希腊世界没落时起，就统治着人的头脑，直到近代还非常有力地统治着人的头脑。

古代社会中还没有严格意义的独立的科学，科学是包含在巫术、神话、宗教、哲学等社会意识形态之中的。科学自身的依附性和软弱性，使其还不能形成鲜明的、居主导地位的思维方式，也就不能对社会的思维方式发生有力

---

① 《马克思恩格斯选集》第4卷，人民出版社1995年版，第378页。

② 路易斯·亨利·摩尔根：《古代社会》（下册），商务印书馆1977年版，第536页。

的影响和塑造作用。早期人类制造了巫术，根据弗雷泽（J·G·Frazer）的研究，巫术思维把彼此相似的东西看成是同一个东西，把互相接触过的东西看成为总是保持接触的，如企图通过破坏或毁掉敌人的偶像来伤害或消灭他的敌人。“科学与巫术的共同之处只在于两者都相信一切事物都有其内在规律”，但“巫术所认为的规律纯粹是事物规律呈现于人的头脑、经过不正确的类比，延伸而得出的；科学所提出的规律乃是对自然界现象本身耐心准确观察后得出来的。”[①] 神话是人的形象思维和想象力发展到一定程度的产物，任何神话都是用想象和借助想象以征服自然力，支配自然力，把自然力加以形象化。神话的产生表明思维还不能够把现实与可能、真实与幻想区别开来，是把想象的世界等同于真实的世界。神话思维所显示的想象力，也是通向科学的途径，神话也给予科学以启迪。马克思在《路易斯·亨·摩尔根〈古代社会〉一书摘要》中写道，在野蛮时代低级阶段，“对于人类的进步贡献极大的想象力这一伟大的才能，这时已经创造出神话、故事和传说等口头文学，已经成为人类的强大的刺激力。”[②] 宗教是人间事物在人的头脑中的虚幻的反映。当人还不能把自我和世界区别开来时，就产生了“万物有灵”的意识，从对自然界的图腾崇拜发展出了各种宗教，后来从对自然物的崇拜进入到对人格神的崇拜。当人们还处于对自

① 詹·乔·弗雷泽：《金枝——巫术与宗教之研究》（下），中国民间文艺出版社1987年版，第1006页。

② 《马克思恩格斯全集》第45卷，人民出版社1985年版，第384页。

然界的狭隘关系和自身之间的狭隘关系时，人发现的是自身的软弱。人不能驾驭自己的命运，只有通过自身人格的异化，在超人的力量那里重建自身。崇拜偶像表明人的智力发展到了比崇拜动物，甚至比崇拜天体更高级的阶段。马克思在《历史学笔记》中记载，在古罗马时代，人们有一种根深蒂固的偏见，以为罗马发展成一个世界帝国是因为有它自己的神灵保佑；偏见与宗教观念混在一起，使宗教观念更加牢固。“在浩渺的苍穹，尽是多神教的神灵，点点繁星都有一个神灵的名字，人们不难从名字到实物，从现实到抽象，需要花很大的努力才能使人们放弃这些宗教信仰。”① 古代哲学为人们提供了原始的、朴素的世界观。古希腊哲学家依靠思辨，正确地把握了世界的总画面的一般性质，但缺乏实证知识的支持，就不足以说明构成这幅总画面的各个细节；而要是不知道这些细节，就看不清总画面。哲学思维需要科学的支持，哲学问题也需要转化为科学问题。

恩格斯指出：“人的思维的最本质的和最切近的基础，正是人所引起的自然界的变化，而不仅仅是自然界本身；人在怎样的程度上学会改变自然界，人的智力就在怎样的程度上发展起来。”② 古代科学技术的不发展，决定了人对自然界改变的能力还是很小的，人造成自然界的变化还是很微弱的，这也迟滞了人的思维的变化和思维方式

① 马克思：《历史学笔记》，红旗出版社1992年版，第2册，第215页。

② 《马克思恩格斯选集》第4卷，人民出版社1995年版，第329页。

的进步。马克思和恩格斯在《德意志意识形态》中认为，思想、观念、意识的生产，是“直接与人们的物质活动，与人们的物质交往，与现实生活的语言交织在一起的”，现实的、从事活动的人，包括他们的思维活动，要受到“自己的生产力和与之相适应的交往的一定发展——直到交往的最遥远的形态——所制约”；人的幻象、想象和思维，也是物质生活过程的“必然升华物”。[①] 在自然经济社会，生产者终年束缚在不能移动的土地上和不能脱离的自然形成的共同体内，束缚在所有权分配使他所处的社会等级内。在这种自然形成的封闭状态下，人的思维活动只能在狭小的范围内和孤立的地点上发展着，总受着地域性的局限。自然的共同体限制了人的活动天地，也就同时限制了人的视野，使人的眼界极为短浅。人们画地为牢，“小国寡人”，“重死而不远徙”（老子）。这就容易形成人的思维世界的狭隘性，于是就产生了“不出户，知天下；不窥牖，见天道”，“不行而知”（老子）的超感官的直觉思维方式。封闭的经济与文化缺少与外部世界的交往，很难引进新的事物和思想，造成了共同体内部的变化缓慢，难以更新。人们活动的依据更多的是经验、传统和惯例。法国历史学家布洛赫（Marc Bloch）写道：“古代农业社会是建立在道地的传统主义上的，在这种社会中，只有那些长期延续的事物才最有存在的理由。集体的传统——习惯法——统治着人们的生活。”“（小农）他们

① 《马克思恩格斯选集》第1卷，人民出版社1995年版，第72、73页。

把自己关闭在土地中，拒绝改变土地的结构，很少对突如其来的革新感兴趣，……他们很难摆脱祖传的习惯方式，他们接受进步的新技术十分缓慢。”[①] 生产方式的历史形式不仅决定了社会形态的历史形式，也极大影响了人的思维方式的历史面貌。马克思曾深刻地剖析了印度村社制度对人的精神状态、思维方式所起的建构作用，他说：“我们不应该忘记，这些田园风味的农村公社不管看起来怎样祥和无害，却始终是东方专制制度的牢固基础，它们使人的头脑局限在极小的范围内，成为迷信的驯服工具，成为传统规则的奴隶，表现不出任何伟大的作为和历史首创精神。”[②] 自然经济所造成的人的活动的狭隘性和孤立性决定了人的思维方式还处于社会性发展的幼年时期。

古代社会的思维方式集中体现在该时代的哲学中，哲学是普遍性、本原性思维方式的产物，同时又作为一种总体性、统摄性的思维方式，制约和影响着该时代人的思维方式。一个时代的哲学是该时代一定生产方式的反映，又反作用于该时代的生产方式，包括科学技术的发展。古代哲学中占主导地位的思维方式，从总体上看，是不利于科学技术的发展的。古希腊哲学的基本精神是理性的沉思和超脱的静观，柏拉图的理念世界使哲学越来越远离物理和实验，越来越接近神秘的观念。释迦牟尼创立的佛教哲学强调人生的无常和空虚，断定只有毁灭自我和丧失个性，

---

① 马克·布洛赫：《法国农村史》，商务印书馆 1991 年版，第 85、268 页。

② 《马克思恩格斯选集》第 1 卷，人民出版社 1995 年版，第 765 页。

才能达到精神上的圆满。“这种不注意周围环境的心理态度往往足以遏制改进物质生活的愿望，而改进物质生活的愿望却往往是实用的科学知识进步的推动力。”[①] 中国儒家的哲学是以伦理为本体，而不是以自然为本体的。欧洲中世纪的经院哲学，主要使命就是维护《圣经》的权威性，论证上帝存在的合理性。经院哲学家把信仰作为人类思维的唯一方式，提出“信仰是一切研究和发明的先决条件”，“信仰是唯一可靠的”，最高级的知识是“从上帝启示的原理中产生的”等。这些信条是严重遏制科学精神的。13 世纪的罗吉尔·培根（Roger · Bacon）是经院哲学的叛逆者，他认为自从经院哲学大行其道以后，“经院习气就将学术世界的精神力量吞噬殆尽。时代的精神是和自然科学及哲学背道而驰的”；数学是最基本的科学，但“最近三四十年来，人们完全不研究数学了，这就使得科学在信仰基督教的拉丁世界中几乎彻底死亡了”；[②] 实验科学是最有用、最重要的科学，一切事物都必须被经验证实。结果他被教会以“标新立异”的罪名囚禁。罗吉尔·培根是近代科学的先驱，被后人称为“悲惨博士”。

---

① W·C·丹皮尔:《科学史——及其与哲学和宗教的关系》，商务印书馆 1975 年版，第 39 页。

② 马克思:《历史学笔记》，红旗出版社 1992 年版，第 4 册第 252、253 页。

二、近代的科学技术与思维方式

科学革命是从近代开始才出现的，或者说科学革命在人类思想史的意义上标志着近代的开始。从文艺复兴到工业革命，从哥白尼到达尔文，近代历史创造了比过去历史的总和还要大得多的科学技术成就。近代科技革命本身就是人认识自然的思维方式革命，而且随着科技力量的扩张，科学技术思维方式也辐射至社会科学和社会生活领域，使该时代的思维方式深深地打上了同时代科学技术的烙印。马克思指出："与资本主义生产方式相适应的精神生产，就和与中世纪生产方式相适应的精神生产不同。"[①]同样，与近代科技相适应的思维方式，就和与古代科技相适应的思维方式不同。

近代科学的第一次革命是哥白尼革命，哥白尼革命改变了地球是宇宙中心的信念，以及由此派生出来的人是宇宙中心的信念，改变了人观察世界的坐标系，教人用新的眼光去观察世界，以一种非中心、非至高无上的观念去客观地看待人与世界的关系。哥白尼革命摧毁了托勒密的地心说体系，动摇了亚里士多德的理论权威地位，由此动摇了宗教的科学基础，打破了宗教信条与理论权威神圣不可侵犯的地位，表现出科学精神的增强，引发了近代的一系列科学革命。牛顿革命是近代科学革命的顶点。牛顿成功

---

① 《马克思恩格斯全集》第26卷Ⅰ，人民出版社1972年版，第296页。

地把所有已知的世界体系的现象简化为用数学表达的自然法则，精确地描述了天体物理与宏观物体的运动轨道。牛顿革命标志着科学与哲学的分离，走上了独立发展的道路。科学的严密性和精确性，观察和实验方法，在说明和解释自然方面取得了不断的进步和成功，科学的思维方式取得了质的进步。牛顿革命把地上的规律与天上的规律统一了起来，证明了物质运动规律的普遍适用性；把数学和自然统一了起来，科学是对自然过程的精确的数学表述，为科学的数学化奠定了基础。牛顿革命确立了近代科学的基本模式，深刻地影响了该时代的哲学与思维方式。万有引力的理论及其应用，使它成为所有科学的模式和理想，包括经济学、心理学、人类学都在寻找自己的“万有引力”。牛顿思想的影响是巨大的，整个启蒙运动的纲领是自觉地建立在牛顿的原理和方法的基础上的，并且从牛顿的辉煌成就中派生出启蒙运动的信心。达尔文是 19 世纪科学界的中心人物，是生物学中的牛顿。在 19 世纪的科学进步中，最有效地扩大了人们的视野，促成思维方式的革命的是达尔文的进化论。1859 年达尔文出版了《物种起源》，把科学革命从天文学、物理学扩展到了生物学，在人类起源问题上否定了上帝创造万物的教义，深刻地改变了人们对于人自身及人类社会的看法。当时许多人觉得如果接受这个理论就要把人类在哲学上和宗教上的各种重要成果一概推翻，可见进化论对世界观变革的意义不亚于日心说。达尔文革命不仅改变了生物学的进程，而且影响了当时及以后的经济学、社会学、政治学、人类学等领域。马克思也承认“达尔文的著作非常有意义，这本书我可以用来当做历史上的阶级斗争的自然科学根据。”[①]达尔文把科学革命从无机界扩展至有机界包括人本身，把宗教神学又从生物学领域驱逐了出去；揭示了生物世界不同于物理世界的特殊规律，这就是进化的规律，描绘了不同于物理世界的世界图景。达尔文的进化论以及自然选择学说，广泛地渗透于社会科学领域，为资本主义社会的竞争提供了科学的基础。

与近代科学革命的同时，也发生着技术革命，技术革命同样具有转变思维方式的功能。航海技术的改进，使哥伦布发现了美洲大陆，由此人类才开始具有一种以感性经验为基础的世界眼光和全球意识。望远镜的发明，开阔了人的视野，天文学的理论就不是仅仅依靠肉眼和数学，而是建立在更精确地观察的基础上。蒸汽机车使世界能够经常地、迅速地交往，把世界实际地联结在一起，促进了推动社会进步所必需的愿望和行动，这就“把一切民族甚至是最野蛮的民族都卷到文明中来了”。[②] 铁路不仅是商品流通的工具，而且是打破各地封闭孤立状态的工具，是信息传播和思想流通的工具。在欧洲，印刷术的应用使资产阶级的自由民主思想得到有力的扩散，打破了封建王权与宗教神权的思想垄断，成为近代资本主义发展的革命性工具。

由近代科技革命引发的思维方式转变，从根本上说，

---

① 《马克思恩格斯全集》第 30 卷，人民出版社 1974 年版，第 574 页。

② 《马克思恩格斯选集》第 1 卷，人民出版社 1995 年版，第 276 页。

就是科学的、理性的权威取代了神学的、宗教的权威。科学是建立在事实基础上的，科学的理论是发展的、可以修正的，科学的权威不是强制性树立的，“这使人产生一种和中世纪教义学者的心理气质截然不同的心理气质”。[①]科学倡导批判思维和怀疑精神，要求对现存事物及其信念的根据进行审视和验证。近代哲学的创始人笛卡儿提出，为了尽可能在认识事物时排除一切成见，找出能够用来建立一切知识的基础和发现错误的原因，必须普遍怀疑一切。马克思也把“怀疑一切”作为自己喜爱的箴言。科学是理性的事业，科学是理性主义的温床。18 世纪法国的启蒙学者，“他们不承认任何外界的权威，不管这种权威是什么样的。宗教、自然观、社会、国家制度，一切都受到了最无情的批判；一切都必须在理性的法庭面前为自己的存在作辩护或者放弃存在的权利。思维着的知性成了衡量一切的唯一尺度。”[②] 近代科学是现代实验科学的开始，任何假说都是工具性的，任何理论都要接受观察、实验的检验，科学就在于用理性方法去整理感性材料。近代经验论的创始人培根，提出要破除困惑人们心灵的四类假象（族类假象、洞穴假象、市场假象、剧场假象），其中“剧场假象”就是“从哲学的各种各样的教条以及一些错误的论证法则移植到人们心中的”，“表现着人们自己依照虚构的布景的样式而创造出来的一些世界”，[③] 由此产

① 罗素：《西方哲学史》下卷，商务印书馆 1963 年版，第 4 页。

② 《马克思恩格斯选集》第 3 卷，人民出版社 1995 年版，第 355 页。

③ 培根：《新工具》，商务印书馆 1984 年版，第 21 页。

生了许多由于传统、轻信和疏忽而被公认的原则和原理。近代科学的经验理性的思维逻辑表现为：不应去寻求先于现象、可以先验地被把握和表述的秩序、规律，而应在现象的本身，在现象的内在联系中去发现这样的规律性；科学抽象或定义不能用作真正明确的出发点，真正明确的出发点只有通过经验和观察才能获得。恩格斯在批判杜林的先验主义时也指出："原则不是研究的出发点，而是它的最终结果；这些原则不是被应用于自然界和人类历史，而是从它们中抽象出来的；不是自然界和人类去适应原则，而是原则只有在符合自然界和历史的情况下才是正确的。"① 表明了马克思主义的思维方式也经历了近代科学的洗礼。

18 世纪在所有自然科学中只有力学，而且只有固体力学，即重力的力学，达到了某种完善的程度，这就造成了机械论的思维方式。在生物学领域，还只能用纯粹机械的原因来解释植物和动物的机体活动。在 17 世纪的笛卡儿看来，动物是机器；在 18 世纪的唯物主义者看来，人是机器。拉·梅特里写道："人的身体是一架钟表，不过这是一架巨大的、极其精细、极其巧妙的钟表"。② 钟表是 18 世纪的世界模型，也是该时代人的模型。机械的形而上学的思维方式，固守"绝对分明的和固定不变的界限"，坚持"无条件的普遍有效的'非此即彼'"。自然科学的模型也被应用于社会科学的模型，17、18 世纪的思

① 《马克思恩格斯选集》第 3 卷，人民出版社 1995 年版，第 374 页。
② 拉·梅特里：《人是机器》，商务印书馆 1959 年版，第 65 页。

想界提倡一种“几何学精神”，就是按照几何学的风格来撰写道德的、政治的等社会科学的著作，如斯宾诺莎的《笛卡儿哲学原理》一书的副标题是“依几何学方式证明”，全书就是按照公设、界说、公理、命题的格式组织的。直到19世纪，英国的赫伯特·斯宾塞还是要建立一门“社会静力学”（Social Statics）。19世纪，随着自然科学的三大发现，机械的形而上学的思维方式被辩证的思维方式所取代，进化论的模型代替了机械论的模型。达尔文对19世纪的影响，犹如伽利略和牛顿对17世纪的影响。达尔文生物学的传播，促使思想受到科学影响的人们不把机械论的范畴而把进化论的范畴应用到世界上，有机体的概念被认作是探索自然的科学解释，18世纪的原子论思想被看成过时了。进化论思潮加上工业革命创造的完全不同于埃及金字塔、罗马水道和哥特式教堂的奇迹，使19世纪信仰进步的乐观主义成为主导思潮。

近代科学技术表现出许多不同的思维方式的差异和对立，这些思维方式的差异和对立，又在展开的过程中暴露出自身的局限性，因而又走向了融合与互补的趋向。一是工匠传统与学者传统的结合。工匠传统是技术的发源地，表现为人的经验能力；学者传统是科学的发源地，表现为人的理性能力。近代以前，这二者是疏远的、分离的。培根的新方法论则是要把这二者结合起来。在培根看来，对自然的科学理解和对自然的技术控制相辅相成，有很多科学原理蕴藏在工匠的日常操作中，这些操作方法是科学知识的可贵源泉。二是归纳法与演绎法的结合。近代经验论与唯理论的分歧，也表现为物理方法与数学方法的区别，表现为归纳法与演绎法的不同。经验论把归纳看做人的认识唯一可行的可靠认识方法，而唯理论只相信“清楚明白”的理性直观及其推演是最可靠的。恩格斯则强调归纳与演绎的相辅相成，他认为：“我们用世界上的一切归纳法都永远做不到把归纳过程弄清楚。只有对这个过程的分析才能做到这一点。——归纳和演绎，正如综合和分析一样，必然是属于一个整体的。不应当牺牲一个而把另一个捧到天上去，应当设法把每一个都用到该用的地方，但是只有记住它们是属于一个整体，它们是相辅相成的，才能做到这一点。”① 三是思维的至上性和非至上性的结合。信奉思维至上性的独断论者，在没有对人的认识能力进行批判考察之前，就断定理性具有把握客体的绝对能力；信奉思维的非至上性的怀疑论者，否认认识世界或彻底认识世界的可能性。马克思则把这一问题的解答留给了实践，认为人应该在实践中证明自己思维的真理性，即自己思维的现实性和力量，自己思维的此岸性，离开实践的思考，只能是纯粹经院哲学式的。恩格斯进一步认为：“人的思维是至上的，同样又是不至上的，它的认识能力是无限的，同样又是有限的。按它的本性、使命、可能和历史的终极目的来说，是至上的和无限的；按它的个别实现情况和每次的现实来说，又是不至上的和有限的。”② 四是经验

① 《马克思恩格斯选集》第4卷，人民出版社1995年版，第335页。

② 《马克思恩格斯选集》第3卷，人民出版社1995年版，第427页。

思维和理论思维的结合。19 世纪的一些自然科学家，坚持蔑视一切理论、不相信一切理论思维的最肤浅的经验论，结果陷入最荒唐的迷信中，陷入现代降神术中。经验自然科学积累了庞大数量的实证的知识材料，要建立各个知识领域之间的正确联系，就使自然科学走进了理论的领域，而在这里经验的方法就不中用了，在这里只有理论思维才能有所帮助。因此，不管自然科学家采取什么态度，他们还是得受哲学的支配。问题只在于：他们是愿意受某种坏的时髦哲学的支配，还是愿意受一种建立在通晓思维的历史和成就的基础上的理论思维的支配。恩格斯在总结19 世纪自然科学的发展时鲜明地提出："一个民族要想登上科学的高峰，究竟是不能离开理论思维的"，"对于现今的自然科学来说，辩证法恰好是最重要的思维形式，因为只有辩证法才为自然界出现的发展过程，为各种普遍的联系，为从一个研究领域向另一个研究领域过渡，提供了模式，从而提供了说明方法。"①

三、现代的科学技术与思维方式

现代科技革命是近代以来科技革命的历史延续，又显示出前所未有的进展与崭新的性质。现代科技与经济、社会、文化、生活日益一体化，越来越有力地参与、改造着社会生活的各个领域。现代科技革命为生产力的发展开辟

---

① 《马克思恩格斯选集》第 4 卷，人民出版社 1995 年版，第 285、284 页。

了广阔的空间，创造了巨大的物质财富。现代科技渗透于现代社会的各个领域，也塑造着现代社会的人。科技社会化，社会科技化，科技对社会的影响作用越来越大。现代科技革命对于思维方式变革与创新的促进作用是巨大的，也在重新塑造着以现代科技为基础的思维方式。

20 世纪的科学革命是从物理学开始的，这就是爱因斯坦的相对论革命和哥本哈根学派的量子力学革命。牛顿物理学是近代物理学的高峰，牛顿的理论成就使得 19 世纪的物理学界认为，物理学的主要框架已经一劳永逸地构成了，以后需要做的一点点工作就只是把物理常数的测量弄得再准确一些，物理学家除了修修补补已经无事可做了。但科学的进展逐步显露出牛顿物理学的局限性，物理学不是无事可做而是需要革命。

相对论是由爱因斯坦在 20 世纪初提出的，相对论引起了空间和时间的科学概念的根本改变。在经典力学中，时间是绝对的时间，与物体运动状态无关；空间也是绝对的空间，与物体的运动状态也无关；时空之间互不依存，彼此孤立。在相对论中，时间与空间与物体运动状态有关，是相对的时间与空间；时空不可分离。对一个观察者来说是同时发生的两个事件，对另一个运动状态不同的观察者来说并不是相同的，因此不存在绝对的同时性，同时性只能是相对的。由于同时的相对性，两个做相对运动的观察者都发现自己的时钟比对方的时钟走得快了，而对方沿运动方向的尺度有所缩短。爱因斯坦发动相对论革命，是因为他意识到整个物理学的基础需要从根本上加以改造。他指出："从广义相对论产生以来，牛顿理论的支柱垮了，以前，人们认为牛顿理论的支柱应当是任何自然科学的基础，而这个支柱就是欧几里得几何。"[①] 因为科学的进步会引起它的基础的深刻变革，时空观是物理学的基础，时空观的根本改变标志着物理事件背景的更换，从而不可避免地导致出现描绘物理世界图景的新理论。相对论革命是为了解决经典理论与新的实验的矛盾而产生的，当理论与实验发生冲突时，应该发展理论，而不是回避实验。19 世纪末，黑体辐射、光电效应、原子光谱等实验事实接二连三地和经典物理学的理论发生了尖锐的对立，特别是 X 射线的发现和放射性的研究，动摇了经典物理学的一些传统观念。因此，物理学革命是科学发展的必然。相对论在开创物理学革命的同时，也引起了一场哲学革命，科学革命往往促成了思维方式的变革。科学家认为，爱因斯坦"不仅带给我们新的物理学理论，而且教给我们新的认识世界的方法"，"凡是学习过他的理论的人，不可能再按他们过去的思维方法进行思考"。[②] 科学革命建立了新的理论规范，规范改变后，科学家在新规范的指引下采用新工具观察新领域。这有点像把科学家们突然运送到另一个星球上了，在那里熟悉的对象是以不同的眼光来看待的。规范的改变使科学家们用不同的方式看待他们研究的世界，他们看问题的方法不同于以前看待问题

---

① 《爱因斯坦文集》第 1 卷，商务印书馆 1976 年版，第 171 页。

② 科恩：《科学革命史》，军事科学出版社 1992 年版，第 419 页。

的方法。

量子力学是20世纪初开始在微观世界实现的物理学革命，其重要意义不亚于相对论革命。在量子力学中，物质由颗粒性的粒子所组成的古典概念被推翻了，代之而起的是物质具有波粒二象性的量子概念。牛顿力学以确定性和决定性来回答问题，量子理论则用可能性和数据统计来回答。牛顿力学中的物体遵守着因果决定律，空间中行星的位置在任何时候都是确定的，可以提供有形体时空运动的精确信息。在量子理论中，没有电子时空的因果运动，电子时空和量子描述是统计性的。量子力学革命标志着科学思维方式的重大转变，这就是在科学中正式承认统计规律的合法性，承认不确定性的客观存在，这是从经典科学到现代科学的转折点。因果性、确定性、决定性，这只是世界本质属性的一个方面，而概率性、不确定性、非决定性则是世界本质属性的另一方面，只有二者的互补与统一才构成了世界的真实图景。

20世纪中叶以后，以系统科学、复杂性科学和非线性科学为代表的现代科学，通过在不同科学领域的实证研究，从不同侧面展示了世界更为丰富与复杂的本质属性，描绘出了不同于经典科学的世界图景，现代科学给出的世界图景更加符合世界的本来面目。现代科学把关注点从元素转移到系统，强调整体的非还原性与非加和性；从实体转移到信息，揭示事物存在与运动的“隐秩序”；从可逆性转移到不可逆性，发现时间的历史性质；从存在转移到演化，研究自组织的机制与规律；从线性转移到非线性，指出系统运动轨迹的“混沌”性质；从简单性转移到复杂性，奠定科学世界观的新范式。现代科学的新发展与新进展，已经从科学领域辐射到思想领域，为当代人的思维方式起到重新建构与定向的作用。

现代科学在很大程度上是重新发现时间的历史，也就是重新发现时间的不可逆性，发现不可逆的进化性质，发现物理世界与生物世界在时间箭头上的统一性。20 世纪中叶，在非平衡态热力学领域，产生了耗散结构论。耗散结构论认为远离平衡态的开放系统，在非线性机制下，可以自发地从无序到有序，由增熵变为减熵。耗散结构论既适用于生物系统，也适用于物理和化学系统，表明了时间不可逆性的普遍性。耗散结构论揭示了系统进化的条件与机制，描绘出系统进化在分叉、涨落、反馈等机制中呈现出的多样性与多种可能性。时间的不可逆性告诫人们，过去与未来不是对称的、等价的，未来不能简单地从过去推演出来，过去的认识不能都成为现在与未来的标准答案。

经典物理学处理线性系统是有效的。线性系统的基本性质是在该系统中初始状态的变化将导致任何后续状态成比例地变化，因为线性系统具有可叠加性，系统的运动状态取决于初始条件及运动规律。线性系统的长期行为具有可预测性，如天体运动的日月食、彗星轨道。当代科学表明，世界更多的是非线性系统，即初始状态的变化未必会导致后续状态成比例地变化的系统。混沌理论是非线性科学的重要领域。“混沌”表征一个动力系统的特征，在该系统中大多数轨道显示敏感依赖性，或某些特殊的轨道是非周期的。由于混沌系统的随机扰动难以把握和计量，造成了长期预测的重大障碍。未来的不确定性并不表明未来的不可预见性，而是要根据现代科学的成就建立新的预见模型。不确定性只是说明主体预测其结果、把握其运动的困难程度，而不是否认它具有可预测、可控制的确定程度。不同性质的系统产生了不同的系统行为，导致了不同的可预见性、可预见度与可预见方式。

20 世纪末的科技创新，说明了在适用于人工设计的领域内，人能够取得怎样的成就。现代科技在发展进程中也清醒地认识到，设计不是万能的，世界上的许多事物，包括很多社会事务都不是设计出来的，也是很难设计出来的。实际上，自然界的千姿百态、生生不息不是神的设计与造物主的创造，而是演化而来的。各种物质存在形式作为开放系统时，在与环境交流物质、能量与信息的过程中，表现出有序性、组织程度、复杂性增加的趋势，是自然的演进。演进是自组织的进化，进化的自组织。自组织不仅存在于自然领域，也存在于社会领域，如语言、民俗、货币、市场的形成都是在人类的社会生产与生活实践中，逐步地发生、生长与扩展的。自组织创造出新的事物、新的行为、新的秩序，是无人设计与操纵、自然自发的创造。自组织是系统内的诸要素相互作用、相互配合的产物，是协同效应的产物。自组织不是在外界的特定干预下，按照某个特殊的意志而运行的，是多个以至无数组织与个人的意向及其努力整合而成的，超出了任何单个组织或个人的控制。

论人的内在尺度*

一、人的内在尺度是人的存在规律和本质要求

人在实践活动中依据两种尺度，一种是外在对象的尺度，即客体的规律，一种是人的内在尺度，即人的存在规律和人的活动方式构成的主体的规律。两种尺度的统一形成实践观念。

人的内在尺度是通过与动物的生产比较显示出来的。动物也从事生产，但“动物只是按照它所属的那个种的尺度和需要来建造，而人却懂得按照任何一个种的尺度来进行生产，并且懂得怎样处处都把内在的尺度运用到对象上去”①。在动物那里，对象的尺度和自身的尺度、生产活动和生命活动、生活手段和生活目的是混沌不分、直接

* 本文发表于《南京政治学院学报》1998 年第 2 期。

① 《马克思恩格斯全集》第 42 卷，人民出版社 1979 年版，第 97 页。

同一的。因此，动物的世界极其狭隘，动物的进化极其缓慢，当自然条件变得不利于其生存时，就面临着灭种的危险。人则能够在观念上把对象的尺度和自身的尺度区分开来，最大限度地发现和利用自然界各种事物的规律，并且了解和把握自身的本性和需要；能够在实践中把物的尺度和人的尺度统一起来，使人的活动符合自然规律，使自然规律为人的需要服务，实现人和自然的统一。人的内在尺度，也是自然界的一种物种尺度，不过是一种特殊的物种尺度，即具有自觉意识的尺度。

人的内在尺度是人的丰富多样规定性和特性的系统。

人的内在尺度是人的自然存在、精神存在和社会存在规律构成的有机整体。单独抽出人的某一方面的要素或规定性，如感性或理性、工具或符号、社会性或政治性、理想或自由，都不能作为人的完整规定，只能反映人的本质某个侧面或人的进化某个阶段。“关于人的科学本身是人在实践上的自我实现的产物”。[①] 人的实践活动，尽管在历史条件、主体性质、目标层次等方面，表现出极大的差异，但绝不是像旧唯物主义所理解的，只是为了满足人的感官需要、趋乐避苦的活动，也不是如浪漫主义所憧憬的，审美功能成为支配整个人类生存的原则，而是依据人的自然、精神和社会存在规律，诸要素共同作用而产生的综合尺度。正如F·卡普拉所说的“看来不存在一个单一标准使我们能把人类和其它动物区别开来。人类本质的独

① 《马克思恩格斯全集》第42卷，人民出版社1979年版，第150页。

特之处在于各种特征的结合，这些特征以低级进化形式所预兆，但却整合并且发展到仅存在于人类物种之中的高度复杂性。”①

人的存在规律表现为人的有层次的需要。人的多样性、多层次性决定了人的需要的多样性和多层次性，这些需要可以归纳为生存和发展两个层次的基本需要。生存是人的基本需要，发展也是人的基本需要。生存需要并不仅仅是物质生活的需要，只要是以“人的方式”生存，就不能没有精神生活和社会生活的需要；发展需要也并不仅仅是精神生活的需要，只要是人的发展，就包括人创造的物质财富和建立的社会关系的发展。生存和发展需要不是时间先后的序列，而是相互依存、相互促进、互为前提、交错上升的。

人的内在尺度作为人特有的活动方式，表现了人的自由自觉活动的特性和功能，是人的本质力量的历史积淀和集中体现。一般把劳动资料、特别是生产工具作为“人类劳动力发展的测量器”，这种方法能够说明人对自然力控制和利用的程度。当人对自然的关系还处在有限的局部范围内，这种控制和利用与人的利益是一致的。当人对自然的关系具有普遍的全面的性质，造成了人的活动的异化时，这种方法就不能完全表明这种控制和利用是否有利于人的发展。人的实践能力并不仅仅是无限地开发自然，而

① 费里乔夫·卡普拉：《转折点——科学、社会和正在兴起的文化》，四川科学技术出版社1988年版，第285页。

是能够控制生产力向有利于人的方向发展，实现自然规律和人的规律高度统一。两种尺度的统一，既是人依据对自然规律的认识改造自然，使其成为对人“应如何”的活动，也是人依据对自身规律的认识改造人本身，使其成为对自然“应如何”的活动。人的内在尺度是人的实践能力的内部标志，它表明人自身的发展程度和人对自身发展的控制程度。人的自由自觉性就在于人能够对自己的物种尺度进行调节，促成自身的进化，实现两种尺度的双向适应和统一。

人的内在尺度是进化的系统。人的内在尺度不是先于历史的存在物，是人在逐渐脱离动物的劳动过程中的自我建构，是人自己的历史产物。“整个历史也无非是人类本性的不断改变而已”。[1] 这种不断改变的性质是进化的前提。进化系统是高度相关的：只有人——自然——社会系统的共同进化，才有人的进化；人对物的尺度的发现和运用，是和对人的尺度的建构和把握协调发展的；人的自然存在、精神存在和社会存在，不可能某一项内容脱离其他方面孤立地进化。

二、人的内在尺度是社会实践的创造产物

人的内在尺度是人的实践的本质特征和必要条件，也是人的实践的创造物。要说明人的内在尺度进化的动力机

① 《马克思恩格斯全集》第4卷，人民出版社1958年版，第174页。

制与规律，就必须对实践活动本身进行分析。

实践表现为以工具为中介的主客体的双向运动，人的内在尺度是在这种运动中产生和发展起来的。

实践是主体的对象性活动，人以自身体力和智力的活动调整和控制人和自然之间的物质变换过程。在这种活动中，人自身的潜力得到了发挥，自身的能力得到了锻炼，不仅改造对象，而且自我创造。“当他通过这种运动作用于他身外的自然并改变自然时，也就同时改变他自身的自然。”① “他们在这个过程中更新他们所创造的财富世界，同样地也更新他们自身。”② 通过这种主体对象性活动的双重效应，人赋予了自身新的素质、新的力量和新的需要。人是万物之灵，就在于人在改造自然的过程中，把自然界的本质的丰富性逐步转化为人的本质的丰富性，造就了人的感觉、理智、意志、情感等的丰富性。人类实践具有继承性、累积性和不可逆性，随着属人自然的扩大化，是主体活动广度和深度的增加，是人的普遍性的发展。在这个基础上实践的结果，又进一步提高了自然人化、人自然化的程度。对象的愈益发展，成为人愈益发展的条件。这种良性循环，使主体的自我塑造过程具有不可穷尽的源泉和动力，使人的内在尺度进化有了“自身的自然”基础。

实践的目的是满足人的各种需要，这些需要是通过对

---

① 《马克思恩格斯全集》第23卷，人民出版社1972年版，第202页。

② 《马克思恩格斯全集》第46卷下，人民出版社1980年版，第226页。

象主体化，即产品经过消费返回自身实现的。消费也是生产，是生产主体的过程。消费的内容和性质，影响和制约着人的进化程度。根据消费内容不同，可以分为物质消费和精神消费。在物质消费中，对象满足人的生理需要，为人的生命提供物质和能量，成为人的本质力量的物质基础和人的“无机的身体”。随着物质产品的丰富和分配关系的改变，消费不再仅仅是动物式的需要，而真正成为人的需要、人的消费；消费的作用不再仅仅是维持人的生存，而是提高人的质量，促进人种的优化。在精神消费中，对象满足人的精神生活需要，为人的智力发展提供信息，使精神产品转化为人的文化素养。随着必要劳动时间的缩短，精神产品的不断丰富，人的精神消费能力的不断提高，人的文明在普及，文明的人在塑造。所以，“消费生产出生产者的素质”，“只是由于消费使得在最初生产行为中发展起来的素质通过反复的需要达到完美的程度”。①

人对自然的实践关系必须以社会为中介，人的社会本质是在社会生产的发展和社会关系的进步中形成和进化的。

人的物质生产过程就是人的社会化过程。在个人的生产交换活动中，每个人都成为他人与社会联系的中介，在人与人互为存在的前提中表现出人的本质。劳动作为个人的生命表现，也直接创造了他人的生命表现，“因而在我

① 《马克思恩格斯全集》第46卷上，人民出版社1979年版，第30页。

个人的活动中，我直接证实和实现了我的真正的本质，即我的人的本质，我的社会的本质。”① 在社会的生产活动中，生产者之间的互相的全面的依赖，构成他们的社会联系。人的社会性是随着生产的社会性发展而发展的。根据马克思的三大社会形态理论，在最初的自然发生的社会形态中，人的社会性还是以自然血缘关系为基础，只是在狭窄的孤立的范围内发展着。在以物的联系为纽带的社会形态中，形成了人的普遍的全面的关系，是人的社会性发展的必经阶段。当人的社会关系成为人自己的共同的关系时，人成为自己的社会关系的主人，人的社会性得到了最充分的发展，人才真正成为“社会化的人，联合起来的生产者”。②

一定的生产关系和社会关系是人在生产过程中结成的，它反过来又成为塑造人的力量。人创造环境，环境也同样创造人。每一种新的社会关系总要消除以往社会关系中的缺陷，为人的发展提供良好的环境。随着社会关系的进步，人的发展在普遍的范围内进入了新的层次。

人的内在尺度是人对自身的规律，即对自己本性、需要和本质力量的自觉意识、自我认识，这种自觉意识、自我认识可以以人的活动和对象化世界为中介达到。“我们的生产同样是反映我们本质的镜子”。③ 人通过考察自己的物质生产过程，就可以发现人在自然中的能动作用和主

---

① 《马克思恩格斯全集》第 42 卷，人民出版社 1979 年版，第 37 页。
② 《马克思恩格斯全集》第 25 卷，人民出版社 1974 年版，第 926 页。
③ 《马克思恩格斯全集》第 42 卷，人民出版社 1979 年版，第 37 页。

动地位，发现人的活动中潜藏着的人的愿望、意志和追求，从而对自己在脱离动物的劳动过程中所形成的特殊本质，产生清醒、完整的认识。人的实践活动就其本质来说是无限发展的，这面“镜子”中的映象也是不断更新的。人的实践活动是人的本质力量的对象化，是人在对象世界中的自我肯定。人的对象化世界“是一本打开了的关于人的本质力量的书”，[①] 人可以“在他所创造的世界中直观自身”，[②] 达到对自己历史地发展起来的全部丰富性和力量的认识，并且不以某一时代的认识为终结，不断地通过对象化世界的扩展，反映着自身的进化过程。

人的自我认识能够以各种形式成为精神活动的产物，成为外在于个人的、相对独立的文化存在。外化了的人的内在尺度，即关于人的本性、需要、价值和理想等的社会意识，作为一种社会规范、文化氛围，反作用于人本身，成为指导、制约、协调人的行为的外部力量。这样，人的尺度不是以个人的方式出现，而是以类的尺度、整体的尺度、社会的尺度的方式出现。在社会运行中，即使有局部的不协调，也不会发生根本逆转。作为社会的尺度，它所形成的力量不是个人意愿的总和，具有整体放大的效应。关于“人是什么”的问题，每一时代都达到了不同水平的认识，增加了新的理解，同时又扬弃了不适应新的时代要求的内容。这些思想理论以文化遗传的方式塑造着后人。

---

① 《马克思恩格斯全集》第42卷，人民出版社1979年版，第127页。

② 《马克思恩格斯全集》第42卷，人民出版社1979年版，第97页。

由于教育和传播的作用，代表了人类进步趋势的先进分子的思想，可以变成普遍的意识。经过这些转化，人的内在尺度进化成为不可逆的趋势。

三、人的内在尺度是一个历史进化的过程

人的内在尺度的进化与人的历史发展是一致的，表现出从低级到高级、从简单到复杂、系统新质不断增加的趋势。作为理想的要求，“人以一种全面的方式，也就是说，作为一个完整的人，占有自己的全面的本质”，[①] 应该合理地理解为一个历史的过程。

“认识你自己”，是人的内在尺度形成的前提。在早期人的活动中，人的内在尺度“可能只不过是一种通过应用而形成和发展起来的实践技能，又因为应用而得以保持”。[②] 早期人还不能把自己的意志作为自己意识的对象，在活动中还没有自觉的人的追求。人的尺度是实践理性的产物，当人们开始思考自然规律和人的规律关系时，就提出了人的活动和人的本性统一的问题。“天人合一”是人的主体性处于自在自然阶段的合乎逻辑的结论，人以一种顺从自然的方式生活，就是顺从个人的本性和普遍的本性。

“人是万物的尺度”，这个命题只有在正确回答了谁

① 《马克思恩格斯全集》第42卷，人民出版社1979年版，第123页。

② 列维－布留尔：《原始思维》，商务印书馆1981年版，第424页。

是人的尺度时，才能具有真正的主体性意义。当人们还处于对自然界的狭隘关系和自身之间的狭隘关系时，人发现的是自身的软弱。人不能驾驭自己的命运，只有通过自身人格的异化，在超人的力量那里重建自身。神成了人的尺度，人的本质力量异化为非人的力量，“使自己的得救依赖于某一个人格，比使其依赖于自我活动之力量更合乎心意”。[①] 工业的兴起和科学的发现促进了人的觉醒，哥白尼的日心说取消了人是宇宙中心的地位，但却成为迈向人的自我解放的决定性一步。因为无限的宇宙不仅没有给人类理性设置界限，反而极大地激发了人类理性，人类以无限的宇宙来衡量自己的力量，从而意识到了它自身的无限性。[②] 这些主体意识包括：人的内在尺度只能是人的尺度，而不是神的尺度；人是万物的尺度，也包括是人的尺度；人只能由自己，而不能由神的力量规定自身；人不是实现某种历史目的的工具，人就是目的；人的内在尺度不仅是属人的，而且是为了人的。

人的内在尺度不仅仅是一种观念的存在，它必然要在人的实践活动中和实践结果上体现出来，在对象世界实现人的愿望和意志。觉醒后的人面临着理性和历史的分裂，目的和手段的颠倒。人应该“依照人的方式”安排世界，可在现实中“我们的一切发现和进步，似乎结果是使物质力量具有理智生命，而人的生命则化为愚钝的物质力

① 《费尔巴哈哲学著作选集》下卷，商务印书馆1984年版，第174页。

② 参见恩斯特·卡西尔：《人论》，上海译文出版社1985年版，第21页。

量”,[1] 人创造的对象化世界成为人不能控制的和控制人的力量。人已经通过一般生产在物种关系方面从其余的动物中提升了出来，但还没有通过自觉的社会生产组织在社会关系方面从其余的动物中提升出来。人的历史使命就在于消除理性和历史的分裂，不仅要意识到人的本性和需要，据此构成理想世界的蓝图，而且要在现实上，自由自觉地创造自己的历史。

人是斯芬克斯之谜的出谜者、猜谜者和谜底的合一。理想的人的内在尺度不是虚幻的臆想，而是人与世界矛盾运动的发展趋势，是人创造人的历史的进化方向，是人根据人的要求提出的自己应该解决和能够解决的历史任务。马克思恩格斯关于人的理想仍然具有时代意义，其中包括：人的劳动应该是自由的生命表现，是生活的乐趣，是人的活动的享受；人在不直接受肉体需要的支配的情况下也从事生产，人也按照美的规律去建造；人的生产活动不仅仅是实现物的价值，而是实现人的价值，是全体人的全面发展；人的活动不应是仅仅为了取得最近的、最直接的有效结果，满足人的暂时需要，还要顾及到自己活动的长期效果和整体效果，调整自身的尺度以满足自然的需要，实现人与自然的本质的统一；人不应“在自己的实际活动中不理会人类将退化并将不免终于灭种的前途”,[2] 而是具有人类整体生存和延续的意识，从狭隘的人的尺度过

① 《马克思恩格斯全集》第12卷，人民出版社1962年版，第4页。
② 《马克思恩格斯全集》第23卷，人民出版社1972年版，第299页。

渡到真正的人的尺度；历史上的“一切人反对一切人的战争”只具有历史的意义，随着社会和人的进化，人和人之间的矛盾在共产主义的真正解决，这种“战争”将失去存在的必要和可能。

人的内在尺度进化不仅表现在内容方面，而且表现在进化方式的进化。人的进化不同于动物之处在于，人既是进化的实体，又是进化的主体；不仅在进化着，而且在认识和控制进化；控制愈来愈趋向于自主性。进化发展了人的主体性，而人的主体性又加速了进化。人的这种自我进化能力，使他具备在宇宙演化所允许的时间范围内保持进化的条件。

人的内在尺度在历史的进程中，“自己构成自己的道路”。按照历史和逻辑统一的原则，可以把人的内在尺度进化方式分成三种类型，即本能的方式、反馈的方式和自觉的方式，表现为一个进化的系列。

在本能的方式中，人是无意识地运用内在尺度于对象的，这在人类史上经历了漫长的时期。由于人对自然的狭隘关系制约着人之间的狭隘关系，人还不具备认识自身的社会条件。人既不能在对象化世界中，也不能在社会中发现自己的存在规律和活动方式。内容的进化和方式的进化是紧密相关的，内容的贫乏决定了方式的简单，方式的简单又延续了内容的贫乏。但由于人之所以成其为人的规定性，在本能的方式中包含着反馈的和自觉的方式的胚胎，随着人的进化过程而逐步展开。

在反馈的方式中，人对自身行为的后果做出反应，调整自身行为的两个尺度及其关系，尽力防止、消除人的活动产生的异化作用。在这一历史时期，人的活动经常违反规律成为规律。人在实践中往往会犯错误，实践的结果并不总是符合自然规律和人的规律的。人们以狭隘的功利态度征服自然，却受到了自然的报复。人征服自然的手段越发达，这种效应就以更普遍的形式、更深刻的内容、更严重的性质出现在人面前。人破坏了对象尺度的统一性，同时也破坏了自身的生存基础。人们以自然界的尺度为参照系发现，需要改变的不是技术的力量，而是人类的素质以及制约人的社会关系，人必须调节自身的尺度以适应自然界的需要。许多物种在自然史中灭绝了，而“幸存的物种都不坚持根本性的错误，而是学会纠正它们。”① 人类从群婚制到一夫一妻制，从战争到和平，从掠夺自然到保护自然，都是人类阻止自身退化、挽救自身毁灭的根本性转折。通过这样的反馈机制，保持了物种的进化。反馈方式是人根据自身行为后果做出的自我调节，具有本能与自觉的双重特点，是本能方式到自觉方式的中间形态。

在自觉的方式中，人把以往的进化方式作为必要的环节包含于自身，又展开了人所独有的丰富性、能动性和创造性，表现出人特有的进化方式。反馈的方式毕竟使人类付出了巨大的历史代价，只有在自觉的方式中，人才能

① E·拉兹洛：《进化——广义综合理论》，社会科学文献出版社1988年版，第118页。

“靠消耗最小的力量，在最无愧于和最适合于他们的人类本性的条件下来进行这种物质变换”。[①] 真正依照人的方式进化就是人的自我实现、自我控制、自我选择和自我建构的进化。“只有变成有进化自觉性的物种，我们才能自觉地进化。”[②] 人是理想的动物，人用自身的尺度衡量世界，产生了自在世界和理想世界的差距。人作为自然存在物内在于现存的世界，作为能动创造者又能超越现存的世界，在创造理想世界的过程中，达到人的以自身尺度为参照系的自我实现。这样，人就可以不断在新的起点、新的层次上进化着。人的内在尺度的自觉进化表现在通过实践活动的自我控制，对实践的方式、手段、途径和效果进行调节，在创造对象化世界的同时，也创造有利于自身进化的道路。社会进化的主体是有预见性的人，人可以进行可能性分析，从而造成预见的正效应，使人化世界成为两个尺度统一的结晶，朝着有利于人的生存和发展的方向演化。动物只能在一定条件下选择自己的生存空间，但不能选择自己的生存方式。人可以在遵循客观规律的基础上，选择最有利于自己发展的生产方式和生活方式，这种选择本身就是遵循客观规律的更高表现。人的选择不是简单的趋利避害，而是创造性的选择，即创造有利于自己发展的条件或环境，改变不利于自己发展的条件或环境。人对理想世界的创造也包括对自身理想人格的设计，自觉地按其

① 《马克思恩格斯全集》第25卷，人民出版社1974年版，第927页。

② E·拉兹洛：《进化——广义综合理论》，社会科学文献出版社1988年版，第152页。

要求进行实践。这种自觉进化的方式是与人——自然——社会系统进化同步的，这是“自由结合、自觉活动并且控制自己的社会运动”,[①] 是共产主义“人将重新掌握自己”[②] 的理想和目标。

① 《马克思恩格斯全集》第49卷，人民出版社1982年版，第195页。
② 《马克思恩格斯全集》第1卷，人民出版社1956年版，第664页。

全球化：马克思主义哲学的当代实践基础*

哲学是思想中的实践，真正的哲学凝结了实践的时代精神，同时又能够在理论思维中反思与超越它的实践基础。在世纪与千年之交，人类社会的存在形式与实践方式，人的活动空间与交往关系，进入了一个以全球化（Globalization）为基本标志的新的发展阶段。全球化是当代人类实践的基本框架与宏观机制。马克思主义哲学在这种世界环境与历史趋势面前，能否获得自身的生长源泉，怎样发挥科学世界观的实践功能，如何回答全球化实践的时代课题，关系到马克思主义哲学在全球化时代的历史命运。

全球化是指世界上各个国家的个人、团体、政府之间，跨越领土、种族、语言等界限，在经济、政治、文化等领域，进行全球性的多种形式的交流、交换、交往活

---

* 本文发表于《上海行政学院学报》2001 年第 2 期。

动，从而加深了人类的相互依赖、相互融合，促进了人类共同发展、共同行动的过程。全球化表明，生产力在全球范围得到普遍发展，世界市场已经形成，人类的普遍交往已经建立，历史转变为世界历史，人从地域性的存在转变为世界性的存在。全球化是人的实践活动及其效应的全球化。全球化使物质生产活动的要素，如原料、资本、技术、劳动力等，可以在世界范围内流动，形成了普遍交换的全球体系。全球化使各个民族、国家的精神生产和消费也成为世界性的，“各民族的精神产品成了公共的财产”（马克思和恩格斯），不同的文化与文明在碰撞、冲突中也产生了渗透与互补。全球化使世界成为系统的存在，任何国家不可能在保守与封闭的状态下得到发展，改革与开放成为世界性潮流；任何国家的活动不可能不影响、波及其他国家，也不可能完全摆脱国际社会的规则与制约。全球化使个人摆脱了某些地理与社会的局限，与整个世界的物质与精神生产发生实际的获得与享用关系，成为社会化的人。全球化成为一种历史的、经验的存在，是近现代以来资本主义生产方式扩张的结果，“资本主义的产生带来了全球化的主要动力”，[①] 是现代生产力与生产关系发展的产物，是人的实践手段、活动方式与交往空间不断进化的表现。经济全球化是全球化的主要内容，经济全球化的过程不可避免地伴随着政治、文化等领域的全球性扩散与反扩散。资本与市场的力量是经济全球化的推动力量，资

① Waters, M · 1995. Globalization. London: Routledge, p. 36.

本出于追逐利润的需要，不断破坏和摧毁那些阻碍商品流通、货币交换、市场扩张的限制，超越了一切宗教、政治、民族和语言的界限。正如马克思所说："资本按其本性来说，力求超越一切空间界限。"[①] 市场交换的空间不断扩展，从地区之间到国家之间，既发展了人类劳动的物质变换，又发展了人类的社会联系和社会化程度，造成了各民族的各方面的互相往来和互相依赖。以科技革命为基础的信息革命是全球化的技术动力，电脑的网络化促成了全球的网络化与信息化，电脑网络也构成了新型的全球化空间。现代通讯、传播技术的实质就是用电磁波去缩短全球信息交往的空间与时间，信息传播的同步性、实时性是世界进入全球化的重要标志，信息网络使人的跨时空的普遍交往成为可能。信息通过多种媒体的广泛传播，既影响着人们的观念，引导着人们的行为，也促成着更多的人们参与社会活动及其各种事件。

哲学应该是"整个历史的一面镜子"（黑格尔）。当代历史是全球化的历史，当代哲学是全球化的时代精神，哲学正是在自己的历史实践环境中反映历史并写出自己的历史。马克思主义哲学的历史发生是与资本主义的全球性发展同步的，马克思主义哲学发生的实践基础就是资本主义的历史进程。正是目睹了工业革命的兴起、世界市场的建立、社会关系的变革，经历了世界历史与社会形态的巨大变化，马克思和恩格斯才创立了唯物史观，揭示了生产

① 《马克思恩格斯全集》第30卷，人民出版社1995年版，第521页。

力与生产关系、经济基础与上层建筑、社会存在与社会意识矛盾运动的一般规律，进而指出生产力的普遍发展和与此相联系的人的普遍交往，为人的自由与解放创造了条件。正是生产与交往活动逐步成为世界历史性的共同活动，才使马克思和恩格斯的哲学具有真实的、深厚的世界历史感，也就是能够从整体上、根本上把握社会历史的客观规律与发展趋势，并以此为依据推测人类社会的未来。当代社会生产力的飞跃发展与人类生活的迅速变更，使全球化的速度在加快，全球化的领域在扩大，全球化的程度在加深。世界的全球化状态与19世纪相比，展现了新的面貌，进入了新的时代，产生了新的性质、特征与问题。应该承认，当代历史与一百多年前相比，发生了巨大的、深刻的变化。资本主义从工业社会过渡为“后工业社会”、“信息社会”、“知识社会”。知识的存量特别是创新知识、高科技知识的含量，已经成为财富的重要源泉与标志，生产创新主要依靠开发以知识与信息为代表的人工资源，知识成为劳动力资源中最有价值的部分。生产要素的结构变化，使劳动方式、分配形式、产权结构、阶级关系等方面，都发生了重要的变化。20世纪，社会主义体系确实在世界范围内建立起来，无产阶级也一度在这些国家当家做主。但到20世纪末，社会主义与资本主义、无产阶级与资产阶级的较量，出现了科学社会主义的创始人与社会主义实践的开创者始料未及的情况。经历了一战、二战和冷战，和平与发展成为时代主题，实现世界持久和平，促进各国共同发展和普遍繁荣，是人类的共同使命。

现代化的进展，消费社会的享受，伴随着日益严重的全球问题，也就是生态破坏的全球化。这些都需要认识的深化，思想的投入，理论的提炼。20 世纪的全球化实践，给马克思主义哲学的生长与更新提供了肥沃的土壤与坚固的基石。马克思主义哲学是以关注人类命运，把握历史演变，说明社会兴衰为其使命的，它要在新的世纪仍然保持自身的解释力、预见力与说服力，就必须扎根于新的历史实践，反映社会的变迁，体现时代的本质，从历史观上对全球化时代作出科学的说明，提出自己的正确理论。只有面对时代课题，作出科学解答，马克思主义哲学才能在新的时代真正成为时代精神的精华。

马克思主义哲学是资本主义时代的产物，它体现了西方文艺复兴以来的理性、科学、怀疑、批判与人道精神，建立了唯物主义的历史观与“合理形态”的辩证法，并以此为依据解剖资本主义社会，创立科学社会主义。尽管在全球化时代资本主义有了很大发展与变化，资本主义出现了新的存在形式与活动规律，德鲁克（P· F· Drucker）称之为“后资本主义社会”，但全球化时代仍然是资本主义占统治地位的时代，马克思主义哲学仍然是这个时代的哲学。20 世纪是马克思主义及其哲学的百年实践，同时也是百年实验。马克思主义的实践唯物主义、唯物辩证法和唯物史观已成为人类思想财富的重要的内容，20 世纪的历史可以为马克思主义哲学提供足够的证实材料，显示马克思主义哲学的有效性与生命力。马克思在世的时候，他的思想没有成为社会的意识形态主流，但他的思想以其全面、彻底、深刻的品格，保持着独立的地位与独特的价值。当代物质生活向个性化发展，精神生活向多样化发展，马克思主义哲学并不要求在全球获得“话语霸权”，但它能够获得自己的生存与发展空间，拥有自己思想的权利与力量，赢得更多的接受与信服。因为这种哲学对全球化时代的产生、矛盾、趋势、规律等，仍能提供透彻的、有说服力的分析。英国广播公司（BBC）通过互联网评选千年最伟大思想家，马克思名列榜首，就是生动的证明。如果说有“过时”的东西，过时的是从某个观点简单推断出来的某些结论，过时的是对这种哲学简单化、庸俗化、教条化的解释与应用。对于马克思主义哲学来说，真正重要的问题在于使自己成为一种开放的哲学，不断地从新的历史与实践中吸收营养，借鉴和利用其他各种哲学，包括现代西方哲学的成果，学习消化当代科学技术的新成就，从中提炼自身丰富与发展的新元素、新材料。面对现实的历史实践提出的挑战，马克思主义及其哲学不应该回避也不可能回避，要把挑战同时也当做丰富、发展与更新的机遇。马克思主义哲学的基础与对象，都是现实的、活生生的、发展着的实践，马克思主义哲学始终都把回答时代的课题作为自己的主要使命。封闭的哲学只能是停滞、僵化的哲学。马克思主义哲学的创始人并没有构建一个黑格尔式的包罗万象的体系，后人所编撰的体系也不是一个终极的体系。马克思主义哲学的本性及其特征，使其在全球化时代仍能发挥综合、批判、价值与实践等功能。

一、全球化使历史转变为世界历史，为哲学提供了全球视野的实践基础，要求在历史观层面对全球化作出说明

马克思和恩格斯在 19 世纪中叶创立的唯物主义历史观，是以当时生产力的普遍发展与世界的普遍交往的历史事实为经验基础的。只有历史本身的联系发展为世界性的历史联系，理论才能够把历史中显露的趋势、规律、必然性如实地反映与表现出来。唯心主义历史观在头脑中用理性去演绎历史，对理性的依赖以至迷信反映了生产力的不发达，理论还不能求助于同时代的历史。一百多年来，经济全球化已经成为处处可以感触到的物质事实，成为不争的历史现象。世界的整体性联系、系统性存在，使任何社会历史哲学的思考，都必须要有一种全球视野，要有人类作为系统活动的思维框架。否则，难免产生脱离现实世界的狭隘性和片面性。当代全球化发生于世界范围，表现在人类社会的各个领域，有“经济全球化”（雅克·阿达）、“金融全球化”（弗朗索瓦·沙奈）的研究，有经济、政治、文化全球化（M· Waters）的分类，也有“世界的全球化”（E·拉兹洛）的概括。由于人类生活的多层面性，全球化的研究在开始阶段也是分门别类、在不同领域进行的。由于全球化研究的视野、方法与学科的差异，对全球化的表现与原因，也有着各种各样的界说。从历史观上说，全球化就是历史的全球化，就是历史由各民族分散

的历史转变为世界的整体的历史；全球化的根本原因就是在资本的生产关系中生产力运动的必然趋势，就是在市场扩张、资本流动过程中伴随的普遍交往与文化扩散。对于全球化的时代，要求有一种哲学的视野与历史的沉思，要求在具体专业、学科研究的基础上进行新的综合。马克思主义唯物史观从社会的物质生产出发说明社会的交往关系，从社会的经济生活出发说明社会的政治生活与精神生活，从生产方式的性质说明时代的本质，从生产力的趋向说明历史的趋向。唯物史观可以使我们在复杂的全球化现象中抓住本质的、全面的联系，用唯物的、辩证的、历史的观点看待与把握全球化。非马克思主义的全球化研究也在试图提出种种历史哲学，如亨廷顿（S・P・Huntington）认为，冷战结束以后，全世界的人在更大程度上是依据文化的界限来区分自己，不同文明集团之间的冲突将成为未来世界冲突的主要根源与全球政治的中心。他说："在新的世界中，最普遍、最重要和最危险的冲突，不是发生在阶级之间，富人与穷人之间，或其他从经济上定义的群体之间，而是发生在属于不同文化实体的人们之间。"① "文明冲突论"是一种历史解说，但它并没有点到文明的实质，或者说掩盖了冲突的实质。实际上，在全球化时代社会基本矛盾仍然存在，只不过不能仅仅在某个国家内部考察，还需要从世界范围来考察这种矛盾的表现形式与发展趋

① Huntington，S・P・1987. *The Clash of Civilizations and the Remaking of World Order*. London：Simon Schuster Ltd，p. 28.

势。“文明的冲突”实质上是不同的生产方式的冲突，是发达资本主义国家一体化的趋势与发展中国家本土化的势力的冲突。

唯物史观当然不应该是解释历史的不变公式或创造历史的灵丹妙药，面对历史的巨大变化与日益丰富，唯物史观也要随之变化与丰富，更加系统与精致，以满足新时代的理论需求。19 世纪资本开拓世界市场，生产力的水平是机器大工业、蒸汽机车、电报电话，商品与资本输出是“摧毁一切万里长城”的重炮，国际分工主要是原料生产国与产品制造国的区分，为了抢夺或争夺世界市场，不惜使用武力，发动战争；20 世纪的经济全球化进程，生产力的水平是电子、生物、航天新技术，是电脑的网络化，知识、技术、信息的输出成为利润的主要源泉，知识的生产、销售国与知识的消费、购买国构成了新的国际关系，跨国公司在很多方面成为经济全球化的推动力量，经济事务及其利益冲突，很多是通过国际组织、国际法，由协商、谈判、契约来解决的。这些变化都需要认真深入地研究，从生产力与交往关系的变化发掘全球化时代的新的特征，把握全球化的主要因素及其相互关系，概括出全球化发展的规律。全球化作为一种状态、趋势与过程，是现代生产力发展运动的结果，不能仅仅归结为某个国家、某个集团的意志的产物，意志也只是经济力量的人格表现。全球化是生产力自己开辟自己道路的展开，推动全球化的技术手段、交往形式、制度规则等因素，都是在生产力与交往关系的矛盾运动中，为适应与满足现代生产力的要求而不断变革与完善的。在生产力扩展空间的手段中，知识与创新成为越来越重要的因素，成为经济扩张的主要力量，成为全球化的“共同语言”。当今世界各国综合国力竞争的核心，已经从武力转移到智力，从资本存量转移到知识存量，从生产能力转移到创新能力，也就是从有形资源转移到无形资源。生产力在全球范围的普遍发展，导致了人与社会在全球范围的普遍交往。个人通过多种媒介与世界历史相联系，从地域性的存在过渡为世界历史性的存在，从抽象的社会性存在转变为经验的社会性存在，从地区性的共同体活动扩大为世界性的类的活动，成为“经验上普遍的个人”。随着当代国际交往的日益频繁，越来越多的人同化与顺应全球化，掌握了全球交往所需要的语言、技能、知识，产生了新的现代认同感。在全球化进程的初期，“货币没有祖国”。在开拓世界市场方面，金银作为一般等价物、一般交换手段和世界货币，具有“世界主义”的性质，它在带动世界市场形成，造成人们彼此间的世界主义的关系方面起着异常有力的作用。现代通讯技术的发展，特别是电脑网络的普及，使“信息也没有祖国”。全球的各种媒介构成的信息网络，使以全面、准确、及时的信息为基础的全球化交往成为可能。历史上信息的集中与发散，依靠的是人口在城市的集中，人与人空间距离的缩短，作为对通讯手段落后的弥补。现代社会信息的网络化、全球化，并不要求人们以居住的密集来换取这种获得、共享信息的便利，发达的信息网构成了社会发达的神经系统。这样，交往活动可以跨越地理的障碍、国家的边界，主体间的空间距离和交往的时间费用不构成交往之维覆盖全球的重要障碍。

二、全球化是在和平与发展成为时代主题的背景下展开的，面对进步与风险、融合与冲突共存的世界，需要全面认识全球化条件下的历史进步规律

20 世纪经历了时代主题的重大转换：从战争与革命到和平与发展。时代主题的转换，使世界的面貌发生了根本的变化。尽管世界上还存在着局部冲突与南北问题，但追求和平、谋求发展已成为世界性的价值取向、行为方式，主题转换加速了世界的现代化进程与全球化时代的到来。和平与发展是全球化时代的主旋律。主题转换是一个已知的历史事实，其原因可以从多方面、多学科，运用多种理论模型作出说明。主题转换反映了历史进步的规律，其根据并不局限于这个世纪，它所引发的思考对未来的世界历史都具有重要的启迪。“二战”结束以后，人类争取了半个世纪以至更长时间的无大战的世界和平。人们可以用和平的愿望、理性的力量、威慑的制约等因素解释，但根本的力量是经济的力量，根本的规律是经济的规律。克劳塞维茨把战争当做政治的继续与流血的政治，如果分析更直接、彻底一些，战争应该是经济的继续与流血的经济。战争是以暴力的方式争夺经济利益，政治利益也是经济利益的反映。随着经济全球化的深化，世界市场包括金

融市场已经制度化、一体化，在这种背景下，不需要流血与暴力就可以得到更多的经济利益，并且付出更小的代价，这就使大国集团之间的战争成为不“理性”的事情。现代战争对一个国家的经济与科技实力要求极高，这就使小国、弱国没有能力与“资格”发动或进行外部的全球性战争，寻求和平的方式解决国际争端与地区冲突也符合发展中国家的利益要求。和平的主题存在于当代经济活动的内部机制之中。当代国际社会的竞争，归根到底是经济实力和以经济实力为基础的综合国力的竞争与较量。苏东剧变的原因之一，就是一些社会主义国家的发展速度落后了，缺乏与资本主义国家竞争的经济实力。南北问题日益突出，说明了发展问题对于发展中国家，也包括发达国家的迫切性与严重性。20 世纪后半叶的历史表明，革命还不能一劳永逸地解放和发展生产力，政治运动也不能完全解决经济问题。在社会体制的相对稳定时期，还要通过改革解放和发展生产力，通过创新推动民族进步与国家兴旺发达，也就是在发展中解决发展问题，“发展才是硬道理”。在全球化时代，共同发展关系到全人类的前途命运，“应该把发展问题提到全人类的高度来认识”。[①] 正因为发展成为世界各国，特别是广大发展中国家的共同需求，就使主题转换成为历史的必然。和平与发展同时成为时代主题，也是因为和平与发展的相互依赖、相互促进。和平是发展的前提，发展是和平的保证。

---

① 《邓小平文选》第 3 卷，人民出版社 1993 年版，第 282 页。

全球化是二重化的历史存在，它既不表明“太平盛世”的来临，也不预示着“世界末日”的到来。不同的国家、民族、集团、个人由于在全球化中的位置不同，他们眼中的“全球化”是不同的世界。有的是“科技乌托邦”式的赞歌，有的是像对待洪水猛兽似的诅咒。思想世界的对立反映了现实世界的矛盾。实际上，全球化的历史如同以往的历史一样，始终交织着进步与代价、希望与痛苦、新生与毁灭、善行与罪恶。马克思在分析资本运动的规律时指出，资本既是创新的主体，也是破坏和摧毁的主体。资本不可遏止地追求扩张的普遍性，对于一切阻碍发展生产力、扩大需要、使生产多样化、利用自然和精神力量的限制，资本都要破坏这一切，摧毁这一切，并使之不断革命化。[①] 马克思尖锐地着重指出资本主义生产的各个坏的方面，同时他也明白地证明这一社会形式是使社会生产力发展到这样高度的水平所必需的，资本主义生产才第一次创造出为达到社会全面进步、人的全面发展所必需的财富和生产力。[②] 当代全球化是多种矛盾的共存，既包含着世界能量集聚的巨大动能，也包含着高度相互依赖的系统崩溃的风险；既包含着交往中的文化融合，也包含着根深蒂固的文化鸿沟；既包含着科技创新的发展潜力，也包含着环境资源的承受底线。全球化不是一相情愿的无摩擦运动，也不是完全非理性的无序运动，人类只能在这种

① 参见《马克思恩格斯全集》第30卷，人民出版社1995年版，第390页。
② 参见《马克思恩格斯选集》第2卷，人民出版社1995年版，第596页。

矛盾状态中，寻找一条化解冲突、减少代价、防范风险的道路。

全球化过程是一体化与多样化的共同发展。一体化的推动者是发达国家，它们借助自由贸易体系与“商品的低廉价格”，使产品创新、技术创新迅速扩散到世界各地，全球消费着同样的新产品，并执行着同样的技术标准与交易规则。西方国家还要在其他国家“按照自己的面貌为自己创造出一个世界”（马克思和恩格斯），推行西方的体制与观念。多样化的坚守者是发展中国家，国家利益、民族文化、宗教感情等因素，都使得他们不能同化于西方文明，不能淡化、弱化本土化的特色。发展中国家要在全球化潮流中保持自己的文明，显示自己的色彩。Fantu Cheru 认为，在未来的几十年中，基本的政治冲突将发生在全球化的力量与以本土为基础的各种形式的社会运动之间，这些社会运动寻求合理、平等、可持续的新的社会秩序。[①] 实际上，一体化与多样化是相互依赖的，一体化是以多样化为前提的，排斥了多样化的一体化，完全同一的一体化是不可能存在的；多样化是以一体化为参照的，脱离了一体化的多样化也是一种独立的一体化。所以，各种文明应该相互交流，相互借鉴，共同进步，各个国家、各个民族都能够为人类文明的发展做出贡献。一体化与多样化的共存，就是人类在平等的基础上共同创造自

① Cheru, F · 1996. New Social Movements: Democratic Struggles and Human Rights in Africa, p. 164 in J · H · Mittelman (ed.) *Globalization: Critical Reflections*. Boulder: Lynne Rienner Publishers, Inc.

己的历史，建设自己的文明。

三、全球化塑造了新的利益格局，提出了社会公正与人的价值问题，哲学不能放弃经济批判与道德批判的双重功能

全球化并没有走向世界大同，并没有使“四海之内皆兄弟”，相反，它加重了国家内部与国家之间的经济、政治与文化的不平等。全球化造成了“赢者通吃的社会”（The—Winner—Takes—All—Society），它使“全世界大多数人被边缘化，包括许多生活在中心社会的人。”（德里克）[①] 由于商品、技术的自由流动与国际分工的加深，全球化提高了劳动生产率，同时也带来了新的大量的失业。由于知识、技术、信息成为新的“致富手段”，而每个人的天赋和支付受教育费用能力是不一样的，因此所拥有的人力资本是不均等的，这就造成了新的贫困者。全球化产生了新的利益格局与分配规则，扩大了利益与财富的不平等。即使是布热津斯基（Z· Brzezinsri）也认为，西方纵欲无度的价值观念和生活方式与世界多数地区的贫困形成巨大反差，不仅阻碍了达成全球共识，而且加剧了全球分裂，潜藏着政治上的危险。全球不平等现象势必成为21世纪政治中的重大问题。[②] 对于全球化，有热烈的拥护者，

① 王宁、薛晓源主编：《全球化与后殖民批评》，中央编译出版社1998年版，第4页。

② 参见兹比可涅夫·布热津斯基：《大失控与大混乱》，中国社会科学出版社1994年版，第87－95页。

也有激进的反对者。马克思和恩格斯的一生都是在为社会公正而奋斗，他们坚定地站在过着悲惨生活的工人一边，自觉地担当工人利益的代言人。他们不是仅仅地研究“天赋人权”，而是积极投身于“使现存世界革命化，实际地反对并改变现存的事物”的实践，改变不合理的经济关系与社会关系。马克思主义在当代之所以能够保持它的生命力，一个重要原因就在于它仍有其群众基础。全球化时代仍然存在着阶级压迫、性别与种族歧视、对弱者与贫困者的欺凌、霸权主义与强权政治，就仍然需要主张社会公正的声音，需要批判资本的《资本论》。人类不平等是有阶级社会以来就存在的现象，不平等的消除有赖于生产力的高度发达与社会的全面进步。乌托邦思想家不顾社会的现实而力求实现自己的理想，属于思想的幼稚。而把不平等看作天经地义、永恒不变，则是人文精神的倒退。正确的态度是既要承认分工与不平等的历史合理性，又要积极为消除分工对人的束缚以及带来的不平等而创造物质条件与社会条件。

全球化是人的活动造成的，它也造就了人的全球化或全球化的人，人只有在与世界的普遍联系、普遍交往中才能生存与发展。人的问题是马克思主义哲学最关注的问题，在马克思看来，经济活动的合理性不仅表现为它的效率，也表现为它的人道，即最符合人的本性与最有利于人的解放。即使是现代西方哲学家，也承认马克思对人的价值与命运所抱的强烈的忧患意识与使命感。与以往的思想家不同，马克思和恩格斯论述人、人性、人道主义等问题，不是从超历史的人性出发，而是从生产力和生产关系的现实矛盾出发；不是仅仅作伦理学分析，而是深入作经济学、历史学的分析；不是仅仅解释、谴责人的异化，而是进行无产阶级和人类解放运动；不是消极、悲观地感伤人的退化，而是根据经济变革、历史发展的规律，提出未来社会人的理想、人的解放和全面发展。这都是人本主义所不能比拟的。在当代，全球化对人的塑造与人的文明有哪些影响，与人类进化和未来是什么关系，对人的生存与发展带来哪些问题和负效应，这些价值评价都是马克思主义哲学需要认真思考的问题。全球化带来了全球问题，全球问题是全球化的副产品。生态危机使人类的生存与延续受到了威胁，显示了人有着阶级、集团、国家的共同利益之外的人类的共同利益。不管这种共同利益是否成为普遍意识，是否得到共同维护，但它是客观存在的。人类的共同利益不能掩盖阶级、集团、国家之间的利益冲突，各个阶级、集团、国家的共同利益也不能替代人类的共同利益。那种“我死以后哪怕洪水滔天”的哲学只能加速滔天洪水的到来。为了解决资本主义社会生产力与生产关系、人与自然的矛盾，马克思和恩格斯寄希望于新的阶级、新的生产方式与新的社会。当今世界，全球化进程中的南北问题表现得更为突出，全球问题在发展中国家表现得更为严重。马克思和恩格斯当年揭示的资本主义生产方式的内在矛盾依然存在，但解决矛盾的方式、过程不完全同于马克思和恩格斯的设想。在全球化时代，在资本主义与社会主义共存的条件下，采取什么途径、方式来缓解生态危机，推动历史进步，发展人类文明，这是当代马克思主义哲学需要思考的重大问题。

四、全球化交织着两大社会制度的较量，要分析社会形态的演变趋势，为促进全球更高的文明和更全面的进步提供实践的哲学

贯穿20世纪最重大的历史事件是两大社会制度的较量，在进入新世纪之际，不可能回避这一历史而作出什么“沉思”或“反思”。有人把全球化当成是资本主义的全球性胜利，福山（F · Fukuyama）就把冷战结束、苏东剧变看成是“历史的终结”，他认为西方的自由民主已是人类政治的最佳选择，也是最后的形式，即“历史的终结”。他说：“如果现行的社会与政治组织完全满足了人们最重要的本性要求，那么历史就达到了它的终点”。[①]“历史终结论”显然是非历史、反历史的。福山作为资本主义制度的既得利益者当然是希望现行制度的永世长存，但历史辩证法是无情的。当代资本主义对社会主义在力量上的优势并不能证明资本主义的永恒性。资本主义从诞生时起，就如同任何经济形态一样，包含着内在的否定的因素，即使在今天它也存在着难以克服的深层的矛盾，隐藏着多方面的危机。马克思主义产生于资本主义，是以资本

① Fukuyama, F · 1992. *The End of History and the Last Man*. New York: The Free Press, p. 136.

主义的批判者出现的。马克思和恩格斯高度评价了资产阶级在历史上起过的非常革命的作用，肯定了资本主义所创造的物质生产与生活的奇迹，但他们并没有像庸俗经济学家那样甘心充当资本主义的辩护士，而是通过“公正无私的科学探讨”（马克思），揭示了资本运动的内在矛盾及其发展演变趋势，提出了建立更具有经济合理性与价值合理性的社会形态——社会主义与共产主义的设想。资本主义作为一种社会历史现象，有其产生的必然性、存在的合理性与衰亡的过渡性。一百多年来，资本主义的存在形态发生了很大变化，显示了通过生产创新与社会创新而自我调节的较强的能力，它所创造的巨大的物质财富使其能够在一个时期内缓和阶级与社会矛盾，获得稳定与发展。对当代资本主义演变趋势的研究，要以唯物史观为指导，结合新的社会实践，把历史的规律研究与实证研究结合起来，从抽象到具体，从已有结论到新的认识。马克思积几十年之心血，从事政治经济学批判，就是要在该时代的经济中寻找资本主义为何灭亡，社会主义何以可能的内在根据。哲学必须要学会用经济自身的力量来说明社会经济的演变，哲学要深入经济世界。

马克思主义哲学是彻底的唯物主义，它不仅反思资本主义，而且应该反思社会主义，进行社会主义的自我认识。不仅要分析市场经济，而且要分析计划经济。马克思和恩格斯在世时，作为一种社会制度的社会主义还只是以理论形态存在，还处于设想阶段。科学社会主义与空想社会主义相比是理论的质的进步，但是把科学社会主义当做终极真理或教条，就会把它置于不科学的地位。20 世纪的社会主义是在相对落后的、资本主义没有充分发展的国家建立起来的，缺乏马克思和恩格斯所要求的高度的物质基础，把现实的社会主义实践与经典的社会主义理论作简单对照，既会扭曲现实，也会贬低理论。鉴于理论与实践的反差，邓小平提出了重新认识社会主义的任务，要求搞清楚什么是社会主义、怎样建设社会主义这个基础性的问题。这个问题不是哲学所能单独回答的，但它要求哲学的参与，哲学的思维。在全球化时代，社会主义作为一种社会制度和发展模式，能否生存、发展与壮大，是全世界的马克思主义者，甚至资产阶级都在总结、思考的重要课题。这要求对历史发展规律有深刻的理解，对社会矛盾运动有准确的把握。唯物史观是科学社会主义的理论基石，马克思和恩格斯从来不是从一种善良的愿望出发来谈社会主义的实现的，而是把社会主义作为一种历史活动，它的实现与否取决于历史条件的发展和成熟程度。科学社会主义的任务不再是构想出一个尽可能完善的社会制度，而是研究经济运动的现实展开过程，在现存的经济关系中找出解决矛盾的途径与手段。

全球化是一种历史趋势，这种趋势是不可逆转的。尽管全球化的进程中伴随着冲突、风险与代价，但总的来说，“世界局势的演变和人类社会的发展，不管还会经历多少艰难曲折，终将走向更高的文明和更全面的进步。”①

① 江泽民：《在联合国千年首脑会议上的讲话》，《人民日报》2000 年 9 月 7 日。

全球化是实践的全球化与全球化的实践，它需要一种宏观的实践哲学，马克思主义哲学正是一种以人类实践为尺度的实践哲学。全球化是以人类整体为主体的共同活动，但是没有统一的意志和完整的计划，其间会出现不同主体利益冲突，会产生背离大多数人利益和人类根本利益的走向。这就要求研究不同主体分散活动的“合力”怎样才能产生出有利于更高文明和更全面进步的历史后果。人的主体性既可以是创造的力量，也可以是毁灭的力量；既可以用于善，也可以用于恶。全球化趋势有着巨大的势能，它将把人类带向何方？这不能寄希望于“上帝之手”，也不能完全依赖“看不见的手”。当代社会中人类实践的能力空前增强，这种能力就包括科学预测与自觉控制人类整体实践的过程、方式与目标，使人类实践达到经济合理性与价值合理性、微观合理性与宏观合理性、当下合理性与长远合理性的统一。全球化进程趋向于更加进步与文明，但这种趋向存在于未来空间，具有不确定性。自然领域存在着微小扰动演化为巨大涨落的现象，社会领域也存在着突发事件影响，改变了历史轨迹的现象。全球化进程没有预定的轨道，即使有预定的轨道，也会出现脱离预定轨道的不确定情况。不确定性给出了人类的创造性空间，正因为全球化未来的多种可能性都是不确定的，只有人的创造性活动才能把理想变成现实，把不确定变成确定。

信用与文明*

信用是人在交换与交往活动中，对于自己的责任、义务或承诺的恪守与履行。狭义的信用只限于货币交换领域的支付方式与借贷关系，表明在一个时段内分别兑现的收与支、买与卖、借与还的交易方式的可靠性；广义的信用不限于商业活动，它包括人与人交往关系的各个方面，是社会的伦理规范的重要内容。这里所说的信用是在广义上使用的。信用要求人在家庭生活、职业行为和社会交往中，不能放弃属于自己的身份应尽的义务，不能推卸属于自己的角色应负的责任，不能违背契约关系中属于自己应该履行的承诺。信用要求人在向交往对象传播信息的行为中，不能有意隐瞒有义务披露的信息，不能提供虚假信息，更不能借用虚假信息进行欺诈。信用要求人具有自觉的、牢固的契约意识，对于承诺有着一种严肃的态度，不可能履行的承诺就不作出承诺，只要是作出承诺就是经过

* 本文发表于《新东方》2002 年第 3 期。

慎重考虑与认真论证的，就要严格履行；做到言而有信，诺而有果，不拿承诺当儿戏，更不利用虚伪承诺谋取利益。信用并不仅仅是对个人的道德准则，也是对组织、机构、团体的道德准则，因为后者同样也是行为主体、法人主体。

信用是在人的交换、交往关系中形成和建立起来的，信用也包括人的自我信用，即对自我要求的遵循，但更多的是指对他人、对关系对方的信用，是遵守对交往对象作出的约定；信用是在交往关系中表现出来的，是一种交往伦理。在交往活动中，人的许多行为准则是受契约性关系制约的，契约包括法定契约与习俗契约、公证契约与隐含契约、既成契约与增生契约等，各种契约都是权利与义务、自由与约束的统一；信用是对契约的全面接受与执行，而不是有选择地、机会主义式地接受与执行，是一种契约伦理。在契约义务中，信用是对未来行为的约定，是指契约生效之后除了不可抗拒的因素或非己方的过错，就要以自己的行为的确定性来抵消与防御未来的不确定性，而不论将来的不确定性是对自己有利还是不利；信用是用于对未来不确定状态的确定性承诺，是一种未来伦理，守信用只是对过去承诺的兑现，不守信用则是对已有契约的毁弃。信用伦理广泛地存在于人的私人生活与公共生活领域，只要人与他人发生着交换与交往关系，形成了特定的人际关系，就有信用约束的需要，也就有失信、无信、毁信的可能。信用包括经济生活的信用，在经济领域中交换行为最为频繁、直接和典型；也包括政治生活的信用，在政治领域中每个角色的行为也是由法律、制度、规则所限定的；还包括日常生活的信用，在家庭关系和社会交往关系中，每个人也都有自己的责任和义务。

考察人类文明的历史进程可以从多个角度展开，信用文明是其中之一。人是社会性的动物，人需要相互依赖、相互合作、相互交换，这就产生了相互信任的要求，产生了信用的需要。人在建立自己的道德文明的同时建立了信用道德，以保证社会的正常运行。人的社会化愈益普遍，社会交往愈益复杂，信用文明也就愈益进步。

在自然经济社会中，缺少交换关系，交往是在狭小的范围内进行的，信用是血缘关系内的信用，是部落、村落内的信用，只是在长期不变的交往人群中生效。随着商业的发展、交换的扩大，信用关系开始在陌生的交易伙伴中建立起来，走出了狭小的地域范围，信用内容从亲情伦理转变为金钱伦理，发展出了现代意义上的信用。在封建伦理中，也讲“诚”与“信”，但更多的是在政治关系中使用的，是要求臣民对君主的忠诚与顺从，这种信用的稳固是以紧密的人身依附关系和强大的人身制裁权力为基础的。在资本伦理中，商品与货币交换已成为人的活动的主要内容，经济信用成为人的信用的首要标志，人们更重视的是经济交往中的信用，而且形成了日趋完善的维护交换信用的法规制度。古代社会的信用伦理，很多是不对等的、非自愿的，如“君为臣纲，父为子纲，夫为妻纲”，再如对婚姻忠贞的单方面约束，只有弱势者对强势者的信用义务，而不是双方的共同义务。现代信用伦理是现代契约观念的派生物，它要求在契约平等关系和自由契约保证的前提下的信用约束，即信用是互利互惠的信用，是自愿承担的信用。

信用文明是与制度文明的发展密切相关的，近代以来，信用的成熟程度或破坏状况是与市场经济的发育状况与完善程度密切相关的。在市场经济的初级阶段，由于信用的成本高于无信用的成本，无信用的收益大于信用的收益，就会产生信用危机，出现大量的违约、无信、欺诈现象，造成“无信用驱逐有信用”的结果。随着市场制度的完善与成熟，交易行为的逐步专业化、规范化、法制化，信用就会成为进入市场的“执照”，成为交易中的重要的无形资产。讲信用不仅仅是伦理的要求，也是利益的要求，市场伦理与市场规律合为一体。人类需要信用文明，人类也在建设信用文明。从无信用到有信用，从信用的道德诉求到信用的制度保障，从信用的失范到信用的重建，从传统的信用到现代的信用，建构出更加合乎理性与人性的信用理念及其规范。

信用在人类生活中起着不可或缺的作用，信用对于扩展人类文明有着重要的作用。信用保证了社会生活的正常秩序。社会生活是由无数种交往行为构成的，交往赖以进行的基础是交往各方的相互信任。信任是对信用的回报，信任产生于信用。如果没有起码的信任，人与人之间就无法正常地交往，例如战争状态就是没有信任的非正常交往方式。社会只要存在着分工与协作的关系，只要存在着交换与交易的行为，就需要依靠必要的信用换取相应的信任，以保证社会交往的连续性。信用可以为交往的各方提供某些确定性和某种安全感，使交往活动达到交往各方预期的结果，从而使交往各方能够尽力促成每一交换行为。

信用降低了社会的交易费用。交易费用包括信息费用、谈判费用和监督费用等，可以看成是寻求与确保信用的费用。在交易各方的信用信息不明确时，交易费用必然会上升。当社会的守信率普遍降低时，人们的交易活动不得不大量用于互相防范与戒备，加大保险系数，这就使交易的难度与费用大大增加，而成交率却大大降低。如同马克思所说："这种劳动由于双方的恶意而增大，但并不创造价值"[①]。如果交易的信用度低，则事后追究的索赔、诉讼、仲裁等纠纷也就大量增多，这也加大了交易的社会成本。交易费用加大的直接后果是交易数量的人为减少，这对繁荣市场、扩大交换、加快流通是极为不利的。一个社会的信用程度高，信用文明普及，这个社会的交易费用也就自然大幅度下降，这就促进了市场交换与经济发展。

信用扩大了社会的交往范围。在全球化时代，信息技术与交通技术已经为人类跨地域、民族、文化的普遍交往创造了技术条件。但人的普遍交往不仅需要技术条件，而且需要人文条件，人文条件之一就是信用道德。只有信用道德得到普遍发展，才能消除人的普遍交往的心理障碍，扩大人的交往空间与交往层次。社会的信用水平与社会交往的普遍程度是成正比的，对人的信用状况抱有信心，就

---

① 《马克思恩格斯全集》第24卷，人民出版社1972年版，第147页。

能够主动走出固定不变的交往圈子，积极扩大新的交往关系，增加新的交往内容。交往关系的不断更新与扩大，有利于人与社会的社会化进程，而社会化的程度是社会文明的重要尺度。

信用增加了信用主体的无形资产。“人无信不立”，说明了信用是对人的评价的一个重要标准。信用的产出是信誉，只要恪守与培育信用，就自然会获得信誉。无论是个人还是企业，信誉都是所有者的无形资产，它可以增加主体的价值与资本，提高主体交往的声望与地位。信誉的培养与维护相当不易，信用主体的生命周期不完结，信誉的培养与维护就不会结束，而信誉的破坏与毁灭却是容易得多的事。因此在维护信誉与毁坏信誉之间，前者是一种更为艰难的选择。

文明是人类创造并享用着的巨大财富，文明是由多种性质与类型的财富构成的，信用是文明的构成要素。物质文明是社会的宝贵资源，信用文明作为道德文明、精神文明的重要组成部分，也是社会的宝贵资源。信用是一种道德资源，是一种社会资本，信用的普及与提高，就意味着文明财富的增长。信用也是文明发展的一个尺度，信用状况表明人的交往是在什么层次上与范围内进行的，表明人的联系的性质、方式与程度处于什么样的发展阶段。信用标志的是交往文明，信用境界标示出人的交往是否走出了“囚徒困境”，也就是能否在互信互利的关系中从事交往。如果陷入了交往的“囚徒困境”，互不信任，最终导致的是对各方都不利的结局。

精神文明重在建设，信用文明也同样重在建设。建设高度发展的社会主义精神文明与制度文明，就要建立相应的社会信用体系；倡导以德治国，就要把信用道德作为德治的重要内容，建立与社会主义市场经济相适应的信用道德。

健全有效的信用保障制度。信用建设既依靠道德自律，也依靠制度约束。信用保障制度的健全，为建立完善的社会信用体系提供了坚实的平台，为恪守信用创造了有力的激励机制。在完善的信用保障制度下，信用良好，无违约、失信行为，就会受到鼓励，就会得到更多的信任；信用记录差，这类信用信息就会在信用网络扩散，就会使信用主体付出很大的代价。属于违约、违法性的不良信用行为，还要受到相关法规的惩罚。一些国家建立了完整的个人信用记录制度，也就有效地防范与减少了信用支付的恶意行为。

进行深入的信用伦理研究。信用建设需要理论支持，信用伦理研究也需要在应用伦理学中开辟自己的一席之地。信用伦理研究需要回答和解决信用道德的基础理论问题，如信用的起源、功能与内容，守信与失信的机制等。信用伦理研究不仅要论证“应该有信用”的道德律令，而且要给出“何以有信用”的现实途径；不仅要呼唤信用，而且要反思信用，解除愚昧、落后的信用伦理的束缚。信用伦理研究要和信用的经济学、法学、社会学研究结合起来，和信用的社会变迁与转型的研究结合起来，通过理论上的清晰与明确，为信用建设准确定位。

培育负责的信用行为主体。个人与团体是信用主体，但只有在能够为信用行为负责的条件下，才是真正的信用主体。负责的信用主体是指信用行为与信用责任的一致性。一般情况下信用行为与信用责任是一致的，但在信用失范，信用失控，失信行为可以不负责任的情况下，就会出现负责的信用主体缺位。当团体作为信用主体时，其信用行为是由该团体中每个个体的行为构成的，但是在个体信用行为不能受到有效监督，或者其有损信誉行为不能得到针对性制裁时，也会造成无人对团体信用负责的局面。因此，只有培育出了负责的信用主体，信用建设才能落到实处，负责的信用主体就是信用的权利、利益与责任、义务的统一。

营造良好的信用预期环境。交换与交往中的不守信用，反映了人们对现实环境中信用收益的预期偏低，信用贬值，因此采用了按“一次性交易”行事的对策。人的行为创造环境，环境也在塑造人的行为。社会处于长期稳定与持续发展的状态，按照正常秩序运行，法律法规健全，人们安居乐业，对未来抱着乐观的态度，对信用收益的预期就会升高。在这种环境中，人们在信用行为上就容易采取长期发展战略，把信用作为一种长期投资，精心培养，坚持不懈。通过信用建设，稳定与扩大交易对象，有未来的“恒产”才能有未来的“恒信”。建设良好的信用预期环境，是信用文明的基本建设，也是一项社会系统工程，需要社会各个领域的相互配合，社会全体成员的共同努力。

商品之谜的揭示及其社会认识论意义*

《资本论》既是一部经济学著作，也是一部哲学著作；既处处体现了唯物辩证法和唯物史观，又充分表现了科学的认识论，特别是科学地认识社会和使社会认识成为科学。商品，是资本主义社会的细胞，揭示商品之谜，也就为正确地认识资本主义社会奠定了基础，提供了钥匙。考察这一过程，具有重要的社会认识论意义。

一、揭示商品之谜的历史进程

商品，作为"社会的物"的存在，已经几千年了。"然而，两千多年来人类智慧探索这方面秘密的努力，并未得到什么结果"①。商品既简单又复杂，既可感觉又超

* 本文发表于《河北学刊》1990 年第 1 期。

① 马克思：《资本论》，中国社会科学出版社 1983 年版，第 2 页。

感觉，具有谜一般的性质。它是物还是别的什么东西，是怎样产生的，又是怎样交换的，它的魔力是从哪里来的，这些谜一般的问题始终困惑着人们。它“充满形而上学的微妙和神学的怪诞”，在商品社会中，就神化为商品拜物教，由此演化出货币拜物教和资本拜物教。人类在认识社会自身方面比认识自然界经历了更曲折的道路。

最早分析了商品的价值形式，试图发现价值表现秘密的是古希腊的亚里士多德。亚里士多德指出了交换是以商品之间的等同性为前提的，但这种等同性的基础是什么，他的分析搁浅了，认为把它们等同起来只是为了应付实际需要。亚里士多德不能认识到这种等同的东西就是人类劳动，是因为在古希腊商品形式还不是劳动产品的一般形式，商品还没有成为社会普遍的存在，就像伊壁鸠鲁的神一样只存在于世界的空隙中。只有当商品发展为社会普遍的存在，社会认识和经济研究的对象达到这样的阶段，即对象自身的内在联系及其发展秩序已经变得比较明显了，对它不再只是在特殊形式上思考了，才具备了形成价值概念的历史前提。亚里士多德缺乏价值概念，还因为古希腊奴隶制是以人们之间以及他们的劳动力之间的不平等为基础的，人类平等的思想即使在柏拉图的“理想国”中，也“只是埃及种姓制度在雅典的理想化”。只有随着商品等价交换的普遍和深入，人类平等的概念成为人们牢固的成见的时候，才能相应地认识到，一切劳动由于都是人类劳动而具有的等同性和同等意义。这就是社会认识对象自身的发展程度以及相关的观念形成程度对社会认识活动的限制。"亚里士多德在商品的价值表现中发现了等同关系，正是这一点显示了他的天才。只是他所处的特殊的社会状态，使他不能发现这种关系的实际内容"。[①]

从威廉·配第到大卫·李嘉图的古典政治经济学，在商品生产和交换关系成为占统治地位的社会关系的历史条件下，力图深入到资产阶级社会全部现实的、内在的生产关系中去，发现了商品的价值是由生产它所耗费的劳动决定的，劳动是衡量一切商品交换价值的真实尺度，在一定程度上解释了商品的秘密。但是社会认识是在一定的历史观指导下进行的，李嘉图由于受资本主义是永恒的非历史主义观点的束缚，把商品的价值形式看做是一切社会中一切生产的自然的永恒的形式，把价值形式当做某种无差别的、或与商品本身的性质没有任何内在联系的东西。这样，"就必然看不到价值形式，进而看不到商品形式以及在更高的发展阶段上的货币形式、资本形式等等的特殊的方面"，[②] 即它们的社会的和历史的性质。古典经济学家也不能区分作为认识对象的社会与自然的不同，商品的社会属性所具有的物的外观，使他们把社会的物当成自然的物，认为商品的价值是它们作为物质所固有的。以致在认识过程中，把经济规律同物理化学规律相比拟，忽视了社会认识的特点，企图"用数字、重量和尺度来表达我自己想说的问题"。[③] 他们的整个分析，基本上都是量的分

① 马克思：《资本论》，中国社会科学出版社1983年版，第38页。
② 马克思：《资本论》，中国社会科学出版社1983年版，第50页。
③ 威廉·配第：《政治算术》，商务印书馆1978年版，第8页。

析，只重视价值量，不重视价值实体，始终不能深刻地抓住价值的本质。古典经济学没有把社会经济形态的发展看成一种自然历史过程，不能用历史主义的方法认识经济规律，没有从社会认识对象的本质特征——人的活动及其关系出发进行社会认识。这样，由于资产阶级历史观的限制，古典经济学在李嘉图那里达到了它的不可逾越的界限。

随着无产阶级和资产阶级斗争在实践方面和理论方面采取了日益尖锐的形式，再也不容许政治经济学在资产阶级的视野之内进行公正无私的研究，价值观强烈地制约和影响着社会认识。“现在问题不再是这个或那个原理是否正确，而是它对资本有利还是有害，方便还是不方便，违背警章还是不违背警章，不偏不倚的研究让位于豢养的文丐的争斗，公正无私的科学探讨让位于辩护士的坏心恶意。”① 庸俗经济学取代了古典经济学，有意识地成为辩护论的经济学，它的最浅薄因而也是最突出的代表是法国的巴师夏。巴师夏认为价值就是交换着的两种服务的关系，交换是以等价为基础的，这就表明人类社会各个阶级的利益是和谐的。他由此认为李嘉图的劳动价值论对认识“经济和谐”是不利的，这会涉及资本家与工人之间的不平等交换这个要害问题，为一切财富属于工人阶级提供理论武器。因此，在庸俗经济学看来，劳动价值论是“一个错误而危险的学说”，连李嘉图也被加上了“共产主义

① 马克思：《资本论》第1卷，人民出版社1975年版，第17页。

之父”的罪名。这一事实表明了，“政治经济学所研究的问题的特殊性，把人们心中最激烈、最卑鄙、最恶劣的感情，把代表私人利益的复仇女神召唤到战场上来反对自由的科学研究”，[①] 利益的作用扭曲了认识社会的眼光，削弱了探索社会奥秘的热情，妨碍了发现社会规律的进程。庸俗经济学在揭示商品之谜的道路上，人为地蒙上了一层纱幕，离真理更远了。

在资本主义社会，所有的人都很熟悉劳动产品最普通、最简单的形式——商品形式，但谁也没有从中看出什么诡诈的地方，可谓熟视无睹，这里面还有认识本身的障碍。最初一看，商品好像是一种平凡的、简单的东西，其实它是一种很复杂的东西，但它的复杂性只有通过科学分析才能认识。如果不认真思索，只能停留在对商品的简单认识，不能达到对它的复杂性的认识。凭借感官，人们只能感觉到商品满足人的需要的使用价值属性，但商品价值的社会属性，即使依靠显微镜和化学试剂也不能感受到，需要科学抽象力作为认识的工具。如果满足于对商品的直观认识，就不能在抽象认识的水平上把握商品的实质。“直到现在，还没有一个化学家在珍珠或金刚石中发现交换价值”。[②] 如果化学家的任务是发现珍珠或金刚石的自然属性，这是无可非议的。如果化学家是在进行社会认识却没有发现珍珠或金刚石的社会属性，就应该在对同一个

① 马克思：《资本论》，中国社会科学出版社 1983 年版，第 4 页。
② 马克思：《资本论》，中国社会科学出版社 1983 年版，第 63 页。

对象的认识中，明确认识目的，改变认识方式和角度。认识社会有机体，既要坚持整体性原则，进行系统考察，也要解剖到它的细胞形式，作为认识社会有机体的必要步骤和前提。如果还没有达到对社会有机体细胞的解剖和分析，对社会整体的认识只能是朴素的、混沌的。解剖资本主义社会经济的细胞形式商品，在浅薄的人看来，好像是一些琐事，“但这是微生物学的解剖所要做的那种琐事”，是揭示商品之谜的必不可少的工作，是发现资本主义经济运动规律的入口。所以，熟知要向真知转变，在前人认为已有答案的地方，其实只是问题所在。

最终揭开商品之谜，是社会认识本身发展的要求和创立无产阶级政治经济学的重要，恩格斯宣布了这个历史任务的承担者：“要攀登最高点把现代社会关系的全部领域看得明白而且一览无遗，就像一个观察者站在最高的山巅观赏下面的山景一样，这只有待诸一个德国人。”①

二、揭示商品之谜的科学方法

19 世纪 40 年代，马克思和恩格斯一起创立了新的世界观和历史观，一经得到就用于政治经济学的研究。不管自己的见解怎样不合乎统治阶级自私的偏见，马克思从来不向资产阶级舆论的压力让步，坚持数十年的诚实探讨。从《哲学的贫困》、《政治经济学批判》到《资本论》，

① 《马克思恩格斯全集》第 16 卷，人民出版社 1964 年版，第 263 页。

终于完全以科学的形式透彻和精确地说明了资本主义经济关系及其秘密，通过成功地运用辩证法，揭示了资本主义产生、发展和灭亡的铁的必然性。从分析商品形式开始，创立科学的劳动价值论，是马克思整个经济学体系的开端。

“正如一切科学的历史进程一样，在到达它们的真正出发点之前，总要经过许多弯路”。[①] 古典经济学在劳动价值论上的混乱原因之一就在于，“他们还没有把问题在初级形式上解决，就先在复杂化了的形式上进行探讨”。[②] 他们还没有搞清楚哪一种劳动创造价值，就把争论的焦点放在哪一种劳动创造剩余价值上。马克思决心从科学的“真正出发点”开始，从作为历史前提和理论前提的简单商品生产出发，而不是从已经在资本主义下变形的商品、一个概念上和历史上都是派生的形式出发。社会认识也是遵循着从简单到复杂的顺序的，首先研究作为“初级形式”的简单商品生产，弄清楚细胞内部的构造、功能和关系，使基本概念、范畴纯化和准确，才有可能在“复杂化了的形式上”探讨资本主义社会和经济现象。

从简单商品生产开始，并不等于认识的历史参照系后移，以资本主义社会以前的简单商品生产为依据。恰恰相反，马克思立足于资本主义社会分析简单商品生产和一般商品生产。这是辩证思维的方法要求。因为最一般的抽象

① 《马克思恩格斯全集》第13卷，人民出版社1962年版，第47页。

② 《马克思恩格斯全集》第13卷，人民出版社1962年版，第47页。

总只是产生在最丰富的具体发展的地方，即使是经济学最简单的抽象，也只有作为最现代的社会的范畴，才能在这种抽象中表现为实际的、真实的东西。这也是社会历史性质的方法要求。人们面对的只是发展了的、既成的现实社会，但是“资产阶级社会是历史上最发达的和最复杂的生产组织。因此，那些表现它的各种关系的范畴以及对于它的结构的理解，同时也能使我们透视一切已经覆灭的社会形式的结构和生产关系。……人体解剖对于猴体解剖是一把钥匙。反过来说，低等动物身上表露的高等动物的征兆，只有在高等动物本身已被认识之后才能理解。因此，资产阶级经济为古代经济等等提供了钥匙。”① 所以，立足资本主义社会分析简单商品生产，只要不抹杀历史差别，不把历史和现实等同起来，就不仅具有普遍意义，而且更为深刻。这还是社会认识过程的特点的方法要求。马克思指出对社会生活形式的思索，从而对它的科学分析，遵循着一条同实际运动完全相反的道路。这种思索是从事后开始的，是从已经完全确定的材料、发展的既成结果开始的，人们只能从历史迄今为止的成果出发，寻根探源，分析其发展形势，探寻其内在联系，在思维中复制社会运动的过程，发现其规律。

把资本主义社会作为认识的历史剖面，在这一剖面内，有许多资本主义国家，主焦点对准哪一个国家？马克思选择了英国。英国是资本主义商品生产的典型地点，在

① 《马克思恩格斯全集》第46卷上，人民出版社1979年版，第43页。

那里，资本主义经济现象表现得最确实，最充分，因而规律也最容易发现。马克思从英国借用了主要的事实和实例作为阐述理论的例证，有利于保证理论的准确性和可靠性，增强理论的说服力。典型的意义就在于它的运用范围决不仅限于自身，如果其他国家对英国的经济状况和以此为例证的理论无动于衷，那就可以大声对他们说："这正是说的阁下的事情"。

即使在"典型的"英国分析商品生产的一般形式，也会发现社会经济运动的复杂性，有大量的偶然性呈现在人们面前。怎样对待这些反常现象？亚当·斯密"只是把生活过程中外部表现出来的东西，按照它表现出来的样子加以描写、分类、叙述并归入简单概括的概念规定之中"，[①] 不能真正认识各种经济范畴的内在联系。认识社会经济运动规律不可能像物理学家那样，运用仪器等手段，尽量减少干扰、排除误差，通过实验再现自然过程。但可以运用抽象力，在观念中对对象进行纯化，建立理想模型，从而认识社会经济生活的内在联系。在实际的商品交换中，由于不可避免的其他因素的介入，价格与价值的偏离是常见的。马克思在考察资本的形成时遇到这一问题，其解决方法是，如果价格和价值偏离，那就必须首先把前者还原为后者，只有"把这种情况当做纯粹偶然情况撇开，这样才能以商品交换为基础从整体上考察资本形

① 《马克思恩格斯全集》第26卷Ⅱ，人民出版社1973年版，第182页。

成的现象，而不被那些只能使问题复杂化的偶然情况所干扰。”①

三、揭示商品之谜的逻辑分析

“这里是罗陀斯，就在这里跳罢！”

商品之谜根源于商品作为“社会的物”的内在矛盾，即“一种社会生产关系采取了一种物的形式，以致人和人在他们的劳动中的关系倒表现为物与物彼此之间的和物与人的关系”。② 马克思通过分析商品的内部矛盾，层层深入，把颠倒了的反映又颠倒了过来，最终揭示了商品之谜。

（一）商品的存在方式之谜：社会存在与物质存在

商品首先是使用价值和价值的统一，具有二重物质性，即物质存在和社会存在。使用价值是商品的自然属性，价值是商品的社会属性，是商品的本质属性。使用价值是交换价值的物质承担者，价值不能脱离使用价值而孤立存在，社会属性必须以物质属性为自己的外壳或形式。而使用价值则相反，“成为使用价值，对商品来说，看来是必要的前提，而成为商品，对使用价值来说，看来却是无关紧要的规定。”③ 在商品中社会属性对自然属性的依附性，自然属性对社会属性的独立性，潜藏着在认识中以商品的物质存在代替或掩盖商品的社会存在的可能性。要

① 马克思：《资本论》，中国社会科学出版社 1983 年版，第 150 页。

② 《马克思恩格斯全集》第 13 卷，人民出版社 1962 年版，第 23 页。

③ 《马克思恩格斯全集》第 13 卷，人民出版社 1962 年版，第 16 页。

防止这种可能性，就必须把握商品价值的社会现实性。

（二）商品的表现状态之谜：社会现实性与自然现实性

价值的客观实在性是它的社会现实性，这种社会现实性的表现不同于自然现实性。首先，它是一种抽象的表现。劳动二重性理论把生产商品的劳动分为具体劳动和抽象劳动，抽象劳动撇开了劳动相互区别的各种具体形式，只是人类劳动力的耗费。这种劳动在产品中的结晶——价值，自然也是一种抽象。这是社会现实的抽象，又是以抽象的形式表现着社会现实，不同于自然现实性具体的表现。其次，它是在商品之间的关系中表现出来的。商品只有在同其他商品的关系中才是商品，价值“只有作为同一的社会单位即人类劳动的表现才能获得这种现实性，那么很明显，这种社会的现实性只能在社会交换中，在商品同商品的关系中表现出来。”[①] 认识价值，也只能在个别商品同一切其他商品之间的联系即价值关系中考察，在社会关系中把握社会现实。割断商品之间的关系，单纯考察某一个商品，只能看到它的静止状态和自然形式，这只有在商品学中才是可行的。如果不能掌握价值的社会现实性的特点，就容易混淆和自然现实性的区别，用认识自然现实性的方法去认识社会现实性。

（三）商品的价值形式之谜：价值表现的对象化与对象表现的自然化

即使认识到商品的价值是一种社会关系，问题也没有

① 马克思：《资本论》，中国社会科学出版社 1983 年版，第 24 页。

完全解决。当进入实际的交换过程中，任何商品都不能使自己的自然形式成为自己的价值形式，必须把另一商品当做等价物，使等价物的自然形式成为自己的价值形式，等价物的实体成为反映自己价值的镜子。这就产生了等价形式的谜，好像等价物的自然形式，天然就具有充当价值形式的社会属性；并且正因为等价物具有自然形式，其他商品才通过它来表现自己的价值。因此，人们的社会关系颠倒地表现为一个物品的特殊属性。等价形式的谜的最高表现是货币之谜。价值表现的对象化与对象表现的自然化是商品交换的必然现象，人们认识的失误只是由于没有注意到“起中介作用的运动在它本身的结果中消失了，而且没有留下任何痕迹”,[①] 直接从现象的一端得出虚假的结论。实际上，等价物的自然形式表现价值形式的功能，是以商品交换的价值关系为前提的，是商品的社会属性决定的，不是它的天性。所以，认识价值形式必须把握“起中介作用的运动”，否则就会因商品自然属性的社会化，而作出商品社会属性的自然化解释。

（四）商品拜物教之谜：人的关系与物的关系

商品拜物教是商品之谜的完成形态。它是指商品生产的人与人之间的一定的社会关系，在人们面前采取了物与物之间的关系的虚幻形式，商品的各种谜都是这种虚幻形式的具体表现。商品拜物教是商品生产中私人劳动和社会劳动对立的产物。由于私人劳动向社会劳动的转化，生产

---

① 马克思：《资本论》，中国社会科学出版社 1983 年版，第 73 页。

者之间的关系是通过劳动产品的交换间接地发生的，这样，“商品形式在人们面前把人们本身劳动的社会性质反映成劳动产品本身的物的性质，反映成这些物的天然的社会属性，从而把生产者同总劳动的社会关系反映成存在于生产者之外的物与物之间的社会关系。”[①] 商品拜物教的出现有其必然性。虽然经济学研究的不是物，而是人和人之间的关系，可是，“这些关系总是同物结合着，并且作为物出现。”[②] 即使劳动价值论揭示了价值的本质，也改变不了价值的社会属性采取一种客体的形式；发现了价值量由劳动的持续时间决定，也并没有消除把价值量表现为物与物之间的量的关系的形式。如果人们在简单商品交换的条件下能够觉察到物与物关系背后的人与人关系，在比较高级的生产关系中，又可能会陷入错觉。“他们刚想拙劣地断定是物的东西，突然表现为社会关系，他们刚刚确定为社会关系的东西，却又表现为物来嘲弄他们”[③]。尽管如此，商品拜物教所掩盖的真实关系，是可以通过社会认识主体的自觉意识认清的。

在资本主义生产关系条件下，出现了变形的商品形式，使商品之谜具有新的特点。认识不应限定在一般的分析中，应该从抽象上升为具体。资本主义制造了一种特殊商品——劳动力商品，劳动力和其他商品一样具有价值和使用价值，特殊性在于它的使用价值是价值的源泉，它的

---

① 马克思:《资本论》第1卷，人民出版社1975年版，第88－89页。

② 《马克思恩格斯全集》第13卷，人民出版社1962年版，第533页。

③ 《马克思恩格斯全集》第13卷，人民出版社1962年版，第23页。

消费是价值的制造，抓住这一特点就揭开了剩余价值源泉之谜。马克思还提出了生产价格理论，分析了在资本主义竞争中价值的转化形式，解释了资本主义的价值表现之谜。

马克思在人类认识史上第一次全面地揭示了商品之谜，同时又指出了商品之谜的消除是一个历史过程。“只有当劳动条件和实际生活条件，在人们面前表现为人与人之间和人与自然之间的明白而合理的关系时，现实世界的宗教反映才会消失。物质生产和它所包含的关系是社会生活的基础，这种社会生活只有当它一旦表现为自由结合、自觉活动并且控制自己的社会运动的人们的产物时，它才会把神秘的纱幕揭掉。但是，这需要在社会上有一系列的物质生存条件，而这些条件本身又只是长期的、痛苦的发展的产物。”[①] 这就表明了社会认识论与社会历史观的统一。

① 马克思：《资本论》，中国社会科学出版社 1983 年版，第 59－60 页。

全球文化的融合与冲突*

在经济全球化的过程中，不可避免地伴随着各民族文化的交流与交往，形成了既融合又冲突的全球文化格局。文化是人类创造的共同财富，文化又是维系各民族自身存在的根基。如何分析与看待全球化过程中的文化走向，是马克思主义面临的一项当代课题。

一、全球化进程中的文化交往与传播

文化是人类在长期的物质生产和精神生产活动中，在不断的社会生活和社会交往的过程中，逐步形成和发展起来的。在自然经济的社会中，人的各种活动只能在狭小的范围内和孤立的地点上发展着，总受着地域性的局限。这就使各部落、地区、民族之间的文化很少发生沟通，这一时期的世界文化还更多的是分散存在的各共同体的文化，

---

* 本文发表于《河南大学学报》2002 年第 5 期。

还没有形成普遍交往意义上的全球文化。全球文化不仅是指全球范围内的文化，即有史以来人类文化的总和与世界各民族、国家文化的总和，而主要是指全球意义上的文化，即各民族在交往过程中发生的文化交流与传播、借鉴与吸收、融合与趋同。全球文化并不意味着全球文化的一体化、均一化，是某种制度的文化的普遍化，是某种文化的全球化。全球文化是共同性与多样性、世界性与民族性并存的文化，既存在着广泛接受与大致认同的共同文化，存在着先进文化的传播与共享，也存在着不同民族、不同生产方式、不同社会制度的文化的相对独立性与难以兼容性。全球文化是世界文化的矛盾统一体。

全球文化的形成与发展，是通过世界历史的经济、政治、科技等因素的整合作用实现的，在一定生产力基础上一定历史形式的社会物质交往与物质变换方式，对全球文化的扩展起着直接的作用。只有在生产力普遍发展基础上交往与交换的普遍化，才能使全球意义上的文化普遍交往成为可能。全球文化的出现，与历史向世界历史转变是同一个过程。历史向世界历史转变是从市场向世界市场转变开始的，马克思指出："商品就其本身来说是超越一切宗教、政治、民族和语言的限制的"。[①] 商品交换空间不断扩张，从地区之间到国家之间，既发展了人类劳动的物质交换，又发展了人类的社会联系和文化交往。过去自然经济的那种地方的和民族的自给自足和闭关自守状态，被各

① 《马克思恩格斯全集》第13卷，人民出版社1962年版，第142页。

民族的各方面的互相往来和各方面的互相依赖所代替。“各个相互影响的活动范围在这个发展进程中越是扩大，各民族的原始封闭状态由于日益完善的生产方式、交往以及因交往而自然形成的不同民族之间的分工消灭得越是彻底，历史也就越是成为世界历史。”[①] 在商品输出、流通和交换的同时，也伴随着思想文化的输出、流通和交换。世界市场使一切国家的物质生产和消费都成为世界性的，也使精神生产和消费具有同样的性质。“各民族的精神产品成了公共的财产”，“由许多民族的和地方的文学（注：这里泛指科学、艺术、哲学、政治等等方面的著作）形成了一种世界的文学”。[②] 市场不仅扩散着产品，也扩散着文化，塑造着文明。在近代，资产阶级“它的商品的低廉价格，是它用来摧毁一切万里长城、征服野蛮人最顽强的仇外心理的重炮。”[③] 市场势力的不均等，使市场传播文化与文明的过程更多的是单向的，有主动态与被动态之分，是资产阶级“按照自己的面貌为自己创造出一个世界”。[④] 发达民族不仅输出文化，而且输出文化的载体——语言；不发达国家不仅输入新思想，而且首先要接受输出国的语言系统。世界精神产品公共财产的积累和消费，全球文化的形成与发展，正是在这种不平衡的历史条件下实现的。

---

① 《马克思恩格斯选集》第1卷，人民出版社1995年版，第88页。

② 《马克思恩格斯选集》第1卷，人民出版社1995年版，第276页。

③ 《马克思恩格斯选集》第1卷，人民出版社1995年版，第276页。

④ 《马克思恩格斯选集》第1卷，人民出版社1995年版，第276页。

文化的传播要依赖于一定的传播媒介的发展，包括交通和通讯工具的发展。落后的交通与通讯工具阻碍了商品的交换和流通，也自然限制了文化的交流与传播。马克思指出："资本按其本性来说，力求超越一切空间界限。因此，创造交换的物质条件——交通运输工具——对资本来说是极其必要的：用时间去消灭空间。"[①] 工业革命创造的新的动力形式和交通运输工具，使世界各国能够经常地、迅速地交往，把世界实际地连接在一起。交通的发展和便利促进了社会的互相交往，促进了推动社会进步所必需的愿望和行动，这就"把一切民族甚至是最野蛮的民族都卷到文明中来了"。[②] 与近代交通革命的同时，也开始了通讯革命。电报、电话应用于远距离通讯，其实质就是用电磁波去缩短时间和空间，使信息传播具有同时性，消除信息传播的空间距离。信息传播的同步性、实时性是世界进入全球化的重要标志。全球的各种媒介构成的信息网络，使以全面、准确、及时的信息为基础的全球文化传播成为可能，使文化成为全球性的活动有了全球化的物质媒介。历史上文化的集中与发散，依靠的是人口在城市的集中，人与人空间距离的缩短，作为对通讯手段落后的弥补。现代社会信息的网络化、全球化，并不要求人们以居住的密集来换取这种获得、共享信息与文化的便利，发达的信息网络构成了社会发达的神经系统。这样，文化的全

① 《马克思恩格斯全集》第30卷，人民出版社1995年版，第521页。
② 《马克思恩格斯选集》第1卷，人民出版社1995年版，第276页。

球交往与传播可以跨越地理的障碍、国家的边界，不存在技术上的困难。在全球化进程的初期，“货币没有祖国”。在开拓世界市场方面，金银作为一般等价物、一般交换手段和世界货币，具有“世界主义”的性质，它在带动世界市场形成，造成人们彼此间的世界主义的关系方面起着异常有力的作用。现代通讯技术的发展，特别是电脑网络的普及，使“信息也没有祖国”。现代科技革命的最新成就计算机网络，构成了一种新的全球信息与文化流动的媒介，一种新的文化空间。卡斯特（Manuel Castells）在《网络社会的崛起》一书中指出：“电子技术在互动通信领域的汇聚集合，导致了网络的建构，而网络也许是信息时代最具革命性的技术媒介。”① 信息的网络化使人类跨时空的信息互动交往成为可能，促进了不同民族与文化间的更为方便的交往，促进了知识、文化的普及和传播。人们可以凭借经济利益的相关、政治态度的一致、文化观念的认同等纽带密切交往，而不局限在地理空间内。在计算机网络中，每个人舍弃了一切社会的甚至自然的角色，更有利于思想、知识以至情感的自由流动。

二、全球文化的共享有利于生产力的普遍发展

全球文化的融合趋势，随着国际间普遍交往的便利与

① 曼纽尔·卡斯特:《网络社会的崛起》社会科学文献出版社 2001 年版，第 53 页。

扩大，世界各国相互联系、相互依赖的程度日益加深，成为不可逆的趋势。全球化使世界成为系统的存在，任何国家不可能在保守与封闭的状态下得到发展，改革与开放成为世界性潮流；任何国家的活动不可能不影响、波及其他国家，也不可能完全摆脱国际社会的规则与制约。经济全球化的过程不可避免地伴随着政治、文化等领域的扩散与反扩散，不同的文化与文明在碰撞、冲突中也产生了渗透与互补。20 世纪后期的经济全球化进程，文化资本成为现代资本的一种新形态，包括知识、技术、信息在内的文化输出成为资本利润的主要源泉。在生产力扩展空间的手段中，知识特别是创新的知识成为经济扩张的主要力量，成为全球化的“共同语言”。知识的生产、销售国与知识的消费、购买国构成了新的国际关系，跨国公司在很多方面成为经济全球化与文化传播的推动力量。全球化的过程本身，也是新的全球文化的生成过程。产品创新、技术创新迅速扩散到世界各地，全球消费着同样的新产品，并执行着同样的技术标准。WTO 的约束作用，要求成员国执行同样的、对等的交易规则。产品、技术、规则等，都是一定文化的产物，并且包含着一定的文化。某种产品、技术、规则的扩散，也就意味着某种文化的扩散。当代社会的组织化程度增加，国际事务的合作加强，这反映了人类面临着共同课题，存在着共同利益。和平与发展成为时代主题，实现世界持久和平，促进各国共同发展和普遍繁荣，是人类的共同使命。现代化的进展，消费社会的享受，伴随着日益严重的全球问题，也就是生态破坏的全球化。人类面临的共同课题要求世界各国的共同参与、共同行动，这就要求形成得到普遍认同的行为准则、价值规范，也就是形成文化共识。推动文化共识的过程，也就是全球文化的融合过程。

全球文化的融合趋势，尽管要付出历史的代价，但从总体上看，是有利于生产力的普遍发展和交往的普遍建立，有利于社会历史的进步的。文化是人类创造的财富，文化资源具有可共享性与非排他性。科学发现、技术发明被某些国家做出以后，由其他国家吸收利用，就可以极大地提高文化创造的外部效应，减少重复发现与发明的浪费。世界银行认为，发展中国家与发达国家之间存在着知识差距，缩小知识差距既要依靠创造自己的知识，也要依靠获取全球的知识。世界上 80% 的研究与开发以及类似比例的科学出版物来自于工业化程度较高的国家。对于发展中国家而言，获取国外知识是扩大知识基础的最佳途径，发掘全球知识的宝库是至关重要的。① 先进阶级、先进生产力所产生的先进文化，代表着历史中文化的发展方向，表明了文明进步的更高阶段。先进文化在世界范围传播，如马克思主义从西欧传入俄国，再从俄国传入中国，是推动历史进步的重要因素。人类文明有许多共同之处，各民族的价值观念、道德规范可以相互吸收、相互影响。即使是社会主义道德建设，也要“吸取人类一切优秀道

① 世界银行：《1998/99 年世界发展报告：知识与发展》，中国财政经济出版社 1999 年版，第 26－27 页。

德成就”。[①] 因为对处于同样经济发展阶段的民族来说，道德戒律有许多共同之处，可以相互借鉴。邓小平充分肯定了“时间就是金钱，效率就是生命”的口号，这个口号就是市场经济的价值观和文化精神的体现。全球文化的交流与往来，能够增进各民族之间的相互了解，在相互了解的基础上减少敌意，增加信任。文化的隔阂是历史地形成的，这种隔阂不是不可沟通的，是可以随着交往的扩大与深入而逐步消除的。随着当代国际交往的日益频繁，各个国家越来越多的人从原有的文化圈进入了新的文化圈，同化与顺应全球化的需要，掌握了全球交往所需要的语言、技能、知识，适应了不同的文化氛围与准则，产生了新的现代认同感。

不可否认的是，全球文化的融合趋势并不是在国家、民族的文化平等交往的基础上实现的。在历史进程中，一些古代文明消失了，很多文化遗产属于“抢救”的对象，许多语种消亡了。工业革命以来，“资产阶级使农村屈从于城市的统治。它创立了巨大的城市，使城市人口比农村人口大大增加起来，因而使很大一部分居民脱离了农村生活的愚昧状态。正像它使农村从属于城市一样，它使未开化和半开化的国家从属于文明的国家，使农民的民族从属于资产阶级的民族，使东方从属于西方。”[②] 文化交往的权力和规则的不平等，是由于经济实力、经济关系的不平

① 《江泽民论社会主义精神文明建设》，中央文献出版社 1999 年版，第 230 页。
② 《马克思恩格斯选集》第 1 卷，人民出版社 1995 年版，第 276－277 页。

等，“经济的权力常常转化为政治的和文化的权力”。[①] 发达国家凭借其雄厚的资本优势，控制着世界上主要的大众传播媒体，向世界各地源源不断地传送着包含着舆论导向的新闻报道，推销着包含着西方价值观的大众文化。发达国家的文化产业，像在世界范围建立“麦当劳”那样，把好莱坞电影、摇滚音乐等西方文化输送到世界上的大多数地区。发展中国家的广大群众消费西方文化产品的过程，也就是在不同层面上接受西方文化的过程。有的西方学者认为，发达国家将成为向全球经济提供知识、技术、智能和思想的“头脑国家”，而不发达国家将成为利用这些知识、技术、智能、思想进行物质生产的“躯干国家”。[②] 西方国家在造成生产与消费的同质化的同时，也造成了文化消费的同质化。这种文化融合的不均等状况，是经济地位不均等的产物，产生了强势文化与弱势文化、文化攻势与文化守势。全球文化的融合并没有走向世界大同，相反，产生了文明的冲突和文化的碰撞。

三、文化融合与冲突的共存

当代全球化是多种矛盾的共存，既包含着交往中的文化融合，也包含着根深蒂固的文化鸿沟。文化的融合不是两相情愿的无摩擦运动，而是存在着尖锐的对立与冲突。

---

① 尼克·史蒂文森：《认识媒介文化——社会理论与大众传播》，商务印书馆2001年版，第115页。

② 达尔·尼夫：《知识经济》，珠海出版社1998年版，第70页。

西方国家要在其他国家推行自己的体制与文化，而发展中国家出于国家利益、民族文化、宗教感情等因素，都使得他们不能同化于西方文明，不能淡化、弱化本土化的特色。如印度的民族主义者就把文化的挑战看成是全球化的最大挑战，认为“全球化是对印度的传教进攻、信息进攻和文化进攻”，是“对我们神圣文化的进攻”。[①] 发展中国家要在全球化潮流中保持自己的文明，显示自己的色彩。在全球化时代，文化的融合与冲突并存，两种趋势此消彼长。亨廷顿（S·P·Huntington）认为，冷战结束以后，全世界的人在更大程度上是依据文化的界限来区分自己，不同文明集团之间的冲突将成为未来世界冲突的主要根源与全球政治的中心。他说：“在新的世界中，最普遍、最重要和最危险的冲突，不是发生在阶级之间，富人与穷人之间，或其他从经济上定义的群体之间，而是发生在属于不同文化实体的人们之间。”[②]“文明冲突论”是一种历史解说，但它并没有点到文明的实质，或者说掩盖了冲突的实质。实际上，在全球化时代社会基本矛盾仍然存在，只不过不能仅仅在某个国家内部考察，还需要从世界范围来考察这种矛盾的表现形式与发展趋势。“文明的冲突”实质上是发达资本主义一体化的趋势与发展中国家本土化的努力的冲突。文化是一定生产方式的产物，文化

---

① 赖纳·特茨拉夫主编：《全球化压力下的世界文化》，江西人民出版社 2001 年版，第 117－118 页。

② Huntington, S · P · 1987. The Clash of Civilization and the Remaking of World Order. London: Simon Schuster Ltd. p. 28.

只有依附于一定的生产方式才能获得自己的生命力。当代的全球文化冲突，从根本上说，是不同生产方式的文化冲突，是不同历史形态的文化冲突，是不同类型制度的文化冲突，是不同经济发展程度的文化冲突。文化冲突的内容显然不是仅仅表现在生活习惯、民间风俗、审美标准等表面化的事物上，而是表现在不同生产方式所要求的不同价值观念与行为准则上。文化冲突的背后是利益的冲突，各个民族都有自己的利益要求，这种利益要求各有自己的文化表现，各民族的文化又保护着自己的利益。不同的文化交汇发生的冲突表明，某种文化的潜入如同武装入侵，同样会对民族的利益造成威胁和伤害。于是，文化的入侵反入侵、倾销反倾销也就是不可避免的。宗教在文化的冲突中扮演着重要角色，在当代国际政治中，与其说宗教是冲突的根源，不如说宗教是冲突的工具。宗教可以充当民族的凝聚力，成为利益的保护神。文化的冲突包含着宗教的因素，但不能仅仅归结为宗教的因素。

在全球文化的融合与冲突中，西方文化一直处于焦点的位置。西方文化源于古希腊文化，遭受了中世纪教会文化的禁锢，经历了文艺复兴和启蒙运动的洗礼，自近代以来集中体现为资本主义文化。西方文化有一个发展演化的过程，是一个庞杂的体系。西方文化是一种二重性的存在，既有其积极因素，如具有理性传统、科学精神和人道意识，又有其弊端与缺陷，表现出自身的矛盾。在西方文化的内部，也存在着肯定与否定的因素，发生着西方文化的自我批判。在资本主义发展早期，资产阶级中存在着追求财富和享受的经济动力，也存在着经过改造的基督教禁欲主义——新教工作伦理。韦伯（Marx Weber）认为，新教伦理为资本主义的财富积累和迅速发展，提供了主要的精神动力，新教伦理构成了近代资本主义精神和西方近代文化精神的基本要素之一。[①] 随着资本主义经济的增长，西方文化的主流转向了消费至上和享乐主义。现代新技术和市场的作用，造就了消费社会，促成了享乐主义。电视、电影、网络的普及，对商业文化起了重要的示范作用。铺天盖地的广告，展示着新的消费品、新的消费方式，诱惑着人们去购买，去消费，去享受，刺激着人们很多没有意识到的需要。享乐主义的文化加剧了生态的恶化。围绕着人类前途的辩论，西方思想界开始认识到需要改变的不仅仅是生态环境，而在于经济制度、消费方式、价值观念和人的素质；西方文化的价值观已经存在着严重的局限，需要进行根本性的调整。布热津斯基（Zbigniew Brzezinski）认为，解决世界性、世纪性的问题，首先需要对美国以及西方基本的政治和社会价值观念，作出深刻的重新评价，进行哲学上反省和文化上自我批判。西方纵欲无度的价值观念和生活方式，与世界多数地区的贫困形成巨大反差，不仅阻碍了达成全球共识，而且加剧了全球分裂。发达国家和发展中国家的相互了解，既能促进联合，也会造成对立。发展中国家贫困的群众深深地了解

① 马克斯·韦伯：《新教伦理与资本主义精神》，三联书店 1987 年版，第 141 页。

到，西方人和他们生活在两个完全不同的世界中。由于对“腐败和自私的西方”的失望和蔑视，发展中国家的人们，可能会纷纷转向更加朴实和更具有严密的约束力的信念（诸如突出种族地位、排外主义和宗教）中寻找寄托，并产生对西方社会的妒忌和愤怒的政治情绪。[①] 西方文化即使在自己的土壤上也充满着矛盾与冲突，把它移植到不同经济文化的土壤上，所引起的冲突也就具有内在的必然性。

全球文化的融合与冲突是文化发展的两种趋势，这两种趋势统一存在于当代全球文化之中。全球文化是融合中的冲突与冲突中的融合，没有冲突的融合或没有融合的冲突都没有真实反映全球文化的状况。全球文化的融合是在全球交往过程中必然要发生的事情，只是在融合的性质、层次、程度、速度等方面，存在着很大的差异和特殊的情况。但任何文化的融合都只是在相对的、有限的意义上而言的，在社区、社群相对稳定的情况下，文化的差异将长期保持下去，是不会被外来文化完全同化的，例如纽约的“唐人街”。文化的融合是一种借鉴，但引进其“器”、“用”易，引进其“道”、“体”难，这种交流并不等于根本上的融合。各民族的文化是在几千年的文明发展史中形成的，已经积淀为根深蒂固的民族心理，构成了民族延续与凝聚的纽带。这种深厚的文化传统可能在全球文化的融

① 兹比格涅夫·布热津斯基：《大失控与大混乱》，中国社会科学出版社 1994 年版，第 94 页。

合中受到冲击、出现弱化、产生变异，但不可能轻易地被外来文化完全征服。世界各民族的文化之间存在着某些根本的差异，是富于个性的文化，在某些方面是难以兼容的，这就使全球文化的融合过程也就是全球文化的冲突过程。文化的冲突表现为不同文化在交往界面上的对立，一方是扩张某种文化的企图，一方是抵制外来文化、保持自己文化的努力。文化的冲突并不能完全排斥融合，在冲突的过程中也发生着某种程度、某些方面的相互吸收，尽管这种融合是不自觉的。文化的冲突表明了世界文化的多样性，显示了不同民族文化的生命力。但文化的冲突不应发展为战争的冲突，也不能成为战争的借口。文化的冲突毕竟只是在观念领域内发生的事情，它只是经济、政治冲突的结果与反映，而不能解释为经济、政治冲突的原因。

江泽民在 2001 年“七一”讲话中指出：“世界是丰富多彩的。各国文明的多样性，是人类社会的基本特征，也是人类文明进步的动力。应尊重各国的历史文化、社会制度和发展模式，承认世界多样性的现实。世界各种文明和社会制度，应长期共存，在竞争比较中取长补短，在求同存异中共同发展。”① 全球文化的融合并不能取消世界文化的多样化，不能否定多种文化的长期共存、共同发展，文明与文化的多样性是当代世界文化的基本格局，“和而不同”符合人类文化的进步规律。各种文化应该相互交流、相互借鉴、共同进步，各个国家、各个民族都能

① 江泽民：《论“三个代表”》，中央文献出版社 2001 年版，第 184 页。

够为人类文明与文化的发展做出贡献。融合趋势中多样文化的共存，就是人类在平等的基础上共同创造自己的历史，建设自己的文明。

论大众文化*

现代文化的一个重要现象是大众文化的兴起。大众文化作为当代社会的主要文化形式，有力地影响与塑造着社会的生活方式、价值观念和行为取向。对大众文化作出总体分析与评价，是马克思主义文化理论的一项新课题。

一、大众文化的特征

大众文化是现代社会中文化产业化、文化市场化的产物，是由广大群众享用和消费的文化，是在社会中普及和流行的文化。

大众文化的主要特征是：

文化领域的开放性。大众文化不是“沙龙”里的文化，只能专供少数“有闲阶级”享用，文化消费成为人的身份、地位与特权的一种标志。大众文化天生是平民化

* 本文发表于《中央民族大学学报》2003 年第 4 期。

的，是面向普通群众，满足大多数人的文化生活需要的。大众文化只有在社会生产力发展到一定阶段后才能出现，产生大众文化的条件是：（1）文化产品能够大量地、便宜地生产出来；（2）广大群众拥有文化消费的闲暇时间、支付能力和知识素质。马克思曾分析过资本主义社会中工人参与文化生活的可能性，是货币给予工人以某些自主消费物质和精神产品的权力和能力。奴隶的消费是被动接受的，并仅仅保持在维持生存的水平上，农民的消费多是自己的产品，也没有什么剩余的交换能力，而工人是以货币的形式取得自己的报酬，他可以在收入约束内自主地消费社会的物质和精神产品。随着劳动生产率的提高，一方面，“基本教育、知识等等，阅读、书写、计算以及商业知识和语言知识等等，就会越来越迅速地、越容易地、越普遍地、越便宜地再生产出来”；[①] 一方面，工人通过节约，增加自己的满足精神需求活动，如“工人参与更高一些的享受，以及参与精神享受——为自身利益进行宣传鼓动，订阅报纸，听课，教育子女，发展爱好等等”，[②] 使自己在分享文明、文化消费方面，与历史上的劳动阶级相比有了质的进步。生产力的发展造就了文化得以大众化的经济条件，大众具有享用与消费文化的权力和能力，也就打破了文化的阶级垄断，促成了文化领域的开放性。

文化消费的共享性。大众文化是供广大群众共同享用

① 《马克思恩格斯全集》第48卷，人民出版社1985年版，第431页。

② 《马克思恩格斯全集》第30卷，人民出版社1995年版，第247页。

的文化，广大群众拥有共同享用大众文化的平等权利和消费能力，大众文化的生产与传播机制也为文化共享创造了技术条件。大众文化的开放性决定了大众对于文化的权利是平等的，每个人都可以自由地进入大众文化的各个领域，选择自己喜好的文化方式，实际地获得各种文化产品。文化消费的机会是平等的，文化消费的对象是可共享的。文化消费的共享性表明，大众文化的层次与大众的文化层次是相对应的，大众的文化层次达到了什么程度，大众文化的层次也就会达到什么程度。大众始终可以接受、欣赏和消遣为他们所生产的大众文化产品，同时大众文化也在潜移默化地塑造着大众的文化趣味和文化水准。消费也创造着生产，马克思把培养具有广泛需要和高度文明的人作为以资本为基础的生产的一个条件，指出："要多方面享受，他就必须有享受的能力，因此他必须是具有高度文明的人"①。实现文化消费的共享性必须依靠大众文化的传播网络才有可能，文化产业像运作商品那样运作文化产品，提供了如同"麦当劳"的标准化、全球化的文化服务，使大众可以在不同的时间与地点获得相同的文化产品与服务。大众传播媒介依靠现代信息技术与通讯技术，达到了全球范围信息与文化共享的同时性、实时性。

文化定位的通俗性。大众文化在形式上是通俗的，它采取了民众喜闻乐见的形式，适应了平民的审美情趣和消遣心理。它的宗旨并不是让人们仅仅作为一个外在的文化

① 《马克思恩格斯全集》第30卷，人民出版社1995年版，第389页。

鉴赏者或学习者，而是要尽可能地消除主客体的分离，让大众作为文化的参与者、互动者，置身于文化活动的场境之中，如球赛、卡拉 OK、电脑游戏等，以吸引更多的群众。大众文化在内容上是世俗的，它表明了文化精神向生活世界的回归。这种文化的导向不再是天国的、神学的、形而上的世界，而是人间的、尘世的、形而下的世界。文化的内涵虽然包含着意识形态的内容与需要，但经过了文化的“包装”，政治的理念与意图隐含于各种文化形式之中，是由大众自动感悟与主动接受的，而不是直接的灌输。在大众文化中，大众是文化的选择主体，文化必须能够吸引大众的兴趣，才能争取大众的接受。这种文化的功能是多元的，既有教化的功能，也有满足大众多种多样的、各种层次的文化需要的功能，如求知的需要、娱乐的需要、填补空虚的需要等。“一定的文化是一定社会的政治和经济在观念形态上的反映”，[①] 大众文化是世俗社会的文化表现。当一个社会的主导价值是追求现世的生活与现实的利益，主导力量是由从事经济活动和物质财富生产的阶层构成时，通行文化的世俗性也就是不可避免的。近代以来，哲学作为思想中的时代精神的精华，也经历了从经院意识到世俗意识的觉醒。人的精神不再醉心于“彼岸的真理”，人们“趋向于尘世的享乐和尘世的利益，趋向于尘世的世界”，结果，“形而上学变得枯燥乏味了”，

① 《毛泽东选集》第 2 卷，人民出版社 1991 年版，第 694 页。

“形而上学在实践上已经威信扫地”。[①] 在功用理性和工具理性的时代里，哲学也被要求具有“入世”的意义，而不仅仅是世界之本原的遐想。

文化形成的市场性。大众文化的本质是商业文化，大众文化的繁荣与市场经济的普遍化有着不可分割的联系。市场促成了个人成为文化的大众主体的转变，大众文化通过市场把无数个人同化为同一种文化的消费者。随着生产力的普遍发展和普遍交换体系的建立，普通个人通过市场与世界历史相联系，成为“经验上普遍的个人”。只有经过以市场为媒介的社会化过程，“单个人才能摆脱种种民族局限和地域局限而同整个世界的生产（也同精神的生产）发生实际联系，才能获得利用全球的这种全面的生产（人们的创造）的能力。”[②] 个人的特殊的精神活动与世界精神生产发生实际联系，要通过已成为普遍物的各种社会中介，如市场、语言、传统、规则等才能实现。黑格尔认为，市民社会的个人虽然以自身为目的，把普遍物只作为手段，但他们“只能按普遍方式来规定他们的知识、意志和活动，并使自己成为社会联系的锁链中的一个环节。”[③] 市场经济把一切可以利用市场运作的事物都纳入市场的体系，文化也不例外。随着广大群众物质生活水平的提高，文化生活的需要也在不断增长，这就形成了一个可开发的大众文化市场。只要存在着文化的有效需求，在

---

① 《马克思恩格斯全集》第2卷，人民出版社1957年版，第161、162页。

② 《马克思恩格斯选集》第1卷，人民出版社1995年版，第89页。

③ 黑格尔：《法哲学原理》，商务印书馆1961年版，第201页。

市场机制中就会有满足这种需求的有效供给，文化产业也就应运而生。很多大众文化，像好莱坞电影、流行音乐、畅销书等，已经具有直接的商业目的，成为完全的商品生产，是以文化为内容的商品，遵循着与其他商品生产相同的市场规律。缺少市场需求的文化内容与形式逐步淡出了大众文化的圈子，而走红、流行的文化内容与形式也就表明了广泛与强烈的市场需求是什么，大众文化的明星同时也就是财富的明星。在大众文化中，文化与商业结成联姻，文化借商业而流行，文化是商业的直接结果与利用手段；商业借文化而获利，商业是文化的“内在的冲动”和“活生生的灵魂”。

二、现代科技革命与大众文化的关系

现代社会大众文化的兴起是社会的经济、政治、文化等因素综合作用的结果，在这些因素中，现代科技革命对于大众文化的生长起着推动的作用。近代以来，科学技术对于社会变革的作用越来越明显，科学技术作为生产力的变革性因素，促进着生产力的快速发展，为文化发展提供了物质基础。科学技术作为文化的组成部分，也在影响着文化的形式与内容。

现代科技革命为大众文化创造了技术条件。大众文化不同于民间文化，民间文化是建立在传统的、小生产的文化交往与传播手段基础上的，依靠的是人际关系的交往、面对面的传播、手把手的传授，这就使民间文化的流传要受到地域的限制，要经历很长的时间。大众文化是直接地以现代科技为交往和传播手段的，现代科技不仅发明了人们物质生活和交通的便捷工具，而且发明了人们文化生活和交往的新型工具，如电视机、DVD、PC 等。现代科技应用于工业生产中，体现科技创新的文化消费品像汽车生产流水线一样源源不断地、大批量地生产出来，进入到广大群众的日常生活之中。数字化技术把各种各样的文化产品的信息储存、压缩、复制，使文化的创造可以无限地“拷贝”。文化的传播已经不取决于文化创造者的再生产能力，而是取决于文化复制者的技术能力。文化产品的复制技术可以大幅度地提高文化资源的共享程度和传播速度，使某种文化产品的大众传播可以达到在全球范围内同步的速度。大众文化不同于贵族文化，贵族文化是由少数人所享有的文化，掌握与欣赏这种文化需要经过长期的专门训练，这是广大群众所不能企及的。正是造成这种能力的稀缺才反衬出这种文化的高贵与品位，才能使贵族文化始终只是小圈子里的文化。大众文化是与大众的实际文化状况处于同一平台的，现代科技的一个重要理念就是以用户为本，在人机界面的设计上尽量简单化、“傻瓜”化，减少大众使用文化消费工具的技术障碍，这就使人人都可以容易地进入大众文化领域。文化产业在创新设计中，也都是本着更多的参与、更快的掌握的原则，力图降低普通群众的进入门槛。许多现代文化活动包含着高科技的内容，但高科技的“高”恰恰表现在它对人的操作技能要求的“低”上，如傻瓜相机、傻瓜电脑等。可以说，现代科技革命是大众文化的助推器。

现代科技革命为大众文化提供了经济条件。现代科技创新导致了生产成本的不断下降，劳动生产率的不断提高。劳动者在相同的时间内创造了更多的价值，也就相应地增加了自身的货币收入与闲暇收入，有条件更多、更好地享受文化生活。马克思认为，货币“是社会形式发展的条件和发展一切生产力即物质生产力和精神生产力的主动轮”，货币“赋予个人对于社会，对于整个享乐和劳动等等世界的普遍支配权”。[①] 广大群众货币收入的增加，就意味着具备了在满足物质生活需要的基础上进一步满足文化生活需要的可能性。时间是人的“精神发展所必需的空间”，金钱也是时间，是享有人的发展空间的物质手段。货币具有交换、支配社会的劳动时间的能力，可以增加、延伸所有者的自由时间，即增加使个人得到充分发展的时间，扩展人的发展空间。个人的自由时间越多，从事科学、艺术等精神活动，参加丰富自身的文化活动的时间就越多。自由时间是大众文化的必要条件，随着大众支配自由时间的能力增加，大众才能在以货币为媒介的普遍交换中生产出“个人的需要、才能、享用、生产力等等的普遍性”，“形成普遍的社会物质变换、全面的关系、多方面的需要以及全面的能力的体系”。[②] 现代科技革命创造出了更多的财富、生产力和自由时间，为大众文化的普

① 《马克思恩格斯全集》第30卷，人民出版社1995年版，第175－176页、174页。

② 《马克思恩格斯全集》第30卷，人民出版社1995年版，第479、107页。

及提供了更大的发展空间。广大群众拥有了更大的文化购买力，就可以在文化市场上具有更多的消费权和选择权，这也从有效需求方面促进了文化市场的繁荣。

现代科技革命为大众文化赋予了现代内涵。现代科技并不仅仅是外在于大众文化的，并不是仅仅为大众文化提供技术与经济的条件，现代科技本身作为经济、政治、文化的力量，也深深地渗透于大众文化之中，塑造着大众文化的品格与样式。江泽民指出："新的科学发现和技术发明，特别是高科技的不断创新及其产业化，将对全球化的竞争和综合国力的提高、对世界的发展和人类文明的进步，产生更加巨大而深刻的影响。社会生产方式和产业结构，生产工具、劳动者素质等生产力要素以及人们的生活方式和思想观念，都将发生新的革命性变化。"[①] 现代科技革命使生产工具从机器时代、自动化时代进入到电子时代，生产工具的变革缩小了时间的利用单位，加快了生产与劳动过程的节律。生产工具的运动节奏带动着人的活动节奏，更快、更迅速的要求改变着人的行为方式。适应了快节奏工作的人们也同样习惯于快节奏的文化，这就催生出了"快餐文化"。人们的文化消费也像用快餐一样，不等待，不消磨，在更短的时间内吸收更多的信息。"快餐文化"体现了现代技术的理性，构成了大众文化的规则。技术创新造成了由机器取代劳动力，由软件取代人力以至脑力，也造成了大量的技术性、结构性失业，这对劳动者

① 江泽民：《论科学技术》，中央文献出版社 2001 年版，第 145 页。

的生理与心理造成了持续的重大的压力。劳动者把文化生活更多地作为放松、平衡以至宣泄的手段，这就使大众文化更多地具有休闲的功能。大众文化所提供的服务主要是为了满足消遣、娱乐的需要，由此生产出大批的平面化、感官化、媚俗化的作品，造就了火暴的流行音乐会、喧闹的迪厅、狂热的足球赛。大众传播媒介是大众文化的主要媒体，新的大众传播媒介的出现都是科技创新的产物。继报纸、广播、电视之后，网络正在成为第4代大众传播媒介。计算机网络、多媒体技术、虚拟技术的综合运用，使得电脑网络传播文化信息的手段无比丰富。新的传媒技术充分利用了人接受信息的各种感觉器官（甚至包括触觉），印刷符号、声音信息、图像屏幕都不能达到虚拟技术所造成的感官效果。新的传媒技术要求新的文化模式，大众文化也必须适应电脑网络的技术要求，使各种信息能够用多种符号形式表现出来。电脑网络创造了互动的传播模式，每个人既是信息的接收者，又是信息的制造者，并且在互动过程中生产出新的信息。参与式、互动式也正符合大众文化的本性，计算机网络提供了全球最大的文化参与和互动的场所，也规定了大众文化传播的相应模式。

三、大众文化的社会功能

大众文化作为现代文化的一种历史现象，有其产生的必然性与存在的合理性。大众文化作为现代社会生活的有机组成部分，对于社会的稳定与发展，发挥着不可忽视的作用。大众文化受其内在机制支配，也会产生消极因素。因此，对大众文化的社会功能，需要作出全面的评价。

大众文化是社会文化的重要组成部分。大众文化是社会生活多样化的表现，在开放社会中，社会的经济成分、组织形式、利益关系、生活方式日益多样化，决定了文化的性质、样式、需求也是多样化的，产生了不同群体、不同层次、不同对象的文化。毫无疑问，任何社会都有其主导文化、主流文化，即“主旋律”。因为“统治阶级的思想在每一时代都是占统治地位的思想。这就是说，一个阶级是社会上占统治地位的物质力量，同时也是社会上占统治地位的精神力量。支配着物质生产资料的阶级，同时也支配着精神生产资料，因此，那些没有精神生产资料的人的思想，一般地是隶属于这个阶级的。”[①] 作为社会意识形态的主导文化是一种“普照的光”，影响、制约和支配着大众文化的走向。大众文化与主流文化并不是互斥的，大众文化实际上也以种种形式包容与宣传着统治阶级的价值观，大众文化不可能完全游离于主导文化之外。但在多样化的社会中，不应该只有统治阶级的文化，而没有非统治阶级的广大群众的文化，大众也需要有适应自己的文化生活。不仅需要文化中的政治，而且需要文化中的非政治；不仅需要国家的文化，而且需要个人的文化。大众文化不能取代主导文化，但在现代社会健全的文化体系中，却是必不可少的组成部分。在现代社会中，与大众文化相

① 《马克思恩格斯选集》第1卷，人民出版社1995年版，第98页。

对应的是精英文化，精英文化是精英阶层的思想观念、价值理想、审美情趣和文化方式。精英文化是“阳春白雪”，精英文化也可以引导文化新潮流，成为社会效仿、追随的模式。由于社会阶层的差异，精英文化的关注焦点、欣赏品位、选择标准，不会被平民阶级所完全接受，精英文化不可能同化大众文化。大众文化以它的平民性作为根基，以贴近百姓的情感与脉搏，反映民众的喜怒哀乐为特色。社会文化的兼容性要求既要有高雅文化，也要有通俗文化；既要歌颂崇高与英雄，也要表现平凡和小人物；既要挖掘深刻，也要允许肤浅。只有“和者盖寡”而没有“和者甚众”的文化，是狭隘的社会文化结构。毛泽东早就指出：“现在是‘阳春白雪’和‘下里巴人’统一的问题，是提高和普及统一的问题。”[①] 在精英文化和大众文化之间，存在着雅俗共赏的文化，不存在截然分明的界限，社会阶层的不断流动与转化也使文化的差异逐步缩小与淡化。

大众文化是公众参与公共生活的重要途径。现代化的进程使得社会生活空间发生了分化，划分出国家生活、公共生活和私人生活的不同空间。公共生活是处于国家生活与私人生活的中间地带，是人的生活社会化的重要区间。广大群众受其特定地位的限制，不能广泛参与、时时关注国家生活，但他们作为社会化的人，又不能总是局限在私人生活的圈子里。大众有参与社会生活的愿望，需要有表

① 《毛泽东选集》第3卷，人民出版社1991年版，第865页。

现自己存在、表达自己情绪的场合，公共生活空间就是要求大众参与的领域。公共生活包括公共秩序、公共事务、公共环境、公共文化等方面的内容，大众文化是公众参与公共生活的重要领域。大众文化从文化垄断到文化共享，公众在大众文化的共享过程中可以真实地感受到自己的社会性和与他人的联系。大众社会的研究者认为："大众社会由原子化的人们组成，他们相互之间缺乏任何有意义的或者在道德上的紧密联系。"① 大众文化虽然不能从根本上克服现代社会中人的疏远，但可以为个人参与公共生活提供一种中介。在参与大众文化的过程中，个人不仅可以和其他陌生的人直接交流与交往，如网上聊天，而且更重要的是可以缩小人与人之间的文化差异，产生在心理上、道德上、情感上的某些认同感。大众文化也是公众的文化表达空间，公众可以在大众文化提供的媒介与渠道中，表达自己的喜好或厌恶、赞赏或不满，求得共鸣与支持。大众文化是公共生活的精神表现，公众在大众文化中就可以了解与透视公共生活的面貌，作为融入公共生活的观念先导。大众文化传递着公共生活的信息，公众可以从这些信息中发现自己的角色、行为与公共标准的差距，作出适应性调整。参与大众文化一般没有什么风险，这也就鼓励公众更多地以文化共享的方式参与到公共生活中来。

大众文化是社会稳定与控制的重要机制。文化是一定

① 多米尼克·斯特里纳蒂：《通俗文化理论导论》，商务印书馆2001年版，第12页。

社会的经济和政治的反映并且是为它们的服务的，大众文化是依附于它所生存的社会关系的，从根本上说，是为占统治地位的经济和政治力量的需要服务的。大众文化是维护社会稳定的一种体制，是实施社会控制的一种工具。费斯克（John Fiske）认为："资本主义需要各式各样的社会控制以及形形色色的社会机构，以便再生产自己和自己的主体"，"资本拥有者之所以能保持他们的社会秩序，那只是因为他们于其中繁荣兴旺的社会秩序，已经生产出法律的、政治的、教育的以及文化的体制，而这些体制在其自身范围内，则又再生产出经济体制所需要的社会主体性。"① 大众文化可以吸引广大群众的注意力，消耗他们的闲暇时间，有利于大众生活的平稳与秩序。大众文化通过提供各种各样丰富多彩的文化产品与文化服务，刺激起大众的体验、享受、消费的欲望，这些文化活动大部分又是有益于身心健康的。广大群众自然就把精神的注意力放到大众文化所制造的热点或卖点上去，把文化消费作为处理闲暇时间的主要方式。这样，大众文化也就逐渐构建起与规定了大众的思想空间和视野界限。大众文化可以释放广大群众的心理能量，提供排泄各种情绪的出口，有利于社会心理的平衡与转移。现实社会存在着多种矛盾与冲突，许多人的理想愿望经常碰壁，弱势群体的心理压抑感更为强烈。化解这些积压的心理能量，最好的方式是以一种无害的方式让其得到释放，大众文化就可以在一定程度

① 约翰·费斯克：《理解大众文化》，中央编译出版社 2001 年版，第 35－36 页。

上起到这种功能。大众文化通过参与的、互动的形式，让大众在自娱自乐、自由发挥、自我发泄的文化方式中，使社会心理向给定的方向转移。大众文化可以用非教化的方式起到教化的作用，发挥意识形态的控制功能，有利于社会意识的引导与调节。大众文化的世俗化、商业化并不表明它完全超脱意识形态，远离政治，大众文化实际上是以一种间接的、柔性的、辅助的方式来发挥对大众的教化功能。大众文化包含的人生观、价值观是与意识形态的要求并行不悖的，它的总体目标是维护统治利益的。大众文化引导大众的是要满足与顺应现存的制度与秩序，以跻身于上层社会的成功者为榜样，通过努力奋斗，改变个人的命运。大众文化所展示的物质财富的魅力，引导着大众按照现行的规则与轨道，朝向“美丽新世界”而乐此不疲。

当代中国马克思主义哲学大众化的新问题*

哲学大众化既是一个政治学问题，也是一个社会学问题，即哲学进入社会、进入生活、进入群众的根据、条件和机制等问题。哲学大众化不仅是一个从现存的哲学到既定的大众的单向传播过程，同时大众化本身又是一个反观哲学、检验哲学、发展哲学的反馈过程。马克思主义哲学大众化既从属于马克思主义大众化的过程及规律，又具有哲学自身性质所要求的特点及内容。当代中国正在发生广泛而深刻的变革，由此赋予当代中国马克思主义哲学大众化以新的时代内涵和实践要求。推动当代中国马克思主义哲学大众化，首先就要研究这一哲学社会化过程的新问题。

* 本文发表于《河北学刊》2008 年第 3 期。

一、在哲学多样化的格局中发挥当代中国马克思主义哲学的引领和主导作用

推动当代中国马克思主义哲学大众化，就是要使该哲学在广大民众中居于主导地位，成为影响最为广泛和深入的大众哲学。一种哲学的大众化目标实现程度，与意识形态的总格局密切相关。改革开放以来，我们党在坚持马克思主义哲学指导地位、发展中国化马克思主义哲学的同时，逐步形成了尊重差异、包容多样的文化方针，造成了一元主导、多样发展的哲学格局。西方哲学、中国哲学、哲学分支等，都得到了更多研究和传播，在各个社会群体中具有不同程度的影响。在这样的哲学环境中，大众面对的是多种多样的哲学，在哲学接受上有着选择性和替代性，这就使得当代中国马克思主义哲学大众化是一个扩大影响、赢得人心、强化地位的过程。

当代世界是一个丰富多彩的世界，"每一滴露水在太阳的照耀下都闪现着无穷无尽的色彩"。多样性造就丰富性，丰富性是繁荣昌盛的象征。马克思主义哲学是广泛吸收人类文明成果的产物，从古希腊哲学到德国古典哲学的西方哲学，构成了马克思主义哲学的思想源泉之一。"有容乃大"。当代中国马克思主义哲学在文明多样性、哲学多样化得到更加充分发展的时代背景下，只有善于把挑战化为机遇，加强不同文明及哲学的对话和交流，在竞争比较中取长补短，在求同存异中共同发展，才能始终成为

"时代精神的精华"，以自身的丰富性和真理性吸引群众，成为大众广泛接受认同的科学世界观和方法论。当代中国马克思主义哲学必须把哲学多样化的格局，作为丰富发展自己、增强自身生命力的有力推动、有利契机和有效机制，在兼容、比较、吸收、借鉴中实现跃升。如同胡锦涛同志所说的："存在差异，各种文明才能相互借鉴、共同提高；强求一律，只会导致人类文明失去动力、僵化衰落。"①

当代中国马克思主义哲学大众化，是在引领和主导哲学的多样化格局中实现的。马克思主义在意识形态领域居于指导地位，马克思主义哲学是执政党的世界观和方法论，中国特色社会主义理论体系是全国各族人民团结奋斗的共同思想基础，这是发挥当代中国马克思主义哲学引领和主导作用的政治优势和政治保证。当代中国马克思主义哲学，与马克思主义哲学一脉相承、与时俱进，扎根当今世界和当代中国的崭新实践与深刻变革，汲取人类文明特别是中华文明的优秀成果，尊重人民的历史地位，维护人民的根本利益，不断创新，保持了引领和主导多样化哲学的理论优势和思想魅力。面对以新形式出现的唯心主义、形而上学、唯心史观等错误思想观点，必须认真鉴别、有力抵制，在哲学批判和思想交锋中明辨是非、弘扬真理，以此作为发挥引领和主导作用的必要条件。

① 《十六大以来重要文献选编》（中），中央文献出版社2006年版，第997页。

二、在展现当代中国马克思主义哲学大众性的基础上推动大众化

马克思指出："理论在一个国家实现的程度，总是决定于理论满足这个国家的需要的程度。"[①] 哲学大众化也是一个哲学社会化的过程，一种哲学能否成功地大众化，不仅取决于该哲学在国家上层建筑中的地位，而且从根本上说，取决于该哲学满足民族的精神需要程度，也就是取决于该哲学与大众的利益追求、价值取向、思想关注、思维方式相契合的程度。可以说，大众性决定大众化，没有大众性就没有大众化。大众化是一个相互塑造的过程，既是哲学"化"大众的过程，也是大众"化"哲学的过程。当代中国马克思主义哲学总结提炼了来自群众的哲学思想和语言，是全党集体智慧、广大群众智慧的哲学结晶，具有深厚的群众基础。这一哲学不是象牙塔中的哲学，只能在圈子里自我循环，而是发展中国特色社会主义的哲学，与广大人民的现实生活密切相关，是人民群众所需要的大众哲学。当代中国马克思主义哲学的大众性，也就是"新鲜活泼的、为中国老百姓所喜闻乐见的中国作风和中国气派"[②]，这种"中国作风和中国气派"，不仅是指语言、形式、风格上的，更重要的是问题和内容上的"喜

① 《马克思恩格斯选集》第1卷，人民出版社1995年版，第11页。
② 《毛泽东选集》第2卷，人民出版社1991年版，第534页。

闻乐见”，是当代中国人民所渴求的精神食粮。

加强当代中国马克思主义哲学的大众性，是推进大众化的基础建设。推进当代中国马克思主义哲学大众化的进程，也是推进其大众性的过程。大众化既是哲学发展的一个结果，也是哲学发展的一个动因。当代中国马克思主义哲学是在开放和动态中发展的，大众化要求大众性，从哲学的大众性到大众的哲学化。展现当代中国马克思主义哲学的大众性，就是要充分揭示它的哲学内涵与人民利益的一致性，以此获得人民群众的根本认同。科学发展观的核心是以人为本，就是发展为了人民、发展依靠人民、发展成果由人民共享。这个核心也是当代中国马克思主义哲学的核心，确立这一核心也就确立了这一哲学的人民立场和基础。展现当代中国马克思主义哲学的大众性，就是要准确把握大众的哲学需求，从哲学层面回答群众关注或困惑的重大问题，以使哲学供求相适应。要不要社会公正，怎样才是社会公正，社会公正如何可能，这些都是发展当代中国马克思主义哲学大众性的重要领域，也是哲学大众化的重要内容。展现当代中国马克思主义哲学的大众性，就是要不断证明它作为科学的认识工具和思想方法的功能，不仅是国家改革发展、治国理政的哲学指导，而且是个人立身行事、生存发展的哲学指导，“使之群众化”，“变为群众手里的尖锐武器”①。

---

① 《毛泽东文集》第8卷，人民出版社1999年版，第323页。

三、在社会实践发生深刻变化的形势下增强当代中国马克思主义哲学的解释力和信服力

马克思主义哲学不是历史之外的遐想，而是回应时代课题的哲学写照。“问题是时代的格言，是表现时代自己内心状态的最实际的呼声。”① 敏锐捕捉历史实践提出的哲学课题，深入发掘时代课题包含的哲学意蕴，从而推进哲学的发展，是保持马克思主义哲学生命力的关键。推进当代中国马克思主义哲学大众化，满足群众的精神需求，依靠思想的力量。思想的力量在于其洞察力和彻底性，正如马克思所说：“理论只要说服人，就能掌握群众；而理论只要彻底，就能说服人。所谓彻底，就是抓住事物的根本。”② 历史上从未有过的大改革大开放，提出了许多前人没有遇到和料到的问题，赋予马克思主义哲学在当代中国以新的生机和活力。进入改革发展的关键阶段，经济体制深刻变革，社会结构深刻变动，利益格局深刻调整，思想观念深刻变化。迫切需要给予科学的解答，用实践发展理论、修正理论，用反映时代变化、体现实践呼声、揭示问题本质的哲学思想，增强当代中国马克思主义哲学解释力和说服力。就像《资本论》成为19世纪中叶以后欧洲

① 《马克思恩格斯全集》第1卷，人民出版社1995年版，第203页。

② 《马克思恩格斯选集》第1卷，人民出版社1995年版，第9页。

工人阶级的《圣经》那样，使大众接受当代中国马克思主义哲学成为一个自觉主动的过程。

当代中国马克思主义哲学坚持马克思主义哲学的基本精神和基本原理，把唯物主义和辩证法、革命性和科学性高度统一起来，以解放思想、实事求是、与时俱进为精髓，倡导一切从实际出发，以我国改革开放和社会主义现代化建设的实际问题、以我们正在做的事情为中心，而不是从书本、概念和抽象的原则出发。这种哲学精神体现在中国特色社会主义理论体系的全部内容之中，使得这个理论体系深深扎根于中国特色社会主义的实践之中，集中探索和回答发展过程中的重大理论和实际问题，充满着鲜明的实践特色、民族特色、时代特色。这种哲学精神塑造了一种求真务实的哲学，坚持用实践检验真理、修正理论，把生产力发展作为判断路线正确与否的根本标准，注重发展的质量和效益、全面性和持续性，使得依据这个哲学提出的战略思想、理论观点是切合实际、合乎规律、令人信服的。如科学发展观，是立足社会主义初级阶段基本国情，总结我国发展实践，借鉴国外发展经验，适应新的发展要求提出来的。它既是马克思主义关于发展的世界观和方法论的集中体现，又是这个世界观和方法论的时代运用，是当代发展实践本质的一面镜子。

四、在社会阶层分化的趋势中拓展当代中国马克思主义哲学的开放性和兼容性

当代中国马克思主义哲学大众化是在我国新时期社会阶层分化的趋势中实现的。包括知识分子在内的工人阶级、广大农民是大众的主要成分，在社会变革中出现的新的社会阶层是中国特色社会主义事业的建设者，是大众的有机组成部分。即使是工人、农民，也发生了很多变化。各个社会阶层，凝聚在中国特色社会主义旗帜下，有着共同的理想追求和爱国情怀，但又形成了不同的社会地位、价值取向、生活方式，这些差异在不同程度上影响了他们哲学理念、哲学偏好以及哲学接受能力。推动大众化，就要研究大众的新变化，按照大众的差异性来拓展当代中国马克思主义哲学的包容性，使当代中国马克思主义哲学不仅是工人阶级的哲学，而且是最广大人民的哲学。当代中国马克思主义哲学能否成功地实现大众化，一个重要因素，就是看它能否得到各个社会阶层的认同、接受、喜好，这就要求这种哲学具有广泛的辐射力和更大的公共性，使之适应影响和服务对象多样化的变化。

中国特色社会主义旗帜，是最具有感召力和号召力的发展道路和理论体系，这就赋予了当代中国马克思主义哲学以极大的开放性和兼容性。“社会主义和谐社会”这一命题的提出，集中体现了当代中国马克思主义哲学的开放性和兼容性。这一命题本身，内含着一个基本观点，一个

重大的创新观点，也就是在社会主义阶段产生和谐社会，不仅是必须的，而且是可能的。和谐社会是一种社会文明，它的着重点是建立与保持社会各种集团、群体、阶层、人们之间包容的、融洽的关系。在社会和谐这种社会状态中，社会关系的性质是相容的，而不是对抗的；社会矛盾的解决方式是和平的、法治的，而不是暴力的、无法的；社会成员的身份和地位是可流动变化的，而不是命定不变的；社会阶层的政治、经济、文化的差别，是在缩小的，而不是在扩大的。构建社会主义和谐社会的提出，鲜明地表明了和谐社会是社会主义的社会建设目标，和谐是社会主义社会的发展动力和运行机制，和谐社会是社会主义社会的理想状态和健康状态，这就大大丰富和发展了马克思主义的唯物史观。把和谐社会作为社会主义的社会建设目标，鲜明地表明了在社会主义社会的各种矛盾面前，要善于把握矛盾的斗争性和同一性的关系，促使社会矛盾向缓和、消解、兼容、共存方面转化，这就丰富和发展了社会主义辩证法，是认识和处理社会主义社会的矛盾和冲突的新视野新思路。构建社会主义和谐社会的思想，鲜明地表明了一种价值取向、价值追求和价值理想，这就是在建设社会主义的过程中，应该倡导和为之努力的社会关系、社会状态和社会理想，是民主法治、公平正义、诚信友爱、充满活力、安定有序、人与自然和谐相处，而不是相反，这就明确树立了中国特色社会主义的共同理想和共同价值观。

五、在大众精神需求不断提高的情况下提高当代中国马克思主义哲学满足需求的程度

新世纪新阶段，随着经济社会持续快速发展和人民物质生活水平不断提高，人民的文化生活需要也在快速增长，精神文化需求包括哲学需求日趋旺盛，人民群众文化消费包括哲学消费显现出多层次、多方面、多样化的状态，热切呼唤更多高品位、高质量、多姿多彩的优秀文化产品以及哲学思想。在社会变革的大潮中，荣与辱、善与恶、美与丑，发生着深刻的冲突，升华与堕落、高尚与罪恶、纯洁与腐败，同时存在。一些人理想信念不坚定，一些腐朽落后思想文化沉渣泛起，拜金主义、享乐主义、极端个人主义有所滋长，部分社会成员思想道德失范，有些人世界观、人生观、价值观发生扭曲。这些现象说明，人必须要有求真求善求美的高尚追求，当代中国马克思主义哲学大众化，必须着眼于塑造人的精神世界，提升人的精神境界，丰富人的精神追求。物质生活越是得到了满足，精神生活的需要就越是重要，满足人民精神需求的任务就越是突出，而哲学在塑造人的世界观、人生观、价值观上发挥着独特的重要作用，人民逐步发展的精神需求最需要创新的哲学来感召、引领和提升。推进当代中国马克思主义哲学大众化，必须用把握时代脉搏、反映时代精神、体现人民追求的哲学思想，来更好满足人民的精神需求，增

强人民的精神力量，培育改革开放伟大时代的精神家园。当代中国马克思主义哲学只有与时代和社会的发展同步伐、相协调，内容上不断丰富发展，形式上讲求活泼多样，传播上充分利用新型媒体，方法上满足不同层次需要，才能与时俱进、水涨船高，满足人民不断增长的精神需求，把大众化落到实处。

创新是一种制度产出

——关于创新的探讨

CHUANGXIN SHI YIZHONG ZHIDU CHANCHU

创新理论的若干问题*

一、创新的实践本质

马克思和恩格斯创立的实践唯物主义，鲜明地把“改变世界”作为新唯物主义的核心，强调能动的、对象性的、革命的实践活动的意义，突出实践的创造性与创造性的实践，也就是实践创新对于人类历史发展的作用。马克思和恩格斯准确地把握了人的实践本质，即人与动物活动的根本区别在于创造性。马克思作出了“劳动是积极的、创造性的活动”[①] 的论断，把“通过实践创造对象世界”[②] 作为人类的本质，这种人的本质力量的证明就是“工业的历史和工业的已经产生的对象性的存在”。[③] 马克

---

* 本文发表于《上海社会科学院学术季刊》2002年第2期。

① 《马克思恩格斯全集》第46卷下，人民出版社1980年版，第116页。

② 《马克思恩格斯全集》第42卷，人民出版社1979年版，第96页。

③ 《马克思恩格斯全集》第42卷，人民出版社1979年版，第127页。

思和恩格斯并不满足于仅仅在理论上阐释实践的创造性本质，他们宣布：“对实践的唯物主义者即共产主义者来说，全部问题都在于使现存世界革命化，实际地反对并改变现存的事物。”① 表明了实践唯物主义的宗旨就是通过“连续不断的感性劳动和创造”，使用现实的手段改变现实的世界，就是实践创新。而实践创新包含在人类物质资料的生产与再生产以及社会生产方式、生活方式的全部历史之中，表现为生产力、生产关系、社会制度的不断变化与更新。可以说，马克思和恩格斯的实践唯物主义就包含着创新哲学的精髓与基本思想，他们对人及其实践本质的论述就揭示了创新范畴的哲学规定，创新哲学就是实践唯物主义的现代阐释。

创新与实践有着密切的、本质的联系，创新的规定性与实践的规定性相互包含。创新是实践活动，是实践的创新；实践是创新活动，是创新的实践。从实践与创新的相互规定出发，才能准确把握哲学的创新范畴。从根本上说，创新属于“实践的事情”。实践是创新的主语，实践是创新的根源，实践才能创新。人根据自己的本质力量展开的改造世界的活动，是创新何以可能的基础与前提。创新内生于实践之中，是实践的派生物。在实践的意义上规定创新，是要对创新作出唯物主义的理解，从物质资料的生产与再生产以及物质世界本身去说明创新的能量所在。思想、知识、信息、技术等因素都参与和导致了创新，而

① 《马克思恩格斯选集》第1卷，人民出版社1995年版，第75页。

且对创新的作用愈益明显，但它们只有依据客观规律，使用物质手段，才能改变现实世界。创新的力量存在于人的改变世界的实践活动中，只有通过实践才能使创新成为可能。创新是实践的基本属性，实践就是创新，人改造世界的活动就内含着创新的品格与能力，就会产出创新的效果。创新是创造性实践，是实践的精华所在，创新使实践成其为实践。创新使实践的本质从大量日常的、重复的、简单的实践中提升出来，体现了实践的根本能力与最重要功能。创新的质量与高度确证着人的实践水平与状况，创新的对象性存在表明了不同时代中人对世界的依赖与掌握的方式。

实践是检验认识的是与非、对与错的标准，也是判断创新的是与否、利与害、善与恶的标准。创新要在与其发生关系的外部活动中得到验证，在更大尺度的参照系统中给予评价。创新不是以它的外部新颖性为标志的，而是以其内在的新价值为本质的。创新的判定要依据未来的尺度，要看新事物发生后在展开过程中所创造和实现的真实价值。创新活动自然会产生外在性（externality），创新的实践效果具有二重性，创新的实践检验就要从正反两方面考察，综合比较，作出衡量。运用不同的时空尺度检验创新，就可以防止人在创新活动中的狭隘眼界。创新的实践检验不能没有经济标准，但也不能只有经济标准。创新的效果涉及多个领域，实践检验的标准就应该是多维的。在创新活动中，只依据单一的价值取向，忽视多维的价值标准，就容易顾此失彼，得不偿失。实践要对创新的价值作出评价，也要对创新能力本身作出检验与评价。创新的可能性证明在实践中，实践的逻辑是创新可能的根本逻辑。

二、创新的社会功能

创新是一个民族进步的灵魂。在科学技术发展日新月异、一日千里的当代社会，只有把创新作为一个民族进步的灵魂，才能使这个民族屹立于世界先进民族之林。创新赋予一个民族以蓬勃的生机和活力，现代社会是建立在创新基础上的，创新成为一种生存需要和制度产出，只有创新才能生存与发展。创新社会表现为创新的普遍性，产生了创新的连锁反应与快速反馈，社会变革的时间尺度缩短，发展的节奏加快。在相同的时间间隔内，创新社会包容了比传统社会更多、更大的进步值。创新把一个民族的资源集中于经济建设上，创新是对资源做出最有利于发展生产力的利用，是使资源最有效率的配置。创新充分开发了一个民族的创造力，一个民族的创造力长期受到严重压抑，就会直接影响民族的前途命运，创新的实践就是创造力由潜能变成现实，就是创造力的成功开发。创新给民族注入了发展壮大的强劲动力，改革是解放和发展生产力的强大动力，创新也是解放和发展生产力的强大动力，创新使一个民族的生产力得到了飞跃的发展。创新给民族提供了可持续发展的有效途径，可持续发展要求经济增长方式从粗放型向集约型转变，这要依靠科技进步与制度创新才能实现，要求经济与文化、人与自然的协调发展，这要依靠更大范围的社会创新才能实现。

创新是国家兴旺发达的不竭动力。一个国家的发展不仅要依靠自然资源获取自然动力，更要依靠创新所开发出的人的资源，获得社会动力。自然资源丰盛，如果没有相应的社会资源驱动，也不能使一个国家富强。一个国家的发展不仅要借助外部环境，变压力和竞争为动力，更要开发内部动力，营造走向富强的内部环境。创新是国家主体自身的行为方式与活动内容，创新还是守成，是由国家主体自己抉择的事情。把创新作为国家发展的内部动力，就可以把国家发展的命运把握在自己手里，由国家自己控制发展的速度和决定发展的前途。一个国家的发展不仅要运用短期动力，在处理好各种矛盾与问题中求得进步，更要注重坚持创新，始终把握国家发展的根本途径，开发国家发展的长期动力。国家发展需要创新作为长期的、持续的动力，创新的动力内在于国家机体之中，是维持其生存与发展的基本能量；制度化于国家结构之中，自动地运转并发挥其功能。一个国家要长治久安，使兴旺发达成为一种常态，就要把创新作为稳定的、不竭的动力。鼓励创新是富有生机的社会，创新频率是社会活力的一个标志。

三、创新的历史演进

在历史发展的不同时期，受生产力状况、经济关系形式、社会制度与文化等条件的约束，创新的数量、内容、领域、周期、效果等表现出很大的差距。农业经济的产生是人类生产创新的重要进步。依靠生产工具的创新，人拥有了耕种土地的物质手段；依靠对气候变化、植物生长的经验知识的掌握，人从获取食物转向生产食物；农业逐步采用与提高灌溉技术，水利工程规模逐渐加大；中国农业经济时代的四大发明，也是世界古代文明的重要标志。土地私有制提供给所有者土地产权收益，通过垄断性的地租制度，强迫农民提高农作物产量；土地产权收益的分配形式不断调整，从劳役地租、实物地租到货币地租，向有利于提高劳动者生产效率的方向发展。农业社会发生着创新，这种创新又是缓慢的、渐进的，缺乏根本性创新与快速扩散，显示出停滞状态。农业社会属于重传统的社会，创新是在传统社会内部的有限创新。法国历史学家布洛赫（Marc Bloch）写道："古代农业社会是建立在道地的传统主义上的，在这种社会中，只有那些长期延续的事物才最有存在的理由。集体的传统——习惯法——统治着人们的生活"。[①] 小生产注重传统的经验、标准和方法，追求延续与循环中的稳定性、不变性。自然经济把生产者终年束缚在不能移动的土地上和不能脱离的自然形成的共同体内，使人的活动只能在狭小的范围内和孤立的地点上发展着，造成了共同体内部的变化缓慢，难以变革与更新。

工业经济是资本主义开创的新的技术形态、产业结构和经济时代。工业经济采用了新的能源类型，从农业经济的依赖植物能源到开采矿物能源，从获取地表资源到开发

① 布洛赫：《法国农村史》，商务印书馆1991年版，第85页。

地下资源；使用了新的材料类型，从农业经济的以自然生产的材料为主到以人工制造、冶炼、合成的材料为主；运用了机器作为主要生产工具，从农业经济的依赖人力、畜力的生产，到依赖以蒸汽机为代表的动力机的生产。工业经济推动了交通革命与通信革命，蒸汽机车使世界各国能够经常地、迅速地交往，缩短了商品流通的空间和时间；电报、电话应用于远距离通信，应用于商业贸易，加快了新产品的扩散。工业经济把劳动过程转化为社会过程与科学过程，建立了以发达的分工协作为基础的合理的劳动组织，使劳动的技术过程和社会组织发生了根本的革命，创造了劳动的社会生产力或社会劳动的生产力。为满足交换经济的需要，18 世纪的工业国家开始了金融革命，建立了完善的金融机构、富有弹性的货币供应体系以及便利可靠的信贷制度，投资融资的股票交易市场已经出现，分担市场风险的保险业开始普及。在工业经济时代，一切科学都被用来为资本、为利润、为创新服务，每一项科学发现都成了新的发明或生产方法的新的改进的基础。火药、指南针、印刷术这些中国的伟大发明，就转而成为西方世界开拓新市场、传播新科学的手段。马克思和恩格斯在对资本主义的透彻分析中，系统论述了作为创新主体的资本，是怎样能动地不断变革生产力与生产关系，为自己创造了一个新的世界与新的历史时代的，指出“资产阶级除非对生产工具，从而对生产关系，从而对全部社会关系不断地进行革命，否则就不能生存下去。”[①] 马克思也同时看到了作为创新源泉的资本本身是创新的否定因素，企业创新的可能性边界是资本家的利润，是有商业价值的市场需要，绝不是社会上相当大一部分人的最迫切的、最直接的需要。

在知识经济时代，创新将作为民族、国家的基本生存方式与活动方式，作为社会持续发展进步的基础与根本机制，综合国力竞争的核心已经从武力转移到智力，从资本存量转移到知识存量，从生产能力转移到创新能力。信息与生物技术是现代技术的带头领域，是高新技术产业的支柱产业。信息技术出现了微电子向高集成度、高速度、低功能、低成本方向发展，计算机向超高速、小型化、并行处理、智能化方向发展，通信技术向光纤化、数字化、综合化、网络化方向发展的趋势。生物技术已经获得了 DNA 重组、细胞培养和 DNA 芯片的技术平台，培养出了新的生物技术产业，在新世纪中还会形成基因组、生物芯片、干细胞生物学、生物信息学、神经科学几个新的技术平台，人工人体（器官）将是人工智能之后人的自然存在方式的又一次革命。科学在生产力中的地位从“生产力中也包括科学”提高到“科学技术是第一生产力”，知识在经济增长中的位置从外生变量转变为内生变量，知识创新在经济和社会发展中的作用从一般因素发展成主要依靠。以国家创新体系为代表的主体系统，将成为新型的创

① 《马克思恩格斯选集》第 1 卷，人民出版社 1995 年版，第 275 页。

新主体系统。政府为国家创新体系提供政策支持与制度保障，在创新的市场失效区域内直接担任创新主体，并且克服创新的系统失效，保证国家创新体系的系统效率。国家创新体系的建设，标志着创新的社会自觉已经从理论自觉进入到实践自觉，从微观自觉进入到宏观自觉，这必将使创新的历史演化进入新的阶段。

四、创新的发生机制

创新具有多种诱发因素，任何因素都要经过创新主体的感知、判断、决策等思维活动，才能转化为现实的实践活动。创新的思维发生表现在：（1）善于发现导致创新的问题。创新思维是以问题为中心的知识重建与重构，问题产生于事物的实有状态与应有状态的差别，从实有状态向应有状态的过渡导致了新知识的产生；问题存在于改变现状的摸索状态之中，最终实现创新的成功路径就是知识的创造；问题是对象的特殊矛盾，普遍的规律性知识与特定对象的研究相结合产生的是新的知识；问题表现为寻找新方法、新手段、新途径的尝试，在认识中解决“桥”和“船”的问题也就是创新思维的过程。（2）合理想象可能创新的空间。创新在很多情况下起源于创意，创新就是实现了的创意。创新既产生于围绕需要而解决问题的需求驱动，也产生于主动推出创新的供给驱动，供给驱动创新是由创新主体从某种创新理念或实验出发而推动的创新。创新思维需要的是合理的想象，也就是区分事物的可能性与不可能性的能力。（3）敏锐洞察推出创新的机遇。机遇是创新主体不可控制的因素，但却可以因势利导，把握和利用它，在正确的时间内做正确的事。机遇的价值以及成败概率，是事先难以准确测算的，而机遇又是稍纵即逝的，这就要求创新主体能够对变化作出及时反应，具有发现机遇的洞察力与把握机遇的敏捷性，“该出手时就出手”。机遇在处于不同思维状态的人那里有着不同的意义，机遇只有在寻找与捕捉机遇的人那里才能成其为机遇。

人的需要不是天然赐予的，而要通过人的积极的生产实践活动去获得。人的需要是不断生成的，而世界不会自动满足人的各种新的需要，人只有通过创造性活动才能把新的需要现实地生产出来。需要是以主观愿望的形式反映出的客观需求，满足需要的过程却不能仅仅通过心理活动而完成，而要依靠需要对象的提供来满足需求者的欲望。即使是相同的需要，也可以有多种不同的满足需要的手段或方式，这就为创新留出了无止境的空间。需要的结构决定了创新的类型，不同类型的需要要求相应的创新来满足；需要的范围决定了创新的规模，需要的范围越广，创新的规模也就越大；需要的强度决定了创新的秩序，资源的稀缺性导致了创新投入的选择性，需要强度高的一般就具有创新选择的优先权。人的创新活动不是仅限于生存需要的驱使，不完全是改变生存条件需要的压力作用，也不都是寻求生存竞争的技术。创新有着更为深层的人本学根源，是人的本性的一种显示，是人在满足生存需要的基础上，追求真善美的需要的不懈努力。

制度与创新有着密切的关系，制度是创新的动力机制，对创新起着规范、引导、激励等作用，既可以促进也可以阻碍创新的发生与实现。创新是制度的产出，制度中包含着创新发生的激素，在给定的技术条件下，很多创新是制度内生的。制度是既定的关系，引导着人的活动方式及其创新取向。制度以不同形式指示着人们“怎样才行”或“怎样不行”，同时也就表明以什么样的方式活动才能成本较低、效益较高。制度本身就包含着既定的信息，告诉人们是创新有利还是守成有利，是采取创新的活动方式还是采取守成的活动方式更能与现行的关系相吻合。制度是行为的框架，规定着人的活动空间及其创新可能。人的活动空间被种种制度所限定，制度确定和限制了人的选择集合。创新的活动空间在很大程度上是制度赋予的，创新得到的制度支持越多，创新的可能空间就越大。创新的活动空间是一种自由空间，制度给予创新的是创新的权利，没有权利的活动空间不可能是创新的自由空间。制度是资源的导向，激励着人的活动效率及其创新频率。制度内含着一定的利益分配规则，这种规则对人的活动起到激励作用。鼓励创新的制度安排可以促使资源向财富更快地转换，当制度变迁向着有利于创新的方向发展时，人的活动也会越来越多地投入到通过创新生产出更多财富的领域中去。制度是历史的创造，改变着人的活动路径及其创新态势。制度变迁改变了原有的规则与机制，建立了新的规则与机制。规则与机制的改变导致人的活动发生了转向，扭转了原有的人的活动路径，人们遵循新的规则，顺应新的机制，以不同的方式从事活动，产生了新的追求目标与价值取向。

五、创新的主体要素

创新主体有自己的结构特征，存在着多种多样的结构形式。当代社会中创新主体结构的构成趋势是：从中心结构到网络结构，网络结构使创新发生可以源于多个层面、多个环节，有利于群体主体之间的交流与协作；从等级关系到互动关系，创新团体成员具有多重的交往媒介，能够经常互相影响，有着共同的语言；从人员集合到人才集合，高素质人才在一个团体内的聚集，形成了碰撞、互补、交流、合作的良好主体关系。创新主体的要素在活动过程中形成了一定的结构关系，这种结构关系是一种聚变关系，创新组织的各个成员，只有相容、共处与配合，才能创造出新的生产力；这种结构关系是一种互补关系，互补就是把差异整合为新的事物，新事物不属于某一要素，而是互补的结果，属于所有要素的合作；这种结构关系是一种均衡关系，均衡关系表明创新主体要素的相互依存，“一个都不能少”，均衡关系也表明创新主体要素的配置已经达到了系统目标，任何冗余的要素已经排除或不再需要。主体以什么样的结构方式、什么样的结构活动机制把握对象、改造客体，既依赖于主体自身结构的现状，也取决于对象形式与难度所要求的主体结构。一般来说，创新对象的形式越复杂、难度越高，对创新主体结构的完整性、复杂性、层次性要求也越高。创新主体结构不是一种既定的结构，它是围绕着创新目标而设计或演进，在创新的动态过程中不断反馈调节，逐步建构起来的，创新过程同时也是主体的结构创新过程。

创新能力是人独有的能力，是主体在对象性活动中，改变现存事物，创造新的事物的本质力量。创新能力是主体各种能力整合而成的一种能力，是主体能力系统的能力，而不是与某种具体能力并列的一种能力。根据创新的活动主体的结构，可以分为创新的个体能力、组织能力和国家能力。个体能力是个人作为活动主体时，通过知识的发现、学习和积累，能动地应用于改进生产、改善生活、改变环境的活动中的能力。组织能力是组织作为活动主体时，依靠创新资源的共同运用，创新活动的分工、协作与组合，而产生的组织的系统创新能力。国家能力是国家作为活动主体时，运用政府、制度、政策的力量，调动国家的资源，组织与推动国家创新活动的能力。创新能力关键是把创新知识对象化、社会化，把新的知识转化为新的事物、新的关系、新的行为的能力，主要有创新主体对于知识资源的结合能力、转化能力和扩散能力。结合能力是把知识资源与其他创新资源结合在一起，运用资源新的组合做出创新的能力。转化能力是将新的知识转化为现实的生产力、物质财富以及社会进步的能力。扩散能力是及时获得创新信息并迅速应用于创新活动的能力。创新能力是进化着的能力，说明这种能力不是无所不能、尽善尽美的，它有着自己的历史的限度。创新能力是主体的能力，没有全知全能的主体，主体总是在“有限理性”的状态下从事活动的。创新能力是历史的能力，每一时代的历史既显示了人的活动能够创造什么样的奇迹，也展示了人的活动不能做什么。

创新精神是人的创新本质的精神表现，是人在创新活动中反映出的精神素质。创新精神是一种主体精神、实践精神和时代精神。创新精神的构成要素是：（1）批判精神。批判精神就是否认人的认识与实践具有最终的、完成的性质，坚信任何已经达到与实现了的成就都有其历史性与相对性，都存在着不完全性，都留有可改进、更新、变革的空间。批判精神是一种怀疑精神，是创新的前提性条件。（2）科学精神。科学精神是一种唯物主义精神，要求人们在创造性活动中实事求是，尊重客观规律，一切从实际出发，讲求实效，把主观能动性与现实可能性统一起来。科学精神是创新精神的内在规定性，是创新精神的基石。（3）开拓精神。开拓精神是一种创造和探索精神，鼓励主体不囿于传统束缚，不满足于现有状态，用积极的、开放的、上进的态度看待世界、对待未来。开拓精神是创新精神的应有之义。（4）自主精神。自主精神就是主体自己决定自己道路的状态，自己对自己的行为负责，要求主体应得的权利，反对一切事情都要唯书、唯上、唯洋。自主精神深深地渗透在创新精神之中，构成了创新精神的精髓。（5）冒险精神。冒险精神就是追求成功又不怕失败，在失败的可能中谋求成功，勇于创新又承担代价，以必要的代价换取利益，就是挑战风险，与风险较量。冒险精神是创新精神的必要成分。（6）务实精神。务实精神把创新看做是发展生产力、促进社会进步的手段，始终注重创新的成本与收益分析，而不是把创新当做目的本身，标新立异，附和时尚。务实精神是创新精神的底蕴，创新是务实精神的最好表现形式。创新精神是创新实践的精神动力，还要和物质的力量、制度的力量结合起来，共同完成现实世界的创新。

六、创新的客体形式

人的活动的对象化创造了一个不断积累、膨胀着的人工世界，即物化世界，物化是创新的主要客体形式与实现形式。创新物化具有多种多样的表现形式，根据与自然物的关系可以分为自然物的人工生产，自然物的加工制造和自然物的功能模拟。人工生产的自然物已不完全同于自然生长的自然物，产生了新的质与量，这新的成分就是人的知识与劳动的物化。人在劳动中借助于工具使自然物发生了结构与功能的变化，加工后的自然物只保留了物的要素，而新增加的使用价值都是人的活动赋予的。人还创造出完全不同于自然物的实体却等同于或超过自然物的功能的人造物，由机械式改造转为功能式模拟。创新物化根据其在生产领域的实现形式可分为物质使用价值的创新、能量转换技术的创新与信息传播方式的创新。物的使用价值的创新是在物化产品中，或是发现新的有用物，利用其使用价值，或是化合与组合不同的物，使其产生新的使用价值，或是开发现有物的新的属性，扩大其使用价值。能量转换技术的创新是在物化产品中，针对不同的能源，研制出转换能量的新的装置，扩大能源开采的范围，提高能量转换的效率，以满足人在生产与生活中的能量需要。信息传播方式的创新是在物化产品中，采用新型的符号系统及其载体，应用先进的信息处理技术，加快信息传播的速度，增加信息扩散的途径。从自然语言系统到人工语言系统，再到计算机语言系统，是信息的人工符号化的不断创新。

关系是人在生产与交往活动中的产物，人可以建立适应于自己活动需要的关系，也可以改造不适应自己活动需要的关系，还可以随着主体活动的范围的扩大，创建各种新的关系，这些就是关系创新。关系创新改变的是不同要素之间的相互作用，它使不同要素以新的方式、新的力度相互作用。关系创新影响的是关系联结的各方，会导致关系各方的相对地位的变化。关系创新的典型表现是制度创新，制度化的新的关系是制度创新的产物，通过制度创新改变原有的关系模式。制度创新发生在制度主体的范围，可以是组织的、国家的和国际的制度的创新，在不同范围内进行制度的调整与改革，建立主体内部或主体之间新的程序与规则。制度创新发生在制度客体的范围，可以是经济关系、政治关系和日常关系的创新，在不同领域内实现制度的完善与重建，使社会生产与生活的运行更为有序。新的关系较之原有的关系，更适应了环境条件的变化，更有利于关系对象的生长发展，更具有技术合理性与价值合理性。关系创新承载着某种理念，但它只有从一种理性与理想深化为一种文化与准则，从理论层面转化为社会心理层面，积淀成为人的心理秩序，才能起到教化和规范作用。

方法是进行创新活动的手段，方法本身又成为创新的对象。方法创新选择了新的活动方式，开辟了新的活动途径。方法创新是一种操作性的、过程性的形态，可以从方法使用与运行的过程中区别出发生的变化，从方法要素的改变看引起的整个方法模式的转型，从方法类型的整体转变判断方法的根本变革，从方法的效果变化由果溯因分析方法的创新。方法创新是活动程序的创新，程序创新使思维或行动的逻辑更为经济、合理，使程序运行的反馈机制更加迅速灵活。方法创新是活动工具的创新，工具创新使人的活动手段更加细化、精化与深化，愈益知识化、智能化。方法创新是活动规则的创新，规则创新使人的活动更加合乎理性，更加适应人的需要。方法创新的主要方式有：（1）方法发明，是在实践中的矛盾与问题面前，寻找出的解决矛盾与问题的手段。（2）方法移植，是产生于特定领域的方法在不同类领域中的运用。（3）方法借鉴，是在不能完全移植的情况下从其他领域的方法中学习某些有用的、能用的成分。（4）方法组合，是对现有的不同方法进行交叉、融合，组成新的方法。方法创新是在显示出不同性质、功能、效率的方法比较中进行选择的结果，方法创新表现为方法的功能进化。

创新的对象化既表现为创新的物化，也表现为创新的人化，表现为主体化的新的行为。行为创新是创新的主体表现形式，是人以自身为改造对象的实践活动，是以多种方式对人及其行为的重新塑造。人的行为的创新不是物质形态的改变，而是人、组织、社会内部能量类型与释放方式、方向、速率的改变。动物只能在一定条件下选择自己的行为空间，但不能选择自己的行为方式。人可以在遵循客观规律的基础上，选择最有利于自己发展的行为方式，并且创造出新的行为方式，以适应社会进化的环境。行为创新主要表现为新的行为动力，改变或丰富了人与组织的动力机制，建立了更有利于激发潜在能量、激活闲置资源的动力系统；表现为新的行为规范，摈弃了已经落后于时代发展要求的行为规范，确立了符合生产力发展要求的新的规范；表现为新的行为方式，提高了人与组织的活动效率，对信息的反应与处理更为敏捷；表现为新的行为能力，掌握了使用新的工具的技能，培养了从事新型活动的能力；表现为新的行为空间，主体的活动领域无论在广度、深度，还是在塑造未来的维度上，都有了长足的进步。先进的文化成为社会意识形态，就可以作为一种社会规范、文化氛围，作用于人的行为塑造，成为指导、制约、协调人的行为的外部力量。

七、创新的中介条件

创新是以信息为导向的活动，信息是创新的中介条件与重要资源。创新信息主要包括：需求信息与供给信息。需求信息是指社会上或市场上存在与产生的需求的种类、数量、层次、强度、弹性等因素，供给信息是指可能的创新供给者的状况、分布、能力、战略等因素。技术信息与人的信息。技术信息是新的生产方法与物质手段的信息，人的信息是关于人的知识、能力、信用、品质等方面的信息。内部信息与外部信息。内部信息是组织的核心技术、独有资源、运行机制、系统结构等资源的信息，外部信息包括环境的文化习俗、制度政策、消费能力、心理偏好等情况。现时信息与未来信息。现时信息是经验性的、可收集的信息，未来信息是通过预测产生的信息。创新活动过程是信息活动的过程，创新的信息过程要求在信息不确定中追求确定性信息，创新具有信息的不确定性，创新又在积极地寻求与生产着信息，抗争与消除着不确定性。在不完全信息中寻找有效信息，创新的信息目标，就是在完全信息与零信息之间，寻找一种能达到目的、解决问题、有实用价值的信息均衡。在信息的独占性与共享性之间建立一种平衡，如果创新信息只是一种公共用品，人们可以利用信息而不必为此支付费用，就容易导致人们在信息生产上投入不足；如果创新信息完全独立，设置严格的信息扩散屏障，就不能发挥它的良性外部效应。满足创新要求的信息模式是有效的信息生产组织，创造出组织需要的独特信息；拥有合理的信息配置方式，由单一信道到网状信道，由等级分配到自动分布；具备敏捷的信息转换机制，把信息资源转换为新的价值。

现代社会呈现出高度组织化的趋势，“社会已成为一个组织的社会”。[①] 组织在进行社会生产与社会生活等社会事务方面，表现出了明显的优势。与个体活动相比，组织把分散的生产要素整合为社会化的生产要素，创造了大于个别生产要素总和的系统生产力。与缺少分工的自然经济中的群体相比，组织形成了专用性的固定资本与人力资本，强化了社会分工与交换的体系。与市场活动相比，组织用必要的组织成本替代与节约了交易成本，企业组织的规模就是交易成本与组织成本达到均衡的产物。与无组织的群体相比，组织较容易克服集体行动的“搭便车”问题，具有共同行动的动力机制。与松散的、流动的人际关系相比，组织内部能够比较好地建立与巩固信用关系，有利于发挥信用的约束力。组织对于创新的开展与实现起着基础性的作用，创新需要组织的参与，组织是创新的制度保证。组织具有创新所需要的资源能力，随着现代创新的科技含量越来越高，难度越来越大，也就使对资源投入的要求越来越高，组织的资源实力和融资能力使其占据创新主体的绝大部分。组织具有抗衡创新风险的承受能力，组织可以把自己的资源分散用于不同内容与风险程度的项目，以此来分散风险，即使某项创新失败，也可以弥补、减少风险的实际打击。组织具有创新扩散的品牌效应，品牌的培育需要很长的时间，组织的生命周期可以是无限期的，组织是品牌的持久载体。随着知识、技术与创新活动

① 彼得·德鲁克：《后资本主义社会》，上海译文出版社 1998 年版，第 52 页。

的演变，组织的模式也在逐步地改造与变化，表现出适应创新内在规律要求的共同特征。

管理是使生产要素组合成新的产品的生产要素，是社会化劳动的必要和实际的条件，管理可以创造资源的效率与能力。创新是一项实践的活动，首先需要对是否创新、在什么方向创新作出决策，这是管理的职责。创新是一项组织的活动，即使存在着客观的创新需求，如果没有指挥、协调、控制等管理因素的介入，也不可能使组织的多项资源自动地围绕创新目标运转。在创新组织的资源中，知识资源是最重要的资源，知识经营成为最重要的管理问题。以创新为导向的管理是重视人才的管理，通过一定的激励机制使人才的价值能够充分发挥和利用。创新管理就是要创造出一种鼓励创新、有利于创新的文化，使之成为组织的主流文化，以推动、促进创新的展开。组织的要素、目标、性质、结构、功能等发生了变化，管理也必须变化自身，管理也成为创新的对象。管理创新就是以新的管理哲学、管理理念、管理思想为指导，适应管理的性质、目标、对象、任务的变化，改变原有的管理体制、模式和机制，建立新的管理关系与方式，创造出更高的系统效率。适应创新需要的管理模式转变主要表现为，从日常事务管理到创造性管理，使管理者和组织成员把主要时间放在创新事务上；从依据经验的管理到面向未来的管理，使管理始终保持开放性、动态性与弹性，保证组织随时能够吸收新思想、接受新事物、容纳新变化；从追求确定性的保险管理到适应不确定性的风险管理，通过有效的信息反馈管理和分散风险机制，在不确定性中把握创新可能的确定性，在风险中增大创新成功的保险系数。

文化是人创造的社会性存在，发挥着“化人”的功能，引导控制着人的活动及其效果，包括人的创新活动。文化是一种创新，对于后人来说又成为一种传统，是后人从事各种活动包括创新活动必须与之交往的环境，各种既成的技术设备、制度习俗、价值观念无不或隐或显地成为创新的约束条件。文化是社会的“场”，人的思想行为只能同化与顺应他生存其中的文化，人只有愈益依赖、服从于复杂的技术社会与规则社会，才是理性的、经济的方式。文化环境放大着或者挤压着创新的可能空间，减少着或者增加着创新的支付成本。文化是历史的遗产，文化的脐带是不可能剪断的，人的创新活动只能从历史所规定的前提出发，现有的历史传统是创新的基础性条件，它预先规定了各种创新可以利用的资源与可能遇到的障碍。先进文化是走在时代前列、代表了时代发展方向的文化，创新的本质与先进文化的本质是一致的，先进文化是有利于创新、促进创新的文化。先进文化是面向现代化、面向世界、面向未来的文化，是充分体现时代精神和创造精神的文化，是弘扬科学知识、科学方法、科学思想、科学精神的文化，这些都满足了创新的文化要求。

八、创新的可能空间

知识可能。知识可能是创新的认识可能，是指知识进步的可能性及其限度，指人的认识能力的无限性与有限性的矛盾。创新所要求的知识进步，既有基础科学重大突破，也有对现有知识的新的组合。应该承认，基础科学的革命不是连续的，不能呈指数上升。基础科学的进步越趋于极限，科学进步的边际成本就越高，进展就越为艰难。这涉及人的智能的极限、人工超智能的可能以及科研投入的支付能力等因素。知识进步也可以发生于知识的移植、交叉、重组、转化，这种组合创新的可能空间是无限的，知识进步的很大部分是属于这种性质知识的增长。普遍知识与具体实践的结合，理论知识向应用知识的转化，不同领域知识的融合，构成了新知识产生的无数组合可能，这使来源于组合知识的知识进步有着巨大的生长潜力。而且，知识只要产生并获得了脑外的载体，就永远不会消失，这就使知识的基数越来越大，知识组合的可能越来越多。知识的可能性证明，依靠知识作为形式系统的逻辑的自洽性，界定知识的逻辑可能性。更重要的是，知识的可能性证明在实践中，实践的逻辑是知识可能的根本逻辑。只要实践在发展着、创造着，知识就没有终结，就没有达到极限。当然，认识是历史的，知识创造是有约束条件的，每一时代的认识都有它不可逾越的极限。

技术可能。技术可能是主体以一定的观念模型为依据，借助于相应的工具，通过自身的活动，改变对象的状态的能力。能够导致创新的知识有其限定和规定性，非科学性、非实践性的知识是没有技术可能的。即使是服务于实践需要的创新知识，也不是都具有技术可能，要受到实践本身条件的限制。这些条件包括，工具系统是否相适应，操作系统是否相匹配，主体系统是否相协调等。特别是作为创新的技术可能，本身就是开创性的可能，满足可能性的条件不能在事先得到完全证明，创新的技术可能证明往往在创新之后。由于技术可能要求的条件需要逐步积累，这就使知识转化的技术可能具有现实的可能或潜在的可能。当条件完备时，技术可能就是现实的可能；当条件还不具备但有形成可能时，技术可能就是一种潜在的可能，只要条件成熟，创新就成为现实的可能。技术可能是创新的硬约束条件，它给出了知识应用的技术边界，划出了创新的技术可能空间。技术可能是进化的，它随着实践创新能力的发展，实践创新条件的完善而不断扩大。技术可能是可以创造的，它本身也是创新的对象。技术创新是一个系列过程、系统行为，但它的核心是新技术的诞生。新技术也就相应地改变了原有技术的功能与输出，创造了新的技术可能。

经济可能。创新要有经济可能，这种经济可能首先是资源可能。资源可能是满足知识生产的物质条件，是认识活动得以展开的资源基础。社会所能提供的剩余产品越多，人们所能支配的自由时间越多，认识的资源可能也就越大。知识的进步不仅有智力的边际成本，而且有资源的边际成本。莱斯切尔（Nicholas Rescher）提出了“科学的经济极限”问题，认为有限的物质能力和能量必然限制经验科学的认识能力，开拓技术和理论疆域越来越困难，越来越昂贵，科学的极限是一种经济制约。因为

“解决问题的价格在无情上涨，最终会超过人们的支付极限。”① 在市场经济条件下，很多创新是通过供求、买卖、交易得以社会化的，创新的经济可能也包括市场可能。市场可能是市场容纳创新的程度，是创新在市场扩散的范围。市场可能是由多种因素决定的，从需求方面来说，包括有效需求的总量，需求层次与种类，消费者偏好变化，需求弹性与替代成本等因素；从供给方面来说，包括创新与需求的契合程度，创新推广与扩散的努力程度，以及创新推出的时机等因素。如果市场不能为新产品等创新提供实现的条件，不能消化创新事物，那么即使这种创新具有生产可能，它的影响与效应也会受到很大的削弱，也就减少了它的现实可能。

社会可能。创新的发展程度、成功与否，最终还要取决于社会环境所提供的可能。社会是多维的，具有各种各样的规范，形成了多维的尺度，这些多维尺度的制约共同构成了创新的社会可能空间。社会可能是创新的环境条件，是创新的基本约束。即使是市场空间也不是生存于真空中的，它要受到许多非市场因素的影响。这些非市场的社会因素，既可以扩张创新的市场可能，也可以抑制创新的市场可能。广义的创新包括社会领域的各项创新，大至社会制度的变革，小至某项行为规则的建立，都是更为重要和艰难的改革，都需要相应的社会可能支持。社会可能

① 尼考拉斯·莱斯切尔：《认识经济论——知识理论的经济问题》，江西教育出版社 1999 年版，第 139 页。

是社会发展的产物与社会进步的标志，一个社会为创新提供的可能空间越大，对创新的引导机制越为完善，该社会的创新也就能够更多地产生出来，更有效地发挥其促进作用。社会可能是由社会的政治、经济、文化、民众等因素构成的，社会的制度建设影响着创新活动能否在规范、有序的平台上运行，社会的文化氛围制约着创新扩散的速度与范围，人的素质、能力与创新的技术层次密切相关。社会可能说到底是人的可能，人能够在什么程度上建设一个合目的性与合规律性相统一、价值理性与工具理性相协调的社会，社会就能够在什么程度上为人的各种创造性活动提供相应的可能性空间。

知识创新的实践诠释*

一、知识创新是“实践的事情”

经济学把“创新”与“发明”明确区别开来，认为创新是已经商业化、实用化的发明。在更为普遍的意义上，创新的基本性质是创造性的对象化、社会化，是创造性的实践转化。知识创新包括知识本身的创造，但其根本之点在于知识参与的创新。也就是知识作为创新的一种要素，导致了实践领域的变革，改进了人的活动方式，创造了事物新的形态。知识创新的完成态是要“使现存世界革命化，实际地反对并改变现存的事物”（马克思和恩格斯），创造出新的事物、新的关系、新的行为。因此，可以把知识创新定义为：以知识进步为主导的改进现实世界的活动。这一定义强调了知识进步在改进现实世界活动中

* 本文发表于《哲学动态》2000 年第 5 期。

起着主要作用，使用新知识的实践导致现实世界质的变化；知识进步以对象化的形式体现出来，转化为现实的、新的生产力。用实践的唯物主义的观点理解知识创新，就能够不把知识创新仅仅限定在认识、思想、理论活动的领域内，而是从发源到结果都是变革现实世界的活动。同时准确把握知识创新体现出的实践的主体能动性，是在人化自然中实现和证实人所创造的知识的品格和力量。知识“通过实践创造对象世界”（马克思），不仅实在地证明了人能够知道什么，而且首次显示了人能够做什么。无论知识创新采取什么实现形式，都是人对自然与社会规律的发现与利用，都是人与社会运用自身所拥有和占有的力量，改变现存世界的新的成就。以人的认识和实践能力获得充分发展为标志的当代知识创新，已成为当今社会生产力解放和发展的重要基础和标志，当代经济和社会的发展将主要依靠知识创新和知识的创造性应用。知识创新具有如此重要的历史作用，也正说明了知识创新是“实践的事情”，是知识通过实践日益进入和改造人的世界，是知识向现实生产力的转化。知识创新的实践诠释是唯物史观的理论要求，也是社会发展战略的政策要求，即把经济资源引向“改变世界”，而不仅仅是“解释世界”。

二、知识创新体现了人的实践活动的精髓

知识创新是人的实践本质的体现，关于人的多种规定性的共同性就是人的创造性，是人创造出自然界不能自发

产生的事物的能力，知识进步导致的现实世界改变正是人的创造性的精髓所在。人能够区分可能性与现实性，在可能中实现现实性，在现实中发现新的可能性，在现实和不可能之间开辟创造性的空间。人能够运用关于世界各种事物规律性的知识，能动地、自由地从事生产，按照两种尺度（知识）包括美的规律来建造新的对象世界，不是像动物那样只是重复生产自己的世界。生产劳动所创造的世界，既是知识的物化，也是物化的知识，是以实物形态表现出来的教科书。由于掌握和运用了知识及其组合以及更新的知识，人在生产过程中总是能不断创造新的事物，不断开拓人化世界的范围。人的知识水平在实践过程中不断提高，知识不断在新的领域取得进步，这使得人在与世界的交往中具有越来越强的力量，人的实践空间不断向广度和深度延伸。当代实践的发展趋势表明，科技创新正在深刻地影响和改变人类的经济和社会生活，推动着人类实践以更快的节奏、更广的范围、更深的层次、更紧的联系展开着，人的实践模式发生了质的、重大的变化。以往的经济增长方式，更多的是依靠对不可再生资源的开发，对劳动力数量的增加，没有能够充分开发利用可再生的、可重复使用的、扩散效益高的知识与信息资源。在新的经济增长方式中，通过技术、管理、制度等方面的知识创新，提高其他生产要素的生产能力，改变其他经济资源的使用方式，建立经济发展的新基础，即以知识为基础的经济。以知识创新为主要依靠的生产活动和社会活动是当代实践的典型特征，是当代社会发展与进步的基本模式。知识创新是人的活动普遍具有的性质，通过发掘人类围绕着“为自己创造新的生存条件”（恩格斯）而展开的知识创新活动的特点与规律，可以生动地说明人的认识与实践活动的本质力量及其表现。

三、知识创新何以可能

知识是人对世界的经验、解释与重构，重构是创新的观念与开端。知识可以以符号化的形式存在，符号思维使人能够超越有限的物理和生物空间，构建无数种符号空间，符号世界展示了新的世界或世界新的方面。知识可以构建虚拟空间，创新就发生在具有真实性、科学性基础的虚拟空间之内。创新是资源新的组合，知识与其他资源的组合是有条件限制的，但比起其他资源各种物质属性之间的排斥性来说，知识是一种无形资源，知识的组合能力有着更好的柔性与适应性，知识参与的创新具有更多的可能。知识创新是知识的最有力的存在和实现方式，也是创新最有效的发生与诱导机制。知识参与的创新是以不同的方式影响与改变事物的状态的。知识提供的新模型是未来事物的蓝图，是创新结果的设计，人们的任务是把符号的存在变为现实的存在；知识提供的新方法是改变了的活动方式、程序与途径，虽然没有预示创新的结果，但可以导致新事物的产生；知识提供的新观念是重构人的思维方式，重塑人的精神世界，它使人用新的眼光审视熟悉的事物，不满足于现存世界而决心改变它。知识影响创新的这种方式虽无定形却最为根本，思想解放推动改革开放就是最生动的证明。知识可以作为创新的工具参与创新，主体依靠知识的功能与力量推动创新；知识也可以通过改变与塑造主体参与创新，主体在知识的潜移默化作用下，发展为具有新的精神和能力的创新主体。知识创新要以主体的知识创新能力为基础，人运用知识在不断深入的程度上改变自然界，是与人改变自然界的实践能力发展程度相一致的。生产工具指示着人的知识及其物化能力的发展程度，也标志着人能够以什么方式、在什么规模与层次上从事知识创新活动。知识创新能力是在相应的对象性活动中建构起来的，是社会的活动能力与社会的活动的产物，它只能在社会的实践活动中才能获得高级形式与完整形态。知识创新是历史的活动，每一时代的创新活动既显示了人能够做什么与人的能力的无限制性，也同时暴露了人在特定的历史条件下不能做什么与人的能力的有限性。知识创新也有自己的“我能知道什么”与“我能做什么”的问题。知识可能是知识进步的可能性及其限度，应该承认，基础科学的进步越趋近人的智能的极限，科学进步的边际成本就越高，进展就越为艰难。技术可能是把创新“做出来”的可能，技术可能是知识创新的硬约束条件，它划定了知识应用的技术边界。经济可能是创新实现的资源与市场条件，知识创新本身需要资源的使用、投入与配置，而且研发的费用越来越高，以市场为中介的创新还要受制于市场容纳创新的程度。社会可能是知识创新的环境约束，一个社会为知识创新提供的可能空间越大，对知识创新的引导机制越为完善，该社会的知识创新也就能够更多地产生出来，更有效地发挥其促进作用。

四、知识创新的实现依靠创造性实践

知识创新的实现是创造性的实现，表现为知识的突破性进展带动了相关实践领域的根本变化，出现了体现最新知识成就的产物；知识的创造性应用使资源实现了新的组合，产生了新的效用；知识的综合与融合打开了创造的新的空间，出现了各种可能的新的事物；隐含知识（tacit knowledge）的开发与共享扩散了个人的特殊技能，创造了集体的创新力与创新行为。知识创新是新的实践，创新的一些条件本身也是需要创造的，创新实现需要创新系统的创新。原有的组织、管理等活动方式不一定能完全适应创新目标的要求，必须创造出实现创新的活动方式。创新主体不仅可以推出创新事物，而且可以动员各种力量，改变创新实现的环境，创造出有利于实现创新的环境。知识创新的实现有不同的类型，自主创新与引进创新相比更需要创造性，自主创新是创造主体独立从事知识开发，掌握了创新需要的关键知识与技术，形成了对创新在一个时期的控制与独占。开发创新与组合创新相比更为重要，组合创新改变了资源原有的存在状态与结合方式，是新的综合，开发创新是以知识的革命性进展为基础的创新，是根本性创新，往往带动了整个相关领域的创新，对该时代的经济与社会发展产生了深远的影响。供给驱动创新与需求驱动创新相比更具有主动性，供给驱动创新是创新主体着手推广某一创新理念，开发、创造出相应的社会需求，把潜在的、未来的需求变成现实的、当下的需求，从满足需求到引导需求。知识创新实现的主要环节是：（1）创新资源的集成。需要创造新的知识，发掘隐含经验类知识，搜索信息并作出评价与选择，形成有序的、特定的适合创新要求的创新资源结构。（2）创新要素的合成。创新主体按照自己的目的、意志，依据新的知识、信息，运用相应的生产工具或活动方式，创造出具有新的结构与功能的事物。创新的要素及其价值，经过主体的活动，全都转移、凝结、包含于创新成果之中。（3）创新成果的生成。新产品、新事物生产出来，还要从试验阶段进入推广阶段，通过不同的传播途径与扩散方式，从局部效应变为社会效应。创新本身被社会所接受，就成为模仿创新、改创创新的源泉，是新一轮创新的前进基地。根本性的创新出现之后，往往产生一系列的持续创新。

五、知识创新可以有多种对象化形式

知识创新具有与人的活动同等丰富多样的对象化形式，大至社会结构的改革，小至劳动工具的改进，都是创新的独特存在状态。对多种多样的对象化形式进行归纳与抽象，在一般的形式上加以把握，知识创新的对象化形式可以分为物化的新产品、制度化的新关系、主体化的新行为。每种对象化形式不仅结果表现不同，而且实现方式也有所不同。物化的新产品是人的生产劳动的产物，是自然与人的各种要素新的不同组合，人的目的、需要、知识是产品的灵魂。人最初的生产创新是以人工的方式生产自然物，改变了生物的生长条件，产生了新的质与量，这新的成分就是人的知识与劳动的物化。依靠工具、机器与新的动力，生产创新进入了对自然物的加工、制造与组合，使自然物发生了结构与功能的变化，附加于自然物的形式、功能与价值，都是人的活动赋予的。人类创新进一步创造出完全不同于自然物的实体却等同于或超过自然物的功能的人造物，由机械式改造转为功能式模拟。新的知识、新的需要修改着甚至是重构着物化的表象，使物化产品不断出新。制度化的新的关系是非物化的对象化的一种重要形式，是制度创新的产物。制度化的关系是使社会生产与生活有效运行的人工秩序，是社会系统的“软件”，通过制度创新改变原有的关系模式，建立更有利于生产力与社会发展、更有效率的新的关系。制度化的新的关系是通过制度的建立与运行来实现的，是在社会主体的对象性活动中实现的。制度化虽然不是物化，但也需要物质资源的投入与转换。人在改造自然的同时也改造着人与社会，造就着人与社会的新的素质、结构、行为、活动方式，创新的对象化也表现为主体化的新的行为方式。创新的主体化是以多种方式对人的重新塑造，更新了的人具有新的价值。组织是人格化的主体，创新的组织化是把组织作为一种社会产品生产出来，作为一种人工有机体加以设计、改进、强化，赋予组织以不同的性质与效用。主体化的新行为的价值在于人、组织、社会内部能量类型与释放方式、方向、速率的改变，是更为根本的一种创新。主体化的新的行为也是主体自我塑造的产物，主体依据客观发展规律以自我为对象进行人与组织的改造与更新。

六、知识创新具有不确定性

知识创新的不确定性，是指知识创新活动的各个层面与各个阶段，都存在着未行和未知的空间，都有主体难以预料和把握的因素，表现出知识创新的复杂性特征，表现为不同程度的不确定性。创新基本的不确定性就是预期结果的不确定性，表现为创新参与的要素越多，创新延续的周期越长，创新面临的选择越多，则创新的不确定性就越大。在知识创新的初始阶段，存在着知识、信息、途径等选择的不确定性。不能提供足够的选择信息，导致了创新路径与结局的多种可能。在知识创新的展开阶段，存在着方式、手段、程序的不确定性。任何抉择都是试验性的，因为没有先例，也不能得到先验证明。在知识创新的扩散阶段，存在着社会需求的不确定性。社会需求是一个复杂的结构，而且变化不定，创新的努力并不一定必然导致创新的效果。不确定性是知识创新的基本特性，它的根源存在于人与世界交往的活动之中。创新是人用来对付世界的不确定性，寻求生存的确定性的一种积极的手段，但它本身又是产生人的活动的不确定性的一个原因。很多创造的努力由于未知与尚不可控的因素的作用，最终成为“虚拟”的创造。还有一些创新不是设计出来的，而是演进而成的，演进的方向与结局没有经过事先设定，更具有不确定性。当世界本身就不是一种封闭的、凝固的、确定的存在时，在这种环境下的人的活动要寻求一种完全确定的基础是难以实现的。过去与未来的不对称性，使得重复性事件也不会重现完全相同的结果，创造性活动更存在着“混沌”现象。知识创新的不确定性中也包含着确定性因素，是不确定中的确定。创新主体不断地把创新环境的不确定性转化为创新成果的确定性，从未因为不确定性的限制而放弃创新的追求。

七、知识创新是当代经济和社会发展的主导力量

知识创新是人创造历史的一种活动方式，是社会进步的一个重要参量。当代经济和社会的发展主要依靠知识创新和知识的创造性应用的趋势越来越明显，科技创新已越来越成为社会生产力的解放和发展的重要基础和标志，将进一步成为经济和社会发展的主导力量。知识创新改变了经济生产的效率和经济活动的方式，带来了生产力的革命，促进了生产方式的变革，引起了生产实践的质的变化，带动了经济生产的飞跃式发展。表现在微观经济层面，知识创新活动把潜在的资源变成了现实的资源，引入了新的生产要素，扩大了创新组织的生产能力与范围；知识创新活动采取了资源新的组合方式、产生了资源的新的

价值、效用和收益，实现了财富生产的新的可能途径，提高了资源的生产效率；知识创新活动降低了生产成本，增加了企业利润，不断满足和扩大着新的需求；知识创新活动产生了正的外部性，带来了新产品、新知识的扩散，创造了社会的经济效益。表现在宏观经济层面，知识创新是推动经济增长的主导力量，保持可持续发展的不竭动力，增强综合国力的核心要素与进入知识经济的基本能力。知识创新与社会进步的关系越来越密切，知识创新推动着知识社会化与社会知识化，塑造着新的社会结构与文明类型。创新成为社会发展的主导力量，表明了社会实现了从传统社会向现代社会的转型，创新成为社会的生存要求。知识创新也包括社会创新，生产力创新是社会进步的基础，社会进步依靠社会全面创新才能实现，改革就是社会领域的创新。与社会创新相对应的是开放的、富有生机与活力的社会，社会创新成为一种社会文化，创新制度化于社会机体中，社会进步就能有序、持续地发展。知识创新也为人的解放与发展创造了条件，提供了进化着的新的人文环境。知识创新为人的需要层次不断提升与需要对象日益扩大提供了物质基础，为人的社会化创造了普遍交往与普遍联系的新的方式与手段，使人获得了更多的自由时间即发展空间。当然，如同人的任何活动产物一样，知识创新也有其二重性，也会产生负的效应或被误用，人类也为其付出了代价，只能依靠系统的变革与创新加以调节。

知识与创新*

知识创新的典型特征，是知识成为创新活动与结果的主导因素，知识作为创新的灵魂与规律决定着创新的方向与样式，知识是知识创新系统的核心要素。

一、知识参与创新的方式

创新是改进现实世界的创造性活动。根据人的活动领域的多样性，创新表现在不同领域；根据人的活动方式的多样性，创新表现出不同方式；根据人的活动结果的多样性，创新表现为不同形态。知识创新可以分为知识作主语的创新与知识作定语的创新。知识作主语的创新是知识本身的创新，也就是创新的知识，它包括创新知识的媒体化与对象化。在这种情况下，知识创新属于知识领域的创新、知识活动的创新与知识形态的创新，与市场创新、技

* 本文发表于《求是学刊》1999年第6期。

术创新、产品创新等可以并列。知识作定语的创新是知识参与的创新，也就是知识作为创新的一种要素，导致了各个领域的变革，改进了人的活动方式，创造了事物新的形态。在这种情况下，知识创新属于不同领域、不同方式、不同形态创新的共同性质与普遍特征，是创新活动的一个重要维度。这类知识创新与市场创新、技术创新、产品创新等属于不同层次和意义上的创新，不能并列。学术意义上使用的创新，不同于一般的创造、发明，它要求创造、发明不是停留在理论知识、图纸设计的阶段，也不是保持在样品、实验室内的状态，而是转变为实际的社会效果，在市场经济中就是商业化。[①] 按照这种理解，知识本身的创新与知识参与的创新不是两种不同性质的知识创新，而是知识创新的不同阶段、不同状态。知识本身的创新是知识创新的一个要素、环节，知识创新的完成态是要创造出新的事物、新的关系、新的行为。确切地说，知识本身的创新应该称作知识发现、知识创造、知识生产、知识进步。衡量知识创新应是双重标准的统一，一是认识标准，要求创新的知识；二是实践标准，要求创新的实践。知识创新是创新知识参与的实践创新，是以知识进步为主导的改进现实世界的活动。

任何创新活动都是人改进现存事物的努力，都要以已有的知识存量为基础，运用于主体作用客体的各个环节；

① Grφnhaug, K. and Kaufmann, G. (eds.), *Innovation: A Cross—Disciplinary Perspective*, Oslo: Norwegian University Press, 1988, pp. 460—461.

在主客体结合的各种可能方式中，都要依据一定的知识作出构思与判断。因此，没有无知识的创新。具体的创新一般都是由某种主要因素所导致，不一定都是创新的知识、知识的进步起主导作用。非知识进步主导的创新，可以产生于对环境的直接反应，也就是在问题情境中，摸索出适应环境的方式与解决问题的途径，这一过程在发生时还没有知识化；可以产生于人力、物力、时间等要素投入的不断增加，当量的积累达到一定程度时，引起事物存在状态的质的变化，造成了新的结构、新的事物。知识创新是知识进步起主导作用的创新，知识进步在创新活动中发挥着明显的、主要的作用。如高新技术产品都是以基础科学、技术科学知识的重大进展为前提的。知识创新也是在创新过程中产生新的知识的创新，知识进步与创新实践并不一定是单向的因果关系，一部分知识进步是创新活动的产物，是围绕新目标而生产的新的知识。知识创新还是创造性应用知识的创新，通过对已有知识新的组合，发掘已有知识新的功能，开发已有知识新的价值，造成了他人未达到的效果，达到了他人未达到的目标。

创新是广泛存在于经济与社会领域的活动，知识也相应地发生于这些领域，对创新的完整理解就包括对参与创新的知识的完整理解。不同的创新内含着不同的知识，技术创新是以技术以及相关知识的进步为主导的，社会创新是以社会知识的进步为基础的，谁也不能否认马克思主义理论对于20世纪上半叶社会主义实践的重大指导作用。社会科学、社会领域以及关于人的知识，是创新知识的重要方面。不同知识参与的创新，由于知识创新活动的特性，对知识的创新贡献有的是可分析与度量的，有的是难以分析与度量的。创新活动参与的要素越多，包含的范围越大，延续的周期越长，就越难以分析与度量。难以分析与度量是对创新活动的认识存在着技术障碍，但不能因此否认知识对于创新活动作用与贡献的存在。按照知识的存在形式，可以分为编码知识与意会知识。编码知识是符号化的，可以运用信息技术处理，它的使用及效果容易度量；意会知识存在于主体内部，难以表达与传递，它的运用及方式难以度量，但它确实又对个人与组织的活动发生着不可忽视的作用。

知识参与的创新是以不同方式影响与改变事物的状态的。知识给予创新的可以是新的模型、新的方法、新的观念等因素。知识提供的新模型是未来事物的蓝图，是创新结果的设计，人们的任务是把符号的存在变为现实的存在；知识提供的新方法是改变了的活动方式、程序与途径，虽然没有预示创新的结果，但可以导致新事物的产生；知识提供的新观念是重构人的思想空间，重塑人的精神世界，它使人用新的眼光审视熟悉的事物，不满足于现存世界而决心改变它。知识影响创新的这种方式虽无定形却最为根本，思想解放推动改革开放就是最生动的证明。知识可以作为创新的工具参与创新，主体依靠知识的功能与力量推动创新；知识也可以通过改变与塑造主体参与创新，主体在知识的潜移默化作用下，发展为具有新的精神和能力的创新主体。知识创新一般都是以自觉的、理性的、逻辑的方式发生的，是科学精神的放大，但也不排除其间伴随着自发的、非理性的、非逻辑的方式作为补充。创新知识可以是单学科的，也可以是多学科的综合，但知识创新往往是多种类型、多种学科的知识参与的产物。从创新知识到知识创新，受创新的环境、性质、目标约束，有一部分实现了转化，有一部分则没有启动和实现转化，都经历了或短或长的时滞的。有的研究认为，从知识产生到变为可应用技术，再到被市场接受的前置时间在25—35年之间。

知识就是力量，但知识不是力量的全部，“批判的武器当然不能代替武器的批判”（马克思）。知识创新不是仅仅发生在思维、精神领域的活动，而是要以现实世界实际的改进为目的，知识因素自身不能单独地使创新发生与实现。知识创新是在认识与实践领域内系统发生的活动，其目标的实现依靠系统要素的整合作用。知识创新的结构由知识、主体、中介、对象等要素组成，这些要素经过一定机制的整合，产生了新的事物、关系与行为，提供了新的功能、效用与价值。知识创新是由主体发动的活动，主体的需要决定了创新的目标，主体的能力决定了创新的边界，主体的组织化、社会化程度决定了创新的效率，主体的知识化水平决定了创新的高度。知识创新是需要中介、经过中介的活动，这些中介包括知识传播、扩散的中介与知识物化、对象化的中介，包括技术性中介与制度性中介。中介是主体创新能力的外化，它控制着创新的范围与力度，支撑着创新活动的展开与运行。知识创新是以现实世界为对象的改进活动，这些对象包括自然与社会、实体与关系、状态与行为，对象的性质与存在状况制约着这种改造活动的效果，理想状态的知识不一定能在现实状态的对象中开花结果。主体在从事知识创新的过程中，只有使这些要素相互协调，有效运转，才能显现、发挥知识的力量，使知识的力量转化为现实的存在。

二、知识何以导致创新

知识本身能够创新，知识具有创新的力量，创新的知识含量在不断增加。知识的这种性质与功能，不仅要从知识创新的实践基础与经济机制加以说明，而且要从知识自身的本质、规律加以说明。

知识是人对世界的经验的记载、解释与重构。人从动物界分化出来之后，就不仅依靠生物本能，而且依靠人的实践性、社会性产物——知识，处理自身与世界的关系，在生物遗传能力之外，添加了文化遗传能力。知识是人的经验的记载，这些经验表现了事物的状态与事件的经过，也包含着事物、事件与人自身的关系，说明了什么是可行的，什么是不可行的。这种记载以间接经验的形式给他人提供直接学习的对象，使人不必重复已有的经验，而是以知识学习的方式重复经验，把时间用于经历新的事物与事件，这就使人类的经验空间是一个不断扩大、延伸的世界。知识是人的经验的解释，这些解释超越了感官的界限，寻求事物、事件发生的因果关系，试图用“一”来说明“多”，用不变来说明变化。解释世界是改变世界的前提与依据。知识是人的经验的重构，这些重构以观念的、符号的形式再现人的经验，是用不同材料对世界的重构；它不是简单地重现对象，而是依据已有的规律性知识，综合不同经验，加上人的想象与需要，形成对象的重构。重构是创新的开端。即使建筑师的知识一部分来自动物巢穴的结构，但建筑设计是创新，而不是复制。杜威（J. Dewey）认为，经验的客体不同于知识的客体，经验的客体基本上是外部事物进入人的认识，知识的客体是思考过程的结果，在思考过程中已被改变，是“建构”的客体。[①] 知识对经验与世界的重构，给予了人新的、也就是人工的世界图景。人在实际的物质生产和社会生产过程中，实现的不一定是这幅图景的复制品，但却是对这幅图景的修改与完善。

知识的存在形式可以分为符号形式和非符号形式。符号形式可以从主体分立，成为社会知识；非符号形式存在于主体内部，属于个人知识。个人知识的技能方面，依靠感官、器官与大脑的不断协调，通过长期感悟、体验而进步。这种形式的知识可以导致新的制品、新的技巧、新的纪录，但受人的生理极限限制，不能产生重大创新，不会有连续的飞跃。波兰尼（M. Polanyi）认为，能工巧匠传授这种个人知识，很少能使用清楚的言辞。如果他们传授

---

① Kannegiesser, H. J. , *Knowledge and Science*, North Syney: The Macmillan Company of Australia PTY LTD, 1977, p. 84.

的是他们所知道的，那么他们知道的多于他们可以说出来的；如果传授的不是他们所知道的，那么他们传授的多于他们知道的。人们承认艺术大师通常对于他们技艺的精髓是不善表达的。[①] 使用符号来表达人的经验是知识进化的关键环节。首先是自然符号（语言）的产生，“语言是思想的直接现实”，“语言是一种实践的、既为别人存在并仅仅因此也为我自己存在的、现实的意识。”[②] 然后是人工符号（文字）的发明，按照人的要求规定不同的系统，指称对象，传递信息，表达意义。符号化是知识存在的主要形式，知识系统的进化与符号系统的发展紧密相关。符号给予人新的思维工具，动物在对环境的适应性改变中，也具有想象力，而只有人才有符号化的想象力。符号思维使人可以超越有限的物理和生物空间，构建无数种符号空间。符号力量使人敢于从经验世界进入理想世界，符号世界展示了新的世界和世界新的方面。“正是符号思维克服了人的自然惰性，并赋予人以一种新的能力，一种善于不断更新人类世界的能力。”[③] 知识的符号化使知识可以共享与积累，像物质财富一样继承，人的认识与实践这才能在新的起点上不断创新。知识的符号化有利于知识的生产与传播，当人工符号发展成为信息技术处理的对象时，就能大大提高知识创新的速度与效率。

---

① Agassi, J., "Knowledge Personal or Social", *Philosophy of the Social Sciences*, Vol. 28 No. 4, 1998.

② 《马克思恩格斯全集》第3卷，人民出版社1960年版，第525页、第34页。

③ 恩斯特·卡西尔：《人论》，上海译文出版社1985年版，第78页。

知识源于现实世界，知识与世界具有同构性。作为人处理与世界关系的有效工具，知识的首要条件是真实性。[①] 知识具有真实性，人才能够以此作为生产与生活的准则、依据。但知识又不仅仅是对现实的复制，知识还具有符号世界特有的性质，即虚拟事物。完全脱离了真实性、没有科学根据的虚拟知识是神话、宗教、臆想，是没有现实可能性的虚拟空间；具有真实性与科学基础的虚拟知识可以是科学幻想、理想世界、设计模型，是具有现实可能性的虚拟空间。这一部分虚拟空间是现实世界没有产生过的、也难以自然产生的事物的可能空间，创新就发生在具有真实性、科学性基础的虚拟空间之内。人凭借一定的物质条件和自己的实践能力，把虚拟事物转变成现实事物，这种转变就是创新。古代社会，人们凭借想象力与简单的工具，做出了一项项的发明及其应用；现代社会，人们凭借科学与计算机技术，虚拟、模拟了许多重大创新。虚拟技术本身就是创新方法的创新，虚拟技术使知识的虚拟性发挥到了极致，也使创新达到了前所未有的质量与数量。如果没有知识所虚拟的可能空间，人就在很大程度上重复生产自己的世界与生活，即使有改进，也只是缓慢地进行着。知识的虚拟性也就是知识的创造性，既创造出知识本身，也创造出新事物的图景。知识与世界不是机械地对应发展，知识既反映了世界的既成状态，又有自身的能动性，反映世界的各种潜在可能性，超前于世界的发展，

① Lehrer, K., *Knowledge*, Oxford: Oxford University Press, 1974, pp. 9—12.

提出还没有自然产生与形成的事物的观念建构。知识虚拟空间的一部分就是世界的未来空间，创新就是在条件具备的情况下，不断地把历史上的想象实际地生产出来。

知识是人在实践活动中塑造客体的观念工具，同时也是塑造主体的思想工具，知识具有激励主体的创新精神、增强主体的创新能力的功能。启蒙运动是知识、科学、理性的复兴与普及的运动，启蒙运动把人们从神学、迷信、封建的传统束缚下解放出来，推动了产业革命的生产创新与社会创新。康德认为，“启蒙运动就是人类脱离自己所加之于自己的不成熟状态。不成熟状态就是不经别人的引导，就对运用自己的理智无能为力。……要有勇气运用你自己的理智，这就是启蒙运动的口号。”[①] 波普尔认为康德这段话表明了启蒙运动的中心观念，即通过知识而自我解放的观念。他指出，“只有通过知识的增长，心灵才能从它的精神束缚即偏见、偶像和可避免的错误的束缚中解放出来。”[②] 知识的进步给予主体以新的思想观念、新的思维方式、新的世界图景，鼓励主体“勇于思考、勇于探索、勇于创新”（邓小平），用创新精神从事创新活动。我国 1978 年的真理标准问题讨论，是哲学的启蒙与拨乱反正，它推动了思想解放运动，促进了改革开放的兴起。从知识的社会功能考察，知识作为普遍的现象或人类的永恒现象，构成了社会的行动能力。现代社会，科学和技术

① 康德：《历史理性批判文集》，商务印书馆 1990 年版，第 22 页。

② 卡尔·波普尔：《通过知识获得解放》，中国美术学院出版社 1996 年版，第 179 页。

知识明显地代表着这种行动的能力，并且是相当特殊的行动能力，它们比其他现代知识形式有着增值的社会行动能力。这种增值的知识作为直接的生产力，影响着经济活动中商品和服务的类型，也影响着组织商品生产和服务的方式。因此，知识作为行动的能力鼓励着人们采取行动，不断增加的知识存量也增强着个人与团体改变环境的能力，知识的行动能力已成为直接的生产力。① 社会是创新的主体，知识就是创新的社会力量或社会的创新力量。知识不仅鼓励人们在一切事情上“公开运用自己的理性”，敢于创新，而且教会人们在一切事情上把合目的性与合规律性结合起来，善于创新。人的知识能力与创新能力是密切相关的，知识能力强化了创新能力，知识能力也是创新能力的第一要素，知识的能力范围给出了创新的能力边界。

三、知识作为创新的资源

创新是实践的活动，需要多种资源的投入，其中知识就是创新的一种重要资源。知识作为生产活动与创新活动的资源，从人脑的形成和语言的产生时起，就发挥着作用。随着知识自身的增长以及实践活动中介性的增强，知识的生产性功能越来越强，知识的资源价值越来越大。与其他经济资源相比，知识具有无限的再生性、积累性、共

---

① Stehr，N.，Knowledge Societies，London：SAGE Publications Ltd.，1994，pp. 95—100.

享性和增殖性。人类物质生产所需要的许多自然资源都是地球几十亿年进化的产物，是不可再生的资源。它们在生产活动中被使用的规模与速度，极大地受到总存量与使用成本的限制。因此，以某种不可再生的资源为基础的经济，随着这种资源的枯竭，是注定要衰落的。知识是一种具有无限可再生性的资源，只要人类存在，它就可以在实践和认识活动中通过人的大脑思维源源不断地生产出来。其他的可再生资源有固定的变化节奏或生长周期，并且再生出来的仍然是原来的物质属性或生物性状。知识的再生没有固定的周期，表现出加速度增长的趋势，并且再生出来的是新的知识，包含着新的功能与力量。参与物质生产的许多资源都是一次性使用的，不能重复消费。知识并不因生产中的消费而自身有任何损耗，它可以无数次地重复使用。这样知识就成为可无限积累的资源，它的自然增长速度超过了其他任何资源。新的生产知识取代了旧的生产知识，只能说明原有的知识废弃不用了，但它依然可以保存下来。一次性使用的资源一般具有排他性，知识资源的使用具有兼容性，可以共享而不增加生产成本。非知识的公共用品也可以共享，但它们通常维持费用很高，并且不能直接创造价值。知识一旦产生出来，其保存费用相对较低，而且能够作为生产要素直接进入生产与交换过程，创造价值，是生产性的共享。垄断产生超额利润，依靠垄断物质资源的资本增值可以被使用替代资源的努力而削弱，依靠垄断知识、技术、信息的资本增值难以被其他资源所抵消，只能被知识本身的不断创新或知识的扩散所改变。

知识资源的增殖能力在高科技时代更为突出，因为产生高科技的条件具有垄断性，高科技的增殖自然产生了垄断性。

知识资源不仅可以通过主体的活动再生产自身即创新知识，也可以作为一种要素参与或导致创新。知识资源参与创新的特性，表现在知识建构新事物的经济性。知识力图从本质和规律的层次把握世界，以正确、深刻地反映了事物本质和规律的知识为基础的创新活动，比起那些盲目、蛮干、“交学费”的所谓创新活动，成功的可能要大得多，耗费的资源也要少得多。知识可以以符号操作的形式进行实验，如数学和计算机模拟就是人工的认识控制模型，把真实的创新对象系统转换为可操作、控制、实验的数学和符号系统，反复显示模拟对象输入与输出的状态变化，为实际的创新活动提供科学的决策支持。符号实验与实物实验相比，显然是一种低成本的创新方式。知识资源的生产是以其他资源的投入为条件的，这包括人力、物力、时间的投入，也就是说知识生产是有经济代价的。但从不同资源投入与产出的比值来看，知识资源的比值是最高的，现代经济高速增长的主要源泉就在于科学技术的投入。知识不仅有直接的高产出效应，而且有间接的高扩散效应。罗默认为，一家公司创造的新知识对于其他公司的生产可能性来说，有着确定的外部效应，因为知识不可能永久是专利或保持秘密。与显示出递减的资本边际生产率的模型相比，知识有着增加着的边际产出。知识的增长率将是没有边界的。[1] 非竞争性的知识、思想可以被复制和交流，因此知识的价值增长与使用它的市场规模大小成正比例。[2] 创新是资源新的组合，这种组合当然不是任意的组合，而是以资源之间、资源内部的可组合性、可兼容性为前提条件的。知识与其他资源的组合或内部不同知识的组合也是有条件限制的，但比起其他资源各种物质属性之间的排斥性来说，知识的组合能力有着更好的柔性、弹性与适应性。事物有多种属性，某一方面的知识尽管是局部的，但也能作用于事物的对应方面，影响、改变事物的状态。对象世界在研究领域可以以学科划界，但在实践领域则表现出统一体的性质。因此，不同学科的知识在创新的目标下，更容易融汇一体，形成组合的创新知识，很多创新都是由于不同知识的交叉、结合而引起的。

知识创新是知识最有力的存在和实现方式，也是创新最有效的发生与诱导机制。知识创新是人类有史以来就存在的活动，只是到了人类经历着全球性的科技革命，知识经济方兴未艾的时代中，知识创新才具有完整的、本质的、典型的意义，才获得了自觉的意识。19 世纪的工业成就已经证明了资产阶级在不到一百年的阶级统治中，通过资本创新、产品创新和市场创新所创造的巨大生产力。在 20 世纪，“20 世纪是科学技术空前辉煌和科学理性充

① Romer, P. M. , “Increasing Return and Long—Run Growth”, *Journal of Political Economy*, 1986, Vol. 94, No. 5.

② Romer, P. M. “Why, Indeed, in America? Theory, History, and the Origins of Modern Economic Growth”, *The American Economic Review*, 1996, Vol. 86, No. 2.

分发展的世纪，人类创造了历史上最为巨大的科学成就和物质财富”（江泽民）。在21世纪，“知识在经济社会发展中的作用日益突出，科技竞争在综合国力竞争中的地位也日益突出，科技已成为支撑和引领经济发展和人类文明进步的主要动力”（胡锦涛）。更加强有力地说明了知识创新对于推动人类文明进步的重要作用。面对社会历史的发展和要求，认识论应该打开这本历史写就的书，深入研究知识创新的规律。通过认识论自身的创新，转化为人们在认识和实践领域的创新。

论创新精神*

创新是主体的活动，主体既是物质的也是精神的存在物，创新精神是主体从事创新活动的精神素质的总称，是创新的发动与实现的重要因素。

一、创新精神是人的创新本质的精神反映

精神是与物质相对应的概念，表现为人的心理状态、心理活动。精神直接地是大脑的产物，人在与外部世界的交往过程中，产生了各种各样的心理反应，经过大脑特有的各种功能的处理，形成了人的内心世界。精神生于内却可以形于外，通过人的语言（包括形体语言）系统以及符号系统传递信息、表达情感。精神是人的行为、活动的中枢系统，它可以调节与控制人的行为、活动，从而影响与改变外部世界，包括创造出物质存在的新形态。精神是

* 本文发表于《山西师大学报》2001 年第 4 期。

一种自然素质也是一种社会素质，人的生物遗传机制使他在出生时起就具有喜、怒、哀、乐的表达能力，拥有共同的信号表达系统。但人的精神更多的是植根于自然素质之上的社会素质，是后天的渐进养成。人是社会的人，人在一定的文化环境中，日积月累，接受了自己的母语，受到了既成的文化模式的熏陶，形成了体现民族共性又反映个人成长经历的特有的思维方式、价值观念、性格禀赋等精神素质。精神存在于个人也存在于群体之中，人是精神的载体与发生体，人的语言、思维、想象、意志等能力，使他可以生产出精神的东西，成为精神的主体。人作为社会的存在是通过交流信息相互影响、相互塑造的，精神的东西可以感染、熏陶他人。而且精神的产品可以凭借多种符号形式，储存于多种媒体之中，与个人相分立，留传下来，传播开来，构成外在于个人的精神世界，成为个人精神的生长环境。群体精神不等于个人精神的总和，它是一种“场”的存在，每个个体的精神加入了群体精神的建构过程，而群体精神又像是一只“看不见的手”在塑造着个体的精神。精神表现为理性的形式也表现为非理性的形式，人的精神世界是一个多层级、多类型的心理空间，其中既有逻辑思维、知识生产、储存信息的功能，又有情绪变幻、意志冲动、习惯倾向的本能。精神在引导人的活动时往往是理性因素与非理性因素综合作用的结果，而且理性的精神与非理性的精神是相互依存、相互转化的，二者之间并没有一条不可逾越的鸿沟。如同黑格尔所说：“思维和意志的区别无非就是理论态度和实践态度的区别。它们不是两种官能，意志不过是特殊的思维方式，即把自己转变为定在的那种思维，作为达到定在的冲动的那种思维。”①

精神可以在生理学、心理学、文化学、人类学、哲学等学科的层面上进行研究，也可以根据在人的活动中表现出的倾向来描述精神的特征。如果这种倾向体现在特定的载体中，如人物、地点、事件、民族等，则可以用这一特定载体来表述某种精神的内涵。由于精神表现形式的丰富多样性，对精神可以在不同层次、从不同角度、用不同标准进行分类，创新精神就是根据人在活动中表现出来的心理素质、行为倾向所作出的一种概括或界定。创新精神是人的创新本质的精神表现，是人在创新活动中反映出的精神素质。创新精神是指人在处理与外部世界（包括自身）的关系中，不甘守成与重复，不怕风险与失败，不尚空谈与陈规，勇于开拓新的世界，敢于走前人没走过的路，勤于发现、发明与创造，善于把新的思想变为新的事物，表现出永不自满、不受束缚、不断探索、奋发有为的气质。（1）创新精神是一种人类精神。创新是人特有的能力，创新精神是人特有的精神。动物只能被动适应环境的变化，而人则从不满足于大自然的赐予，他要改造世界、创造出新的环境来满足自己的需要。人类发展史就是一部人类创新史，创新精神就是在这种创新的历史中，内化为人的精神素质，积淀为人类的文化遗传。（2）创新精神是

① 黑格尔：《法哲学原理》，商务印书馆1961年版，第12页。

一种主体精神。当人还处于被外部世界所奴役的状态，只能消极地顺从自然与社会的命运安排时，他还不能成为完全意义上的主体，也就不具备成熟的创新精神。只有当人不仅在理论的意义上，而且在实践的意义把握与改变对象世界，人运用自身的主体力量，形成了对客体的主体势能，才成为真正的主体，才能显示出典型的创新精神。创新是主体的功能，创新精神是主体精神的显著特征。(3)创新精神是一种实践精神。创新是“实践的事情”，思想的创新也要转化为实践的创新。实践的本性在于创新，创新体现了实践的精髓。创新精神存在于实践之中，实践真实地显示和实现了创新精神。创新精神表明了主体活动的价值取向是求实务实、讲求实效，并且追求创造性的成就，创造新的价值。（4）创新精神是一种时代精神。社会经济形态经历了不同的历史时代，创新精神也表现出不同的性质、水平与能量。在自然经济的生产方式中，创新精神是受到工具性因素与制度性因素压制的，创新精神还不能成为时代精神。只有当社会的经济关系、政治关系完成了现代化转型，创新精神成为生产力的内在要求，成为人的普遍行为趋向时，创新精神才能成为一种“普照的光”，上升为历史的象征与时代的精神。

二、创新精神的构成要素

创新精神是对人在各种活动中表现出来的创造性倾向的总称，是由多种心理素质与行为方式整合而成的精神状态。创新精神可以分解为多种要素，这些精神要素的存在及其活动，构成了创新精神。

批判精神。创新是对现存事物的否定与超越，创新首先要求具有批判精神，批判精神是创新的前提性条件。批判精神就是否认人的认识与实践具有最终的、完成的性质，坚信任何已经达到与实现的成就都有其历史性与相对性，都存在着不完全性，都留有可改进、更新、变革的空间。批判精神是一种怀疑精神，它总是对观念、事物的根据发出疑问，深入分析与探索。在怀疑之后的求索中，产生了改变不合理世界、建设合理性世界的内在冲动。马克思主义哲学是富于批判精神的，由此也使它成为革命的、实践的、创新的哲学。缺乏批判精神，就会把现存的事物与秩序看成是天经地义、不可变动的，就很难产生改革创新的自觉愿望。我国改革开放之所以能够不断深入，就是因为打破了传统思想观念的束缚，抛弃了“两个凡是”的教条、苏联模式的教条、计划经济的教条，才开创了建设中国特色社会主义的新局面。创新起源于问题，问题在很多情况下是怀疑和批判精神的产物。批判精神形成了创新的动力，批判赋予了创新精神以生机。

科学精神。创新不是没有现实根据的幻想，不是违背客观规律的为所欲为，它是严格地遵循科学的活动，是以科学性为基础的，科学精神是创新精神的基石。科学精神就是一种唯物主义的精神，它把认识建立在符合客观实际的基础上，依据事实、实验、实践做出判断；它把行为建立在符合客观规律的基础上，不以想象、偏好、愿望来代替现实可能；它把实践作为判定认识的真与假以及创新的对与错的标准，创新的评价不是由创新者而是由实践的效果来说明。科学精神是与唯心主义、主观主义、唯意志论相对立的，它讲究求真求实，反对虚假。科学精神使人们在创造性活动中实事求是，尊重客观规律，一切从实际出发，讲求实效，把主观能动性与现实可能性统一起来。科学精神不能保证人们的创新不犯错误、事事成功，但可以保证减少错误，提高成功的概率。科学精神使创新成为可能，违背科学精神的创新，只能是导致失败的创新。创新精神并不以为自己是无所不能的，精神自身就可以成为是否创新、创新是否成功的决定性因素。科学精神是创新精神的内在规定性，这种规定就是创新精神的客观性约束。

开拓精神。创新就意味着开拓，创新就是进入新的领域，走前人没有走过的路，做前人没有做过的事。面对着未知或未行的空间，只有开拓才能进入，只有开拓才有可能做出创新，开拓精神是创新精神的应有之义。开拓精神就是从不“画地为牢”，从不把已有的进步与成果当做是不可逾越的边界，而是深信人活动的世界是一个边界不断扩展的世界，人的可能空间远远大于现有空间，扩大人的世界只有依靠人自身的奋斗进取。开拓精神是一种创造精神，开拓依靠创造，创造出新的方法、新的产品、新的事物，才称得上是开拓，开拓的过程就是创造的过程。开拓精神是一种探索精神，开拓需要探索，应该怎样创新，没有现成的答案或标准的模式，只能在探索中开拓，在试验中前进。开拓精神表明了主体的不自满心态，即使取得了相当的成就，达到了相当的高度，也总是把目标定在没有攀登过的高峰上，总是要不断打破纪录，挑战极限。开拓精神鼓励主体不囿于传统束缚，不满足于现有状态，用积极的、开放的、上进的态度看待世界、对待未来。开拓精神鼓励主体不怕困难，不计较暂时的得失，敢于放弃既得的成就，以创新为使命。

自主精神。创新是主体性的集中表现，创新表明人是自主的，自主精神深深地渗透在创新精神之中。如果在创新前就被规定，创造的东西是什么样的，创造的过程与方式是怎样的，那就不是真正意义上的创新。创新要求自主，因为没有什么先知先觉、绝对权威、清规戒律能够在创新的领域做出种种限定。只有自主，才能独立地处理创新中遇到的问题，独立地做出创新决策，才有真正意义上的创新。在创新的客观情境中，自主精神是必然的产物。自主精神就是主体自己决定自己道路的状态，创新主体自己对自己的行为负责。自主精神表明人具有选择的自由，在关于未来的多种选择中决定自己的取向，但自由的权利是与自由的责任等价的，自主选择就要同时承受创新的成功或失败的全部后果。启蒙运动把人们从神学、迷信、封建的传统束缚下解放出来，启蒙运动唤醒的就是自主精神，由此推动了产业革命的生产创新与社会创新。康德认为，“启蒙运动就是人类脱离自己所加之于自己的不成熟状态。不成熟状态就是不经别人的引导，就对运用自己的理智无能为力。……要有勇气运用你自己的理智，这就是启蒙运动的口号。”[1] 自主精神是主体权利、主体地位的反映，它构成了创新精神的灵魂，自主精神得到发掘和确立，才能真正地形成创新精神。如果一切事情都要唯书、唯上、唯洋，自主精神被压抑，也就谈不上什么创新了。有了自主权，才有创新权。

冒险精神。创新面对的是不确定性空间，不确定性是指并不知道未来事件概率的状态。Peter F. Drucker 认为，创新有着独特的风险与内在的不可预见性，它是变化不定与难以控制的。[2] 创新就包含着风险，有的研究指出即使是在技术创新的初始阶段技术开发过程，也包含着失误风险、中断风险、时间风险、竞争风险、市场风险等风险。[3] 因此，创新本身就是冒险，创新需要具备冒险精神。冒险精神就是追求成功又不怕失败，在失败的可能中谋求成功；勇于创新又承担代价，以必要的代价换取利益。冒险精神就是敢冒风险，挑战风险，与风险较量。患得患失，左盼右顾，不敢承担任何风险，也就不会做出任何创新之举。正如邓小平所说：“没有一点闯的精神，没有一点‘冒’的精神，没有一种气呀、劲呀，就走不出一条好路，走不出一条新路，就干不出新的事业。不冒点风险，办什么事情都有百分之百的把握，万无一失，谁敢

---

① 康德：《历史理性批判文集》，商务印书馆 1990 年版，第 22 页。

② Drucker, P. F. *Innovation and Enterpreneurship: Practice and Principles.* New York: Harper & Row, Publishers, 1985. p. 120.

③ 斋藤优：《技术开发论》，科学技术文献出版社 1996 年版，第 15 页。

说这样的话?”[①] 冒险精神是现代社会必备的素质，因为创新与否关系到企业以致国家的盛衰兴亡，不创新是最大的风险。创新的冒险精神不是胡来蛮干，而是和科学精神相统一的冒险精神，是富于理性的冒险精神，是以多种“保险”为依托的冒险精神。

务实精神。创新有着明确的价值目标与功利追求，这就是创造出新的财富、新的效用，以满足人与社会增长着的需要。创新不是简单地标新立异，不是刻意地附和时尚，而是一种需要进行经济核算的行为，也就是权衡资源的投入、重组、消耗究竟能产出多大的价值，以此作为创新决策的依据。创新内含着务实精神，有没有务实精神是判定创新的是非真假的一个重要标志。务实精神把创新看做是发展生产力、促进社会进步的手段，而不是把创新当做目的本身，为创新而创新。务实精神始终注重创新的成本与收益分析，如果创新的预期收益大于创新的成本，才做出创新的选择，否则宁肯保持现行的活动方式。务实精神并不意味着对创新持保守态度，恰恰相反，由于创新是能带来高利润、高效益、高回报的生产方式、实践方式，务实精神积极地推动着创新的展开。务实精神是创新精神的底蕴，创新精神是务实精神的最好表现形式，务实精神与创新精神是内在地一致的。邓小平是重视务实的，又是倡导创新的，就是生动的证明。如果从创新精神中抽走了务实精神，就很容易产生创新中的形式主义与资源浪费。

---

① 《邓小平文选》第3卷，人民出版社1993年版，第372页。

三、创新精神的发生与功能

创新精神是人的综合素质的体现，也是在人与世界相互塑造的过程中多种因素与机制的产物。创新精神作为一种心理禀赋，是人在心理进化与文化进化过程中形成的获得性遗传。人的想象与思维能力，使他充满了好奇心，总是要追究无穷无尽的为什么。思想的“上下而求索”成为人的一种智力兴趣或精神追求，爱因斯坦就是从专心从事科学事业中找到了他“内心的自由和安宁”，把从思想上掌握个人以外的世界，对这个世界“伟大而永恒的谜”凝视沉思，作为“一个最高目标”置于他的心中。[①] 人的各种能力的增长，又使他始终处于不满足的境地，人在哲学思维中企图解析“无限”，正是这种无穷思索本性的表现。人的不满足并不只是求知的不满足，仅仅在思维中用理论的方式深入地把握世界，更重要的是生存的不满足，要用实践的方式创造更美好、更理想的世界。人对真善美的世界的向往，充分展示了人的不满足的本性。好奇心与不满足已经成为人的一种生命本性，构成了创新精神的要素。创新精神不仅有着人的生理的、心理的基础，还有着人的活动的、实践的基础，创新精神是在人的实践的对象性活动中建构起来并得到强化的。人只有通过实践创造出新的世界才能满足人的增长着的物质需求以及精神需求，

① 《爱因斯坦文集》第1卷，商务印书馆1976年版，第2页。

"世界不会满足人，人决心以自己的行动来改变世界。"①"理智的工作仅在于认识这世界是如此，反之，意志的努力即在于使得这世界应如此。"② 人在改变世界的活动中所激励出的"决心"、表现出的"意志"就是一种创新精神，这种精神与其说是人体内固有的，不如说是在人与世界的对象性关系中形成与激活的，创新精神就存在于实践的主客体相互改造的关系之中。创新精神既要得到自己的生物学解释，也要得到自己的实践论解释。创新精神的心理发生与实践发生都是在人的社会性存在中体现出来的，社会本身就是塑造创新精神的环境。人是群体的存在，是以群体的方式生活与生产的，小至家庭，大至民族、国家与人类，都是不同规模群体的社会。群体动力学表明，个体的行为与精神状态，要受到群体的行为与精神状态的感染，表现出"从众"的倾向。当一个群体、民族、社会的心理富于创新精神，个人也就不知不觉地受到了创新精神的教化。而社会的心理气质又是该社会生产方式、文化模式、历史传统的精神反映，物质文明、精神文明、制度文明是相辅相成、相互映照的。制度文明中凝结着某种精神，制度文明又在催生着相应的精神。当某种制度是推动生产力快速发展的，而不是阻碍生产力、使其缓慢发展或停滞的，就同时是鼓励创新精神的，是有利于创新精神生长的。创新精神是社会的精神，也是制度的精神。

---

① 《列宁全集》第55卷，人民出版社1990年版，第183页。

② 黑格尔：《小逻辑》，商务印书馆1980年版，第420页。

创新精神是在人的活动中产生的，这种精神一旦形成，又会影响、作用、改变人的活动。创新精神可以作为一种精神力量，激励着人们打破束缚、推陈出新、勇于创新，从而创造出更高的活动效率、更多的生产能力。创新精神激发出的人的能量，可以转化为物质，转化为财富，转化为各个领域的进步。（1）创新精神是创新实践的精神动力。缺乏创新精神，人们可以得过且过，满足现状，不思进取，即使在生存环境改变时也麻木不仁，采取消极任命的态度。在同一种环境面前，人们却可以有着两种截然不同的反应，或是无所作为、听天由命，或是革故鼎新、奋发有为，反映了精神境界的反差。有了创新精神，在创新已经成为一种迫切需要时，就会立即做出反应，迅速组织动员，做出创新以适应环境变化。即使在相对稳定的环境中，也能够居安思危，无近忧却有远虑，主动创新，通过前瞻性的决策、积极的调整，以适应未来形势的变化与需要，始终保持着竞争中的优势。人在生存环境中产生了忧患意识、危机意识，这种意识可以上升为创新意识，进而转化为积极的创新实践。创新精神使人在实践活动中总是处于思维的搜索状态，发现现实生活中的问题，寻找需要改进的领域、环节或因素，思索如何满足新的需求，或如何以新的方式满足现有的需求，或如何创造出新的需求。一旦目标选定，就果断把创新思维付诸实践。（2）创新精神是社会进步的精神之魂。创新是一个民族进步的灵魂，创新精神也就是民族精神的灵魂；创新是国家兴旺发达的不竭动力，创新精神也就是社会进步的精神源泉。精神的世界，无论是个人精神，还是民族精神，一旦形成，就具有相对独立性。创新精神如果已经生成，就会是一种精神财富，参与并融入社会进步的过程中。江泽民指出："历史上，原先落后的民族，经过自强不息、奋起直追而实现后来居上的例子很多；反过来，原先先进的民族，由于固步自封、失去创新精神而落伍的例子也不少。"[①] 在保守精神占主导的社会中，创新精神是受压抑的，人们奉行的是"一慢二看三通过"。创新精神上升为社会的主导精神，它本身就倡导着一种愿意创新的价值观念，造成了一种社会导向，鼓励着人们开拓新道路、开辟新境界。创新成为社会的导向，自然就会使创新到处涌现，层出不穷。当创新精神成为一个社会的主流时，这个社会必定会以更快的速度向前发展。创新精神造成了一种社会势能，它作为社会的主导精神，形成了推动创新的"场"。生活在这个"场"中的人们，能够强烈地感受到新的旋律的震动、新的节奏的激荡，能够领悟到新的时代的新思想、新精神，从而自觉地参与、投入创新。当创新精神成为人的普遍精神时，社会进步的不竭动力才获得了广泛的民众基础。

如同精神不直接地是外部世界的产物一样，精神也不能直接地改变外部世界。创新精神有着重大的实践功能与价值，但创新精神还只是一种精神的存在，它要转化为改变世界的力量，是通过改变人实现的。创新精神给人的活

① 《江泽民论社会主义精神文明建设》，中央文献出版社 1999 年版，第 363 页。

动注入了新的能量、新的方向、新的规范，从而改变了人的活动方式，增强了人的活动能力，最终表现为对象世界的创造。创新精神的塑造与人的改造是同一个过程，没有人的精神创新化，创新精神还只能是一种理论的存在，还没有真正内化为人的心理世界。因此，发挥创新精神的实践功能，必须要与培养人的社会工程结合起来。创新精神是一种巨大的精神力量，但精神的力量还不能单独地改变世界，还要和物质的力量、制度的力量结合起来，共同完成现实世界的创新。创新精神是创新的一种重要资源，但创新精神不能替代创新所需要的其他资源。创新精神需要培养，技术资源、资本资源、组织资源、制度资源同样需要积累。因此，弘扬创新精神，同时也要积极地准备创新的物质条件，开发创新的各项资源。

论知识创新的能力*

知识创新是主体改进现实世界的能动活动，创新的展开与实现，都是以创新主体特有的能力为基础和条件的，是主体的知识创新能力的产物。知识创新的能力与知识创新的绩效密切相关。

一、知识创新能力是人的特有能力

能力是主体在生物遗传与文化遗传的基础上从事活动的功能与力量。主体可分为个体与群体，个体能力是个体在遗传能力的基础上，通过学习与实践而获得、增长的；群体能力不是个体能力的简单相加，而是由特定的群体结构、组织形式、社会行为形成的新的能力。工具也具有活动的能力，但那是人的能力的物化、外化、对象化，是由主体的活动直接或间接操纵显现出来的。物质中蕴藏着能

---

* 本文发表于《南京政治学院学报》2000 年第 4 期。

量，能量造就了运动，活动依靠能量的支持，但活动具有自由性、目的性、对象性，这就不是完全依靠能量所能实现的，还需要作为主体的特有能量——能力的支持，才能从事活动。自然物、人工物的“能力”准确地说应该是该事物的属性与功能，而且是缺少变化的。

动物也在从事活动，也有通过活动生存的能力，动物的许多能力甚至超过了人的生物能力。但人的能力与动物的能力有许多区别，或者说人有许多动物所不具备的能力，如符号能力、工具能力与制度能力等，这些能力的根本就是创新能力。动物不能超越生物遗传赋予的能力范围，即使在进化过程中适应性能力有所改变，也一直没有培养出制造自然界不能自发产生的新事物的能力。因此，动物总是在生产原有的世界，动物世界“从不飞跃”。创新能力是人独有的能力，是主体在对象性活动中，改变现存事物，创造新的事物的本质力量。创新能力是主体在长期进化过程中，通过不断地主体对象化、客体主体化的塑造与建构，逐步形成与发展起来的。创新能力是主体各种能力整合而成的一种能力，是主体能力系统的能力，而不是与某种具体能力并列的一种能力。创新能力是创造能力的一个子集，是把人的一切创造力包括思维的创造力现实地生产出来并且社会化的能力。创新能力要求主体具有运用、组合不同资源的能力，把握或创造社会需求的能力，开拓现存世界新的空间、新的维度的能力等。

知识创新强调的是导致创新的知识要素与创新结果的

知识成分。知识创新能力以创新能力为基础并从属于后者，知识创新能力与创新能力相比，是从抽象到具体、一般到个别的过渡，是更为专门的、有着特殊要求的创新能力。知识创新能力是主体依靠知识进步改进现实世界的活动能力，是主体创新能力的典型表现，它突出体现了人不断创造新的知识，并用于改变世界、建设人工世界的能力。知识创新能力有自己的构成要素，这些要素及其关系确定了知识创新的活动方式与空间。知识创新能力随着主体认识与实践能力的发展而提高，是在知识创新活动中逐渐建构、同步发展起来的。知识创新能力在历史演进中总是不断打破自身的能力边界，但总是有历史的限度在制约着、规定着知识创新的能力范围。

二、知识创新能力的类型

知识创新的能力是在多种类型的活动主体、活动方式、活动内容中表现出的能力体系，每一种类型的知识创新能力又是由若干要素构成的能力集合。根据知识创新的活动主体的结构，可以分为知识创新的个体能力、组织能力和国家能力。个体能力是个人作为活动主体时，通过知识的发现、学习和积累，能动地应用于改进生产、改善生活、改变环境的活动中的能力。在自然经济时代，个体能力是知识创新的主要源泉，独立的农民和手工业者有着自己的知识、意志和判断力，能够使用自己的工具，独立完成产品生产的全过程。个体能力是与个体支配资源的能力相关的，所以熊彼特“创新理论”中的创新主体是企业家，创新是企业家的个人素质、个体能力主导的。但这并不能排除普通个人的能力对知识创新活动的贡献，现代组织同样重视开发组织内部所有个人的知识与能力资源，把它们汇成共同的知识创新资源。组织能力是组织作为活动主体时，依靠知识创新资源的共同运用，知识创新活动的分工、协作与组合，而产生的组织的系统创新能力。组织能力建立在开发个人能力的基础上，又超越了个人能力的局限性，使创新活动能够在更大的规模和更高的水平上进行。组织能力把组织内资源形成为一种合力，提高了知识创新活动的速度和效率。组织能力在与外部环境交往中，表现出更有效的信息吸收与处理能力。国家能力是国家作为活动主体时，运用政府、制度、政策的力量，调动国家的资源，组织与推动国家创新活动的能力。随着知识创新活动复杂程度的增加，投资规模的加大，科学技术难度的提高，知识创新的国家能力也越显重要。创新体系的全面建设、有序运转和不断完善，是国家创新体系功能与能力的显示。国家能力不一定是依靠集中计划配置创新资源的能力，而可以是发挥企业作为市场与创新主体的作用的能力，是为创新活动建立一个良好的框架与优化的环境的能力。国家能力与个体能力、组织能力共同并存，密切相关，相互促进。

知识创新是由不同阶段的活动组成的，这就是知识的创造、传播和应用阶段。这些阶段不是线型过程与依次顺序，而是链环过程与反馈模式，每个阶段都包含着其他阶段的活动，但还是可以从主要特征中分析出知识创新过程的创造知识、传播知识和应用知识的能力。知识创造能力是主体生产新的知识的能力，是主体在认识与实践活动中，不断发现世界的新的属性与规律，不断发明生产的新的技术，不断创造知识的新形态或新组合的能力。知识创造能力是人的创造能力的精华。鸟能够为自己搭窝，蜂能够为自己筑巢，但它们不能创造关于窝与巢的知识，并以此为蓝本改进窝与巢的结构。知识创造能力不仅增进了人对世界的新的理解，而且给出了理想世界的新的模型。知识创造能力是知识创新的逻辑前提与历史前提。知识传播能力对于主体而言主要是学习能力，即吸收信息、学习新知识的能力。创新必然涉及学习，创新的每一个步骤都与学习有关，以学习方式创新就是创新通过模仿而扩散。学习能力使创新主体能够充分利用已有的知识和信息资源，利用知识的溢出效应，降低知识创造的费用，并且充分使用自己的经验与环境。学习能力不仅仅是阅读能力，更重要的是“在做中学”、“在用中学”以及“在失败中学”的能力。生产过程中不断增长的技艺降低了劳动成本，改善了生产程序与管理系统；使用者对于新产品的经验可以作为反馈信号促使厂家改善设计或制作；失败的产品可以作为有价值的关于消费者的探测器，由此获得将采取什么行动才能取得全新的成功的重要信息。[①] 知识应用能力是

① Grϕnhaug，K. and G. Kaufmann（eds.），*Innovation*：*A Cross—Disciplinary Perspective*，Oslo：Norwegian University Press，1988，p. 417.

把创新知识对象化、社会化，把新的知识转化为新的事物、新的关系、新的行为的能力。知识应用能力是知识创新能力的核心。具体的创新主体可以不参与知识的创造——通过学习吸收新知识，但他不能不参与知识的创造性应用。没有知识应用能力就不可能产生知识创新。

知识创新可以通过不同的活动方式实现，表现在知识应用阶段，就是创新主体对于知识资源的结合能力、转化能力和扩散能力。结合能力是把知识资源与其他创新资源结合在一起，运用资源新的组合做出创新的能力。许多资源在闲置或配置不当的时候并不能创造出新的效用，但当它们进行了新的配置后，便产出了新的财富与效用。结合能力就是寻找、发现知识与其他资源结合点的洞察力与操作技能。结合能力包括在原有系统中引进新的知识，改变原有系统的资源结构与行为方式的能力，利用本系统的专门知识满足不断变化的社会需要的能力，根据创新目标组合创新资源的能力等。知识创新及其应用，从根本上说，就是认识与实践、知识与实效、解释世界与改造世界的结合。转化能力是将新的知识转化为现实的生产力、物质财富以及社会进步的能力。知识自身还只是一种观念的存在、精神的力量，要把它变成现实的存在、物质的力量还需要转化的工作与能力。转化能力包括知识的物化能力，即由基础知识具体化为应用技术，通过生产劳动以产品的形式实现出来；包括知识的对象化能力，即创新不一定以物化的形式表现出来，而是在知识的对象性活动中，在对象化世界中实现知识的价值，造成了知识的现实化表现，如先进理论导致了生产关系、社会制度的进步；包括知识的人化，即知识从外部存在内化为人的素质与能力，实现人的重新塑造，也就是人本身的创新。扩散能力是及时获得信息并迅速应用于创新活动的能力。从新知识的产生到新产品的出现有一个或长或短的周期，在创新的竞争环境中，缩短这一周期是创新成败的关键，这就取决于创新者的扩散能力。扩散能力要求具有获取信息的技术手段，并且正确地做出价值判断，不失时机地做出反应，采取行动。

知识创新是由多种要素参与的活动，这些要素的能力支撑着知识创新的活动平台。知识创新的活动要素能力主要有信息能力、技术能力、管理能力、制度能力等。信息能力是指信息生产、加工与传播的能力。信息是不确定性的消除，创新则是面对不确定空间，创新能力是信息能力的函数。知识创新所要求的信息能力，是要有进入信息网络与之“联网”的能力，能够从大量的信息中提炼出有用的知识，保证创新组织的信息畅通，依靠信息的流动调节创新活动的展开。技术能力是创新主体特定化了的从事某项活动的能力，包括既定的知识存量、技术资源、组织类型等。不同类型的技术能力划定了创新的活动区域界限，技术能力的大小限定了创新活动的可能性边界。管理能力是知识管理与创新管理的能力。由于知识创新是日益复杂化、社会化的活动，管理的职能也愈益突出与重要。知识创新的管理不同于机器工业生产的管理，它要求从例行程序到适应复杂性和多样性转变，从序列化向平行化转变，从命令链向网络化转变，从控制运行向协调运行转变，从职位权威向知识权威转变等。[1] 制度能力是制度运行产生的有利于创新活动的秩序的能力。制度为创新活动提供了规则、保障和激励。例如知识产权制度的建立，一要保证知识生产的创新能够得到相应的报酬和权利的保护，激励对知识生产更多的投入和产出；二要保证知识产品具有可转让性和可公开性，能够得到社会利用，产生社会效益。

知识创新是创造性、实践性、知识性的活动，对于活动主体的素质有着多种的、复合的要求，要求具有知识能力、创造能力和冒险能力。知识能力要求具备知识创新所需要的基本知识与技能储备，是知识创新主体的基本素质。具备知识能力未必能实现知识创新，但缺乏知识能力则必定不能实现知识创新。知识能力包括创造知识、学习知识、评价与选择知识的能力，不同的经济时代对知识能力有不同的要求，信息社会、知识社会对“文盲”有新的定义，新型企业的共同特征是知识创造型企业。创造能力是人的创造性在创新实践中的体现，它要求主体推动创新的创造性思维与创造性实践，即创造性地提出问题与创造性地解决问题。创新始于创意，创新者的第一位要求是想象力，因为创新者期待着新的观念，正是想象力使他能

① 查尔斯·M. 萨维奇：《第5代管理》，珠海出版社1998年版，第305－315页。

够设想新观念的多种可能性。[①] 创新完成于创意的对象化，即成功地通过实践在对象世界中实现创造性思维，是主体创造力量的实践证明。创造能力要求创新主体不仅创造新的观念与事物，而且创造新的活动方式和发展道路，勇于探索，勇于开拓，使创新活动本身也成为一种创新。冒险能力是挑战风险、把握机遇、处理不确定性的能力。在创新活动中，主体面对的是缺乏经验的对象，是新的要素与不确定空间，没有供决策用的足够数据和行动规则。因此，创新就是与风险的较量，正如邓小平所说："没有一点闯的精神，没有一点'冒'的精神，没有一股气呀、劲呀，就走不出一条好路，走不出一条新路，就干不出新的事业。"[②] 创新所处的环境是一个变化的世界，变化提供了机遇。机遇的价值以及成败概率也是不确定的，机遇又是稍纵即逝的。这就要求主体能够对变化做出及时反应，具有发现机遇的洞察力和抓住机遇的能力。没有冒险能力，等着一切都成为确定性以后再采取行动，回避了风险，也失去了创新的机遇。

三、知识创新能力的建构

知识创新的能力是主体运用自己的本质力量，能动地改变世界的活动表现，这种能力不是天赋的、与生俱来

① Kingston, W. Innovation: *The Creative Impulse in Human Progress*, London: John Calder Ltd., 1977, p. 42.

② 《邓小平文选》第3卷，人民出版社1993年版，第372页。

的，而是在主体以实践为基础的各项活动中不断发展、进化而来的。知识创新能力有其生理基础，但其本质还是社会历史的产物，是在认识与实践活动中建构起来的。

知识创新能力是人的认识与实践能力的一种表现形式，从属于人的认识与实践能力，因此，知识创新能力与人的认识与实践能力进化相关。恩格斯指出："人的思维的最本质的和最切近的基础，正是人所引起的自然界的变化，而不仅仅是自然界本身；人在怎样的程度上学会改变自然界，人的智力就在怎样的程度上发展起来。"① 知识作为思维与智力活动的产物，也是在人的改造自然的活动中发展起来的，人运用知识在不断深入的程度上改变自然界，是与人改变自然界的实践能力发展程度相一致的。人的认识能力包括感性认识能力与理性认识能力，这些认识能力以内在化和外在化的方式表现为人的知识能力，感性认识能力的范围与理性认识能力的层次相应地规定了知识能力的程度；人的认识能力表现为"反映客观世界"与"创造客观世界"（列宁）的能力，这在人的知识创新活动中得到了充分的体现，认识的反映能力与创造能力的水平也相应地决定了知识作为创新因素的力量程度。人的实践能力是人的生产与创造性再生产的能力，是人通过不断改变生存的自然环境与社会环境满足人的需要的能力。实践能力内含着创新能力，创新能力正是伴随着实践能力的进步而进步的。

① 《马克思恩格斯选集》第4卷，人民出版社1995年版，第329页。

知识创新能力是在一定的社会历史条件下发展起来的，每一社会历史条件以生产力和生产关系的发展状况最为基本。人的认识与实践活动及其能力都是在一定的经济形态中发生的，知识创新能力同样要以生产力与生产关系的发展状况为基础。生产力的简单要素或者系统要素实际上也都是知识创新能力的构成要素，劳动者的素质包含着劳动者的知识与技能，生产工具是人的创造力的物化。马克思曾把劳动资料即生产工具作为“人类劳动力发展的测量器”，生产工具是生产力发展的测量器，也同样是知识创新能力的测量器。生产工具指示着人的知识及其物化能力的发展程度，也标志着人能够以什么方式、在什么规模与层次上从事着知识创新活动。科学技术是生产力中越来越重要的因素，生产力的发展把科学技术越来越紧密地直接纳入生产活动中，也就极大地促进了科学技术的迅速发展。知识创新的典型表现是科技创新，科技创新就是科学技术变成直接的生产力，科学技术成为创新的主导因素。生产力——科学技术——知识创新是一体化的活动。生产关系是生产力的活动框架，也是知识创新能力的生长环境。生产关系通过一定的产权关系、分配关系等制度安排，引导着创新资源的流向与流速。有利于知识创新的生产关系，可以激励知识资源的生产与开发，促进知识资源的生产性转化，造成人力智力资源的创新导向。

知识创新能力如同人的其他能力一样，是在相应的对象性活动中建构起来的，是人的活动的产物。人在改造世界的对象性活动中，自身的潜力得到了发挥，自身的能力得到了锻炼，不仅改造对象，而且自我创造。人在改造自然的过程中，赋予了自身新的素质、新的力量和新的需要。这些也自然包括利用自然力的能动性，发现自然规律的知识力，应用这种知识力改造自然的创造性等素质与力量。消费是主体以自我为对象的生产性活动，物质消费为人的生命提供物质和能量，在消费活动中全面提高人的质量。随着必要劳动时间的缩短，精神产品的不断丰富，人的精神消费能力的不断提高，人的知识创新能力也在不断增长。“消费生产出生产者的素质”（马克思），消费的内容与性质，也影响和制约着人的各种能力包括知识创新能力的发展程度。人的活动不限于个人的活动，更多的情况是作为社会的活动而展开的，社会的活动特别是社会的生产实践活动是知识创新能力的生长基地。知识由于社会生活的需要而不断产生和应用，由于社会的交往活动而广为传播。知识创新能力在个人的活动中，只是表现为“原始的丰富”或片面的发展，不可能进入高级阶段或全面发展。因为知识创新能力究其本质是社会的活动能力与社会活动的产物，它也只能在社会的活动中才能获得高级形式与完整形态。知识创新活动既有隐含的、自发的状态，也有明显的、自觉的状态，知识创新能力在这两种状态中都能得到锻炼与提高，知识创新活动是知识创新能力最直接、有效的提高方式。

国外创新理论把创新活动主要作为一种市场行为，市场经济是创新的环境，市场机制塑造着知识创新能力。市场机制是利润导向与竞争模式，市场主体在这种机制中极力地追求新的生产方法、新的投资和新的冒险，它从来不把某一生产过程的现存形式看成和当做最后的形式。出于降低成本的要求，企业不断创新。节约人力的要求导致了劳动创新、管理创新，节约费用的要求导致了技术创新、工艺创新和制度创新。出于扩大销售、刺激消费的要求，市场不断创新。推出新的产品与服务，扩大现有的消费，生产出新的需要，发现和创造新的使用价值，由此创造新的产业部门。出于提高资源产出能力的要求，市场充分开发利用了自然与社会的各种资源，通过新的配置与组合，创造出新的财富。固定资本把知识和技能的积累、社会智慧的一般生产力的积累吸收在资本当中，驱使生产过程从简单的劳动过程向科学过程转化。科学改变了与生产脱节的状况，成为生产财富与致富的手段。出于加快市场交换与流通的要求，新的交往工具、交换手段、传播媒介不断创造出来。现代交通运输工具消除了物资、人员流动的地理障碍，现代通信技术建立了信息传播的全球网络。出于占领市场、保持知识创新带来的垄断利润的要求，市场主体在已有的创新不断扩散的同时，就开始了新的一轮创新。开发新的生产技术，研制新的产品。正是在这种实际的市场环境中，对知识创新的迫切要求，促进着市场参与者的知识创新活动，同时也锻炼着知识创新的能力。市场参与者需要不断地适应变化的市场要求，适应的方式一是学习，二是创新。通过学习与创新的方式，更新主体的知识结构，改变主体的行为方式，提高主体的发展能力。

知识创新能力是进化着的能力，说明这种能力不是无所不能、尽善尽美的，它有着自己的历史的限度。知识创新能力是主体的能力，没有全知全能的主体，主体总是在“有限理性”（西蒙）的状态下从事活动的。这种“有限理性”是主体在信息不完备、未来不确定、计算不充分的条件下，从事知识创新活动以解决主体面临的问题。知识创新同样有自己的“康德问题”，这就是“我能知道什么”，以及“我能做什么”。每一次知识创新活动都实在地证明了人的知行能力，但总是存在着新的边界、新的空间等待着人们去探索，去开拓。知识创新是社会的能力，社会的理想状态是无摩擦、无浪费的运动，但社会的现实状态不时出现活动的低效率、无效率甚至反效率，即使蕴藏着知识创新的潜在能力，也未必都能转化成现实的财富。知识创新能力依存于社会系统的诸要素，系统要素的不平衡发展，即某种要素的供给短缺自然成为创新能力充分展开的约束条件。知识创新能力是历史的能力，每一时代的历史既显示了人的活动能够创造什么样的奇迹，也展示了人的活动不能做什么。历史没有终点，创新也不会终结，无终结的活动说明这种活动始终是破缺的，它向未来开放，知识创新能力就是这样在历史的运动中不断建构与进化。知识创新是经济的能力，知识创新活动无论是处于实践状态还是认识状态，都需要资源的投入，都具有经济的性质，经济能力也成为一种制约，经济计算也成为一种权衡。莱斯切尔（N. Rescher）提出了“科学的经济极限”问题，认为科学的极限不是因为人类智力低下或脑力不足，而是一种经济制约。在资源有限的世界上，探索与开拓的费用越来越高昂。“解决问题的价格在无情地上涨，最终会超过人们的支付极限。”① 这就迫使人们在开发创新资源与利用传统资源之间做出替代选择。

① 莱斯切尔：《认识经济论——知识理论的经济问题》，王晓秦译，江西教育出版社1999年版，第139页。

论关系创新*

人生活在关系之中，人的活动是在各种关系中进行的，人在创造属人世界的同时也创造了一个关系世界。关系创新是社会进步的重要方面，创新关系是实践活动的重要内容。

一、关系创新对人的活动起着积极的、促进的作用

关系是世界一切事物的普遍性质，“凡一切实存的事物都存在于关系中，而这种关系乃是每一实存的真实性质。”① 关系表明事物之间的相互作用、相互规定，关系是较稳定的、规范的联系。一事物可以和多个事物建立各自的关系，同样的事物之间也可以发生多层次、多维度的

* 本文发表于《安徽师范大学学报》2002 年第 3 期。

① 黑格尔：《小逻辑》，商务印书馆 1980 年版，第 281 页。

关系。关系包括非属人的关系与属人的关系，属人的关系是以人作为关系主体的，人参与了关系的建构，这里所研究的关系是指属人的关系。属人的关系包括以物质生产为基础的人与自然的关系和人与人的经济关系，以及建立在生产关系之上的政治关系、法律关系、思想关系等，包括以人自身的生产为基础的人与人的自然关系，如亲属关系、民族关系、种族关系等。人与自然的关系和人与人的关系是互为中介、互为条件的，是一体化的。马克思指出："为了进行生产，人们便发生一定的联系和关系；只有在这些社会联系和社会关系的范围内，才会有他们对自然界的关系，才会有生产。"[①] 关系具有多种多样的功能，就其对人的活动的影响作用而言，主要有：（1）关系是一种活动空间，它规定了人在什么样的自然与社会条件下从事活动，也指明了人在既定的关系约束中能够做什么或不能做什么。关系起到了实际的规范的作用，在具体的关系中，关系包含的内容是有限的，因此关系就是约束。（2）关系是一种权利分配，它决定了人与事物在一定场境中的相对位置，人能够享受什么权利，又应该履行什么义务。关系对人的行为发挥着激励的作用，关系隐含着行为方式的诱导，指示出怎样获取、保持与扩大权利是合乎规范的。（3）关系是一种无形资源，它维护了社会以习惯的、节省的方式运行的轨道，又是人的活动赖以进行的前提。关系是社会的"阳光"与"空气"，人无时不在关

① 《马克思恩格斯全集》第6卷，人民出版社1961年版，第486页。

系之中，人的活动须臾不可离开关系。人在生产与生活中形成了各种关系，也就是建立了人活动的秩序、惯例与准则，以满足人保持正常的生产与生活的需要。关系这一范畴包容着广泛的内容，制度是关系集合的一个子集。“制度是人类相互交往的规则”[①]，这一定义表明，制度属于关系，是人与人的关系，是实践的交往关系，是固定化的、具有约束力的交往关系，但制度不能覆盖所有关系。

关系是人在生产与交往活动中的产物，人可以建立适应于自己活动需要的关系，也可以改造不适应自己活动需要的关系，还可以随着主体活动的范围的扩大，创建各种新的关系，这些就是关系创新。创新是人改造现实世界的创造性活动，创新的对象化形式不限于物化的新产品的一种形式。人在观念中生产出理论的关系，在现实中生产出实践的关系，实践的关系也属于创新的对象，这包括交往、交换、政治、法律、伦理、道德等方面的关系。Peter F. Drucker 曾认为，创新并非必须在技术方面，实际上也完全不必是一样“东西”；创新更是一个经济或社会方面的词汇，而不只是技术方面的词汇。[②] 即使是最为常用、直观的技术创新，也包括产品创新与服务创新，而服务创新就是建立供需双方的一种新型交往关系；也包括生产创新与经营创新，而经营创新就是建立企业内部的一种新型

① 柯武刚、史漫飞：《制度经济学——社会秩序与公共政策》，商务印书馆 2000 年版，第 35 页。

② Drucker, P. F. *Innovation and Enterpreneurship: Practice and Principles.* Harper & Row, Publishers, New York, 1985, pp. 31, 33.

活动方式。服务与经营创新都不表现为“物”的创新，而是表现为关系创新，属于物质性的活动、实践性的关系方面的创新。关系创新是人对自己的关系世界的重建与创造，是对现有关系的更新，对新的关系的塑造。关系创新改变的是不同要素之间的相互作用，它使不同要素以新的方式、新的力度相互作用，并不一定改变了要素本身，因此更多的是一种无形的创新。关系创新影响的是关系联结的各方，会导致关系各方的相对地位的变化，即使是由单方主体发动的关系创新，其效应也必然要波及关系空间中的其他各方，因此往往是一种系统的创新。关系创新的意义并不仅仅在于改变关系本身，而在于对人的活动所起的积极的、促进的作用。关系创新意味着人的活动空间的扩大，人在新的规范中可以更为主动、自由，更有效率地从事活动，破除了束缚、压抑人的积极性的关系，就是人的关系的解放。关系创新调整了人的权利义务，更为公正合理地在社会成员中分配权力、资源与财富，减少了社会冲突的频度与程度。达夫道夫（Ralf Dahrendorf）认为，现代文明要求公民“应得权利”的满足，即基本权利、政治权利和社会权利的获得，现代社会“关键是应得权利问题，即在各种社会里社会成员的地位以及与此相关的机会问题。”① 新的关系给予了更多的人争取利益的机会与可能，这就促进了生产力的发展。关系创新开发了社会的

① 拉尔夫·达夫道夫:《现代社会冲突》，中国社会科学出版社 2000 年版，第 43 页。

潜在资源，更新与增加了与物质资本相对应的社会资本，使社会以一种更加合目的性与合规律性、更具经济合理性与价值合理性的方式运行，关系创新提供的是创造资源的资源，或节约资源的资源。

二、关系创新改变了关系主体的相互位置与信息方式

关系创新表现在许多方面，可以从不同角度进行分析。首先，关系形成了一种结构，这种结构制约着关系的功能，关系创新表现在关系结构的创新。在新的关系结构中，关系主体的相对位置发生了变化，马克思就把人的相互关系由统治—从属型到自主—平等型，作为社会关系历史进步的尺度。在家长制的关系、古代共同体、封建制度和行会制度中，人的依赖关系是最初的社会形式；在现代的社会形式中，建立了以物的依赖性为基础的人的独立性，形成了普遍的社会物质变换和全面的关系。“毫无疑问，这种物的联系比单个人之间没有联系要好，或者比只是以自然血缘关系和统治从属关系为基础的地方性联系要好。”[①] 关系主体的各方趋于平等，不再是处于绝对的主动态或被动态，就能使规则的制定不容易完全向强势方倾斜，而是关系主体都参与了规则的制订，而不仅仅是规则的接受者，达到博弈均衡的结果。关系各方主体地位的上

① 《马克思恩格斯全集》第30卷，人民出版社1995年版，第111页。

升，使关系主体都拥有关系资源的应有份额，能够凭借新的关系赋予的权利争取自己的利益。新的关系结构给予了关系主体相应的自主空间，增加了主体活动的自由度；同时又具有明确的导向性与规范性，规定了允许进入或禁止进入的路径。其次，关系的运转与维持，在很大程度上依赖信息的交往，通过信息的传递、沟通，保证关系结构的稳态，关系创新表现在信息方式的创新。当关系交往的信息方式已经妨碍了达到关系的目标时，就要改变信息方式造成关系创新。布瓦索（Max H. Boisot）研究了不同制度的信息空间及其区别。以宗法制度和市场制度的比较为例，宗法制度中的信息是具体的、未编码的、有限扩散的；关系是个人化的，身份重要；控制是内部化的，协调是通过相互调整进行的。市场制度中的信息是抽象的、编码的和扩散的；关系是非个人化的，身份不重要；控制是外部的，协调是自我调节的。由此可见，具体交易行为模式和特定信息环境存在着因果联系，具体交易秩序的失败和潜在信息分配的方式相联系，改变信息分配的方式将有利于交易的扩大。[①] 显然，市场关系的信息方式比宗法关系的信息方式，更有助于造成人的普遍交往与普遍联系。最后，关系创新表现为关系本身的愈益全面与丰富。马克思认为，全面发展的个人要求相应的社会关系，这种社会关系要“作为他们自己的共同的关系”，“产生出个人关

① 马克斯·H. 布瓦索：《信息空间——认识组织、制度和文化的一种框架》，上海译文出版社2000年版，第381页。

系和个人能力的普遍性和全面性”，“造成自己丰富的关系”。[①] 关系是人的活动的产物，但关系往往造成了对人的异化，关系创新的根本目标就是要不断消除关系异化的力量，使人的关系更好地为人的目的服务。关系创新要使人的关系成为普遍的关系，促进人的普遍性与社会化发展；成为共同的关系，增进人从事各种活动的公正性与开放性；成为丰富的关系，扩大人的选择的权利与发展的机会；成为自己的关系，增强人创新关系世界的自主性与能动性。

关系创新的典型表现是制度创新，很多关系是以制度的形式出现的，制度是具有普遍性、约束力的关系。人在社会生产与社会生活、在政治生活、经济生活以致日常生活中，建立了多种多样的制度以规范人们的各种关系与行为，制度表现在社会的各个领域与方面。制度处于稳定性与变迁性的张力之中，制度对象、制度条件发生了变化，制度本身也要做出相应调整；新的事物、新的关系的出现，就要有相应的制度来确认。制度存在的真实形态并不是纸上或其他载体上的条文、律令，而是活生生的、现实的、固定化的各种关系，是客观化的社会存在。制度化的关系是在制度框架内活动的关系，在活动的关系中凝结的制度。制度化的关系是使社会生产与生活有效运行的人工秩序，是社会系统的“软件”。制度化的新的关系则是制度创新的产物，通过制度创新改变原有的关系模式。制度

① 《马克思恩格斯全集》第30卷，人民出版社1995年版，第112页。

创新发生在制度主体的范围，可以是组织的、国家的和国际的制度的创新，在不同范围内进行制度的调整与改革，建立主体内部或主体之间新的程序与规则。制度创新发生在制度客体的范围，可以是经济关系、政治关系和日常关系的创新，在不同领域内做出制度的完善与重建，使社会生产与生活的运行更为有序。制度创新是通过制度供给以满足制度需求，其目的不是仅仅建立一种制度形式，而是要发挥制度作为社会控制手段的实践功能，直接地参与和作用于实践活动及其结果。制度创新的实践功能表现在：(1) 根据制度主体需要，完善权利关系。每种制度都外含或隐含着某种契约关系，规定着不同主体承担的义务和享受的权利关系，提供着主体活动的激励与约束。社会是日益复杂化的过程，总会衍生出新的事物及其关系，要求制度建设与之配套。原有的制度显示出不够明确清晰的环节，需要加以完善，使之更具有可操作性。(2) 构建关系模式，提供活动的确定性。关系是要素间的作用及其方式，制度则是关系“应怎样”的模式，作为人活动的导向。制度创新是通过不确定的活动来提供活动的确定性，创新要求开创，而制度却是要求重复，它要求人在制度给出的空间和规定的框架内活动。(3) 协调关系运行，降低交易成本。各种关系是在特定的信息环境下运行的，信息的交流调节着交往与交换活动。关系的各方无论交往的内容如何，都有一个信息交换的过程。不完善的信息环境使博弈行为与交易费用增加，制度的作用就是使交易程序化，由制度本身提供明确信息，从而减少交易费用，提高人活动的效率。制度创新需要借助物质力量与其他力量使制度发挥效用，产生规范力，制度创新如不能渗透实际生活并干预人的行为，制度只能是虚设。

关系创新的价值不能像产品创新那样通过利润率反映出来，但也有评价与衡量关系创新的客观标准。关系创新的价值评价往往是间接的，它是通过关系对象的价值变化来反映自身的，如生产关系变革的进步意义不能仅仅根据生产关系是否创新来判断，还要看是否真正有利于生产力的发展，是否真正促进了生产力的进步。关系创新产生的效益是难以量化的，它是通过多级转化才造成关系对象的变化的，如从关系的创新到人的行为的变化，再到劳动生产率的提高；而且社会事物的因果联系是复杂的，某个结果很难只用一种原因作出全部解释。因此，关系创新的评价标准是宏观的、综合的、比较的。具体来说，新的关系较之原有的关系，一是更适应了环境条件的变化。关系创新的动因往往是由于事物内部条件与外部环境的变化，而原有的关系结构又不能同化或顺应这种变化，显示出老化、僵化的不适应症状，妨碍了关系实体的发展。对原有的关系进行调整、改革，使新的关系结构能够容纳条件与环境的变化，显示出灵活的适应性。适应了环境条件变化的关系，自身运转更为有序、有效，同时也生成了关系的新的素质与机能。二是更有利于关系对象的生长发展。关系是为一定的实体服务的，关系可以充当人们从事活动的工具。关系的服务作用与工具效能可能发挥得好，也可能发挥得不好，由于关系的相对独立性与稳定性，关系形式还可能成为阻碍关系对象生长发展的因素。关系创新就是根据关系对象的发展需要，改造更新原有的关系形式，使关系对象能够更顺利、迅速地成长发育。新的关系起到了催化、激励的作用，为关系对象提供了更肥沃的土壤与更广阔的舞台。三是更具有技术合理性与价值合理性。关系的建立与维持本身就是一种资源配置的活动，就有是否合理性的权衡。合理性包括“形式上的合理”，即技术的、计算的、工具的合乎理性，与“实质上的合理”，即价值的、伦理的、政治的合乎理性。[①] 关系评价可以从技术合理性与价值合理性两方面进行，关系创新就是关系资源配置从技术不合理性向技术合理性转变，从价值不合理性向价值合理性转变。技术不合理性表现为关系资源的闲置、误置与浪费，这种人为的关系资源投入并没有产生相应的效用；关系创新则是要使新的关系的建立是有用的、有效益的，关系建设的资源投入能够产出更大的效用。价值不合理性表现为关系资源不是用来为人服务的，而是用来反对人的，不是用来为所有人服务的，而是用来为少数人服务的；关系创新则是要使关系资源能够满足更多人的需要，为更多人的利益服务。

三、关系创新的方式与特征

关系创新是社会自我变革、自我超越的一种方式，有

① 马克斯·韦伯：《经济与社会》上卷，商务印书馆 1997 年版，第 106－107 页。

其自身运动的规律。关系创新可以为人的活动提供新的动力，进行关系创新同样也需要内在的与外在的动力。关系创新源于多种动因，当关系结构以及运行方式已经不能满足关系对象的发展需要，成为事物成长的束缚时，就形成了变革关系的内在要求。各种关系是在关系网络中互相包含、相互作用的，当某种关系与关系系统不能兼容、难以匹配时，就产生了改造该种关系的必要性。关系有形式与内容的双重属性，关系形式是理论的、表面的关系，关系内容是实践的、实际的关系。当关系形式与关系内容深度相背离，继续维持这种状况有害无益时，就要求或是改造关系内容以服从关系形式，或是改变关系形式以适应关系内容。关系创新可以由关系履行的主体实施，关系创新主体就是关系履行主体。这种主体的一致性，既可以使关系主体切实地感受到创新关系的迫切性，以及由此带来的各种益处，增强主体发动关系创新的自觉性与积极性；也可能使关系主体由于自身地位的局限性处于“当局者迷”的状况，不能清醒地认识到关系创新的需要，或受自身利益的限制而有意迟缓、阻碍会带来利益损失的关系变革。关系创新也可以由非关系履行主体的第三方实施，也就是超越关系履行主体之外的、又具有干预关系履行主体的能力的其他主体。这种关系创新主体与关系履行主体的不一致性，既可能使创新主体能够采取较为客观、公正、全面的立场，稳妥地推进关系创新；也有可能由于创新主体的不了解实际情况，或者在制定规则时很难做到中立与超脱，没有很好起到代理人的作用，使关系创新的效果并不如愿，甚至产生了很大的副作用。关系是一种公共品，关系的效用是相关领域的所有人都能享受的，但关系创新的活动不一定需要所有人的参与，可以由少数人承担创新的成本。这样就会产生“免费搭车”心理，就是人人对问题熟视无睹，但现状依旧，无法改变。成功的关系创新都能够采取各种措施解决动力机制的问题，克服“免费搭车”的障碍，鼓动更多的人参与到改变现存关系的活动中来。关系一旦形成，深入到社会机体之中，就会产生一种惯性，而要改变它则需付出很大的代价，这就给关系创新造成了困难。即使有创新的愿望，也容易心有余而力不足，望而却步。因此，关系创新并不是没有时空条件限制可以任意发动的活动，它需要等待主客观条件的成熟，需要积累势能。

关系是多层次的，它们在社会生活中的影响作用不同，相互作用力的大小也不同。占主导地位的生产关系是社会的基本关系，是影响决定其他关系的支配关系。马克思指出：“在一切社会形式中都有一定的生产决定其他一切生产的地位和影响，因而它的关系也决定其他一切关系的地位和影响。这是一种普照的光，它掩盖了一切其他色彩，改变着它们的特点。这是一种特殊的以太，它决定着它里面显露出来的一切存在的比重。”[①] 因此，生产关系创新是社会关系创新的基础与重点。关系是多类型的，它们的演变有着各自的样式，关系创新的方式也是多样的。

① 《马克思恩格斯全集》第30卷，人民出版社1995年版，第48页。

关系创新可以采用自上而下的层层推行方式，这种方式一般发生于等级结构的组织内，创新的发动与推行者处于组织的顶端，掌握着权力资源，并且控制着组织的运行程序。这类创新往往属于基本的经济关系、政治关系、制度关系，并且必须借助法律的、行政的、军事的手段加以保障。这类创新力度大，见效快，达成协议的成本低，但对推行与巩固创新的力量要求较高。关系创新可以是由点至面的蔓延扩散方式，这类创新更多的是社会成员自发模仿的结果，当某项创新成功之后，众多组织与个人自动将此项创新扩散至整个社会系统中，扩散的速度、范围与后果，都是始作俑者料想不到的。Everett M. Rogers 认为，“扩散是一种社会变迁，是发生于社会系统的系统和功能的变更过程。”① 这类创新扩散的速率依据多种因素可快可慢，但能够利用社会成员自发的积极性来实现关系的更新。关系创新如果以规则、法令、制度的形式出现，就要经历一个从外在于社会生活到内化于社会生活的过程。新的规范的真正确立与扎根，并不与制度的颁布同步，要经历一个接受、适应、习惯的周期。关系创新承载着某种理念，但它只有从一种理性与理想深化为一种文化与准则，从理论层面转化为社会心理层面，积淀成为人的心理秩序，才能起到规范与教化作用。关系创新的许多内容需要相应的保障机制才能实现，但根本的还是要培养人人自律的氛围，培养对于社会规范的敬重之心，内心的约束比外

① Roger, E. M. *Diffusion of Innovations.* 3rd ed. New York: The Free Press, 1983. p. 5.

力的约束更为稳固与持久。

创新是“创造性的破坏”，关系创新也要在不同性质、意义、程度上破坏旧的传统关系，建立新的关系秩序。传统或习惯是人在世界上生存的一种经济的、简单的方式，传统或习惯包含着积累起来的大量的有用信息。赫勒（Agnes Heller）指出：“在广义上，‘习惯’意味着某种类型的活动、决策、行为态度和思维‘对我们而言成为自然的’；它们的实践不再成问题，因为它们已成为我们性格的有机部分。”“我们甚至可以养成习惯，无条件地屈从于重复性实践和重复性思维所呈现的任何图式。”① 传统关系成为一种社会资本，它保存的时间越长，其历史价值也就越大。关系创新是在传统关系的基础上进行的，它不可能完全脱离这个基础，建立一种“空中楼阁”式的新体制，只能是扬弃式的，有继承，有创造。任何新关系的建立，都需要较长时期的稳定阶段，经过社会系统的磨合、社会成员的认同，逐步成为新的传统，生长为新的习惯。从传统到新的传统的过渡性，说明了关系创新不同于产品创新，是以人的活动规则与方式的改变为条件的，不可能出现很高的频度，在很短的时间内“不断革命”。而要根据事物的发展趋势与程度，选择改变传统关系的时机，因势利导，顺势而成。关系创新意味着消除原有的规范，确立新的规范。消除原有的规范，就会出现关系的“失范”，产生无所适从、无规可守的状态；而确立新的

① 阿格尼丝·赫勒：《日常生活》，重庆出版社 1990 年版，第 169 页。

规范，就是要填补关系失范后的真空，完成从失范到有范的转折。关系失范，会使系统产生无序、混乱，使系统的改革创新付出不同程度的代价。因此，关系创新要尽可能缩短关系失范的周期，尽快地用新规范取代破除旧规范之后的无规范。同时，还要对失范的成本与创新的收益进行系统评估，想方设法减少失范造成的损失，在得不偿失的情况下就要谨慎行事。关系创新是对传统关系的改造，可是它本身又是在传统关系中进行的，不可能完全摆脱与超越传统关系的限制。传统关系的束缚越薄弱，关系创新的可能幅度就越大；关系创新主体的能动性越强，对传统关系的突破程度也就越大。

论方法创新*

人以理论的或实践的方式把握世界离不开方法的中介，人在与世界交往的活动中形成了一个复杂多样的方法空间。方法是人进行创新活动的手段，方法本身又成为创新的对象。“工欲善其事，必先利其器”。方法创新是创新的重要内容与形式，是创新发展水平的一个重要尺度。

一、方法创新是人的活动方式的创新

方法是主体把握客体的手段、方式与途径的总和，是主客体相关联、相结合、相统一的中介与条件。方法是由目的、主体能力、客体形式、工具等因素共同组成的结构，这种结构决定了人的活动方式，即方法样式。方法不是孤立存在和发挥作用的抽象模式，具体的认识实践环境条件制约着方法的样式、选择和效能。方法无所不在，数

---

* 本文发表于《科学技术与辩证法》2002 年第 1 期。

不胜数，有多少种具体的认识与实践活动，就有多少种方法。人的活动可以在不同层次上进行操作，方法也可以从具体到抽象划分为不同层次，如具体方法、宏观方法、哲学方法。这些不同层次的方法，运用于不同的场合，适用于不同的需要，但又是互为补充、相互贯通的。各种方法的成立是以事物的特殊性为根据的，不同事物的特殊性规定了不同的方法，但各个领域的方法又是相互渗透、相互包含的。方法不是一种先验的、固定的逻辑，而是在实践活动中发展起来的思维与行动的逻辑。人类实践经历了一个从低级到高级、从简单到复杂的过程，人类认识世界、改造世界的方法也在同步地发展着、进步着。方法帮助人实现了自己的目的，人借助于方法及其工具接近或作用于客体，以使客体能够满足自己的各种需要。方法扩大了人生存与活动的世界，动物只能以有限的、不变的方式生存，而人总是能够通过方法、工具、技术的革命，进入新的活动空间，体验新的生活方式。方法给人以多种的选择，同一目标可以采用不同的途径实现，这使人可以权衡利弊，比较优劣，以多样化的方式从事自己的活动，显示自己的存在。方法是工具，是抽象意义上的工具，但不等同于具体意义上的工具。具体的工具是方法的物化，是方法结构的一个要素，从属于方法。方法借助于工具来实现自己的理念，工具是方法的物质手段。方法是技术，是泛指的技术。专门意义上使用的技术概念，“只集中在本质上是生物的和物理的过程上面，而不集中在心理的和社会的过程上”。[①] 技术是方法的典型表现与实践形态，是成熟的、可以复制、传播的方法，系统化的方法成为工程。方法不限于专门意义的技术，还包括认识的方法即思维逻辑，包括社会的管理与控制的方法。方法与科学有着密切的关系，科学揭示的是事物的规律，科学是方法的基础，科学可以转化为方法，但科学不都是可以直接地用作方法，还要经过从解释世界的“为什么”到改造世界的“怎样做”的转化。方法强调的是科学的实践转化与应用功能，方法科学是方法的科学形态。

创新有多种表现形式，方法创新是一种特殊的创新形态。创新是人的活动的创新，可以以静止的形态出现，表现为活动的结果，也可以以运动的形式出现，表现为活动的方式；它可以改变活动的对象，创造价值，也可以更新活动的程序，创造效率。方法创新就属于以人的活动方式、程序为对象的创新，它直接创造出的是新的方法，它所导致的活动结果的改变、活动对象的增值是派生的。人们往往注意到既成的、物化的、易观察的创新，而没有充分重视方法的创新及其作用。实际上，很多的对象化创新都离不开方法的创新，是方法的创新推动了对象的创新，因为方法创新选择了新的活动方式，开辟了新的活动途径，也就自然进入了新的活动区间，产生了新的活动结果。方法的创新不同于用于创新的方法，方法的创新必须表现为方法自身的创新，而用于创新的方法也可以使用某

① 邹珊刚主编：《技术与技术哲学》，知识出版社 1987 年版，第 198 页。

些原有的方法（如果能达到目的的话），创新使用的方法往往是新旧方法的综合，不一定要求所有的方法都是创新的。方法创新不像物化创新那样具有直观的和凝固的形态，而是一种操作性的、过程性的形态，因此界定方法创新要在动态中把握，从方法使用与运行的过程中区别出发生的变化；在结构中把握，从方法要素的改变看引起的整个方法模式的转型；在样式中把握，从方法类型的整体转变判断方法的根本变革；在输出端把握，从方法的效果变化由果溯因分析方法的创新。如同黑格尔所说的“理性的机巧”，方法创新是人不断增强中介性活动的能量，利用新的工具性因素，放大自己的体力与突破自己的生理极限，提高自己的活动效率，扩大人的世界的范围。荀子说，“君子生非异也，善假于物也”（《劝学》）。善于发明与使用工具就是方法的实际运用，而且随着工具的不断革命，人类所利用的“物”也就从古代的“舆马”、“舟楫”到今天的航天飞机、核潜艇等。方法创新是人类文明进步的基石，正是依靠生产方法、生活方法以至于社会运行方法的大大小小的不断创新，才发展出如此丰富、复杂、多样的现代文明世界。怀特海（A·N·Whitehead）指出：“19 世纪最大的发明就是找到了发明的方法。一种新方法进入人类生活中来了。如果要理解我们这个时代，有许多变化的细节，如铁路、电报、无线电、纺织机、综合染料等，都可以不必谈，我们的注意力必须集中在方法的本身。这才是震撼古老文明基础的真正新鲜事物。”①

二、方法创新的内容

方法创新首先表现为方法的内容本身的创新，也就是方法的核心要素与运行机制的创新。方法创新是活动程序的创新，方法就是由一定的程序构成的，方法创新则改变了原有的程序，确立了新的程序。程序是思维或行动的次序与逻辑，程序规定了活动的固定环节、节奏与周期。程序是经验的制度化，适用于一定条件下的活动要求。但是当经验基础发生变化，或是新的目标提出时，恪守原有的程序就会妨碍、束缚人的活动，就要求创新程序。创新程序则使思维或行动的逻辑更为经济、合理，删除多余的步骤，调整某些环节的顺序，增加必要的环节，还要使程序运行的反馈机制更加迅速灵活。方法创新是活动工具的创新，工具是方法的核心要素，工具的性质决定了方法的性质，方法创新必然要表现为工具创新。广义地说，工具包括认识的工具与实践的工具，认识的工具既包括人的感觉与思维器官的外化，也包括从实践逻辑到思维逻辑的内化。工具使主体能够真实地、现实地控制与改造客体，工具增强了人的力量。工具是人对自然物的巧妙利用或直接地就是人的创造物，随着人的知识的积累、技术的提高、

① A. N. 怀特海：《科学与近代世界》，何钦译，商务印书馆 1959 年版，第 94 页。

需要的扩大，工具也在不断创新，愈益知识化、智能化。工具创新使人的能力在更大的程度上表现与外化为工具的能力，离开了工具的能力已经很难证明和说明人的能力。工具创新使人的活动手段更加细化、精化与深化，从人手的简单延长到人操纵的机器，从自动操纵的机器到某些方面的性能超过人脑的电脑，工具创新生产出了过去无法想象的新产品。方法创新是活动规则的创新，方法可以由各种各样的规则所表述，这些规则限定了人的活动方向与方式，方法创新则是修改或废除了原有的规则，而代之以新的规则。规则是对行之有效的活动方式的抽象化与固定化，规则指出了怎样做才行，按规则做事就形成了特定的做事方式。人的活动依赖于规则的导引，当已有的规则不能覆盖新型的活动时，原有的规则不能适应变化了的形势时，就需要进行规则创新。规则创新改变了人的原有的行事方式，指出了新的行动路线与方式，使人的活动更加合乎理性，更加适应人的需要。

方法创新意味着对现有的方法的补充、改变与突破，是从现有方法脱胎而来的。从创新了的方法与现有方法的关系来看，方法创新表现在：（1）从普遍到特殊。人们在实践中获得了关于普遍规律与方法的认识，但普遍性的提高是以可操作性的减少为条件和代价的。在新的具体实践中，还需要从一般向特殊的转化，在一般与特殊的结合点上下工夫，把普遍方法融汇于具体实践中，继续研究尚未深入研究过的或者新出现的具体的事物，找出其特殊的本质，提出普遍方法与特殊事物相结合的方法，这也是方法的创新。教条主义的失误就在于违背了具体问题具体分析这一根本，以为掌握了普遍方法就可以代替具体方法，把某些普遍方法当成包治百病的灵药，看做万古不变的教条，这就扼杀了方法的生命。如同毛泽东指出的："我们的教条主义者是懒汉，他们拒绝对于具体事物做任何艰苦的研究工作，他们把一般真理看成是凭空出现的东西，把它变成为人们所不能够捉摸的纯粹抽象的公式"。[①]（2）从继承到扬弃。方法创新并不是无视现有方法，否定传统方法，而是在继承基础上的创新，是一种扬弃。方法创新并不是要搞标新立异，为创新而创新，而只是要改掉那些实践证明已经成为弊端的方法，已经过时了不再适用的方法。历史上的经验应该作为财富继承下去，但不能像小生产那样，只注重传统的经验、标准和方法，追求延续与循环中的稳定性、不变性。过去与未来是不对称、不等价的，面对新条件、新问题、新形势，即使有方法百科全书、方法辞典大全也不能解决问题。需要探索新方法，需要方法的扬弃与创新。扬弃是既有继承和保留，又有修正和淘汰，创新是根据实践新的需要，创造出新的方法、新的思路、新的工具。（3）从模仿到创造。人们进入任何一个现有的活动领域，都要经历一个学习、模仿的阶段，也就是从不懂方法规则到掌握方法规则的阶段。模仿是入门的必经之路，是以一种捷径吸收前人的间接经验，掌握他人的方法成果。但人不能只模仿不创造，那样方法就是

① 《毛泽东选集》第1卷，人民出版社1991年版，第310页。

一个封闭、停滞的领域了，也远远不能满足人们新的实践需要。在创造新方法的要求面前，人们就处于从有法可依到无法可依的状态，没有固定的方法约束着自己，只能"以无法为法"，从无中生出有，从无方法到有方法。这时的有法可依不是模仿的产物，而是创新的产物，不是他人的、共有的方法，而是自己的、独占的方法。

方法创新是在显示出不同性质、功能、效率的方法比较中进行选择的结果，方法创新表现为方法的功能进化，是主体的自觉选择。在主客体的结合过程中，方法有正确错误之分，方法创新就是抛弃错误的方法，保留正确的方法。方法是主客体结合的中介，方法的对与错、好与坏只能根据主客体结合的实际效果得出结论。错误的方法对实践造成了损失、危害，而这种错误的方法推行的范围越大，贯彻得越为彻底，在实践中造成的损失、危害就越大。正确方法的来源之一，就是对错误方法的反思。正确的方法经过了实践的检验，证明了它的有效性与生命力，坚持正确的方法就是方法创新的继续与巩固。在历史的比较中，方法有先进落后之分，方法创新就是要学习与采用先进的方法，而不能留恋与保护落后的方法。先进的方法是先进的科学技术、先进的生产力与生产关系的产物，是人类文明的优秀成果，先进的方法又促进了生产力的快速发展与社会的进步。落后的方法反映了落后的技术与生产力，属于应该被淘汰的方法之列，落后的方法是不能创造出先进的生产力与物质文明的。尽快采用先进的方法，进行方法创新，是生产力发展的内在要求。在数字化时代，发展中国家如不迅速普及与提高现代信息与网络技术，只能进一步拉大“数字鸿沟”。在实际的操作检验中，方法有高效低效之分，方法创新就是选择高效率的方法，改进或淘汰低效率的方法。高效率的方法包含着更多的知识与智慧，使人在实际的活动中少走弯路、少交学费、少付代价，而又能多出产品、财富与价值；低效率的方法则是高成本、低产出的方法。只有及时地进行方法更新，尽量采用高效率的方法，才能在竞争的格局中保持不败，处于优势的地位。在使用的普及中，方法有简洁繁琐之分，方法创新就是尽量降低使用的知识与技术门槛，简化应用的难度，减少掌握的费用，也就是奉行简单性原则，“如无必要，勿增实体”。方法内涵的复杂性与方法操作的复杂性并不一定必须是成正比的，这在技术与工具中表现得更为明显。技术创新就包括把复杂的信息处理过程交由机器自身完成，而只留给操作者尽可能简单的人机界面。相同功能的产品，操作使用的难易却不同，一般来说简单的更容易推广普及，趋于简单更符合人的行为习惯。

方法创新是以方法为对象的创新，根据对象的自身特性，可以采取多种手段对方法做出创造或改造，主要有：(1）方法发明。这是方法创新的基本途径，属于开发式的创新。方法是人工的产物，需要发明出来。人类的发明基本上都具有方法的性质与意义，技术发明如此，社会发明也是如此，如货币就属于扩大人类交换的方法与手段的发明。方法发明是人在实践中的矛盾与问题面前，依据现有条件，运用思维的智慧，寻找出的解决矛盾与问题的手段。重大的方法发明是方法创新水平的标志，决定着方法创新的性质与层次。重大的技术发明属于不连续事件，是长期而大量的开发投入的结果。方法的人工性并不等于方法与自然无缘。“道法自然”，以自然为法，是方法创新的源泉，很多方法发明都是直接从自然中获取灵感的。而且人属于自然，方法不能违背自然的规律。（2）方法移植。不同领域的各种方法的集合构成了一个方法群，方法具有开放性，不同的方法可以相互吸收、借鉴以致移植，在方法群中表现出相互渗透、相互包含的趋势。方法移植也是方法创新的一种形式，因为产生于特定领域的方法在一定意义上也具有普遍性，它不仅可以向同类的行业推广，而且可以向不同类的领域移植，对于其他领域来说这种移植就属于创新。移植是方法运用领域的转移，转移就会发生条件的变化，有可能出现“水土不服”的现象。因此就不能照搬照套，要因地制宜，进行改造，实现“本土化”，在移植改造过程中就发生了方法创新。（3）方法借鉴。面对科学的分界不断打破，学科不断重新组合，交叉学科、横断学科不断出现，方法的建构也要跨越学科的鸿沟，以实践本身为基础，以解决问题为目的，运用多学科的成果，依靠方法的系统融合来把握对象。方法可以分解成若干因素，方法借鉴就是在不能完全移植的情况下，从其他领域的方法中学习某些有用的、能用的成分。“器”如不可以借用，可以借鉴其“道”，吸收其方法论思想，也就是成为自己方法的精髓；“体”如不可以照搬，可以引进其“用”，拿来我能利用的成分。只要认真研究不同方法中存在的共同点，就能够发现可以借鉴的内容，方法借鉴的过程也包含着方法创新的内容。（4）方法组合。对各种方法进行新的组合也是一种创新方式，它对现有的不同方法进行交叉、融合，组成新的方法。方法组合既保留了原有方法的成分，又形成了新的方法形态与种类。方法组合是以现有方法为基础的创造性加工与使用，是综合式的方法创新。方法组合多是渐进性的创新，可以连续地出现，属于数量与结构变化式的创新。方法的可组合性，使方法创新的可能空间具有无限增长的趋势。

三、方法创新依靠方法论的进步

方法是实践的产物，方法创新也是实践创新的需要。马克思认为："不仅探讨的结果应当是合乎真理的，而且引向结果的途径也应当是合乎真理的。"① 在这里，我们也可以说，不仅实践的结果应当是合乎创新的，而且引向结果的途径也应当是合乎创新的。实践的发展提出了创新的要求，而实践创新又要求以方法创新为先导，通过方法创新来开创新的实践。我国进入改革开放的新的历史时期以后，邓小平明确提出："时间不同了，条件不同了，对象不同了，因此解决问题的方法也不同。"② 新的历史条件要求方法的创新，在新情况、新问题面前，原有的方法

① 《马克思恩格斯全集》第1卷，人民出版社1956年版，第8页。
② 《邓小平文选》第2卷，人民出版社1994年版，第119页。

不完全适用，不完全够用了，最好的办法就是创造新的办法。邓小平积极主张，不能用老办法解决的问题，就要用新办法解决，遇到新问题，就要提出新办法。如“一国两制”就是解决祖国统一问题的创造性构想，经济特区就是对外开放的新办法。正是由于方法的不断创新，推动了改革开放的全面深入发展。方法创新是实践变化的反映，它体现了实践的时代精神。邓小平认为：“世界在变化，我们的思想和行动也要随之而变。”[①] 在和平与发展成为时代主题的历史条件下，必须深刻理解时代本质，确立新时期的基本路线，制定出符合时代要求的发展战略，在执政与治国上采用新的方法，走出新的道路。邓小平依据时代条件的变化，创造性地提出了许多建设中国特色社会主义的新设想、新构思和新方法，充分反映了现时代的要求和精神。方法创新是为实践服务的，只要是符合实践标准、生产力标准、“三个有利于”标准，就可以大胆地试，大胆地用。计划和市场都是方法，都是经济手段，在计划和市场之间的抉择取决于是否有利于发展生产力。只要市场经济对发展生产力有好处，就可以利用这种方法来发展社会生产力。

要使方法创新取得成功，很大程度要依靠对固有方法模式的突破，要依靠方法论的进步。后现代方法论的代表法伊尔阿本德（P. Feyerabend）就主张摆脱固有方法的约束，在实际操作中灵活办事。他指出，认为存在着一种不

---

① 《邓小平文选》第3卷，人民出版社1993年版，第274页。

变的方法是不现实的，任何一个方法规则，无论它多么可信，在逻辑上和哲学上有多么充分的理由，都曾经被违反过，被破坏过。科学史上的革命，“只是因为有些思想家决定不再受某些‘明显’规则的束缚，或者因为他们无意中打破了这些规则。”[①] 因此，法伊尔阿本德认为：“只有一条原理，它在一切境况下和人类发展的一切阶段都可加以维护。这条原理就是：怎么都行。”[②] “怎么都行”并不是反对任何方法，而是允许使用各种不同的方法，反对方法论的一元主义和作为唯一规范的方法；“怎么都行”不是用一种新方法来取代以往的方法，用一套规则来代替另一套规则，而是表明一切方法和规则都有一定的适用范围，都具有局限性。法伊尔阿本德的“摆脱方法的约束”，其主要功能在于批判了方法的教条主义，破除了对某种科学方法的迷信，但是忽略了方法选择的客观标准和制约条件。关于方法的超规则创新，在军事斗争中表现得很明显。毛泽东的战争指导方法论，就是着眼其特点和着眼其发展，反对战争问题上的机械论，反对照搬外国的条令和经验，削足适履。强调聪明的指挥员要“运用之妙，存乎一心”，要有灵活性，根据客观情况，审时度势。毛泽东指出：“一切战争指导规律，依照历史的发展而发展，依照战争的发展而发展；一成不变的东西是没有的。”[③]

---

① 保罗·法伊尔阿本德：《自由社会中的科学》，上海译文出版社 1990 年版，第 106 页。

② 保罗·法伊尔阿本德：《反对方法》，上海译文出版社 1992 年版，第 6 页。

③ 《毛泽东选集》第 1 卷，人民出版社 1991 年版，第 173－174 页。

我国改革开放的实践，突破了苏联模式的框框和不敢搞市场经济的框框，也是方法论的突破，否定了存在着唯一的模式和一成不变的框框。邓小平总结概括说："世界上的问题不可能都用一个模式解决"，"要开放搞活，不要固守一成不变的框框。过去我们满脑袋框框，现在就突破了。"① 开辟新道路、开创新境界就要突破传统模式，鼓励打破僵化的方法束缚，确立与改革创新精神相适应的方法论。

矛盾概念起源于军事活动与军事器械，矛与盾是军事斗争攻与防方法的形象表述。人的活动的主客体也是一种矛盾关系，有矛必有盾，矛与盾的进化是相关的，方法之矛与方法之盾的进化也是相关的。方法创新是在一种博弈关系中促成的，特别是在方法涉及的客体与人相关时更是如此，当方法主客体的利益不一致时就会出现对付方法的反方法。这样，方法创新就在博弈关系中相辅相成、相互促进、共同进化，主客体双方方法之矛与方法之盾的能力相互映射，使双方以此为依据，达到相互适应和相互制约。马克思曾举过这样的例子，"如果没有小偷，锁是否能达到今天的完善程度？如果没有伪造钞票的人，银行券的印制是否能像现在这样完善？如果商业中没有欺骗，显微镜是否会应用于通常的商业领域（见拜比吉的书）？应用化学不是也应当把自己取得的成就，像归功于诚实生产者的热情那样，归功于商品的伪造和发现这种伪造所作的

① 《邓小平文选》第3卷，人民出版社1993年版，第261页、第260－261页。

努力吗?”① 现代社会中这种现象也是数不胜数。在方法博弈的行为中，主客体之间的攻防关系，使方法创新的效果标准没有静止的、固定不变的尺度。方法客体处于运动变化之中，其反方法能力处于进步上升之中，方法主体要在竞争中获胜，占取主动，就要相应地不断创新方法，提高方法创新的水平与效能。方法博弈的双方都不肯在均等平衡的水平上竞争，而是追求创新所形成的优势地位。从微观考察，这种状态下的方法创新，改进与增强了方法的性能，创造了新的工具与技术，保障了方法主体的利益，是有效率的、合理性的。从宏观考察，这种“社会博弈”消耗了大量的方法资源（知识、劳动、资源），具有非效率、不经济和不合理性的一面。但这不是方法创新本身的问题，需要更高层次的社会改革与创新才能解决。

① 《马克思恩格斯全集》第26卷Ⅰ，人民出版社1972年版，第416页。

论 行 为 创 新*

人的实践活动既以自然为对象，也以人与社会自身为对象。人在改造自然的同时也改造着人与社会，造就着人与社会新的素质、结构、行为与活动方式。创新的对象化既表现为创新的物化，也表现为创新的人化，表现为主体化的新的行为。行为创新是创新的重要形式，是社会创新的重要内容。

一、行为创新是创新的主体形式

行为，按照皮亚杰（Jean Piaget）的定义，“是指有机体为了改变外部世界的条件，或改变他们自己与周围环境有关的处境，而指向外部世界的一切活动。”[①] 在一般的意义上界定行为，行为具有目的性，与非生命物质的运

---

* 本文发表于《南京政治学院学报》2002 年第 5 期。

① 皮亚杰：《行为，进化的原动力》，商务印书馆 1992 年版，第 3 页。

动不同；行为具有为我性，是对环境及其变化保护性的反应，不同于无意识的动作；行为具有可塑性，不等于遗传的本能表现。行为是有机体特别是动物的共同属性，这里所研究的是人的行为。动物的行为仅仅是一种生物行为，而人的行为还包括文化行为，即使是生物性的行为，也是渗透着文明的生物行为。如同马克思所指出的，从男女关系可以判断出人的整个教养程度，表现出人的自然的行为在何种程度上成了人的行为。[①] 动物的行为仅仅来自物理信号的刺激，而人的行为还受到由各种符号组成的文化的调节。“符号行为是人作为人类的行为”，“所以，人的行为与所有其他生物之间的区别，不仅是巨大的，而且是基本的、本质的区别。”[②] 人的行为包括内心行为与外部行为，内心行为是人的意识的、内省的、观念的活动，是一种心理操作，外部行为是人的言语的、动作的、社会的活动，是一种可观察的、可作用于外物的、可影响他人与环境的行动。内心行为与外部行为是不可分离的，是一体的、互动的，即使出现表里不一，也是以一种颠倒的形式反映了身心的高度相关性。行为主义并不是否认人的内心行为，而是并不“直接”进入人的内心世界，只从人的外部行为“读懂”人的心理活动。人的行为可以作为个体的行为，也可以作为团体的行为，个体行为是以个人作为活动单位的，团体行为是以集体作为活动单位的。个体

---

① 《马克思恩格斯全集》第42卷，人民出版社1979年版，第119页。

② 怀特：《文化科学——人和文明的研究》，浙江人民出版社1988年版，第33页。

行为与团体行为有着不同的表现形式与活动规律，但又是相互作用、密切相关的。个体行为依据个人在不同场合中的不同角色，可以分为日常行为与职业行为，特定的活动领域有着相应的行为规范。人的行为根据活动的不同性质，可以划分为多种类型的行为，如生产行为、交往行为、生活行为、政治行为等，这些行为都是为了满足人的多层次的需要而必须投入的活动与进入的领域，各种行为的总和构成了人的行为世界。“行为”（behavior）与“行动”（action）在语义、理解、使用上，既存在着差异，也存在着交叉。米塞斯（Ludwig von Mises）强调“人类行动是有意识的行为”[①]，即行动是行为的子集；赵汀阳则认为“一个行为就是附加了规范意义的行动”[②]，即行动遵循合目的性，行为遵循合规范性。这里在这里使用“行为”，主要是为了强调人的行动性质、行动状态、行动方式、行动规范，即行动本身，而不是突出人的行为目的、行为过程、行为规律、行为对象，即行为结果，并没有把行为与行动作出截然的区分。

NigelKling 和 Neil Anderson 认为：创造性的产品不一定必须是一件物品，它可以是表达出来的思想，或是新的行为方式（a new pattern of behavior）。[③] 新的行为方式就

① 路德维希·冯·米塞斯：《经济学的认识论问题》，经济科学出版社2001年版，第22页。

② 赵汀阳：《论可能生活》，三联书店1994年版，第93页。

③ Kling, N. and N. Anderson, *Innovation and Change in Organization*. London: Routledge, 1995. p. 12.

是行为创新。行为创新是创新的主体表现形式，是人以自身为改造对象的实践活动，是以多种方式对人及其行为的重新塑造。马克思在分析相对剩余价值生产时指出，资本创造着一种不断增长的物质文明，它扩大现有的消费，造成和生产出新的需要，发现和创造出新的使用价值，使生产多样化，创造新的产业部门，建立新的生产形式。同时还要培养、生产出能够消费与享受高度物质文明的人，也就是“培养社会的人的一切属性，并且把它作为具有尽可能丰富的属性和联系的人，因而具有尽可能广泛需要的人生产出来——把他作为尽可能完整的和全面的社会产品生产出来（因为要多方面享受，他就必须有享受的能力，因此他必须是具有高度文明的人）”。[①] 创新既生产出新的对象，也生产出能够占有这种对象的新的主体；既生产出新的文化与文明，也生产出能够享用它们的具有新的文化与文明的人。作为在一定的经济发展阶段与社会环境下生存的人，为了实际地占有与享受新的文明，也必须使自己同化与顺应新的文明，适应着变革与更新了的世界。在这一过程中，文明作为“实践的事情”与“社会的素质”（恩格斯），改变了实践着的人，改变了社会的人的素质及其行为。行为创新的实质就是主体创新，主体创新的典型表现就是行为创新。主体行为在现代社会中更多的是通过社会行为表现出来的，社会是人格化的主体，具有特定的结构与功能，主体化也表现为社会化。社会有着自己的

① 《马克思恩格斯全集》第30卷，人民出版社1995年版，第389页。

生命、功能与行为，社会又随着人的活动的日益广泛与深化而不断创新，更加多样化、专门化、社会化。创新可以按照特定的目的需要，把社会作为一种人工有机体加以设计、改进、强化，赋予社会以不同的性质与效用。行为创新表现在主体活动的各个层次与方面，如马克思描述的生产者的自身改变，“他炼出新的品质，通过生产而发展和改造着自身，造成新的力量和新的观念，造成新的交往方式，新的需要和新的语言。”① 这些新质概括了人的创新的主要之点。人的行为的创新不是物质形态的变化，而是人、组织、社会内部能量类型与释放方式、方向、速率的改变，是信息传播与交流手段、途径、速度的改变，是更为根本的一种创新。

行为创新是社会进步的必要条件，因为社会进步需要进步的人的参与，社会进步包括人的进步的内容。如果社会的人仍然保持着落后的行为习惯，就会成为社会进步的主体障碍。有研究认为，与现代社会不相容的行为特征是：害怕和恐惧创新与社会改革；不信任乃至敌视新的生产方式、新的思想观念；被动地接受命运；盲目服从和信赖传统的权威；缺乏效率和个人效能感；缺乏突破陈旧方式的创造性想象和行为；凡事总要以古人、圣人和传统的尺度来衡量评判；对待社会公共事务漠不关心，与外界隔绝，妄自尊大；凡属与眼前和切身利益无明显关系的教育、学术研究都不重视或予以排斥等。现代制度需要现代

① 《马克思恩格斯全集》第30卷，人民出版社1995年版，第487页。

化的人相匹配，需要赋予这些制度以真实生命力的广泛的现代心理基础，执行和运用现代制度的人必须从心理、思想、态度和行为方式上，同时经历向现代化的转变，与各种现代形式的经济发展同步前进，相互配合，现代化才能够真正得以实现。① 行为导致了活动的后果，创新了的行为改变了活动的后果。改造后的主体行为不同于之前的主体行为，不同的行为代表着不同的能量与效率，新行为带来了新效率。新行为的价值不在于新的活动状态与方式本身，而在于新的行为提高了生产效率，创造了新的资源，开拓了现存世界新的空间与新的维度。行为创新表现在生产行为中就是生产力的创新，因为“个人的充分发展又作为最大的生产力反作用于劳动生产力”②，更新了的人具有新的价值，而且能够创造更多的新的价值。

二、行为创新的主要表现

行为创新与人的形成是同一的，正是由于人的行为脱离了动物行为，不同于动物行为，才使人成其为人。行为创新是从行为进化开始的，行为进化是自然的、自发的行为塑造，进化就包含着创新。恩格斯的研究指出，劳动创造了人本身，创造了属人的行为。表现在人的生理行为上，手变得自由了，并能不断获得新的技能，以新的方式

① 参见 殷陆君编译：《人的现代化——心理、思想、态度、行为》，四川人民出版社 1985 年版，第 4－6 页。

② 《马克思恩格斯全集》第 46 卷下，人民出版社 1980 年版，第 225 页。

应用于新的越来越复杂的动作；发音器官在交流的过程中得到了改造，语言行为产生出来了；随着脑的进一步发育，感觉器官也同步发育起来；食物越来越多样化，从只吃植物到同时也吃肉（用火烤熟）；用住房和衣服抵御寒冷和潮湿。表现在人的生产行为上，人有能力完成越来越复杂的动作，劳动本身经过一代又一代变得更加不同、更加完善和更加多面化了。从蒙昧时代的获取现成的天然产物为主，到野蛮时代的靠养育、种植等人的活动来增加天然产物生产，再到学会对天然产物进一步的加工，也就是工业的和艺术的生产行为。表现在人的婚姻行为上，从与蒙昧时代相适应的群婚制，到与野蛮时代相适应的对偶婚制，再到与文明时代相适应的专偶制。人的生产行为的进化，在物种方面把人从其余的动物中提升出来；人的社会行为的进化，即有意识地自己创造自己的历史，在社会方面将把人从其余的动物中提升出来。[①] 人类脱离了动物界，并没有停止行为的进化，而是进化的形式更为多样，内容更为复杂，方式更为自觉。动物只能在一定条件下选择自己的行为空间，但不能选择自己的行为方式。人可以在遵循客观规律的基础上，选择最有利于自己发展的行为方式，并且创造出新的行为方式，以适应社会进化的环境。

概括地说，行为创新主要表现在：

---

① 参见《马克思恩格斯选集》第 4 卷，人民出版社 1995 年版，第 374 - 380 页、第 24 页、第 73 页、第 275 页。

新的行为动力。人的行为是在一定的动力机制下产生的，即使是未经思索的行动，也是内化为习惯、本能的动机驱使所致。动机可以推动行为的发生，引导行为趋向一定的目标，保持和巩固行为的延续。行为动力是区分为层次的，是多样化的，是随着条件的变化而变化的。新的行为动力就是使人的行为动力进入到更高的层次，开发出符合个性的或未曾注重的动力资源。行为科学的“经济人”、“社会人”、“复杂人”的假设，马斯洛（A·H·Maslow）的需要层次理论（生理需要、安全需要、归属和爱的需要、自尊需要、自我实现需要），就是试图发掘人的新的行为动力的理论尝试。新的行为动力改变或丰富了人与组织的动力机制，建立了更有利于激发潜在能量、激活闲置资源的动力系统。动力增强了，自然就使主体行为产生了新的力度与速度，把过去某些不可能的事情变成了可能。新的行为动力的确立，可以使人从满足状态、停滞状态转入为新的追求，进入新的活动层次，开拓新的活动领域。新的行为动力是目标的重新定向，它也相应地改变了人的行为方式及其特征。

新的行为规范。规范是由社会的舆论、习俗、律令等构成的伦理规则，规范是行为的导向，它是约束人的行为的文化的力量，它指出了“某种行动方向应该被遵从，另外行动方向不应该被遵从；某种行动方向是正确的，另外行动方向是错误的”。[①] 社会的生产力在发展，经济关

---

① 达尔文：《人类的由来及性选择》，科学出版社1982年版，第121页。

系在变化，人的生活在丰富，产生了新的价值行为，要求相应的伦理规范予以确认。新的行为规范是对原有行为规范的调整，它摈弃了已经落后于时代发展的规范，确认了符合生产力发展要求的新的规范，对人的行为起着积极的导向作用。行为规范不仅是对行为的约束，也是对行为的激励。新的行为规范把新的行为与善的行为统一起来，鼓励人们破除落后的传统观念的束缚，大胆地从事有利于发展生产力与社会进步的活动。新的行为规范要实际地干预人的行为，才能导致行为创新。因此，新的行为规范要从符号的层面转化为社会心理层面，积淀为个体的内在的价值观。有了善恶是非的公正尺度，还要把行为的褒贬和行为的取舍一致起来，使评价机制转化为人的行为机制，使评价标准成为人们行为的自觉准则。新的行为规范首先应在社会先进分子的行为中得到充分的实现，通过行为示范起到行为导向作用。

新的行为方式。人的行为本性是“自由的自觉的活动”（马克思），人的行为是非专门化的，不完美的，开放的，这就意味着“人能够决定他自己的行为模式”[1]，人能够创新自己的行为方式。新的行为方式与社会发展的主旋律合拍，更加符合理性与人性。如在对待时间的态度上，现代社会趋向于节约时间，讲求效率，既珍惜自己的时间，也珍惜他人的时间，准时守时成为重要的行为准则。行为创新赋予了主体新的行为方式，提高了人与组织

① 米夏埃尔·兰德曼：《哲学人类学》，上海译文出版社 1988 年版，第 201 页。

的活动效率。新的信息交流方式使获取、传递、处理信息更为迅速，对信息的反应与判断更为敏捷，能够围绕主体目标积聚各种有用信息。新的组织结构方式使组织具有更好的适应性，能够充分开发组织内部的知识资源及创新资源。新的程序运行方式使主体的活动能量在系统内部的消耗降低，程序运行更为合理、有效。

新的行为能力。行为创新是以新的行为能力为标志的，新的行为能力使人有了更多的行为能力与更大的行为空间。与动物的行为能力相比，动物具有使用并构成有机工具的本能，人则具有制造并使用无机工具的能力，并且使这种活动永无止境地变化发展。动物自身的工具是自然形成、自我修复的，几乎保持一成不变的结构，只有特定功能，因此本能的活动只会形成封闭的圆圈。人制造和使用的工具可以采取任何形态，为任何目的服务，这就把人自身从生物的困境中解放出来，给人以无限的创造能力，为人的活动开拓了无限广阔的领域。[①] 与历史的行为能力相比，当人们还处于对自然界的狭隘关系和自身之间的狭隘关系时，人不能驾驭自己的命运，只有通过自身人格的异化，在超人的力量那里重建自身。工具革命与科技革命的兴起，赋予了人前所未有的实践能力，人不仅在哲学中而且在行动中显示了自己的主体能力。Nico Stehr 认为，科学技术明显地代表着“行动的能力”，在现代社会中也

① 柏格森:《创造进化论》，湖南人民出版社 1989 年版，第 109 – 111 页。

许是一种相当专门化的行动能力，科学直接地生产着社会。[①] 新的行为能力表明了主体能力的丰富与提高，经过教育与训练，主体掌握了使用新的工具的技能，培养了从事新型活动的能力，科技的人化增强了主体的创造能力。新的行为动力与行为方式把主体的各种能力加以集中与集聚，使主体产生了新的创造能力。

新的行为空间。创新开阔了主体新的行为空间，主体的活动领域无论在广度、深度，还是在塑造未来的维度上，都有了长足的进步。人的身体机能，不能上天入地下海，但借助于工具，人成为一种多栖动物，其行为空间远远超过了动物。人具有制造符号的能力，这使人拥有符号的空间，符号活动构成人的行为空间的重要组成部分。符号使人的活动不仅可以在物质的、自然的、真实的空间展开。而且可以在精神的、文化的、虚拟的空间展开。人的行为是现时的，但又是指向未来的，现时的行为塑造着未来，由此构造着未来的行为空间。人的行为有着真善美的多种取向，多种价值维度又在人文生活的意义上扩充了人的行为空间。人的活动的多样性使他能够不断开拓新的行为空间，同时又能在已有的行为空间中开拓与深化。通过改变原有的活动定势，提高了创造新事物的能力，这就使主体能够沿着新的路径，凭借新的手段不断拓展现存的世界。

① Stehr, N · *Knowledge Societies*. London: SAGE publications Ltd. , 1994. pp. 97, 101.

三、行为创新的形成机制

行为创新的客观基础在于人的行为的可塑性。人的行为既受生物遗传基因的作用，属于天赋的产物，遗传因素的改变是极其缓慢的；也受文化遗传基因的作用，属于习得的产物，文化因素的变更周期是不一致的，在不同的时代中有不同的周期。人的行为的习得性决定它是可变的，在对环境包括知识的变化作出反应的适应过程中，使人的行为发生了创新。拥有习得结构的、不断学习的系统，有利于适应、自我保存，通过选择而得以优化。皮亚杰认为："行为的实质恰恰是永远试图超越其自身，因此，行为就向进化提供了本源性动力。"① 也就是说，行为本身就包含了行为创新的胚胎与可能。行为的发展与变化是一个心理过程、社会过程与文化过程，行为的形成需要一个过程，行为的改变同样需要一个过程。行为改变首先要消解原有的行为方式、标准、习惯，这就需要增加行为改变的动力与减少抵制行为改变的阻力。戈森（Hermann Heinrich Gossen）指出："人的义务是，把习惯作为他的行为方式的标准；只有在更好地认识自然规律从而有可能通过改变方法以期确实提高生活享受总量的条件下，才去试用一种不同的方法达到改善习惯的目的。"② 在行为改

① 皮亚杰：《行为，进化的原动力》，商务印书馆1992年版，第101页。

② 赫尔曼·海因里希·戈森：《人类交换规律与人类行为准则的发展》，商务印书馆1997年版，第143页。

变的过程中，人们逐步认同、模仿、学习新的行为方式，因为接受新的行为方式的收益大于抛弃旧的行为方式的代价，新的行为方式逐渐上升为主导地位，不接受就有受挫、出局的危险。随着新的行为的持续与巩固，行为创新的成果逐步强化，新的行为得到肯定与奖励，不断重复；旧的行为受到否定与惩罚，不断减少。行为创新是沿空间与时间扩散的过程。新行为作为社会行为一般首先是在政治上、经济上、文化上处于进步状态的群体中间出现的，作为生产行为一般首先是在直接从事生产实践的生产者及其组织中间出现的。新行为产生了新的社会效益与经济效益，这就发挥着示范作用，逐步由其他群体、组织所效仿，扩散为社会化行为。新产品的普及、新关系的巩固需要时间，新行为的养成也需要时间。经过一个时期的磨合之后，新的行为方式才为社会普遍接受，才取代了已经落后了的、不符合时代要求的行为方式。

人是实践的动物，人的行为创新不仅仅是有机体对环境的同化与顺应的产物，而从根本上说是实践的产物。在主体的对象性活动中，人不仅改造对象，而且自我改造。“为了在对自身生活有用的形式上占有自然物质，人就使他身上的自然力——臂和腿、头和手运动起来。当他通过这种运动作用于他身外的自然并改变自然时，也就同时改变他自身的自然。他使自身的自然中沉睡着的潜力发挥出来，并且使这种力的活动受他自己控制。”① 通过这种实

① 《马克思恩格斯全集》第23卷，人民出版社1972年版，第202页。

践活动的双重效应，人赋予了自身新的素质、新的行为、新的需要。生产过程包括消费，消费也是生产，是生产主体的过程。消费的内容与性质，制约和表征着人的行为的进化程度。在物质消费中，随着物质产品的丰富和分配关系的改变，消费不再仅仅是动物式的需要，而真正成为人的需要、人的消费；消费的作用不再仅仅是维持人的生存，而是提高人的质量，促进人的优化。在精神消费中，随着闲暇时间的增加，精神产品的丰富，人的精神消费能力的提高，人的文明在普及，文明的人在塑造。所以，“消费生产出生产者的素质”，“只是由于消费使得在最初生产行为中发展起来的素质通过反复的需要上升为熟练技巧”。[①] 随着生产力的普遍发展和普遍交换体系的建立，个人摆脱了某些地理局限与社会局限，与世界的物质与精神生产发生实际的获得与享用关系。从地域性的存在过渡为世界历史性的存在，从抽象的社会性存在转变为经验的社会性存在，从地区性的共同体活动扩大为世界性的类的活动，发展了人的社会联系与社会化程度。人的行为愈益社会化，人的行为就只有在社会的普遍联系与普遍交往中才能存在与生效，这就创造出各种新的社会化行为方式。如网络交往就是一种新的交往行为方式，它使人的信息交往没有时间的间隔与空间的边界。人的行为创造环境，环境也同样创造人的行为。新的社会关系就是塑造新的行为的力量，它可以为培育良好的行为提供较好的环境。先进

① 《马克思恩格斯全集》第30卷，人民出版社1995年版，第34页。

的文化成为社会意识形态，就可以作为一种社会规范、文化氛围，反作用于人的行为塑造，成为指导、制约、协调人的行为的外部力量，起到“以科学的理论武装人，以正确的舆论引导人，以高尚的精神塑造人，以优秀的作品鼓舞人”的作用。因此，行为创新也是培养符合时代发展要求的新人的社会工程。

创新活动的思维机制*

创新是人改变客观世界，使之更有利于人的生存与发展的实践活动。创新具有多种诱发因素，任何因素都要经过创新主体的感知、判断、决策等思维活动，才能转化为现实的实践活动。创新是一个从愿望、构想到实际的实现的过程，不仅在发生阶段需要创造性思维的引导，而且创新的整个过程都是创造性的，都需要创造性思维的参与。创新活动的思维机制研究，就是创新思维的自我认识，它揭示创新过程中思维活动的性质、特征与结构等方面的规律，从而有助于提高创新思维活动的效率。

一、创新思维的特性

在日常语义上创新与创造是作为同义词使用的，因此创新思维与创造思维是等同的。在特定意义上，“创新是

* 本文发表于《新疆大学学报》2002年第1期。

给予资源以新的创造财富能力的行动”[1]，创新不是仅仅停留在思想、设计、符号阶段的创造，它要实际地改变现存的事物，这种改变包括创造新的产品、新的关系与新的行为。因此，在专门意义上的创新思维，既包括想象性、观念性的创意活动，又更在于围绕创新活动的设定目标，贯彻创新活动的各个环节，综合创新活动的各种要素，在思维中展开的系统操作。创新思维是一种具有特殊性质的思维活动。

创新思维是一种实践性思维。创新是“实践的事情”，创新活动是在实践中展开与实现的活动，因此创新思维是一种实践指向的思维。创新思维的实践指向，是指思维活动是以现实世界的改进为目的的，思维活动是围绕着在实践中能否创新、怎样创新而展开的，创造性思维是为创造性实践服务的。创新思维不会是沉湎于世界之外的遐想，或求索于宇宙本体之谜，而是面向现实的、活生生的世界，发现其不尽如人意之处，寻求改进之途径。创新思维不是一种纯想象、幻想的思维，仅仅在头脑中构建各种观念，包括不可能的事物，它是以现实的可行性为前提的，它严格地以现实的资源条件为约束，在现实提供的可能空间内寻找创新的切入点。创新思维的对象不是局限在个人的范围、个别的事物上的创造，而是着眼于社会化的事物与行为，要产生出社会效果。创新作为企业行为时，

---

① Drucker, P. F. *Innovation and Enterpreneurship*: *Practice and Principles*. New York: Harper & Row, Publishers, 1985, p. 30.

是为了通过创造新的效用，满足市场需求，增加企业利润；作为政府行为时，是为了促进国家兴旺发达，推动民族进步。创新思维不是为了创新而创新，只要能够实现创新就不惜一切代价，而是计算创新的效果与效益，权衡投入与产出的价值比，使创新成为具有经济合理性的活动。不仅在思维中要实现的创新是理性的，而且创新思维本身也是理性的，信息搜索、知识生产、思维运作、决策论证都是有限度的，不是一种追求完全、完美的无穷思索。

创新思维是一种整合性思维。整合是连接各部分使之结合为一个整体的活动，整合把各部分的功能组合成一种新的功能。创新是不同资源的新的整合，不是仅仅依靠某一种要素就能实现的，多种要素首先要在思维中实现整合。创新思维要把所需要的多种知识进行整合，把多种知识整合为符合创新要求的特定的知识，整合为在创新驱动下所生成的新的知识。这包括，自然科学与社会科学合为一体，为区分研究对象而在抽象中隔离开的知识，在打破学科界限的具体实践需要中，又走向统一。科学与技术相互促进，科学成为新技术思想的直接源泉，成为工程设计的工具与方法的源泉，技术也同样是对科学作出新挑战的源泉。[①] 可以从公开途径获取的编码化知识（codified knowledge）和隐含经验类知识（tacit knowledge）结合在一起，主体通过意会知识的交换与交流把两类知识融合在

① Brooks, H. The relationship between science and technology, *Research policy*, 1994, V. 23 (5), pp. 477 - 486.

一起。创新思维要求认识与实践的创造性整合，首先要把各种来源的知识与信息整合为创新决策，既依据于新知识、新技术提供的可能性，又着眼于市场、社会反映出的需求程度，还包括来自创新的接受主体方面的信息。其次要运用不同的工具与方法整合出创新对象的观念模型，在主体的想象、设计、控制能力范围内，综合各种尺度，把不同的资源与要素在观念中整合为新的事物。

创新思维是一种开创性思维。创新活动的核心是创造，不仅创新实践是开创性的，而且创新思维本身也应该是开创性的。创新思维改变了常规的思考问题与解决问题的方式，提出了新的创造性思路。创新思维突破了一般的认识水平，发现了常人没有发现的现象及其联系，在他人熟视无睹的领域找到了创新的突破口。创新思维的重要产物是知识的突破性进展，由此引发了相关领域的根本性变化。创新思维不仅反映客观世界，并且创造客观世界，以观念、思想、知识的方式构建没有存在过的客观事物，符号使人能够建立模拟的、虚拟的世界。创新思维区分了现实与不可能的两极，在现实和不可能之间开辟创造性的空间。开创性思维的核心是智慧（Ken），是运用知识的知识，是超越知识的能力。艾米顿认为，Ken 使我们超越知识，它是知识创新的根本源泉，它表示着理解与发现未知领域，获得新的视野与预见未来。

创新思维是创新活动中的认识过程，是创新活动的有机组成部分。没有不需要创新思维的创新实践，也没有游离于创新实践之外的创新思维。创新思维是创新活动中的无形要素，它可以把分散的、有形的活动要素在思维中组合成新的结构与整体，引导着创新活动的方向与进程。创新思维是创新活动的灵魂，它贯穿于创新活动的各个环节与各个方面。在有意识、有目的的创新活动中，可以有不产生实际效果的创新思维，但不能没有创新思维的参与。创新的成败得失受多种因素的制约，创新思维的水平、质量、效率是决定性因素之一。想得到不一定做得到，但想得到对于做得到却很重要。罗默（P. M. Romer）指出："思想是非常重要的经济产品，甚至要比在大多数经济模型中强调的客体更为重要。在一个具有物理极限的世界里，正是一些大的思想（比如，如何制造高温超导体）的产生以及数百万的小思想（比如，如何更好地缝纫衬衫）的发现才使得经济的持续发展成为可能。正是这些思想使得我们能够将有限的自然资源以一种更为有价值的秩序组合起来。"① 随着知识经济的来临，知识、智力、智慧等思维要素在创新活动中的作用也更为重要。

二、创新的思维发生

创新有自己的思维发生机制，创新必须经过一系列思维过程才能形成比较清晰的创新观念与思想模型。创新的思维发生主要表现在以下几个方面：

① 戴维·克雷恩主编：《智力资本的战略管理》，新华出版社 1999 年版，第 263 页。

善于发现导致创新的问题。创新起源于问题，创新内在地包含着解决问题。问题是一种客观存在，但只有经过思维活动才能察觉和把握问题，只有具有创新意识和动机的头脑才能发现那些能够导致创新的问题。通过了解关于问题的一系列给出状态，采取一定的方式改变给出状态，转换到目标状态。如果这一思维过程运用了新的方法，达到了新的状态，就是创新思维的表现。在问题空间中搜索、选择、寻找，就是解决问题的过程。发现问题与解决问题相比，前者更为基本，创新思维是以问题为中心的知识重建与重构。问题产生于事物的实有状态与应有状态的差别，应有状态是主体根据自身要求而设置的理想尺度，从实有状态向应有状态的过渡属于未知领域、未行活动，实现这一过渡的努力，也就是解决问题的过程导致了新知识的产生。问题存在于改变现状的摸索状态之中，当改变现状成为一种内在要求时，对怎样改变、改变成什么样并不一定有明确的思路，只能在摸索中寻找解决问题的方案。摸索或是思想试验、数学模拟，或是实际尝试，最终实现创新的成功路径就是知识的创造。问题是改造对象的特殊矛盾，只有理清这种矛盾的内部关系，发现症结之所在，才能找出解决矛盾的出路，促进事物向新的状态转化。研究与解决特殊矛盾仅仅依靠原有的知识是不够的，普遍的规律性知识与特定对象的研究相结合产生的是新的知识，是引导独创性活动、走出一条新路的知识创造。问题表现为寻找新方法、新手段、新途径的尝试，确定 what 和 why 更多的还是在理论范围的活动，创新最重要、关键的步骤还是解决 how 的问题，即采取什么方式才能把新需要现实地生产出来，把新问题实际地解决。在认识中解决“桥”和“船”的问题，也就是创新思维的过程。

合理想象可能创新的空间。想象力是创新思维的重要品质，想象力就是描绘在现实世界尚未存在的事物的能力。想象力表现为“创意”，即创新的种种设想。尽管很多创意最后并不能实现，但创新在很多情况下还是起源于创意，创新就是实现了的创意。创新既产生于围绕需要而解决问题的需求驱动，也产生于主动推出创新的供给驱动。供给驱动创新是由创新主体从某种创新理念或实验出发而推动的创新。在创新实现之前，并不存在或没有发现客观的、明显的某种社会需求，而创新主体则有着比较明确的创意或制成的样品。为了实现创新，获取经济效益与社会效益，创新主体着手推广这一创新，开发、创造出相应的社会需求，把潜在的、未来的需求变为现实的、当下的需求，把其他项目的消费资源转移至这一项目。供给驱动创新的认知模式类似于建筑师，“他在用蜂蜡建筑蜂房以前，已经在自己的头脑中把它建成了。”[①] 创新思维需要想象，但想象又不能超出可能空间的边界，成为幻想或空想。创新思维需要的是合理的想象，也就是区分事物的可能性与现实性的能力。在可能中实现现实性，在现实中发现新的可能性，既超越现实，又不属于不可能的超越，开拓出新的可能空间。

---

① 《马克思恩格斯全集》第 23 卷，人民出版社 1972 年版，第 202 页。

敏锐洞察推出创新的机遇。创新是在时空中发生的事件，时间与空间的因素结合形成创新的机遇。时间意味着变化，包含着具体实在的内容，变化了的条件影响了创新的成败，因为创新的实现需要多种因素的综合。过早推出创新，会因时机未到而夭折；过晚推出创新，则会因错过时机而失策。时间是不可逆的，坐失良机无法弥补与挽回。因此，敏锐洞察创新机遇的能力是创新思维的重要品质。机遇是创新主体不可控制的因素，但却可以因势利导，把握和利用它，在正确的时间内做正确的事。机遇的价值以及成败概率，是事先难以准确测算的，而机遇又是稍纵即逝的。这就要求创新主体能够对变化作出及时反应，具有发现机遇的洞察力与把握机遇的敏捷性，“该出手时就出手”。没有洞察机遇的思维品质，等机遇过后才发现机遇并采取行动，只能是模仿创新或跟随创新。机遇在处于不同思维状态的人那里有着不同的意义，机遇只有在寻找与捕捉机遇的人那里才能成其为机遇。洞察机遇就是要选择推行创新的良好时机，或者在浮现出的机遇面前产生创新的灵感。洞察机遇就要求对实现创新所要求的主要条件有比较准确的理解，当主要条件具备时，及时果断地付诸行动。即使不能稳操胜券，也打的是有准备、有把握之仗。机遇的出现是有时限的，对机遇的判断本身就需要信息与时间，因此个人在机遇面前没有供决策用的足够信息和论证时间。熊彼特认为，如果要求彻底的准备工作，以及专门的知识、理解的广度和逻辑分析的才智，在某种情况下却可能成为失败的根源。对于创新者来说，即使在没有得出要做的事情的全部细节时，也必须采取行动。在这里，每一件事情的成功依靠直觉，也就是以一种尽管在当时不能肯定而以后则证明为正确的方式去观察事情的能力，以及尽管不能说明这样做所根据的原则，而却能掌握主要的事实、抛弃非主要的事实的能力。[①]

实时反馈动态创新的信息。创新是一个动态的过程，创新思维发生于创新的各个阶段以及全过程。在对创新的简单化理解中，把创新看成是从创意到实现，从思维到行动，从知识到产品的因果关系或过程的两端。没有多重反馈，没有实时信息，不需要思维的全程投入。以为“在无所不知的技术人员的理想世界中，人们一次性地就可以得到可行的、最佳的创新设计。”[②] 创新的逻辑分析可以把思维作为创新的源泉与起点，但在复杂的创新过程特别是系统创新中，思维并不能在创新之始生产出创新所需的完全知识与信息，创新知识产生于创新的各个环节与各种要素的组合。创新的时间流程伴随着思维流程，总是在开拓未知、未行世界的同时生产出新的知识与技能。在创新的各个环节之间，思维是由信息反馈机制联系起来并调节运行的。每一环节产生的信息，自动成为其他环节改进与调整的信息；每一环节遇到的问题，及时纳入研究与开发的对象，生产出新的知识以解决问题。创新活动并不存在单纯的认识阶段或实践阶段，每时发生的信息反馈使认识

① 约瑟夫·熊彼特：《经济发展理论》，商务印书馆1990年版，第95页。

② Kline, S. J. and N. Rosenberg, An Overview of Innovation, *The positive sum strategy*. Washington, D. C : National Academy Press, 1986, p. 286.

与实践同时进行，推进着创新的逐步成型。在信息反馈过程中，思维把信息转换为新的知识与方法。信息指示出系统运行的状况，表示着出现运行故障的部位及其性质，这就要求建立新的活动方式、程序与规则，改进系统运行状况。信息标志出对象世界的各种存在状态，显示出与人的目的、需要的不相符之处，只有采取新的行动才能消除这一差距，创新就是把信息从思维状态转换为行动状态的创造性活动。

三、创新思维的活动模式

不同于重复性实践，创新是创造性实践，是一种特殊的活动方式。创新活动的环境与条件也不同于常规性实践，有着自己的独特性质与规律。创新思维是在开拓性的实践中展开的，思维活动自然要适应实践方式的要求，采取相应的思维模式，在这一同化与顺应的过程中，表现出了创新思维的活动特性。

创新活动的基本特性是不确定性，贯穿创新的全过程与各阶段都存在着不确定性，基本的不确定性就是创新预期结果的不确定性。表现为创新参与的要素越多，创新延续的周期越长，创新面临的选择越多，则创新的不确定性就越大。面对多种多样的知识与信息，什么是能够导致创新的关键知识与信息，主体所做的是不确定选择，因为关于选择的知识与信息是同样不完备的。任何新方式、手段、程序的采用都是试验性的，其结果是未知的、猜想的，因为没有先例，也不能得到先验证明。创新扩散是要使创新成果为社会所接受，但社会需求是一个复杂的结构，而且变化不定，涉及广泛的经济、社会以及文化背景，这就使创新主体难以把握与驾驭。创新的不确定性并不是否认创新有一定成功概率的确定性，有可预测、可控制的确定程度。国家、企业以至个人越来越多地追求创新，就是由于对创新收益的确定性抱有强烈的预期。尽管存在着风险和不确定性，但创新主体仍然敢冒风险，在失败的可能中追求成功。研究确定性与不确定性规律，学习掌握科学的预测方法与决策程序，就能够减少不确定性，趋近于确定性。科学发现了不确定性，科学也在研究着不确定性，关于不确定性的科学就是寻求知识上的确定性，就是新知识的产生。人的各个活动领域不确定性的知识，也成为创新知识的组成部分，人们把它们作为创新活动规律加以掌握和利用。每一次成功的创新，即使在细节上不能成为下一次创新的套用模式，但可以在一般规律的意义上提供一些方法论的借鉴。即使是失败的创新，也可以显示不确定性的所在之处，为避免、减少、处理不确定性指出具体的路径。

从理想的要求出发，创新思维从决策到实现过程应该是完全信息条件，即不存在缺乏创新所需信息的情况，这样才能避免风险，确保成功。但实际上，创新始终都是在不完全信息的条件下进行的，即不掌握与创新相关的全部信息。因为获取信息需要搜寻，而信息的搜寻与获取是有成本的，无限的信息需要无限的成本。创新是有预期收益的投入，如果搜寻本身的费用超过了预期的收益，搜寻主体将会理性地将信息搜寻停止在某一点上，以不完全信息作为节约信息费用的代价。现代信息传播技术的发达产生了“信息超载”，而创新所需要的有意义、有价值的信息则包含于这无数的数据与信息之中。即使存在着完全的信息，也不可能变为完全的有效信息，因为信息的获取、加工、传递、使用环节都会产生信息的损耗，即有价值信息的遗漏、失真与误判。从人的有限理性出发，创新思维不可能在决策之前全面寻找所有备选方案，细致考察每一可能选择所导致的全部后果，只能是从寻求最优到追求满意，从完全信息的完美决策到不完全信息的不完美决策。

创新是发生在社会领域的活动，它的实现需要相关的各类主体的参与，它的效应又影响着相关的各类主体。社会的人是由不同利益、不同预期的人组成，相同的创新活动会引起不同的反应，不同的人会作出不同的选择与对策。这就使创新在很多情况下具有博弈性质，在博弈行为中，行为主体的相互依赖、相互约束，活动结果不是单方决定、一相情愿的，使得决策主体进入了多种行动与战略的选择空间。创新的博弈性发生在创新主体与接受主体之间，作为创新主体的愿望自然是在相应的范围内获得更多的接受或支持，但预期的接受主体却有接受、不接受、观望的几种可能，每一种反应又各占一定的比例。创新的博弈性还发生在具有竞争关系的创新主体之间，这类创新主体为了各自利益都在努力创新，相互之间的竞争性造成了非合作博弈关系。由于创新主体的博弈关系，使得创新主体的预期效益容易相互抵消。所以，创新思维要以推动创新和参与、接受创新的各方相互配合才能实现。如果受动方出于其他考虑，不仅不合作，甚至采取与推动方背道而驰的对策，那么再好的设计与愿望也是没有实效的。创新思维可以把接受方的各种反应考虑进来，制订出相应的选择方案。但参与创新各方的信息始终是不对称的，思维者始终不能掌握接受方的所有信息，而且这种信息是一个变量，这就造成了很多创新企图因缺乏足够的支持而夭折。因此，创新思维要由单向思维变为双向思维，由一维思维变为多维思维，由无反馈思维变为博弈型思维。

创新思维既要依靠明晰知识，也要依靠隐含知识，日本的野中郁次郎和竹内广隆把这两类知识特别是后一类知识的创造与企业创新联系起来研究。明晰知识是可以用文字和数字表达的知识，它容易以硬性数据、科学公式、编码程序或普适原理的形式传播和共享。隐含知识是不容易看见和表述的知识，是高度专有的，并且难以规范化，这使它很难传播或与他人共享。隐含知识的主观性和直觉性特点，使它很难用任何系统的或逻辑的方式进行加工或传播。研究表明，知识创造，特别是隐含知识是企业竞争力的重要源泉。因为创造新知识不是简单地向别人学习或是从外界获取知识，而是常常需要组织成员之间深入持久地相互影响。没有充分的内外相互影响，新的专门知识是不可能产生的。因此需要更加注意知识非正规和不系统的一面，并且关注通过使用隐喻、形象或经验获得的领悟、知觉和预感。知识创造的关键在于隐含知识的运用和转化。

野中和竹内认为，隐含知识和明晰知识并不能完全分开，而是互补的整体，它们彼此相互作用，并在人类的创造活动中交替变换。二人提出的知识创造动态模型基于一种严谨的假设，即人类知识是通过隐含知识和明晰知识之间的社会交互作用创造和增长的。这一交互作用是知识转化，这种转化是个人之间的交往过程，通过这一社会转化过程，隐含知识和明晰知识在质量和数量上都获得增长。知识转化的四种模式是：（1）群化（socialization）。群化是一个经验分享的过程，从而创造出隐含知识，如共有的思维模式和技术能力。（2）外化（externalization）。在这个过程中，隐含知识通过隐喻、类比、概念、假设或模型的形式变成了明晰知识。（3）融合（combination）。个人通过多种媒体对明晰知识进行筛选、补充、组合和分类等来重新组合现有信息，可以由此产生新的知识。（4）内化（inteinalization）。通过群化、外化和融合获得的经验，以思维模式或技术诀窍共享的形式内化为个人的隐含知识基础时，它们就变成了有价值的财富。四种知识转化模式的触发因素是：群化模式通常是从建立一个交互作用的“场”开始的，这个场有助于成员共享经验和思维模式；外化模式是通过有意义的“对话或收集反映”来触发的，其中适当的隐喻或类比可以帮助组织成员将难以交流的隐含知识清楚地表达出来；融合模式是由新创造的知识和组织中其他部门的现有知识“网络化”而触发的，由此两种知识具体化为一种新的产品、服务或管理系统；内化是由“干中学”触发的。①

传统的思维活动是以大脑为唯一载体的，创新思维就是头脑内的活动。人工智能的飞速发展则使思维可以借助机器而进行，电脑可以替代大脑的部分功能并且某些性能超过了大脑。思维的外化与程序化使计算机软件可以从事与参与创新思维，人机共同进行交互式的创新思维。有的研究认为，一场真正的智力革命正在进行，创新越来越多地以软件形式出现，软件正在改变创新进程。从发现到实施的每一个创新阶段，软件通常都是决定科学和管理有效性的关键因素。软件提供了关键的机制，通过它管理人员能够降低成本，压缩周期，降低风险，并成倍地提高创新的价值。以软件为核心的交互式学习和知识掌握过程，使创新能够在内部获得最大技术优势，在用户中获得最大利益。软件决定了人们交往的方式、使用的信息、交流的内容、合适的位置以及需要掌握的技能，它成为组织的一个组成部分，并决定着组织的文化和发展方向。各种形式的软件都能够以新的方式使人的思维能力得到延伸，软件能够以前所未有的速度和准确度获取知识，分析人类无法独立解决的复杂问题，寻求更广泛的信息源，集中更多人的智慧以创造性地解决问题，以更广泛、高效、有效的方式扩散知识。以软件为基础的创新正在从根本上改变创新的每一个环节，如从基础研究到大规模生产。软件使发明家

① 参见 野中郁次郎、竹内广隆：《创造知识的公司》，科学技术部国际合作司1999年版，第42－49页。

能够按新的方式在一起工作，在虚拟实验室、虚拟工厂里远距离相互合作，以期同时达到最大的智力进步、最高的质量、最大的灵活性和最低的成本。软件系统现在已经成为任何一家企业的组织、文化和创新价值的创造体系中不可分割的一个组成部分，软件是智力的一种形式，而且通常是一个企业所拥有的最宝贵的智力资产。有些创新步骤可能依然需要传统的人工操作，但许多步骤已经可以转交给软件处理。[①] 在当代，创新思维的科学化不仅在于思维方法的研究，而且更重要的在于思维软件的开发。

① 詹姆士·奎恩等：《创新爆炸——通过智力和软件实现增长战略》，吉林人民出版社 1999 年版，第 3 页、第 52 页。

创新的设计与演进*

创新是人的有意识、有目的的创造对象世界的活动，人把新的知识应用于实践活动之中，造就了新的事物与效用。创新需要设计，可以把创新作为工程来处理，设计与工程本身就是一门知识。考察历史也可以发现，许多创新，特别是人类生活在宏观行为领域的创新，并不是某个个人或机构设计的产物，是“合力”的作用，是演化而成的。因此，对知识创新的发生规律的理解，应该从设计与演进两种因素出发，并且注重二者的融合，这样才能在现实的基础上把握创新的模式。

一、设计创新

设计是人在处理自身与自然关系时的特有活动及其能力。无限丰富多样的自然界，从无到有，从少到多，从简

* 本文发表于《宁夏社会科学》2000年第1期。

单到复杂，从原始的生物到精致的大脑，表现出了令人惊讶不已的秩序、奥秘与创造能力。物质世界的各种存在形态、运动方式、表现功能，无论怎样显示出其精巧与复杂，都不是设计的产物，或者说这种内在的和谐是没有设计者的设计，而是自然地发展、演化、进化而来的，是自发的、自组织的产物。人也是自然进化的产物，但人有着独特的进化方式，这就是劳动生产实践。人不仅仅通过对环境变化做出适应性反应来生存，而且运用自己的思维能力与实践能力，“再生产整个自然界”，“自由地对待自己的产品”，也就是创造出不能自然生成的人工世界，把其他动物的不可能变成了可能。许多事物是通过设计生产出来的，马克思曾把有没有设计作为人与动物生产的本质区别之一。蜜蜂群体能够建筑极为规则、合理、经济、美观的蜂房，但这只是动物式的本能的生产，没有设计，没有指挥。而“最蹩脚的建筑师从一开始就比最灵巧的蜜蜂高明的地方，是他在用蜂蜡建筑蜂房以前，已经在自己的头脑中把它建成了。”[①] 这就是人的运用目的、表象、观念的生产，是有设计的生产。

人工科学的创立者西蒙（H. A. Simon）把设计界定为“以将现存情形改变成想望情形为目标而构想行动方案”，“设计关心的是事物应当如何，关心的是设计出人工物以达到目标。”[②] 设计是人根据不同的目的需要，加上对事

① 《马克思恩格斯全集》第23卷，人民出版社1972年版，第202页。

② 赫伯特·A. 西蒙：《人工科学》，商务印书馆1987年版，第111页、第114页。

物的规律性认识，在观念中构造各种人工物的思维活动。设计是一种创造性思维，它所构想的事物一般是自然界未曾产生和出现过的，即使某些设计是对自然物的模仿，也要设计出如何将自然物用人工方式生产出来的方法。设计包括对象的模型部分，即结构与功能方面的要求，也包括对象生产的程序部分，即怎样建造的要求。设计不仅包括物品的设计，而且包括对社会关系、社会运行、人的行为、人的活动方式的设计。广而言之，只要是人的活动，就可以有设计的因素。设计需要想象，但不能幻想，设计是严格地现实主义的，它以能否现实地将设计对象生产出来为首要约束条件，乌托邦式的设计是只能在想象、空想中存在的设计，不是真正意义上的设计。设计是以知识为基础的，凡是设计都需要依据关于设计对象要素的多种知识，以及把设计要素组合起来形成人工物的专门知识。设计成果是设计主体的一面镜子，它以作品的形式反映了设计者的设计理念、知识结构、文化底蕴与美学素养等。设计知识既需要对象的知识，也需要评价的知识，即不断对设计本身反思、修改的知识。知识及其组合、应用是富于个性的，这就造成了设计的个性化，同一个设计对象，由于设计者的不同理解与把握，就会出现不同风格的设计方案。同一个设计方案，由于评价者不同的视角与标准，也会产生褒贬不同的评价。设计依赖于知识创造，设计本身就是知识创造。新知识引入设计活动会带来设计的创新，创新的设计同时就是设计新知识的产生。

创新与设计有着密切联系。创新是以实践的方式创造新事物，在可能的情况下，它也首先要以观念的方式设计新事物。设计有助于使创新过程更为明晰、有序与合理，它可以以思想实验或模拟实验的方式降低实际创新活动的差错或成本。创新通常的模式是从设计到实现，是把创新设计现实地生产出来的过程。创新包含着设计，设计也内在地包含着创新，设计就意味着创新的理性化，设计从本质上说就是创新的认识阶段。创新设计是以特定对象的创新为目的的设计。围绕创新目的，借助已有的资源和能够开发的资源，根据评价的系统标准，创新设计综合各种因素，构建出创新的观念模型，即创新的实践观念。

从创新设计到创新实现，根据设计与实现的对应程度，可分为再现型与修正型。再现型是完完全全、原原本本地把构想变为现实，修正型是在实践过程中由于认识不断深化，部分地修改了原设计，产生了不同于原设计的结果。如同毛泽东所分析的："一般地说来，不论在变革自然或变革社会的实践中，人们原定的思想、理论、计划、方案，毫无改变地实现出来的事，是很少的。这是因为从事变革现实的人们，常常受着许多的限制，不但常常受着科学条件和技术条件的限制，而且也受着客观过程的发展及其表现程度的限制（客观过程的方面及本质尚未充分暴露）。在这种情形之下，由于实践中发现前所未料的情况，因而部分地改变思想、理论、计划、方案的事是常有的，全部地改变的事也是有的。"① 根据设计的精确程度，

① 《毛泽东选集》第1卷，人民出版社1991年版，第293－294页。

可分为细节式与框架式。细节式是在创新设计中对创新对象的精确想定、计算与策划，这是由于对象的要求极为严格，而且活动主体又有精确的控制手段与操作能力，可以使设计达到精确的程度。框架式是大致的、粗线条的设计，这是由于对象的不确定因素很多，特别是涉及有意识、有欲望的人的活动，对象是由大量微观个体构成的宏观行为，不可能施以精确的设计，只能是在模糊的、轮廓的层次上做出设计。如果不顾对象的性质硬要做出精益求精的设计，那么“越是制定得详尽周密，就越是要陷入纯粹的幻想。”① 根据创新设计与创新实现的时间关系，可分为先后关系与同步关系。先后关系是先设计、后“施工”，设计是实施的前提与准备，设计不完成，就不进入实施。同步关系是边设计，边“施工”，或者是边“施工”，边设计。尽管“两边”是作为贬义词出现的，但在实际生活中有其存在的客观理由。这是因为一些创新时间性强，不能滞后，没有充足的时间完成设计准备；一些设计的参数不能在实施前发现，只能在实施过程中显现出来，这样只能是在实施中设计，在设计中实施；一些创新的时间周期长，在此期间会出现许多未曾预料的因素，设计也只能是开放式、跟进式的，不可能一劳永逸。

以设计为基础的创新是比较普遍的创新模式，这在企业的技术创新、工艺创新和产品创新中，表现得更为明显。创新设计不是没有约束条件的，它有其适用、有效的

---

① 《马克思恩格斯选集》第3卷，人民出版社1995年版，第724页。

范围，也有其不完全适用、有效的范围。创新设计的适用情况是：（1）以物化的新产品为实现形式的创新。物化的新产品是本来意义上适用的工程的产物，这类形式的产品一般具有实体性、直观性、可度量性，便于进行设计，建立符号化的模型。这种设计与它的物化具有比较精确的对应性，即使实施主体与设计主体不是同一的，前者也可以领会后者的意图，把设计现实地生产出来。（2）创新知识与相关信息基本具备。创新设计不仅需要设计本身的基础知识，而且需要创新对象的有关知识与创新环境的相关信息，这是设计的必备条件。在创新知识与相关信息基本具备的情况下，创新设计才能有比较可靠的信息环境，才能产生符合客观实际的设计，使知识创新具有成功的可能。（3）创新活动属于人工控制系统。控制系统可分为人工控制系统与非人工控制系统，人工控制系统是人作为控制主体，依靠有效的控制手段，对控制对象实施多层级、全方位、全过程控制的系统。控制能力属于实践能力，设计要通过实践而实现，设计所要求的能力要与实际的控制能力相匹配，即能否把设计意图生产出来。在人工控制系统中，可以按照设计的想象与要求，对创新资源进行组合与加工。不可控制的因素对创新成果不产生实质性的影响，因而也不在设计的考虑范围之内。（4）从设计到实现的时间周期较短。创新是在时间中发生与展开的活动，要经历一个或长或短的周期。一般来说，从设计到实现的时间较短，对创新过程中的各种因素的预测就较为准确，把握与处理就较为容易，而且对象、环境与主体没有发生太大的变化，设计也就有其可能性基础。

20世纪末的科技创新，说明了在适用于创新设计的领域内，人能够取得怎样的成就。“克隆”羊的诞生意味着人能够制造出高级的生命形式，从而证明科学对生命的复制是可能的；“深蓝”战胜了国际象棋世界冠军，使得物质的最高的精华——思维着的精神，也成为一种可设计的程序；“探路者”火星登陆，表明了人的系统设计能力与创新系统能力达到了新的高度，那种试图为人的理性划定边界似乎是作茧自缚。现代科技日新月异的进展与不断创新，充分显示了人类设计与创新能力的潜力。在社会经济领域，社会的自我认识、预测、控制能力也有了长足的进步。

设计不是万能的，世界上的许多事物，包括很多社会事务都不是设计出来的，也是很难设计出来的。早期人类看到了自然界近乎完美的和谐，就运用人类自身的设计能力去比附自然界的产生原因，这就产生了“神创论”。人们把自然，包括人类都作为上帝之脑所设计、上帝之手所创造的产物。工业革命以来的科学进步、技术发展、社会变迁所创造的一个又一个奇迹，又使人用自己取代了上帝的地位，产生了人是无所不知、无所不能的信念。西方哲学史上的唯理论者，在没有对人的认识能力进行批判考察之前，就断定理性具有把握客体的绝对能力，陷入了独断论。马克思认为人应该在实践中证明自己思维的真理性，即自己思维的现实性和力量，自己思维的此岸性。把实践的原则贯彻到底，对怀疑论的最有力的驳斥是实践，对独断论的最有力的驳斥也是实践。人们在实践中总会实际感受到和发现有某些未知的、尚不可控的因素在起作用，有某种无形的力量在干预其间，不少情况下实践的结果往往是非设计的。实践可以“制造”出某一自然过程，使“自在之物”能够向为我之物转化，这是确定的、绝对的。可是实践又是在一定历史条件下的具体实践，“自在之物”能够在多大程度上向为我之物转化，具有不确定性、相对性，这取决于人的本质力量的大小。而人的本质力量是历史地形成的，是一个进化的过程。“我能设计什么”这个问题只能在实践的历史过程中，由实践自身的发展回答和解决。人以实践的方式把握世界是通过逐步解决实践自身矛盾而实现的。

创新设计不完全适用的范围，也就是“设计失效”的情况主要有：（1）创新要素数量过多，关系过于复杂，超出了设计主体的知识能力。设计主体构建创新对象的“表象”，首先要对创新涉及的因素有比较完整的把握，对大量要素之间的关系有比较清楚的理解。当创新要素的数量及其关系超出人的理解与把握之外时，大大简化了的设计模型就有很大的不确定性与不可靠性，以此为蓝图的创新就会有很大的偶然性。计划经济在某种意义上说就是设计经济，它的问题之一就在于力图计划、设计它所不能计划、设计的东西，因为计划的数量级及其性质，超出了计划部门加上大型计算机的认知能力。托洛茨基在1932年是这样评论的：“如果存在着一个把自身纳入拉普拉斯的科学幻想之中的，无所不在的心灵——它可以同时地记录下自然与社会的全部过程，可以测量自然与社会的运动力学，可以预见自然与社会相互作用的结果，这样的心灵当然可以事先拟订一份无缺陷与无遗漏的经济计划，开头是种植小麦的亩数，最后是背心上的纽扣。”① （2）创新系统具有非线性特征。线性系统的基本性质是，在该系统中初始状态的变化将导致任何后续态成比例地变化，因为线性系统具有可叠加性，系统的运动状态取决于初始条件及运动规律。线性系统的长期行为具有可预测性，也就是可设计性。当代科学表明，世界更多的是非线性系统，即初始状态的变化未必会导致后续状态成比例变化的系统，在该系统中大多数轨道显示敏感依赖性，或某些特殊的轨道是非周期的。人们在实践中只能以有限的精度确定其初始条件，而误差是以指数增长的，微小的扰动可以演化为巨大的变动。“混沌之父”洛伦兹（E. N. Lorenz）认为：“在任何系统中对初始条件的敏感的依赖性所导致的直接结果之一是不能作准确预报，而对充分遥远的未来甚至连粗略预报都不可能。”②非线性系统长期行为准确预报的不可能性，使具有非线性特征的创新系统的精确设计、一次性设计也是不可能的，因为许多微小因素的“涨落”是无法在设计中考虑在内的。（3）具有博弈性的创新活动。创新是一种社会化的活动，创新活动要产生社会效用，创新主体的设计要能够被社会所接受。创新设计不是单方面

---

① Breitman, G. and S. Lovell (eds.), *Writings of Leon Trotsky* [1932], New York: Pathfinder Press, 1973, pp. 273 – 274.

② E. N. 洛伦兹：《混沌的本质》，气象出版社 1997 年版，第 8 页。

的事、一相情愿的事，它要以推动创新和参与、接受创新的各方相互配合才能实现。在这里，每一方的认识都要考虑到另一方的认识，一方的决策必须考虑到另一方的反应与对策，也就是个人效用函数不仅依赖于他自己的选择，而且依赖于他人的选择，个人的最优选择是其他人选择的函数。企业推出新产品要以消费者的购买为条件，组织推行新制度要以成员的响应为基础。如果受动方出于其他考虑，不仅不合作，甚至采取与推动方背道而驰的对策，那么再好的设计与愿望也是没有实效的。孙子说："知彼知己，百战不殆"。在具有不同利益关系的认识活动中，知彼比知己更为重要与困难，正因为不能完全知彼，或者说这种知彼是一种博弈关系，双方相互依赖与制约，也就不可能做到百战不殆。创新设计可以把接受方的各种反应考虑进来，制订出相应的选择方案。但参与创新各方的信息始终是不对称的，设计者始终不能掌握接受方的所有信息，而且这种信息是一个变量，这就造成了很多创新企图因缺乏足够的支持而夭折。

二、演进创新

自然界的千姿百态、生生不息不是神的设计与造物主的创造，而是演化而来的。各种物质存在形式作为开放系统时，在与环境交流物质、能量与信息的过程中，表现出有序性、组织程度、复杂性增加的趋势，是进化的方向，也就是演进。演进是自组织的进化，进化的自组织。演进不仅存在于自然领域，也存在于社会领域，如语言、民俗、货币、市场的形成都是在人类的社会生产与生活实践中，逐渐地发生、生长与扩展的。它们一旦成为生活方式与交往方式的传统，沉淀扎根于社会文化、民族心理之中，就很难依靠强制的力量在短期内根除。演进创造出新的事物、新的行为、新的秩序，是无人设计与操纵、自然自发的创造，是没有设计的设计。演进是系统内的诸要素相互作用、相互配合的产物，它是协同效应的结果。无数个体的行为造成了整体的行为，整体的行为又如同“看不见的手”支配着个体的行为。如同恩格斯所说的：“有无数互相交错的力量，有无数个力的平行四边形，由此就产生出一个合力，即历史结果。而这个结果又可以看作一个作为整体的、不自觉地和不自主地起着作用的力量的产物。”① 演进的创造性是复杂系统的固有属性，复杂系统在远离平衡态的开放条件下，通过非线性机制，没有外界的特定干预，获得了空间、时间与功能的新的结构。在复杂系统中，演化、非平衡与静止、平衡相比，更符合该系统的本性。那些能够适应与学习的系统将生存下去，而这则依赖于系统的“创造性”。②

创新是人特有的活动，演进也发生于人的活动领域，发生于创新活动中。或者说演进导致了创新，创新发源于演进。从创新的发生模式看，存在着不同于设计创新的另

① 《马克思恩格斯选集》第4卷，人民出版社1995年版，第697页。

② Dosi, G. etc. (eds.), *Technical Change and Economic Theory*, London: Pinter Publishers, 1988, p. 117.

一类创新——演进创新。演进创新是指创新的结果不是从一开始就是预定的、设计的，而是在参与创新各种因素相互作用、共同促进的过程中形成的，并不存在一个先在的、周密的设计，是没有设计者的创新。与设计创新相比较，演进创新的特征是：（1）创新发生的自发性。演进创新不是由某个中心特意启动，不是依据于某个创新者的精心设计，创新的发生具有自发性。创新发生的时间事先没有设定，只能事后根据可证实的材料大致确定；创新发生的动因是作为历史研究分析出来的，而不是创新主体自觉加以把握的；创新发生的起始点可以是系统的任意部分，或网络的任意节点，不一定是系统的中心。（2）创新活动的自组织。演进创新不是在外界的特定干预下，按照某个特殊的意志而运行的，创新系统的活动不是由某个机构根据一定的计划而组织实施的，创新是一种自组织。创新活动的诸要素在开放的环境下面临着多种可能与选择，受不同方式、不同条件的反馈机制作用，形成了自己的活动方式与发展方向，组合成了新的活动结果。这种活动结果从历史评价的角度看属于创新，但在活动过程中不是作为一种设定的目标而自觉追求的。在演进的创新活动中，也存在着具体活动的组织者，也有微观的组织活动，但创新的结果不是某个组织者所设想的，而是多个以致无数组织与个人的意向及其努力整合而成的，超出了任何单个组织或个人的控制。在演进的创新活动中，参与的主体也有着自己的目的、利益与愿望，但“行动的目的是预期的，但是行动实际产生的结果并不是预期的，或者这种结果起初似乎还和预期的目的相符合，而到了最后却完全不是预期的结果。”① （3）创新效果的自扩散。创新是一个社会化的过程，很多创新是通过扩散而产生社会效果的。扩散是指在现有技术中显示出竞争优势的一项新产品或新程序，被其他企业引入，导致了它的进一步应用，这时就是创新扩散的发生。② 即使某项创新是设计的产物，但它的扩散却是演进的结果，是众多组织与个人蜂拥而至，自动将此项创新扩散至整个社会系统中，扩散的速度、范围与后果，都是始作俑者料想不到的。扩散也可以成为一种计划行为，但在许多情况下是一种自由、自愿的过程，一种无形的力量引导着选择的趋同。

演进创新确确实实存在、发生于人类的创新领域，考察创新的时间尺度越长，空间尺度越大，这种创新的宏观模式显现得越加清晰。演进创新之所以可能，是由于人类即使有着特殊的存在规律与活动方式，但从根本上说，人类活动还是从属于物质世界的普遍规律的。“到目前为止的历史总是像一种自然过程一样地进行，而且实质上也是服从于同一运动规律的。”③ 进化是开放系统的共同特征，在生物界表现得尤为明显。人本身是进化的产物，人之所以成为人的行为特征——思维、语言、工具、社会等，也是同一进化过程的不同派生物。人有着不同于动物的新型

① 《马克思恩格斯选集》第4卷，人民出版社1995年版，第247页。

② Davies，S. The *Diffusion of Process Innovations*，Cambridge：Cambridge University Press，1979，p. 1.

③ 《马克思恩格斯选集》第4卷，人民出版社1995年版，第697页。

进化方式，但同样不能违背进化的根本制约——熵定律。自组织理论就是把自然界与人类社会作为一个整体，揭示其演化的共同规律的。从人类社会发展的历史看，很多创新是经过了几代人的时间，逐渐生长起来、蔓延开来的，这不是依靠一个统一意志或完整计划所能实现的；很多创新依靠社会的各种交往与传播媒介，跨越了组织、地区、国家的边界，扩展为一种国际现象，这也超出了某个机构的控制能力。人类不停止地从事着物质资料的生产与再生产，无数生产劳动者在不断地做出各种发现、发明、改进、创造。一部分自生自灭了，一部分则通过交往与传播渠道在扩散，或在传播的过程中被添加了新的改进与创造，最后作为一种普遍模式而被社会接受与保持。人的活动具有理性化、程序化、规范化的特征，但这种类型的活动只占人的活动的一部分。实际人的活动很多情况下是未经得失计算的一种直觉反应，是摸索式的试错前进，是惯例化的思维与行为方式，是在社会“场”中的一种从众行为。即使在创造性活动而非重复性活动中，也存在着非理性化、非程序化、非规范化的特征，不能达到实验室内有序操作的理想要求。在这种实践条件下所创造的新事物，一部分就呈现出演化而成、而不是设计而成的模式。在知识创新活动中，知识可以作为生产要素直接参与到创新产品中，知识也可以通过进入人的思想，扩散至社会之中，改变人的行为，间接导致创新。在后一种情况下，由于这一改变经历的环节较多，机制较复杂，需要一个渐变的过程，这就很难作为一种策划。输入可以是有计划的，输出却是演化的。

演进创新是“合力”的结果。演进创新一般发生在宏观领域，宏观领域无数因素运动、协调的枢纽是信息，信息是引导公众行动的信号。信息显示了事物存在与运动的状态，信息分布于相关的群体之中引起了大致相似的反应与行动。当信息表示了某种稀缺的存在，某个问题的障碍，某项利润的可能，就会产生为改变稀缺、解决问题、追逐利润的共同努力。当然，这些需要必须与行为者有直接的关系，又不容易“搭便车”时，才会有集体的自发行动。在围绕同一信息所做的共同努力中，社会某个方面出现了变革，创新发生了。宏观领域内无数个体的行为看上去是那样纷乱杂繁，无序之极，但在无序之中却存在着有序，产生了有序。如同市场的交易行为，交易本身就是市场创造的秩序，价格就是一只“看不见的手”在引导着市场的秩序。协同学认为，在复杂系统中，有序的结构最终是由少数几个序参量（宏观变量）来描述的，整个联系的“有关信息”是由序参量提供的，复杂的结构是由起关键作用的序参量支配的。序参量是有序之源，是从无序到有序的转换器，序参量的变化导致了新的秩序。在合力导致的创新中，“每个意志都对合力有所贡献”，没有这无数个体的参与，就不会造成自组织系统的结构与功能的改变。当然，每个个体由于资源占有量的不同，对变化所起的作用大小是不一样的，方向也是不一致的。个体力量的总和形成了历史的合力，合力的方向又不与每个个体的意志完全一致，“最后出现的结果就是谁都没有希望过的事物”（恩格斯）。合力本身又成为一种“场”，整合着无数个体的行为，规定着演进的方向与速度。演进创新是从渐变到突变的递进，正如恩格斯指出的：“从马克思的观点看，迄今为止的整个历史，就重大事件来说，都是不知不觉地完成的”。[①] 开始是一点一滴的变化，每时每刻的演化。当到达分叉时，特定因素导致了整体结构的重大改变，仿佛历史性转折是在瞬间完成的。就像是“忽如一夜春风来，千树万树梨花开”。

演进创新与设计创新的功能是互补的。社会的进步既有设计创新的贡献，也有演进创新的贡献。许多设计力所不能及之处，正是依靠演进在“不知不觉”地塑造着社会生产新的方式与社会生活新的样式，创造着新的历史；当人们能够直接按照自己的目的与需要，设计新的事物并把它生产出来时，就无须等待演进的自然发生。而且，有的领域的创新是无法演进而成的，必须要有设计。演进创新与设计创新各有自己的适用范围，“不应当牺牲一个而把另一个捧到天上去，应当设法把每一个都用到该用的地方”。[②] 演进创新的对象一般是社会性和历史性较强的事物。这类事物就存在于社会的交往关系之中，只有社会成员的普遍介入与接受才能使该事物成立。这类事物的载体不是一个或若干个有限的数目，而是无数的载体。这类事物更多地表现为社会的结构关系与人的行为方式，它的形

① 《马克思恩格斯选集》第4卷，人民出版社1995年版，第742页。

② 《马克思恩格斯选集》第4卷，人民出版社1995年版，第335页。

成是逐渐扩展开的或习得性的，是潜移默化的生长过程。这类事物的扩展延伸至社会空间，也就要经历时间，在历史的进程中逐渐展现出来。在大尺度时空范围形成的事物，“未能预见的作用占据优势，未能控制的力量比有计划运用的力量强大得多”①，但这并没有使人类社会停滞不前，社会仍然在自我更新，历史仍然在自我创造，这就是演进的力量，演进的创新。如果创新的对象属于实体性与技术性的事物，即必须通过人使用劳动工具，作用于劳动对象，采用物化形式生产出来的事物，就不能仅仅依靠自然自发的方式了。演进创新更适用于生成性的事物，而不适用于生产性的事物。在生产性的事物中，主体需要对生产系统与生产过程施以直接的控制，而且随着技术的进步与产品的复杂化，要求更为精确地控制，这就使设计的成分越来越多，设计的技术越来越高。

演进作为创新的一种生成模式，由于它是在没有外界特定干预下自然形成的，凡是能够产生出来的就必然有其扎实的生命基础。演进而成的创新具有稳定性与持久性，如果在运行期间发生了外力的扰动，而且这种扰动又是违背规律的，系统经过一段震荡之后仍会回到稳定状态。货币是人类经济生活交往与交换的重要创新，并且是典型的演进创新。货币的形式与功能在历史中不断丰富，但货币的本质没有改变。尽管发生过取消货币的努力与试验，但都归于夭折。演进创新是系统在与环境的交往中，在物

① 《马克思恩格斯选集》第4卷，人民出版社1995年版，第274页。

质、能量、信息的交换中发展起来的，系统具有对环境的依赖性、敏感性与适应性。演进的创新由此而产生了生命的特征，系统能够随环境的变化不断调整自身，培养出新的属性与能力，演化出新的形式与行为。由于创新系统是柔性的，系统本身无须采取废弃、淘汰的方式就可以在自身基础上创新，完成一次次的“静悄悄的革命”。演进创新能够充分发挥系统要素内在的潜力，依靠系统自身的能量与信息，利用系统成员自发的积极性，以比较经济、低耗的途径来实现系统的更新，这是高投入、高成本、高消耗的创新所不能企及的。当然，演进创新也有其内在的缺陷，这就是演进的非预定性，不一定能符合人们不断产生的特定目的、特定需要；演进的周期一般较长，具有自主性的主体不能坐等创新的出现，而要创造人工的条件实现创新。

以上分别考察了设计与演进两种不同的创新模式，这是分析的逻辑需要。在实际的历史的创新活动中，设计与演进两种机制往往是交织在一起的，是演进中的设计，设计中的演进。人的实践活动既有理性的、自觉的、程序化的一面，又有非理性的、自发的、随机的一面，两种因素共同推动了人类社会的不断创新与进步，设计与演进统一于现实的实践活动之中。从微观层次看，从事社会实践的个体或组织，他们的活动包括每一点改进，是有预谋、有设计的，如市场交易的个体行为。但从宏观层次看，他们的活动由于不能把握整体联系，活动结果不同于他们的设想，秩序是自发形成的。设计创新的主体，并不能完全控制创新的结果，不能完全排除不确定性，这就要在不同程度上依赖于演化的力量。在演化创新中，人既是客体，又是主体，并不是被动的适应，而是把自己的意志与努力注入了改造世界的过程中。无数种预谋、无数个设计的“合力”构成了演化的趋势，这是自然界的演化与人类社会的演化所不同之处。演化创新包含着设计创新，在局部与瞬间看是设计创新，在全局与历史看则又是演化创新，设计创新的整体构成了演进创新。设计创新是以演进创新为基础的，正是实践的历史发展达到一定状态（这不是设计出来的），才使设计创新有现实的生长点与可能性。

组 织 与 创 新*

组织是社会生产与社会活动的基本单位，创新大都是组织的产出，是在承担着不同功能的组织中，通过组织的活动实现的。创新是具有特殊性质与规律的活动，对于组织的性质、结构、功能、机制等有着特定的要求。组织是创新的主体，也是创新的对象，为了适应环境的变化、目标的改变与竞争的需要，组织自身也有创新的任务。

一、组织的活动优势

组织是为了一定的目标，将人力、物力、财力等资源，按照分工协作关系组合在一起，服从于内部规则，并有着特定产出的资源配置方式与制度安排。关于组织有着多种定义，其中一种是："将组织定义为存续期不同的计划安排，其作用是聚合生产资源以追求一个或数个共同的

* 本文发表于《国际技术经济研究》2002 年第 3 期。

目标。这些资源要在某种层级秩序中受到各种制度和命令的混合协调。组织的运营状况要受到监控，以看其是否达到预期目标。各种组织都基于一组规则，一套或源于自愿契约或源于政治权威的章程。”① 组织有着多种形式与功能，但贯穿着成其为组织的共同要素。组织是资源的集合与集中，独立的、分散的人与物是组织的对应物；组织是社会分工的产物，有着自己的特定目标与功能，都有自己各自的产出，这种产出可以是有形的产品，也可以是无形的服务、知识等；组织是按照一定的制度、规则运行的，组织成员要服从组织内的契约关系、权威意志和领导支配，这些因素是组织有效率的关键；组织是分工与协作的整合，组织内部存在着各种责任与职能的分工，这些分工又形成协作的有机体系，组织生产出的是合力的、共同的成果。组织有着多种存在形式与活动样式，可以根据多重标准进行分类。根据组织的产出内容，可分为经济组织与非经济组织。经济组织生产用于消费或交换的经济产品，非经济组织的产出是非经济产品，例如军队。有的组织是一身多任的。根据组织的生存周期，可分为无期限组织与有期限组织。无期限组织的寿命没有在组织设立之初就做出限定，其生存周期取决于未来发展的多种不确定因素；有期限组织属于临时性组织，其寿命在组织设立之初就作出了限定。根据组织的外部关系，可分为竞争性组织与非

① 柯武刚、史漫飞：《制度经济学——社会秩序与公共政策》，商务印书馆 2000 年版，第 315 页。

竞争性组织。竞争性组织是多个同类型组织在一定空间内共存，并且构不成垄断或合谋关系的组织，非竞争性组织则是由于其独占性形成了垄断地位的组织。根据组织的内部关系，可分为高凝聚力组织与低凝聚力组织。高凝聚力组织是具有高度约束力与向心力，内部联系紧密的组织，低凝聚力组织则相反。不同性质与类型的组织，有着不同的创新表现与模式。

组织的产生与存在具有内在的合理性，与非组织相比，组织在进行社会生产与社会生活等社会事务方面，表现出了明显的优势。现代社会呈现出高度组织化的趋势，社会化的重要特征是组织化，“社会已成为一个组织的社会”。[①] 人的学习、工作活动是在学校、企业、机构等组织中完成的（网络社会也存在虚拟组织），即使是休闲活动也是通过组织提供的服务，借助组织的中介实现的。组织的普遍化反映出了组织的真实效用与生命力。与个体活动相比，组织创造了作为“集体力”的新的扩大了的生产力。通过组织内部的分工与协作，把个别的人力、物力资源汇集成了一个共同的资源，使分散的生产要素整合为社会化的生产要素，产生了大于个别生产要素总合的系统生产力。与缺少分工的自然经济中的群体相比，组织形成了专用性的固定资本与人力资本，强化了社会分工与交换的体系。自然经济中的群体是依血缘划分，以地域为界的，群体的同质性使得交换很少发生或没必要发生，这就

① 彼得·德鲁克：《后资本主义社会》，上海译文出版社1998年版，第52页。

使社会缓慢地发展着。进入工业社会之后的组织，都是以专业化为生存前提的。组织是围绕着专门目的与特定任务而建构起来的，由此吸引了专门的资本与专门的人才，形成了资产的专用性与人力的专用性。专业化组织的功能不是自我服务的，而是为了交换，向他人及社会提供服务而存在的。无数专业化的组织构成了社会普遍交往、广泛联系、相互依存的体系。与市场活动相比，组织用必要的组织成本替代与节约了交易成本。组织内部通行的是层级制、指令制，与市场自由交易制度完全不同。科斯（R. H. Goase）曾提出“组织为什么存在?”的问题，认为在组织成本小于交易成本的情况下产生了企业。他指出：“市场的运行是有成本的，通过形成一个组织，并允许某个权威（一个‘企业家’）来支配资源，就能节约某些市场运行成本。”①企业组织的规模就是交易成本与组织成本达到均衡的产物。与无组织的群体相比，组织较容易克服集体行动的“搭便车”问题，具有共同行动的动力机制。奥尔森（M. Olson）认为在争取集体利益的活动中，容易发生因“搭便车”心理而无人行动的局面。比较而言，在正式组织中，特别是在小规模组织中，有着有效的监督与激励机制，对于齐心协力、共同奋斗，是一种有利的制度安排。“显然，成员数目多的集团的效率一般要低于成员数目少的集团。”② 与松散的、流动的人际关

① 罗纳德·哈里·科斯：《论生产的制度结构》，上海三联书店 1994 年版，第 7 页。

② 曼瑟尔·奥尔森：《集体行动的逻辑》，上海三联书店、上海人民出版社 1995 年版，第 25 页。

系相比，组织内部能够比较好地建立与巩固信用关系，提高交换与交往的信誉、地位。信用是交换与交往的基础，信用保证了社会生活的正常秩序。一般来说，信用在较为稳定、长久的人际关系中更容易培养与建立起来。在组织中要求遵守契约约定，成员相互接触频繁，并且关系相对固定与持久。这都有利于发挥信用的约束力，增加组织的凝聚力与活动效率。

二、创新的组织模式

组织是建构社会的重要因素，也是改造社会的重要力量。创新属于创造性的社会实践，是改造社会的主要形式，组织对于创新的开展与实现起着基础性的作用，创新需要组织的参与，组织是创新的制度保证。组织对于创新的意义主要是：（1）组织具有创新所需要的资源能力。创新是需要资源投入的活动，随着现代创新的科技含量越来越高，难度越来越大，也就使对资源投入的要求越来越高。这就使创新的投资主体更多的是由公司、集团、机构等组织担任，组织的资源实力和融资能力使其占据创新主体的绝大部分。创新是一项高度复杂的活动，需要依靠严密的分工、群体的力量，在现代创新中即使是前期的研究工作，很多也不是仅仅依靠个人能够完成的。组织是具有一定规模的活动实体，组织本身就是按实现一定目标设计的，组织的规模和能力使其能够进行分工与协作，满足实现创新目标的要求。创新的策划、生产、推广等过程，在追求速度的环境下，必须同时并举，分头展开，个人是不可能做到这一点的，只有组织才能够把一项任务分解为若干单元，同时展开，这就是组织的活动优势。（2）组织具有抗衡创新风险的承受能力。创新是有着高度不确定性的活动，投入与产出是不对称的，高投入未必有高产出，没有确定的结果。这种不确定性导致了风险，既包含着成功的可能，也包含着失败的可能，成败都具有一定的概率分布。作为个人来说，不仅难以支付创新的投入，也难以经受创新的挫折。组织是具有一定实力的实体，它可以把自己的资源分散用于不同内容与风险程度的项目，以此来分散风险。即使某项创新失败，也可以弥补、减少风险的实际打击。组织抗衡创新风险的承受能力是相对个人而言的，这使得组织敢于推出创新。这并不是说组织可以抗击一切风险，任何组织也做不到这一点，还必须慎重决策，减少盲目决策造成的人为风险。（3）组织具有创新扩散的品牌效应。创新只有通过扩散产生社会效益才算是真正的实现，扩散既靠推广的作用，也需接受的配合。从接受心理学的角度看，消费者对新产品都有一个信任的过程，这种信任既来自新产品本身的性能与质量，也来自生产者的信誉。新产品的信息只有在使用后才能确知，而生产者如果形成了品牌，它的信息在接受前就已经被消费者掌握了，也就是说品牌效应对于扩散效果有着重要的意义。品牌的培育需要很长的时间，而个人的生命周期与生产周期是相对短暂的，这就要求品牌必须依附于组织。组织的生命周期可以是无限期的，组织并不因创始人或领导人的生命消逝而消逝，也并不因人员的流动与退出而终结。组织是品牌的载体，组织对于创新扩散具有很大的影响力，组织的品牌效应有着持久性。

创新需要组织的参与，也就意味着创新是组织的重要使命。无论是竞争性组织还是非竞争性组织，都有创新的内在需求，作为非竞争性组织即使没有来自市场的创新动力，也有来自其他方面的创新动力。组织依据不同的任务形成了各自的结构形式、性能特征、运行机制，也就是组织的模式。创新造就了适应创新的组织模式，产生了使组织模式趋向于创新组织的引力。在不同的环境条件与内部机制下组织可以表现出不同的创新行为，同一组织在不同时期也可能表现出强创新性、弱创新性或者保守性，创新与守成是组织内部的两种属性与趋势。随着知识、技术与创新活动的演变，组织的模式也在逐步地改造与变化，表现出适应创新内在规律要求的共同特性。

组织结构：网络型。工业经济时代建立的组织是等级制的直线型组织，这种组织是机器大工业的产物，满足与适应了机器体系的技术创新条件。这就是创新的知识集中于企业决策者，生产技术物化于自动机中，产品更新周期较长，技术创新主要表现在增加相对剩余价值生产的手段上。随着企业组织规模的增大，信息技术的变革，创新竞争从硬件层进入软件层，从技术知识进入组织知识，也就是人的因素越来越重要，组织的网络模式也凸现出来，成为创新所需要的组织模式。在直线型模式中，知识与信息是由上至下和由下至上经过层级垂直流动的，创新知识的发生与创新发动是个别决策者的事，组织分为命令者和执行者。这种创新的组织模式，新知识与信息的来源渠道单一，只来自不变的上端或下端；知识与信息的流动环节多，信息传播的效率低，容易出现通道堵塞；组织内部的知识缺少横向交流，隐含知识不容易转化为公共知识。在网络模式中，知识与信息在网状结构中流动，不仅组织内部构成网络，而且组织之间也构成网络。网络的交流是多层次、多渠道的，这就提供了比等级组织多元的交往媒介。网络组织由直线型变成了扁平型，减少了中间环节，组织的管理层与操作层更容易接触与互动。

组织性能：适应性。创新是一项创造性的事业，创新组织是在不确定的环境中生存与发展的，组织要有对创新环境的适应性能。适应性组织不满足于把处理日常的、重复的事物作为自己的主要任务，而是把变革创新作为自己的主要事务。不断寻求新的机会，不断创造新的效用，不断改变现存世界。同时，也对组织自身进行变革与创新，使组织的知识资源与创新潜能得到充分的发挥。适应性组织不仅在产品上创新，而且在产品生产的知识、方法与能力上创新。因循守旧不能适应新的环境，适应环境的最好方式是学习，适应性组织也是学习型组织，学习型组织是创新组织的典型特征。学习既包括从环境中学习新的知识与信息，也包括组织内部知识共享而促成的相互学习。在学习过程中，组织逐步废弃了原有的不适应创新目标的习性，生成了新的创造能力，提高了劳动生产率。适应性组织还要为其成员提供有利于发挥创造性的空间，不仅要使成员适应组织的文化，还要创造出适应不同成员个体能力的文化。Roy Rothwell 认为，创新组织应该创造出接受创新的、与创新精神相匹配的文化。也就是说，企业运行的创造的、创新的方面应该与由生产成型产品带来的琐碎的、惯例的和官僚式的方面相脱离，企业应该创造出“空间”与内部创新活动能力相适应。因此，有机体样式的管理比起机械体样式的管理更适应于、接近于这一目标。成功的创新与技术进步与开放的、横向的管理样式风格有着密切联系，这种样式强调协商、参与而不是自上而下的正式指令，强调信息的流动，不仅是向上流动而且是从中心向下和四周流动。有机体式与机械体式成为两种对比鲜明的管理风格。前者有助于创新，后者起着抑制创新能力的作用，特别是阻碍根本性创新的引入。①

组织运行：信息化。网络型组织是以信息为基础的组织，网络组织是通过信息技术、依靠信息与知识的流动连接在一起的，是为了有利于信息的运动而产生的。网络组织的信息直接传递方式，防止了信息的失真与失效。组织的适应性的关键，是要适应信息技术的要求。计算机网络成为交往的媒介，信息交流的效率提高与信息交往的方式改变，要求相应提高组织运行的效率，相应改变组织运行的方式。创新组织需要物质与能量的流动、组合以实现创新目标，创新组织的物质与能量不是在固定程序、重复模

① Rothwell, R. “Successful industrial innovation: critical factors for the 1990s”, *R &DManagement*, 22 (3), 1992, p. 228.

式中流动，因此对信息的需求量较大。信息是创新的导向，也是物质与能量的牵引。创新活动中物质与能量是按照信息的导向而进行新的组合与流动的，这就突出了信息化的重要性和必要性。如同有的研究者指出的，“创新源于从新的联系中收集的（无秩序的）信息；源于走进其他学科或地方的路途中获得的见识；源于积极的共享网络和流动、开放的疆界。创新是从不停的交流环路中涌现出来的。在这个环路里，信息不仅是被积累和储藏起来，而是用来创造新的信息。知识从以前不曾有过的联系中再生。”① 信息技术的发展使组织的运行不必依靠空间的集中与时间的同步，知识工作者的创造性活动可以在时空分散的状态下进行，但赛博空间（Cyberspace）实际上使他们又是高度凝聚、紧密联系与密切协调的。创新组织在知识经济时代是信息密集、知识密集的，而不是资本密集的，信息流是创新组织的生命线，信息使组织形散而神聚。组织运行的信息化不仅在组织内部，而且在组织与外部环境的边界，实时地、全方位地从外部吸收信息，作为组织的活动依据。信息作为创新的核心要素使组织不一定是实体，而可以以虚拟组织的形式运转，组织存在于网络的虚拟空间中，信息是组织运行的实质内容。

创新的组织模式有着多种多样的特征。创新的性质内容不同，创新的组织模式就有着各自特殊的要求；创新的

---

① 转引自詹姆士·奎恩等：《创新爆炸——通过智力和软件实现增长战略》，吉林人民出版社1999年版，第161页。

技术手段发生了变化，创新的组织模式也会产生相应的适应性变化。即使存在着许多特性与变化，创新是组织活动的目标与价值，这就作为规律决定着组织活动的基本方式与方法，创新的要求成为塑造组织模式的内在力量。适应创新的组织模式自然有助于知识等创新资源的会聚与创新能量的发散，反之，不适应创新的组织模式则会在不同程度上妨碍、降低知识创新的效率。创新有着不同的实现形式即对象化形式，各种对象化形式使用着不同的生产或活动工具，工具的性质影响着创新组织的构成形式、生产样式与协调方式。无论使用什么工具进行创新生产，知识与信息是组织活动最重要的“软”工具与资源，是“硬”工具的活动所要获取或提供的东西，是引导有形资源运动的无形的手。如何开发、利用、生产知识与信息，是决定组织模式的重要因素。

知识创新的经济评价[*]

知识创新的基本功能是经济功能，是改变经济生产效率和经济行为方式的活动。因此，知识创新评价的基本维度是经济维度。

一、历史观层面的经济评价

经济活动是人从事各种生产性活动以满足人的物质、文化生活需要的活动。经济活动有投入与产出的关系，这就产生了经济活动效率的评价；有在资源稀缺性条件下如何配置资源的问题，这就产生了选择合理性的评价；有不同资源对经济增长贡献率的区别，这就产生了“第一生产力”的评价；有经济效益在不同时空尺度中表现出的反差，这就产生了“外部性”的评价。经济活动的经济评价本身就是一个评价系统。知识创新是主要发生于经济

* 本文发表于《贵州社会科学》2000年第1期。

领域的活动，无论是制造出新的产品，还是推广一种新的交换方式，都具有经济的价值与意义。知识创新的评价首先要在经济层面上进行。从事知识创新的主体要通过经济评价来对自己活动的得与失、利与害、盈与亏进行算计，是具体的、操作性的评价。以知识创新为研究对象的主体则是从宏观领域、在历史范围内，对知识创新这一经济活动作出社会的评价，是理论的、分析性的评价。这里是在后一种意义上进行知识创新的经济评价的。知识创新评价的经济维度，是指评价主体依据一定的评价标准，对作为经济活动重要方式的知识创新，进行经济价值与意义的评价，全面揭示知识创新活动的效果与效用，为知识创新活动提供正确的方法论指导。

人类的生产实践活动的历史，就是一部知识创新的历史。人在生产活动中不断地生产出知识、科学与技术，又把这种新知识运用于生产活动之中，不断提高人的生产能力，不断开拓新的生产能力。人在生产活动中总是要在各种动力的推动下，改进生产技术，改变生产关系，开发新的资源，创造新的生产力。人类的经济生产在持续增长，世界的物质财富在日益增加，人的生存条件在逐步改善。这不仅仅是由于物质资料生产与再生产的无限循环与简单重复而造成的，不仅仅是财富的量的增加与积累，更重要的这是由于知识与创新在经济发展中所起的作用越来越大，知识创新带来了生产力的革命，促进了生产方式的变革，引起了生产实践的质的变化，带动了经济生产的飞跃式发展。知识创新的经济意义越来越被人们所认识，这是经济学的发展、经济分析的深化给人们打开了新的视野，也是经济活动自身的发展凸现了创新的逻辑。

近代科学与工业的兴起，使培根提出了“知识就是力量”的口号。尽管当时货币资本还是财富的主要源泉与“发达的生产要素”，但培根已经敏锐地看到了知识对于征服自然和增进人类生活的力量，指出了人类获得权力与获得知识的途径是紧密相关、几乎合而为一的。在基督教占统治地位的时代，绝大多数的有才识之辈都投身于神学之中。培根认为人类的智力资源不应该这样误用，他说：“科学的真正的、合法的目标说来不外是这样：把新的发现和新的力量惠赠给人类生活。”[①] 知识的价值就在于不断为人类提供改造自然的新方法、新工具，改善人类的境况，这是古希腊以来知识价值观的一个根本性转折。古代哲学家善于作形而上学的沉思，他们设法理解客观世界，但仅仅是为了欣赏永恒的真理。古代哲学忽视以致鄙视知识的经济功能，“它无法屈身从事为人类谋安乐的低贱职能。一切学派都把这种职能看作是有失身份的；有的甚至斥之为不道德的。”[②] 颇有意味的是，培根在他的乌托邦作品《新大西岛》中，把科学知识的经济力量提升为改造社会的政治力量。他有意用新大西岛来代替柏拉图著作《蒂迈欧篇》中的大西岛，新大西岛的国王，已经不再是一个哲学家，而是一个科学家，新大西岛的运转依

① 培根：《新工具》，商务印书馆 1984 年版，第 58 页。

② J. D. 贝尔纳：《科学的社会功能》，商务印书馆 1982 年版，第 41 页。

靠一个名为“所罗门之宫”的科学家、工程师、技术人员组成的机构。

马克思充分肯定了科学技术对于资本主义生产所起的重大推动作用，他把知识的力量直接表述为生产的能力，把知识具体表述为作为生产知识基础的科学，提出了“生产力中也包括科学”的命题。马克思认为科学力量是“不费资本分文的生产力”，科学力量通过固定资本“得以实现和控制整个生产的范围和广度”。马克思把机器大工业的产生看成是“人类的手创造出来的人类头脑的器官；是物化的知识力量”，它表明，“一般社会知识，已经在多么大的程度上变成了直接的生产力，从而社会生活过程的条件本身在多么大的程度上受到一般智力的控制并按照这种智力得到改造。”① 自然科学探索地球和整个自然界也不仅仅是理解的需要，而是带有很强的实用性，它要“发现新的有用物体”和“发现物的新的有用属性”，使自然界真正成为人的对象与“有用物”。科学理性的目的是使自然界服从于人的需要，创造出一个普遍有用性的体系。马克思认为，在资本主义生产方式下，科学作为人类理论的进步，在生产过程中得到了利用，科学为直接的生产过程服务，“每一项发现都成了新的发明或生产方法的新的改进的基础”。科学也由此获得了新的使命：“成为生产财富的手段，成为致富的手段。”② 科学既然是财

① 《马克思恩格斯全集》第46卷下，人民出版社1980年版，第219－220页。
② 《马克思恩格斯全集》第47卷，人民出版社1997年版，第570页。

富的生产者，它就既是观念的财富同时又是实际的财富，是“财富的最可靠的形式”。马克思看到了科学技术已经不是一般的生产力、普通的生产要素，而是包含着巨大潜力的生产要素。随着大工业的发展，现实财富的创造较少地取决于劳动时间和已耗费的劳动量，较多地取决于在劳动时间内所运用的动因的力量，“取决于一般的科学水平和技术进步，或者说取决于科学在生产上的运用。”[①] 如果说知识经济是在工业经济基础上发展起来的，那么马克思已经揭示了工业经济中蕴涵的知识经济的因素，把握住了科学技术在现代经济中将发挥越来越重要作用的趋势。

二、知识创新的经济价值与意义

对知识创新作出经济评价，必须要对知识创新活动产生的经济效应特别是积极效应有全面足够的分析。知识创新首先是在微观层面、由创新组织推动的。把新知识引入生产与其他活动，追求创新的活动方式及其结果，是由于这种活动方式能够带来更多的经济与其他方面的效益。首先，知识创新活动把潜在的资源变成了现实的资源，引入了新的生产要素，扩大了创新组织的生产能力与范围。知识创新使人的生产活动不是停留在简单重复的水平上，不是总是使用几种已有的、固定的生产要素，而是不断地开发新的资源，“发现新的有用物体”，充分利用新生的资

① 《马克思恩格斯全集》第46卷下，人民出版社1980年版，第217页。

源，如知识、技术。这就使生产要素的体系日益增长，生产活动的内容随着新资源的引进不断丰富与深化，推动着生产力不仅在量的方面而且在质的方面进入新的领域。其次，知识创新活动采取了资源新的组合方式，产生了资源的新的价值、效用和收益，实现了财富生产的新的可能途径，提高了资源的生产效率。熊彼特认为，创新“主要在于用不同的方式去使用现有的资源，利用这些资源去做新的事情，而不问这些资源的增加与否。”[①] 生产资源在进行新的组合之前，或因闲置而无效率，或因配置不当而低效率，创新则是应用新知识使原有资源进行了新的组合。这就开阔了资源利用的新的空间，使原有资源的经济价值从无到有，从低到高，从旧到新。再次，知识创新活动降低了生产成本，增加了企业利润，不断满足和扩大着新的需求。对于企业而言，创新只是获利的手段，但正是在这种手段的开发与使用中，产生了经济活动的递增效益。工艺创新减少了生产的成本，管理创新提高了企业活动的效率，技术创新开发出新的产品，市场创新扩大了消费群体。这一系列的创新造成了企业在价格、品种、质量、服务等方面的竞争优势，通过刺激消费需求，扩大市场份额，使企业占有了创新导致的额外利润。最后，知识创新活动产生了正的外部性，带来了新知识、新产品的扩散，创造了社会的经济效益。创新的核心不在于有形资源

① 约瑟夫·熊彼特：《经济发展理论》，何畏等译，商务印书馆1990年版，第76页。

而在于内含的新知识、新技术、新信息，这种创新的开发成本与风险很高，但学习使用的成本与风险却相对低得多，这就导致了一项创新成功之后往往出现大量地采用、模仿、扩散现象。这种“免费搭车”（free ride）现象具有经济的合理性，能够节约许多重复投入的知识开发资源。

知识创新的经济效应不仅表现在微观层面，而且表现在宏观层面，表现为社会生产力发展的主要推动力量。因此，知识创新也被作为国家发展战略而提出与实行。知识创新对于社会经济发展的促进作用主要表现为：

推动经济增长的主导力量。传统的经济增长理论注重的是劳动力、资本、原料等“生产函数”，认为知识和技术是影响生产的外部因素，生产要素的收益是递减的。新增长理论则认为，知识投资可以提高其他生产要素的生产能力并将这些生产能力转化为新产品和新工艺，这些知识投资的特征是增加（而不是减少）回报率，具有递增的边际生产率，是经济长期增长的关键因素。这样，就存在着持续增加投资从而使一个国家的经济连续增长的可能性，一个国家的经济增长主要取决于它的知识积累、技术进步和人力资本水平。知识特别是创新的知识是经济增长的“内生变量”，它可以促进投资的良性循环，推动一个国家持续地保持较高的增长率。

保持可持续发展的不竭动力。马尔萨斯的定律与罗马俱乐部的警告虽然没有得到证实，但他们推论的前提——不可再生资源的稀缺性与有限性是客观存在的事实，当代

“全球问题”的威胁也说明他们并非是“杞人忧天”。悲观主义者却从另一方面证明了走出物质资源困境的出路，这就是采用以知识为基础、以创新为动力的经济发展方式，这是保持可持续发展的基本途径。可持续发展要求经济发展方式从粗放型向集约型转变，这要依靠科技进步与制度创新才能实现；要求经济与文化、人与自然的协调发展，这要依靠更大范围的社会创新才能实现；要求尽快发展信息技术、生物工程，这要依靠高科技领域的不断创新才能实现；要求人的素质不断提高，这要依靠知识传播的发达与学习型经济的兴起才能实现。知识创新并不是用知识取代物质与能量资源，而是使自然资源能够得到更充分、合理、经济的利用，并且创造出能够大量节约有限资源的生产与消费方式（如网络化），还能开发出新的资源以替代日益减少的不可再生资源。

增强综合国力的核心要素。当今世界各国综合国力竞争的核心，是知识创新、技术创新和高新技术产业化。综合国力竞争的核心，已经从武力转移到智力，从人口数量转移到知识存量，从生产能力转移到创新能力。国家间经济增长速度表现出明显差异，发达国家与发展中国家的国力差距有逐步增大的趋势，主要原因在于国家科技水平、民族创新能力存在着较大差距。综合国力竞争集中体现在教育的投入、人才的培养与争夺、新的科学发现和技术发明等方面，体现在无形资源的较量上。知识创新是保持综合国力优势的垄断能力，仅仅知识产权一项收益就可以获得巨大利润，更不必说高科技武器造成的威慑作用。知识创新也是提高国际竞争地位的有效途径，对于发展中国家来说，面对世界科技飞速发展的挑战，增强民族创新能力已经关系到了民族的兴衰存亡，科教兴国是正确的战略选择。

进入知识经济的基本能力。在知识经济时代，知识成为最重要的资源，创新成为最重要的能力，经济和社会的发展主要依靠知识创新和知识的创造性应用的趋势，越来越明显。农业经济时代的生产主要依靠土地、手工工具、体力与劳动经验，工业经济时代的生产主要依靠资本、机器、劳动力与操作技能，知识经济时代的生产将主要依靠知识、信息技术、人力资本与创新能力。知识经济同样需要土地与资本，但生产者与这些资源结合并掌握它们的方式与层次有着质的进步，是知识型的资源使用，而且知识资源与物质资源的价值比明显上升；知识经济同样需要劳动经验与操作技能，但它们再也不是千百年地重复或缓慢地变化，不是一次性地掌握以用终身，而是生产知识与技能不断地更新，这种知识与技能的科技含量越来越高，掌握的费用也越来越高。知识创新依靠创新知识的生产、传播与应用，不断开发这种无穷的经济资源，使经济形态发生了质的演变；依靠系统的全面创新，如技术创新、组织创新、制度创新，使创新经济成为经济发展的主要样式。

知识创新具有极大的经济效应及重要性，采用知识创新作为企业与国家的经济发展战略已成为产业界与政府的共识与自觉，由此造成了经济发展的新的态势与模式。知识创新扭转了资源投入的效益递减趋势，在一定程度上克服了自然资源稀缺性造成的“瓶颈”，为经济加速增长开辟了新的途径。OECD成员国已把建设国家创新体系作为政府行为与国家政策，我国政府也开始了国家创新体系的建设工程。知识创新是在企业之间、国家之间的竞争格局下进行的，竞争依靠创新，创新本身也成为竞争。竞争促使知识创新没有止境，知识创新的竞争又使竞争富于信息、知识、智慧的含量，是在高新科技平台上的竞争。从世界企业500强的排名，就可以看出高新科技企业异军突起，迅速攀升，颇具竞争优势。知识创新具有溢出效应，知识资源具有非竞争的共享价值，小企业、发展中国家可以采取引进的发展模式，减少独自开发的费用。即使是大型企业、发达国家，也不需要、不可能完全地自主创新、自我循环，而是相互借鉴，知识交易，有效率地从事创新开发。当今世界已进入经济全球化、信息全球化的时代，这是科学技术与经济交往方式的不断创新所促成的，交换的普遍化使世界各地区相互依存，信息技术使知识传播缩短了空间与时间。知识创新推动着经济全球化与信息全球化，使任何地区不可能孤立地得到发展。知识创新突破了“零增长”的框架，开拓了经济发展的巨大潜力与广阔空间。人的活动与能力应该有其“极限”，但这种极限的确定是在历史中证明的。知识创新活动正是在不断的创造性活动中，拓展着经济生产的边界，改变着、突破着以固定尺度划定的“极限”。

三、知识创新的非经济效应

知识创新产生着巨大的经济效应，但不可否认，它也有着不经济的一面，它所产生的效率也不是最优的。因为任何经济活动都是在一定的经济关系下进行的，都是由一定的利益主体所驱动的，都不可避免地带有这样那样的局限性；任何创新活动都是由具体的主体所从事的，对于影响创新的因素都有难以控制的部分，对于创新活动的效果都有难以预料的情况，不能达到完全经济与完美效果；任何知识及其创新成果都具有多种功能，可以被作为手段用于各种目的，既可以用于善也可以用于恶，既可以用于建设也可以用于毁灭。知识创新不是孤立的生产活动，它是与作为主体的人与作为环境的社会紧密结合在一起的，人与社会不合理性的某些方面也会在他们的活动及其结果中反映出来。马克思“靠消耗最小的力量”来进行人与自然之间物质变换的理想，还有待于人与社会的不断进步，才能达到“这个必然王国的彼岸”。

知识创新不仅产生于技术推动与需求拉动，也产生于竞争驱动。在市场竞争的环境下，创新是获得与保持利润的有效手段，创新的投入即研究与开发（R&D）的费用与竞争优势一般是成正比的。但竞争机制促成了企业与国家为了获得与保持创新优势而加大 R&D 投入，不断升级，加快发明新技术，连续推出新产品，这就使创新竞争如同军备竞赛一样成为一场“创新之战”。德国的布朗

(Christoph－Friedrich von Braun）研究了这种由于创新竞争而带来的经济低效率以至于反效率，提出了创新的“加速化陷阱”问题。创新开发的竞争导致了产品生命周期的缩短，一种新产品在市场上的出现会使竞争对手加强自己的R&D，促使更新产品的诞生。这就使新技术的开发成本越来越高，而市场利润率却越来越低。一个产品的创新常常会导致市场中已有产品的市场价值的降低，使传统产品过早地失去其使用价值，这也是一种“创造性的破坏”。消费者接受创新的能力也是有限的，如果创新的速度超过了市场能够接受变化的速度，消费者对于创新的接受程度就会降低，“创新饱和”就有可能出现。布朗认为，创新导致产品生命周期缩短带来了一些消极后果，如更短的时间视野，更多的创新失败，长期市场份额的损失，自然资源的不合理应用，技术领先不能持久，创新利润降低，R&D 预算增加而效率却降低等。这就产生了“R&D 困境”，也就是每一个参加 R&D 竞赛的企业如果前进的步子比其他公司快，他就可能获得可观的优势。但是如果所有各方或者大部分参加者以同样的步子前进，那么只能导致 R&D 开支的升高，并且没有哪一方能处于技术的主导地位。为了摆脱“R&D 困境”，防止进入“加速化陷阱”，应该以最小的必要而不是最大的可能作为 R&D 预算的基础。①

① 参见 克里斯托弗—弗里德里克·冯·布朗：《创新之战》，机械工业出版社1999年版，第150－153页。

知识创新作为企业行为是通过市场实现的，创新的成果是要通过推出新的产品与服务，直接刺激消费，或改进经营与销售方式，间接推动购买。产品不断创新，提供新的效用与满足，促进着消费，扩大着需要，这是无可厚非的。问题在于，这种通过创新形成的竞争性消费模式，也带来了过度消费问题。层出不穷的新产品，展示着新的消费内容、新的消费方式，诱惑着人们去购买，去消费，去享受，刺激着人们很多没有意识到的需要，产生了浪费性的过度消费。许多消费只是为了满足人们的新奇感，或炫耀人们的地位，消费者被市场创新引导着去购买、使用和扔掉越来越多的仍具有效用的产品。这种过度消费的习惯所付出的代价，是实际生活质量的下降，是生存环境的退化，是外部的不经济。如同恩格斯早就指出的："那些只是在晚些时候才显现出来的、通过逐渐的重复和积累才产生效应的较远的结果，则完全被忽视了。"① 知识创新是在一定的社会经济关系条件下进行的，马克思指出，资本为它自身的目的使用了无限制地增加生产、无条件地发展社会生产力的生产方法，造成了生产力不可遏止的发展和财富的增加，但是被剥夺和贫困化的广大生产者群众却局限在生活必需品的狭小范围内和狭隘基础上，缺乏消费新产品、享受新服务的支付能力，形不成有效需求。无限制增加的生产与群众消费有限性的矛盾导致了生产过剩、经济危机。技术进步节约了劳力，提高了效率，创造了新的

---

① 《马克思恩格斯选集》第4卷，人民出版社1995年版，第385页。

产业部门与就业机会，但也同时造成了失业，特别是技术性、结构性失业，产生了劳动力的闲置与无效率。

知识创新的二重性都不是根源于知识与创新自身，它是作为主体的社会与人的镜子，是作为矛盾统一体的历史的产物。社会历史就是在理性非理性、效率非效率、进步与代价的交织中得到发展的。历史是不可逆的，尽管各种进步带来了这样那样的问题与不良副产品，但不可能回到蒙昧时代。知识的误用还要依靠知识的发展得以纠正，创新的浪费还要依靠进一步创新加以遏制，问题与解决问题的手段是同生共长的。知识创新活动本身是不完全、不完善的，它只能通过自身不断否定的创造性活动，使不完全得到弥补，不完善得到改善。对于经济效应中的非经济效应，要通过系统的改造与完善，即系统的创新，逐步减少与化解。

知识创新评价：认识维度*

知识创新活动既与现实的世界发生关系，产生了从实践效应尺度出发的评价，也与思维的世界发生关系，塑造着人的认识活动，产生了从认识效应尺度出发的评价。认识论要反思知识创新这种具有特殊性质的认识活动，对它的意义、特征、规律等问题作出进一步的说明与探讨。

一、感性的认识论

知识创新把人的知识、智力、技能对象化于生产活动的产品中，造成了物化的人工世界。知识创新是人的本质力量，即人的认识与实践能力的充分显示和实在证明，正如马克思所指出的，工业的历史和工业的已经产生的对象性的存在，是一本打开了的关于人的本质力量的书，是感性地摆在我们面前的人的心理学（认识论）。如果认识论

* 本文发表于《云南社会科学》2000 年第 4 期。

还没有打开这本书即历史的这个恰恰最容易感知的、最容易理解的部分，那么这种认识论就不能成为内容确实丰富的和真正的科学。[①] 在知识创新的成果中，人的认识与知识获得了“感性的、异己的、有用的对象的”存在形式，表现出了“广泛的丰富性”，这是揭示认识何以可能的最好材料与化石。在人的认识活动中，知识创新作为创造性活动也在激励着人的认识能力，改变着认识的模式，促进着认识水平的提高，这是评价知识创新能够做什么的内部参量。

知识创新是创造性地改造世界的活动，实践的创造性与认识的创造性是相辅相成的，知识创新这一活动促进着创造性认识的展开。实践有重复性实践与开创性实践，重复性实践更多的是依据传统、惯例与经验，是认识的渐进性发展；开创性实践首先需要创造性的认识，通过想象、创意、模拟、整合等思维过程，在头脑中或以符号的形式把新事物表现出来。人的意识、思维、认识具有创造客观世界的功能，这在知识创新活动中得到了充分的展示，并且正是在知识创新活动中，认识创造客观世界的功能才得以开发出来。认识的创造性本身也是需要创造的，它不仅是一种自然素质，而且是一种社会素质，不仅是思维的功能，而且是实践的功能。劳动创造了人本身，劳动也创造了人的大脑及其语言能力。人的语言符号能力使他不仅能够凭借感官接受外部信息，在脑中留下印象，而且能够运

① 《马克思恩格斯全集》第42卷，人民出版社1979年版，第127页。

用符号、概念进行思维，并且把规律以抽象的形式即知识储存起来，在表象中建构新的世界图景。知识创新是人为自己创造新的生存条件的努力，自然界不会自动满足人的各种需要，人只能通过自己的创造性活动来满足不断增长的各种需要。最简单的工具——石器，是人最初的知识创新，这对于在当时的自然条件下解决人的食物等问题，起了重要的帮助作用。但人类并没有停留在石器时代，人类在生存的压力和追求财富的动力下，发明着更能提高劳动生产率的物质手段，寻找着新的生活资料。这就推动着创造性的认识，发现新的规律，发明新的技术，探索新的方法，研究新的问题。并且把它们应用于生产中，现实地生产出来，使人类的物质生产与生活进入了新的形态。在这一过程中，认识自己创造着自己的创造。创新的认识活动不仅创造着新的对象模型，而且创造着新的认识模式。在创造性的认识活动中，人的认识也趋于从直观到抽象，从简单性思维到复杂性思维，从封闭式到开放式，从循规蹈矩到批判创新等，表现出思维创造性能力的日趋增强。创造对象与创造自身，不是先后因果关系，而是相互作用、相互促进、相互塑造的关系。

知识是创新的核心要素。有的创新是通过量的积累而造成的质的跃进与结构的更新，有的创新是在摸索中进入了新的路径与空间，知识创新则是依靠知识的生成与转化而实现的，新知识参与并导致了创新。知识是认识的产品与存在方式，知识创新推动着新知识的产生与应用，使认识资源更多地转向创新知识的生产上。当社会或个体还没有把创新作为迫切任务与主要事务时，认识资源——人的智力、精力、时间以及相应的物质资源，就会大量用于非生产性、非实用性的知识生产上，如宗教神学、经院哲学。知识创新是对知识生产资源的进步性导向，是有利于生产力发展的。创新知识往往不是现成的，而是围绕着创新目标而生产、合成的特定知识，它既要利用已有的知识，又要开发出新的知识，这就促进着对知识进行再生产、再加工。即使是具体的创新知识也不可能是完备的，只能在创新的过程中不断发现与完善，创新的过程也就是新知识的生成过程。创新重在知识的实践功能，要求知识进入人的实践活动并物化于实践结果中，知识不能只是停留在符号形式、样品状态、实验阶段，它要在对象化世界中获得自己的生命及其存在形式。知识创新的关键是促成这一转化，它通过运用各种实践要素以及创新资源，采取与创新知识和目标相适应的活动方式，现实地把新的事物生产出来。知识在创新转化的成果中实现了自身的价值，体现了自身的力量。否则，再新、再好的知识也只能是"束之高阁"，闲置浪费。知识在创新活动中显示出了巨大的经济效益与社会效益，这就提供了有力的激励，促使人们加大知识生成与转化的投入，形成了良性循环。认识活动更多地集中于创新知识的生产及其应用的领域内，认识资源更多地配置于能够导致创新的活动中。创新的价值和意义通过资源分配与投入的比例表现了出来，递增的知识生产投入又扩大与提高了知识创新的效益。在这种循环中，创新知识生产的质量越来越高，新知识生成与转化的速率越来越快，认识与实践的关系也越来越密切，越来越融合。在知识创新活动中，认识具有鲜明的价值标准与目标导向，并且有着明确的检验尺度。

认识是在不同的环境和背景下进行的，又是为不同的目的服务的，这对认识要素及其活动带来了不同的影响与效应。知识创新条件下的认识，显然不同于重复性、摸索性、消费性实践中的认识，知识创新的规律与要求决定了认识的性质与特征。知识创新是认识活动的产物，但又是认识活动必须与之交往的环境，它的创造性、知识性、社会性的要求，使认识也必须具有这些特性，符合这些要求。知识创新在很多情况下是一种竞争行为，是利益主体为夺取或保持某些方面的优势而采取的战略。这种竞争反映在认识上，是智力、技术、方法、知识、信息等整体因素的较量，竞争促使创新主体加强主体的认识能力，提高认识手段的性能，优化认识系统的关系，改进认识活动的程序，强化认识系统的整体能力，努力扩大或缩小竞争者之间知识能力的不均衡。竞争型的知识创新就使创新主体的认识能力和认识的结果标准没有静止的、固定不变的尺度，竞争对方作为参照物是不断进步变化的，因此只能不断跟进、超越或加速。知识创新是一种系统行为，是多学科、多层面、多领域的整合。发生于知识创新中的认识活动，也成为一种整合的认识或认识的整合。这种整合主要不是指个体心理的思维整合，而是群体的思维整合与主体对多种要素及其关系的系统思维。现代知识创新从知识的生产到知识的传播和应用，每一个环节都不是个体能够独立完成的，都需要担负不同功能的主体的共同作用、相互配合，形成有效的认识整合，依靠群体创造知识。创新是对生产要素进行新的组合，通过资源新的组合创造出新的资源。现实活动的新的组合需要观念中的新的组合，根据价值目标与约束条件，在思维中把创新对象组合出来。整合性的认识是创新认识的基本要求。知识创新是一种开创性行为，它的活动方式、过程及其结果具有不确定性，也就是说关于创新的信息是不完全的，是生成中的，创新的认识对象是不确定的。知识创新要取得成功，就要努力去认识这种不确定性，缩小不确定性所带来的风险，知识创新中认识活动的难题、重点是认识与把握不确定性。认识不确定性推动着创新主体超越认识确定性的方法与模式，建立认识不确定性的方法与模式。不确定性是世界属性的一个方面，认识不确定性是人把握世界的一种能力，是人与世界交往水平的一种进步，而知识创新活动则是锻炼这种能力，体现这种进步的经常、有效的方式。

认识是由主体、客体、中介要素组成的活动系统，知识创新活动促进了认识要素的发育及其相关进化。知识创新促进了主体的知识化，主体只有达到一定的知识水平，才能从事知识创新活动，接受、消费知识创新的产物，才能与知识创新所造就的社会相适应。知识创新使知识更新加快，主体也必须时时与知识发展的时代水平同步，不断学习补充。作为直接从事创新的主体，还必须超出前人的知识范围，创造出新的知识运用于创新活动。知识创新创造出不断膨胀、新生的对象世界，为认识活动提供了丰富而又变化的客体系统。客体系统的多样化、科技化、现代化，既是主体创新能力的尺度，又是主体认识能力提高的有利条件。丰富的对象世界扩大了认识的空间与视野，给予了认识活动所需的足够信息。更新的对象世界使认识的层次、领域不断转换，迫使着认识不能停顿与停滞。信息化的世界使很多认识客体不是以直观的事物、事件的本来面目出现，而是以经过多级转换的信息状态呈现，搜索、筛选、处理信息的能力成为主体认识的必要条件。知识创新是向未知、未行的领域挑战，它必然也要创造出新的认识中介系统，探索与把握新的认识对象。需要有更为先进的硬件性的认识中介，如电子计算机的升级换代，适应快速处理大量数据的要求，并开发出新的功能更多地代替大脑的工作，提高创造的效率。需要有更为灵活的软件性的认识中介，在思维方式、符号手段、决策程序等方面发生变革，以敏捷、开放、果断的思维品格，发现机遇，抓住本质，推出创新。

二、知识创新的可能空间

知识创新为认识论提供了“最容易感知的、最容易理解的”材料与对象，知识创新的基础问题也就是认识论的基础问题，知识创新的深入发展向认识论提出了一些根本性问题有待证明，这些问题的回答依靠知识创新自身发展的历史与逻辑。自古代哲学起，人总是在为自己的理性及其能力划定界限，不断地作出可能性证明。近代哲学的常用方式是“批判”，是要在人的活动的各个领域清除地基，扫除迷妄；现代哲学的流行词汇是“终结”（end），是要宣布人的活动领域正在一个个地达到极限，诸如“科学的终结”、“历史的终结”，还会有未发现、未终结的“终结”提出。独断论者在没有对人的认识能力进行批判考察之前，就断定理性具有把握客体的绝对能力，这是过于自信与乐观了。人在创造着自己的历史，但人不是全知全能、尽善尽美的，人活动的环境不是无摩擦、无损耗的，主体创新要受到有限资源、有限利益、有限理性的限制，创新活动表现出不可避免的破缺性、局限性与非效率性。每一时代的创新活动既显示了人能够做什么与人的能力的无限制性，也同时暴露了人在特定的历史条件下不能做什么与人的能力的有限性。怀疑论、不可知论尽管有其逻辑的与经验的基础，但同样是一种不完全归纳，企图以有限的证据来判定某一历史领域的“终结”，也是一种形而上学（metaphysics）。从宇宙演化规律与人的自然规律来看，人类必定有其终结与极限，但先验地把这一界限确定在某一点，就像19世纪末宣布物理学的“终结”一样，只能是作茧自缚。20世纪是“终结论”不断出台的世纪，也是“终结论”不断破灭的世纪。知识创新取得了一个又一个的成就，保持着旺盛的生命力，充分显示了人类理性的力量和人的认识与实践能力的巨大潜力。康德提出的问题具有永恒的魅力，这就是：（1）我能知道什么？（2）我应当做什么？（3）我可以期待什么？（4）人是什么？① 知识创新也有自己的“我能知道什么”与“我能做什么”的问题，也就是对人的认识与实践能力，特别是创新能力作出反思，提出知识创新的知识、技术、经济和社会可能问题。

知识可能。知识创新是以知识进步为前提的，无止境的知识进步可以提供无穷尽的知识资源。知识可能是知识创新的认识可能，是指知识进步的可能性及其限度，指人的认识能力的无限性与有限性的矛盾。知识创新所要求的知识可能，并不企图穷尽宇宙的一切奥秘（这对人来说是一种奢望），只是要求对人所生存的世界（自然与社会）作出趋于全面、准确、深入的规律性说明，为人的生产活动与社会活动提供工具性帮助。人的知识的最本质的和最切近的基础，是“人所引起的自然界的变化”，作为知识基础的人化自然的不断生长，知识进步也就有了坚实的根基与长久的源泉。人的认识能力，无论是个体能力还是社会能力，有其自然遗传基础，但更多的是一种文化遗传与进化，后者的进步速率，远远超过了前者。知识创新所要求的知识进步，既有基础科学重大突破，也有对现有知识的新的组合。应该承认，基础科学的革命不是连续的，不能呈指数上升。如同百米跑的速度一样，基础科学的进步越趋于极限，科学进步的边际成本就越高，进展就越为艰难。这涉及人的智能的极限、人工超智能的可能以及科研投入的支付能力等因素。知识进步也可以发生于知

① 康德：《逻辑学讲义》，商务印书馆 1991 年版，第 15 页。

识的移植、交叉、重组、转化，这种组合创新的可能空间是无限的，知识进步的很大部分是属于这种性质知识的增长。普遍知识与具体实践的结合，理论知识向应用知识的转化，不同领域知识的融合，构成了新知识产生的无数组合可能，这使来源于组合知识的知识进步有着巨大的生长潜力。而且，知识只要产生并获得了脑外的载体，就永远不会消失，这就使知识的基数越来越大，知识组合的可能越来越多。当代的“知识爆炸”，知识急剧增长就证明了这一点，很多新增长的知识都是对知识新组合的产物。知识的可能性证明，依靠知识作为形式系统的逻辑的自洽性，界定知识的逻辑可能性。更重要的是，知识的可能性证明在实践中，实践的逻辑是知识可能的根本逻辑。只要实践在发展着、创造着，知识就没有终结，就没有达到极限。当然，认识是历史的，知识创造是有约束条件的，每一时代的认识都有它不可逾越的极限。至于有没有知识的绝对界限，这一界限在哪里，“我们宁可从我们的思维已经探索到和每天还在探索的东西中，来认识我们的思维究竟能探索到什么东西。这从量上和质上来说已经足够了。”①

技术可能。知识创新是改变现实世界的活动，它要求知识的对象化，知识能够转化为现实的事物，要求创新的技术可能。技术可能是主体以一定的观念模型为依据，借助于相应的工具，通过自身的活动，改变对象的状态的能

① 《马克思恩格斯选集》第4卷，人民出版社1995年版，第332页。

力。如果说知识可能是“想出来”的可能，技术可能则是“做出来”的可能，是一种实践的能力。知与行是不对称的，某些问题是“知难行易”，某些问题则是“知易行难”。能够导致创新的知识有其限定和规定性，非科学性、非实践性的知识是没有技术可能的，它们是为满足人的精神生活需要而生产出来的。即使是服务于实践需要的创新知识，也不是都具有技术可能，要受到实践本身条件的限制。这些条件包括，工具系统是否相适应，操作系统是否相匹配，主体系统是否相协调等。特别是作为创新的技术可能，本身就是开创性的可能，满足可能性的条件不能在事先得到完全证明，创新的技术可能证明往往在创新之后。由于技术可能要求的条件需要逐步积累，这就使知识转化的技术可能具有现实的可能或潜在的可能。当条件完备时，技术可能就是现实的可能；当条件还不具备但有形成可能时，技术可能就是一种潜在的可能，只要条件成熟，创新就成为现实的可能。知识创新并不限于生产领域，它也包括社会创新。社会创新的技术可能更为复杂，因为社会创新要改变的不是无生命、无意识、无权利的物质材料，而是人的传统习惯、交往方式、利益关系、行为规则等。理论上是“应如此”，但意志的努力不一定都能达到预期效果，因此社会工程更需要把握自己的技术可能。技术可能是知识创新的硬约束条件，它给出了知识应用的技术边界，划出了知识创新的技术可能空间。技术可能是进化的，它随着实践创新能力的发展，实践创新条件的完善而不断扩大。技术可能是可以创造的，它本身也是创新的对象。技术创新是一个系列过程、系统行为，但它的核心是新技术的诞生。新技术也就相应地改变了原有技术的功能与输出，创造了新的技术可能。社会的变革与新制度的确立，实际上也提高了社会主体的实践能力，做出了新的社会可能。技术可能与创新知识是密切相关的，技术可能支持着创新知识的实现，创新知识也在潜移默化地塑造着技术能力的诸要素，改变着技术可能，为自己创造出现实地复制自身的可能世界。

经济可能。知识创新如同人的任何活动一样具有经济性质，是资源的使用、投入与配置，需要以一定数量的资源为启动条件。即使是知识创造的脑力劳动，也需要有维持主体生命的生活资料、提高主体智力水平的教育费用与保证知识创造的工具、材料等物资。知识创新要有经济可能，这种经济可能首先是资源可能。资源可能是满足知识生产的物质条件，是认识活动得以展开的资源基础。社会所能提供的剩余产品越多，人们所能支配的自由时间越多，认识的资源可能也就越大。现代科学技术已经成为资源消耗越来越大的活动，高科技的每一点进步，都不是依靠天才式的灵感、作坊式的实验所能取得的，而是需要昂贵的物力、人力的投入。知识的进步不仅有智力的边际成本，而且有资源的边际成本。知识创新是一种社会化的活动，创新要能够扩散，被社会所接受。在市场经济条件下，很多创新是通过供求、买卖、交易得以社会化的，知识创新的经济可能也包括市场可能。市场可能是市场容纳创新的程度，是创新在市场扩散的范围。市场可能决定着一项创新能否成功以及成功的大小，市场如同网络可以把创新的效应放大至各个相关区域，市场也可能不接受某项创新，这并不以创新主体的意愿为转移。市场可能是由多种因素决定的，从需求方面来说，包括有效需求的总量，需求层次与种类，消费者偏好变化，需求弹性与替代成本等因素；从供给方面来说，包括创新与需求的契合程度，创新推广与扩散的努力程度，以及创新推出的时机等因素。如果市场不能为新产品等创新提供实现的条件，不能消化创新事物，那么即使这种创新具有生产可能，它的影响与效应也会受到很大的削弱，也就减少了它的现实可能。

社会可能。知识创新作为发生于社会之中、在社会中实现的活动，它的发展程度、成功与否，并不仅仅取决于知识、技术、市场所提供的可能，还最终取决于社会环境所提供的可能。局部的实践能力要受制于社会的实践能力，经济可行性不完全等于社会可行性。社会是多维的，具有各种各样的规范，形成了多维的尺度，这些多维尺度的制约共同构成了知识创新的社会可能空间。社会可能是知识创新的环境条件，是知识创新的基本约束。即使是市场空间也不是生存于真空中的，它要受到许多非市场因素的影响。这些非市场的社会因素，既可以扩张创新的市场可能，也可以抑制创新的市场可能，如政府对市场中某项创新干预的行为。广义的创新不仅仅是商业行为，它包括社会领域的各项创新，大至社会制度的变革，小至某项行为规则的建立，都是更为重要和艰难的改革，都需要相应的社会可能支持。社会可能是社会发展的产物与社会进步的标志，一个社会为知识创新提供的可能空间越大，对知识创新的引导机制越为完善，该社会的知识创新也就能够更多地产生出来，更有效地发挥其促进作用。社会可能是由社会的政治、经济、文化、民众等因素构成的，社会的制度建设影响着知识创新活动能否在规范、有序的平台上运行，社会的文化氛围制约着创新扩散的速度与范围，人的素质、能力与创新的技术层次密切相关。社会可能说到底是人的可能，社会是人做出的最根本创新。人创造了社会，社会也创造着人的活动方式与活动空间。人能够在什么程度上建设一个合目的性与合规律性相统一、价值理性与工具理性相协调的社会，社会就能够在什么程度上为人的各种创造性活动提供相应的可能性空间。

知识创新是人的活动的普遍性质，是有史以来就存在的人的活动的产物。在不同的历史时期与经济形态，知识创新的自身发育水平与社会历史作用是不同的，知识创新的性质与内容不同，它所要求的认识与实践的水平、特征也是不同的。在知识经济时代，知识创新成为经济与社会发展的主要依靠，知识成为最重要的生产要素，创新成为发展的灵魂。方兴未艾的知识经济，已经部分揭示了知识经济时代知识创新的特征及规律，显示了人类认识从低级到高级，从简单到复杂，进入了一个新的阶段。当代知识创新以空前的广度和深度塑造着当代社会，也以同样的力度塑造着当代人的认识活动。当代人的认识活动在历史的进步中达到了新的水平，这种新获得的认识能量注入了知识创新活动，这也是当代知识创新何以可能的认识基础。

中国特色社会主义道路是不可逆转的路

——关于中国特色社会主义的探讨

ZHONGGUO TESE SHEHUI ZHUYI DAOLU SHI BUKE NIZHUAN DE LU

社会主义从空想到科学的方法论转变*

马克思和恩格斯创立的社会主义理论标志着从空想社会主义到科学社会主义的根本性转折。理论的转变内含着方法论的转变，即在揭示历史规律的基础，认识社会变迁的根据，把握科学进步的本质等方面的变革。方法论的转变是理论转变的决定性因素，这种转变使社会主义从空想到科学成为可能。

一、社会主义的理论基础：从求助于理性到求助于历史

18 世纪、19 世纪初的空想社会主义，就其内容的实质来说，是资本主义生产方式的内部矛盾在发展初期的思想反映与理论表现。但就其哲学渊源与理论形式来看，却“表现为 18 世纪法国伟大的启蒙学者们所提出的各种原则

---

* 本文发表于《新疆社会科学》2001 年第 6 期。

的进一步的、似乎更彻底的发展”，[1] 特别是理性原则的彻底发展。启蒙运动的思想家，高举理性的旗帜，高扬理性的权威，强烈反对封建蒙昧，无情批判宗教神学。在他们看来，18 世纪是理性的时代，“一切都必须在理性的法庭面前为自己的存在作辩护或者放弃存在的权利。思维着的知性成了衡量一切的唯一尺度”。[2] 而理性的实践则是建立理性的国家与理性的社会。当法国大革命把资产阶级奉为完美的理想世界的理性国家与理性社会实现之后，把理性的标准应用于资本主义社会自身，却发现在资产阶级与无产阶级的尖锐对立与贫富差距加大面前，在资产阶级把“‘自由，平等，博爱’这句格言代以毫不含糊的‘步兵，骑兵，炮兵！’”[3] 的统治面前，资产阶级标榜的理性的国家与理性的社会破产了。抽象的超验的理性并不具有衍生出合乎理性的历史的现实能力与必然性。“同启蒙学者的华美诺言比起来，由‘理性的胜利’建立起来的社会制度和政治制度竟是一幅令人极度失望的讽刺画。”[4]

法国革命之后的空想社会主义者，如圣西门、傅里叶和欧文等人，他们的政治思想已经转向了抨击与否定资本主义社会，但他们的哲学思想却同样源于推动建立资产阶级共和国的启蒙思想，同样属于法国唯物主义的继承者。空想社会主义仍然把理性作为其理论的基础，用理性和正

① 《马克思恩格斯选集》第 3 卷，人民出版社 1995 年版，第 355 页。
② 《马克思恩格斯选集》第 3 卷，人民出版社 1995 年版，第 355 页。
③ 《马克思恩格斯选集》第 1 卷，人民出版社 1995 年版，第 622 页。
④ 《马克思恩格斯选集》第 3 卷，人民出版社 1995 年版，第 607 页。

义的原则来批判资产阶级世界的不合乎理性与非正义，而社会主义只不过是理性和正义在资本主义那里破灭后的重建，未竟之梦的成真。马克思指出，这种“空论的社会主义”，是在头脑中用理性去演绎历史，“它自然就把未来的历史进程想象为正在或已经由社会思想家协力或单独设计的种种体系的实现”，“这种空论的社会主义实质上只是把现代社会理想化，描绘出一幅没有阴暗面的现代社会的图画，并且不顾这个社会的现实而力求实现自己的理想。”[①] 空想社会主义还没有足够的时间锻造自己的哲学思想，还没有与历史要求相当的能力发现自己的理论原点，只能照搬照套启蒙学者的智慧。更为根本的是，空想社会主义不成熟的理论是同18世纪不成熟的资本主义生产状况、阶级状况相适应的，不发达的经济关系造就了头脑中幻想的发达，缺乏解决社会问题、消除社会弊病的现实途径，只能寄希望于思维着的理性。理性的依赖以致迷信反映了历史的不成熟，历史还没有显示和证明自身的实践力量。正如恩格斯指出的：“空想主义者之所以是空想主义者，正是因为在资本主义生产还很不发达的时代，他们只能是这样。他们不得不从头脑中构想出新社会的要素，因为这些要素在旧社会本身还没有普遍地明显地表现出来；他们只能求助于理性来构想自己的新建筑的基本特征，因为他们还不能求助于同时代的历史。”[②] 社会主义

① 《马克思恩格斯选集》第1卷，人民出版社1995年版，第461－462页。
② 《马克思恩格斯选集》第3卷，人民出版社1995年版，第616页。

要变为科学，就必须把理论的基础从理性转向历史。

科学社会主义是近代大工业的产物，资本主义生产方式取得了统治地位并且得到了充分发展，也就同时提供了社会主义成为科学的现实历史基础。社会主义已经孕育在资本运动的历史之中，理论不仅应该而且可以求助于历史，社会的科学所要求的历史条件已经产生，理论的任务只是把在历史中潜藏的这种趋势、规律、必然性如实地反映与表现出来。社会主义及其实现“不应当从头脑中发明出来，而应当通过头脑从生产的现成物质事实中发现出来。”[①] 19 世纪上半叶，随着资本的积累与集中，劳动与生产资料的进一步社会化，无产阶级的成长壮大，资本主义经济危机的不断爆发，表明了“生产资料的集中和劳动的社会化，达到了同它们的资本主义外壳不能相容的地步”，[②] 由社会占有全部生产资料的经济条件与物质条件已经具备，社会主义的实现已经成为客观的可能与历史的必然。

科学社会主义置身于历史的基础之上是以唯物史观为理论中介的，社会主义求助于同时代历史的哲学结晶是唯物主义历史观的创立。以往的社会主义在历史领域还是唯心主义，它还不能从生产力与生产关系的矛盾运动，从生产方式的内在规律去说明历史，证明资本主义在一定历史时期存在的必然性与灭亡的必然性，揭示社会主义的历史

① 《马克思恩格斯选集》第 3 卷，人民出版社 1995 年版，第 618 页。

② 《马克思恩格斯选集》第 2 卷，人民出版社 1995 年版，第 269 页。

根据。因此，空想社会主义虽然批判了现存的资本主义生产方式及其后果，但是，“它不能说明这个生产方式，因而也就制服不了这个生产方式；它只能简单地把它当做坏东西抛弃掉。”① 唯物主义历史观是马克思的伟大发现，马克思把唯物主义和辩证法的最新进展，包括自然科学的最新发现，与那些引起历史观决定性转变的历史事实结合起来，提出了一种唯物主义的历史观，用于指导他的经济学与社会主义理论的研究，同时在这种研究中充实与深化着新的历史观。唯物主义历史观用物质资料的生产与再生产说明社会革命与历史变迁的基础，指出了对各种社会经济形态的产生、发展和衰落过程进行全面而周密的研究的途径，说明了社会形态的更替是一个依据于物质条件发展状态的自然历史过程。唯物主义历史观的确立是社会主义变成科学的根本理论条件，它与剩余价值理论本身就是科学社会主义的核心内容与基础理论，科学社会主义的内容就是唯物主义历史观与剩余价值规律的展开及其应用。

社会主义从求助于理性转向求助于历史，使社会主义不再只是抽象原则或思维理性的产物，而是基于现实的历史运动的产物，这个转向是社会主义成为科学的方法论前提。如同恩格斯所说：“为了使社会主义变为科学，就必须首先把它置于现实的基础之上。”② 从理性到历史，并不是否定和无视理性，而是把理性作为历史的产物，把理

---

① 《马克思恩格斯选集》第3卷，人民出版社1995年版，第365－366页。

② 《马克思恩格斯选集》第3卷，人民出版社1995年版，第358页。

性纳入历史，用历史说明和规定理性，使理性成为现实的理性。求助于“同时代的”历史，就能够把社会主义置于现实的基础之上。作为历史运动的现实基础，首要和基本的就是社会的物质条件与经济生活，是直接从生产和交往中发展起来的市民社会。从现实的经济运动出发，社会主义就不是某个天才头脑的偶然发现，不是理性王国的逻辑实现，而是生产力与生产关系矛盾运动的内在要求，是生产力自己开辟自己道路的内在趋向。科学社会主义的任务不再是构想出一个尽可能完善的社会制度，而是研究经济运动的现实展开过程，在现存的经济关系中找出解决矛盾的途径与手段。求助于历史，使社会主义理论有了实证的也就是科学的基础。因此，马克思和恩格斯从来不是从一种善良的愿望出发来谈社会主义的实现的，而是把社会主义作为一种历史活动，它的实现与否取决于历史条件的发展和成熟程度。他们认为：“共产主义对我们来说不是应当确立的状况，不是现实应当与之相适应的理想。我们所称为共产主义的是那种消灭现存状况的现实的运动。这个运动的条件是由现有的前提产生的。”①

二、社会主义的内在根据：从在哲学中寻找到在经济中寻找

社会主义意味着资本主义的历史否定与历史变革，是

① 《马克思恩格斯选集》第1卷，人民出版社1995年版，第87页。

社会经济形态的演变。资本主义和社会主义首先是一种经济制度、经济关系，而不仅仅是一种哲学理念、哲学假说。社会主义作为替代资本主义的一种新型的社会形态，即使当它还是以理论方式存在时，它得以发生与实现的内在根据也是存在于该时代的经济生活、生产实践中，而不是存在于该时代的哲学思想中。社会主义的必然性是在经济中发现出来的，而不是在哲学中发明出来的。

18 世纪、19 世纪初的空想社会主义者更多的是从启蒙哲学中得出他们的社会主义结论的，社会主义是他们从启蒙哲学推导出来的政治理想。启蒙思想家把历史看做是理性的产物，想借助理性的力量来改变世界，抽象的理性成为一种超时空的逻辑力量，社会主义成为理性的历史再现。圣西门把自己的任务规定为建立一种能够准确预知人类未来的原理，这样人类就可以根据宇宙法则的已知程序，有把握地计划自己的共同未来。圣西门也强调经济因素的重要性，但他实际上把经济因素看做是宇宙法则的结果而不是社会变革的原因。傅里叶认为合理的与和谐的秩序是自然界与人类同样存在的先定的基本结构，他的和谐社会代表着必然会到来的人类发展阶段。启蒙思想家提出了自然法理论，把自然状态下的自然秩序、自然权利以及人的本性当成人类的完美状态与理想境界，社会进步只不过是向这种“自然状态”的复归。欧文认为在新的社会中，在符合人的本性的生活条件下，人将恢复自己的完美性，他的使命是“着手把地球变成永远充满着和平和幸福的人间天堂”。[①] 仅仅在哲学中寻找理论根据的研究方法，不仅表现在启蒙哲学家及其后来的空想社会主义者身上，也表现在当时的经济学家身上。在他们看来，新经济学不是那个时代的关系和要求的表现，而是永恒的理性的表现，生产和交换的规律，不是这些活动的历史地规定的形式的规律，而是永恒的自然规律，这些规律是从人的本性中引申出来的。

空想社会主义在该时代的哲学中寻找社会主义的内在根据，从哲学的规范出发提出一种关于未来社会的具有空想性质的理想，在当时的历史条件下是有进步意义的。空想社会主义者代表了18世纪资本主义社会中的良知，他们勇敢地揭露了资产阶级理性王国的不合理性、正义、人道的方面，设计了完善、美好的理想世界，激励着人类为之而追求与奋斗。但由于理念先行，这种理想是乌托邦的现代版，也就必然具有先验性和非历史性。恩格斯评论道：“把社会主义社会看做平等的王国，这是以‘自由、平等、博爱’这一旧口号为根据的片面的法国看法，这种看法作为一定的发展阶段在当时当地曾经是正确的，但是，像以前的各个社会主义学派的一切片面性一样，它现在也应当被克服，因为它只能引起思想混乱，而且因为已经有了阐述这一问题的更精确的方法。”[②] 在该时代的哲学中寻找，是因为18世纪的启蒙哲学既可以用于说明资

① 《欧文选集》第2卷，商务印书馆1981年版，第23页。
② 《马克思恩格斯全集》第34卷，人民出版社1972年版，第124页。

本主义代替封建主义的合理性，也可以说明社会主义代替资本主义的合理性。没有在该时代的经济中寻找，是因为18世纪法国的资本主义还没有得到充分发展，法国革命后的社会经济现象虽然暴露出阶级压迫、贫富差距、道德衰败等病症，但资本主义还没有经历经济危机，还不能从经济运行本身显示该制度灭亡的必然性。历史的贫困使社会主义思想家不能求助于历史，经济的贫乏同样使他们不能在经济中寻找历史的根据。作为资本主义经济的理论反映——古典经济学和庸俗经济学，是以论证资本主义的永恒合理性为使命的，李嘉图提出了劳动价值论，但他并没有深入一步揭示资本主义生产的奥秘；巴师夏则有意识地成为辩护论的经济学家，提出交换是以等价为基础的，这就表明人类社会各个阶级的利益是和谐的，从而掩盖了雇佣劳动的剥削性质。与空想社会主义同时代的经济学，不能为社会主义提供经济学的证明，这也是社会主义只能在哲学中寻找内在根据的理论原因。

对一种社会形态代替另一种社会形态的科学证明，仅仅依靠哲学是不够的，因为哲学只能够提出社会进步的基本动力与普遍规律。社会主义作为一种经济形态，它的必然性证明产生于对资本主义深入的经济分析中，这种严格的经济研究是任何哲学所不能替代的，否则社会主义就只是哲学的产物、道德的要求、正义的感召了。马克思积几十年之心血，从事政治经济学批判，撰写《资本论》，就是要在该时代的经济中寻找资本主义为何灭亡、社会主义何以可能的内在根据。正如恩格斯所说："一切社会变迁和政治变革的终极原因，不应当到人们的头脑中，到人们对永恒的真理和正义的日益增进的认识中去寻找，而应当到生产方式和交换方式的变更中去寻找；不应当到有关时代的哲学中去寻找，而应当到有关时代的经济中去寻找。”① 马克思在资本主义经济中的寻找使他发现了剩余价值，揭露了资本主义生产方式的“一直还隐蔽着的内在性质”，揭开了资本主义生产的秘密，说明了资本主义生产与再生产的过程。剩余价值学说是马克思经济理论的基础，从剩余价值的内在矛盾出发，资本积累的趋势导致资本的垄断成了在这种垄断之下繁盛起来的生产方式的桎梏。科学社会主义是以剩余价值理论为起点，以此为中心发展起来的，马克思透彻的经济分析，使社会主义的信念与信心，基于现代生活中“可以感触到的物质事实，而不是基于某一个蛰居书斋的学者的关于正义和非正义的观念。”② 由于马克思的唯物主义历史观和剩余价值这两个伟大发现，社会主义从空想变成了科学。

科学社会主义的历史转向与经济转向在方法论上是一个递进的关系，转向经济是转向历史的逻辑结果，只有转向经济才能真正地转向历史。历史是追求着自己目的的人的活动，这种活动的基础是物质的、生产的、经济的活动，经济的历史是人类的历史得以延续的基础。唯心主义历史观用人的观念、精神、理性的历史来注释和覆盖历

① 《马克思恩格斯选集》第3卷，人民出版社1995年版，第617－618页。
② 《马克思恩格斯选集》第3卷，人民出版社1995年版，第501页。

史，唯物主义历史观的确立保证了历史的经济转向，因为唯物主义历史观本身就是用物质资料的生产与再生产去解释历史，就是经济转向的方法论前提。科学社会主义的经济转向并不是意味着社会主义可以没有哲学，而只是强调哲学不是远离经济生活的遐想，不是永恒不变的定律，不是任意套用的规范，哲学必须要寻找自己的世俗基础，必须要学会用经济自身的力量来说明社会经济的演变，哲学要深入经济世界。事实上，科学社会主义的创立就是依靠了哲学和经济学的两大发现，唯物史观和剩余价值的统一构成了科学社会主义的基础。科学社会主义要求创建新的经济学，经济学对于保证社会主义的科学性具有极大的重要性。马克思以前的经济学不能为社会主义提供理论证明，它掩盖了资本主义生产方式的本质与深层矛盾。社会主义的经济学证明不可能完全依赖以往的经济理论，而必须在批判地继承古典经济学的基础上，直面现实的资本主义经济，直接占有经济生活的现实材料，经过公正无私的科学探讨，建立起符合实际的、经得起实践检验的马克思主义经济学以及社会主义理论。

三、社会主义的科学证明：从寄托于空想到扎根于实践

空想社会主义者不仅就其理论本身具有空想的性质，而且在实践的意义上他们大多数也属于空想家而不是革命家，“他们的弱点在于只是让理想处于理想的阶段，而不

设法去采取行动。”[①] 空想社会主义者看不到无产阶级的任何历史主动性，也不可能看到无产阶级解放的物质条件，于是就用理论的活动来代替实践的活动。对于空想社会主义者来说，“社会的活动要由他们个人的发明活动来代替，解放的历史条件要由幻想的条件来代替，无产阶级的逐步组织成为阶级要由一种特意设计出来的社会组织来代替。在他们看来，今后的世界历史不过是宣传和实施他们的社会计划。”[②] 空想社会主义者以为善良的愿望可以抹平利益的鸿沟，总是不加区别地向整个社会呼吁，而且主要是向统治阶级呼吁。他们以为，人们只要理解他们的体系，就会承认这种体系是最美好的社会的最美好的计划。柯尔评论道：“这些社会批评家根本不是革命家或叛逆者，其中有些人只是提出了一些要求改革的温和而实际的建议，大多数人都把希望寄托在教育和理性的发展上，而不是寄希望于任何被压迫者的反抗。他们的志趣不是描绘乌托邦，就是设计种种完美社会的模型及其行为规范。18 世纪的乌托邦主要是虚构美好的梦境，宣扬一些关于道德行为规范的箴言，而不是改组社会的实际方案。”[③] 空想社会主义者不把理论付诸实践，也就根本没有准备用实践去检验理论的科学性，因为他们以为社会主义是绝对真理的表现，而绝对真理是不依赖于时间、空间和人类的

① 乔·奥·赫茨勒：《乌托邦思想史》，商务印书馆 1990 年版，第 294 页。

② 《马克思恩格斯选集》第 1 卷，人民出版社 1995 年版，第 303 页。

③ G·D·H·柯尔：《社会主义思想史》第 1 卷，商务印书馆 1977 年版，第 17－18页。

历史发展的，也就不存在实践证明的问题。

空想社会主义者不是在一般的意义上否认行动的，他们与科学社会主义的原则分歧在于，他们拒绝一切政治行动，特别是一切革命行动。一部分空想社会主义者想通过和平的途径达到自己的目的，并且企图通过一些小型的试验，通过示范的力量来为新的社会福音开辟道路。如傅里叶设计的社会主义移民区“法伦斯泰尔”，卡贝描绘的理想国“伊加利亚”。真正付诸行动的是改革家欧文的国内移民区，欧文在苏格兰的新拉纳克进行了30年的社会主义试验，在伦敦组织了建立劳动交换市场的试验，在美洲以他的全部财产进行共产主义试验。这些试验也曾取得一些成效，使他名闻全欧，但最终要遭到失败，或者说从一开始就注定不会成功。究其原因，除了欧文代表的改良主义力量的自身软弱，资本主义社会的强烈抵制与反抗外，这些试验的空想性质是内在的原因，“他们还总是梦想用试验的办法来实现自己的社会空想”。[①] 空想社会主义的试验家要建造的是“空中楼阁”，而空中楼阁是不可能在现实世界中建成的，即使侥幸建成也会由于缺乏现实基础而必然倒塌。1832年，欧文推行没有货币中介，用以劳动小时为单位的劳动券来交换劳动产品的市场，结果造成了供求脱节，劳动券贬值。不到3年，交换市场倒闭，欧文拿出了2000多英镑弥补亏损。[②] 空想社会主义的先天缺

① 《马克思恩格斯选集》第1卷，人民出版社1995年版，第305页。

② 参见 维·彼·沃尔金等：《论空想社会主义》中，商务印书馆1980年版，第322－324页。

陷，使它即使在小型的试验中，也很快暴露出其非历史、非科学的纯粹空想性质。

从空想到科学并不是社会主义的目的本身，科学社会主义的使命是要实现从理论到实践的转化，不仅作为实践的理论而存在，而且作为理论的实践而展开。马克思和恩格斯在共同创立他们的理论之初，就明确表达了他们的实践取向，指出“对实践的唯物主义者即共产主义者来说，全部问题都在于使现存世界革命化，实际地反对并改变现存的事物。”[①] 他们所要革命的目标和改变的对象，在《共产党宣言》中得到了明确的表达。马克思和恩格斯并没有把科学社会主义理论的建立当做任务的终结，他们清醒地意识到：“仅仅有认识，即使这种认识比资产阶级经济学的认识更进一步和更深刻，也不足以使社会力量服从于社会的支配。为此首先需要有某种社会的行动”。[②] 与空想社会主义的“示范”、“试验”相比，科学社会主义强调的是政治的行动，要推翻的是资本主义制度；是革命的行动，要运用物质的以至于暴力的手段；是群众的行动，要动员广大无产阶级共同为自己的利益而斗争。社会主义进入实践领域，就是要使社会主义的科学价值变为历史价值。

社会主义从空想的理论变为科学的理论，并不意味着科学社会主义从此成为一种绝对真理，获得了最终性质。在具体的认识结果中，马克思和恩格斯是否定绝对真理的

① 《马克思恩格斯选集》第1卷，人民出版社1995年版，第75页。

② 《马克思恩格斯选集》第3卷，人民出版社1995年版，第668页。

存在的，他们继承了黑格尔的辩证哲学，认为科学认识“永远不能通过所谓绝对真理的发现而达到这样一点，在这一点上它再也不能前进一步，除了袖手一旁惊愕地望着这个已经获得的绝对真理，就再也无事可做了。”[①] 空想社会主义自命为绝对真理，受到了马克思和恩格斯的批判，马克思和恩格斯同样也反对把他们的理论与学说当做绝对真理。即使在19世纪末，在马克思主义得到空前普及、日益深入人心的情况下，恩格斯也郑重地声明：“马克思的整个世界观不是教义，而是方法。它提供的不是现成的教条，而是进一步研究的出发点和供这种研究使用的方法。”[②] 把科学当做绝对真理并不能保证其科学性，恰恰相反，这正窒息了理论的科学性，催生了理论的非科学性。从根本上说，社会主义的科学证明在实践中，科学社会主义要通过实践来检验自身的真理性。强调科学社会主义的实践标准，是为了促进科学社会主义在实践中的发展。科学社会主义不是最终的、永恒的、完成的认识，那就只有在实践中获得丰富与发展的源泉，获得生命力的支持。科学不仅不害怕实践，而且应该主动地投入于实践之中。

实践是历史的，社会主义的科学证明依靠历史的实践。历史意味着变化，“所谓‘社会主义社会’不是一种一成不变的东西，而应当和任何其他社会制度一样，把它看成是经常变化和改革的社会。”[③] 社会主义的实践本身

① 《马克思恩格斯选集》第4卷，人民出版社1995年版，第216页。
② 《马克思恩格斯选集》第4卷，人民出版社1995年版，第742－743页。
③ 《马克思恩格斯选集》第4卷，人民出版社1995年版，第693页。

在发展着、变化着，这些发展和变化肯定与原有的社会主义理论有不一致的地方，这就要求用新的实践去补充、完善理论，而不是为了维护原有理论的固定性去限制活生生的实践。正如江泽民指出的："不能拿本本去框实践，而是要用实践去发展本本。"[①] 科学不在于一成不变，一成不变的很可能变成教条。社会主义本身就是一部历史，20世纪社会主义的成功与挫折、高潮与低潮、改革与僵化，包含着大量的经验与教训，远远超出了前人的想象与预料。20 世纪的世界历史是社会主义生长的大环境，也表现出高度的复杂性、多样性、系统性等特征，显示出不同于 19 世纪工业资本主义的社会状态与历史图景。这些历史材料一方面使科学社会主义得到了新的证实，反映出马克思和恩格斯理论的生命力与思想的洞察力，一方面又向科学社会主义提出了许多新的问题，要求作出新的回答。科学社会主义只有很好地研究与回答历史的新课题，才能在与时代同步发展的过程中保持着生机与活力。历史不会终结，把社会主义的某些历史事件看成"历史的终结"是反历史的。中国特色社会主义进入了 21 世纪，社会主义的科学证明与历史证明仍在继续。社会主义的命运及其信心依赖于 21 世纪以至于以后一个长时期的人类历史实践，而历史的实践又不是宿命论的走向，还要取决于社会主义的主体建设、主体努力、主体力量。

① 江泽民：《论"三个代表"》，中央文献出版社 2001 年版，第 75 页。

中国特色社会主义的创造性探索和回答*

改革开放以来中国特色社会主义的伟大历程，是我们党勇于开拓、深入探索、不断创新的光辉历程。胡锦涛同志在纪念党的十一届三中全会召开30周年大会上的讲话中，强调指出30多年来，我们党的全部理论和全部实践，归结起来就是创造性地探索和回答了什么是马克思主义、怎样对待马克思主义，什么是社会主义、怎样建设社会主义，建设什么样的党、怎样建设党，实现什么样的发展、怎样发展等重大理论和实际问题。这就进一步系统概括了党在开创中国特色社会主义道路、创建中国特色社会主义理论体系过程中面对和解决的重大问题，是对30年来理论创新和实践创新主要成果的科学总结，体现了历史的逻辑、理论的逻辑与问题的逻辑的高度契合，使我们理论视野更加开阔，思维程度更加深入，更加自觉推进中国特色

---

* 本文发表于《人民日报》2009年6月26日。

社会主义道路越走越宽广。

一、问题是时代的声音

作为一个引领方向、把握大局的执政党，能否准确发现和正确解决前进道路上的矛盾和问题，特别是紧紧抓住主要矛盾和关键问题，是检验其理论思维水准、治国理政能力的重要标志。问题就是时代的声音、口号和呼声。问题是否正确决定了方向是否对头，问题是否敏锐决定了行动是否及时，问题是否根本决定了发展是否顺利。在一个十几亿人口的发展中大国建设中国特色社会主义，其艰巨性、复杂性和风险性世所罕见，对我们党把握问题、探索问题、解决问题的能力也提出了前所未有的要求。我们党在改革开放的历史进程中，既紧跟时代潮流又扎根中国大地，既坚持基本原则又勇于解放思想，紧密依据中国特色社会主义实践的发展要求和发展阶段，深刻揭示影响发展的根本性矛盾，鲜明提出并着力探索和回答重大理论和实际问题，同时不断深化和发展理论认识，不断提出和解决新的问题。问题的孕育和发展是一个过程，对问题的发现和认识也是一个过程，问题的逻辑决定于实践的逻辑。

改革开放以来，面对那些对马克思主义的错误的教条式的理解和时代与实践的新情况新课题，我们党在探索和回答什么是马克思主义、怎样对待马克思主义的重大问题中，把坚持马克思主义基本原理同推进马克思主义中国化结合起来，创立了中国特色社会主义理论体系，实现了马克思主义在中国的大发展；面对改革开放迈不开步子的状况和对社会主义的一些不科学的甚至扭曲的认识，我们党在探索和回答什么是社会主义、怎样建设社会主义的重大问题中，把科学社会主义基本原则与中国实际和时代特征结合起来，开创了中国特色社会主义道路，社会主义在中国大地上焕发出勃勃生机；面对世情、国情、党情的新变化和长期执政、改革开放、发展社会主义市场经济的新考验，我们党在探索和回答建设什么样的党、怎样建设党的重大问题中，加强党的执政能力建设和先进性建设，不断增强党的阶级基础和扩大党的群众基础，不断提高拒腐防变和抵御风险能力；面对工业化、信息化、城镇化、市场化、国际化深入发展的新形势新任务和我国发展面临的新课题新矛盾，我们党在探索和回答实现什么样的发展、怎样发展的重大问题中，坚持以人为本的发展、全面协调可持续的发展、统筹兼顾的发展，进一步深化了对三大规律的认识，推动实现经济社会又好又快发展。四大问题的渐次提出及其深入思考，反映了我们党求真务实精神的不断增强和理论思维能力的不断提高，表明了我们党把握事物本质、主要矛盾、实践要求能力达到了一个新境界。

二、问题是体系的根据

一个理论体系有其自身的逻辑，体系的逻辑从根本上说，是由问题的逻辑决定的。问题决定了体系的起点、展开和结构，决定了体系的科学性、逻辑性和稳固性。中国特色社会主义理论体系是一个系统完整的科学理论体系，其系统性完整性来源于中国特色社会主义的实践性。从中国特色社会主义实践中产生和提炼出的重大问题，构成了中国特色社会主义理论体系围绕回答和解决的重大问题。中国特色社会主义理论体系紧紧围绕探索和回答这些重大问题展开，形成了一系列紧密联系、相互贯通的新思想新观点新论断。正是由于这些重大问题是在改革开放实践中历史地产生的，是建设和发展中国特色社会主义的基本问题，这就赋予中国特色社会主义理论体系以鲜明的实践特色、时代特色和民族特色。正是由于这些重大问题涉及中国特色社会主义的基本方面和主要领域，具有根本的内在相关性，这就使得中国特色社会主义理论体系是一个逻辑严密的有机整体。正是由于这些重大问题的提出及其认识不是封闭的、停滞的，而是一个无止境的过程，这就使得中国特色社会主义理论体系是一个动态的、开放的体系，在研究问题、深化认识的过程中更加完善、更加深刻。

围绕什么是马克思主义、怎样对待马克思主义的问题，形成了中国特色社会主义的思想路线，构成了中国特色社会主义理论体系的精髓，解决了回答其他问题的认识基础和理论前提。围绕什么是社会主义、怎样建设社会主义的问题，形成了中国特色社会主义的基本路线、基本纲领、基本经验和总体布局等，构成了中国特色社会主义理论体系的主题，回答了中国特色社会主义首要的基本的问题，既是什么是马克思主义、怎样对待马克思主义最重要的体现，又是建设什么样的党、怎样建设党，实现什么样的发展、怎样发展的政治前提和制度基础。围绕建设什么样的党、怎样建设党的问题，形成了中国特色社会主义的党的建设理论，解决了中国特色社会主义的领导核心问题，构成了中国特色社会主义理论体系的关键，是怎样建设社会主义、怎样发展的组织保证。围绕实现什么样的发展、怎样发展的问题，形成了中国特色社会主义的发展理论，构成了中国特色社会主义理论体系的主线，是与时俱进的马克思主义发展观，深化了对社会主义发展规律的认识，是我们党执政理念的丰富和升华。

三、问题是创造的源泉

理论创新起源于问题，问题就是实践中的矛盾所在、关键所在、出路所在。正确地提出问题是理论创新的出发点，重大问题往往孕育着重大理论创新。作为马克思主义中国化最新成果中国特色社会主义理论体系的创立，正是由于几代中国共产党人带领人民不懈探索实践，根据中国特色社会主义的实践发展要求，及时提出事关大局、事关长久的重大问题，推动了理论创新和实践创新不断产生新成果、进入新阶段、达到新境界。

问题是解放思想的产物，也是解放思想的标志。改革开放以来，我们党冲破落后的传统观念和主观偏见的束缚，从主观主义和形而上学的桎梏中解放出来，重新认识在社会主义发展道路上那些并没有完全搞清楚的重大问题。问题的提出需要解放思想，问题的回答同样需要解放思想。我们党把马克思主义作为科学的世界观和方法论，以科学精神对待马克思主义，坚持在实践中检验真理和发展真理，在实践中坚持和发展马克思主义。没有把马克思主义当做一成不变的教条，而是与时俱进的开放体系。因此，当代中国马克思主义实现了理论与实践的双向转化，极其丰富、复杂、深刻的改革开放实践为马克思主义增添了新的内涵；实现了世界与民族的相互融合，民族历史、民族文化、民族语言的注入，塑造了包容人类文明、具有民族气派的马克思主义；实现了历史与时代的贯通交融，历史的因素在延续，时代的精神在生长，增强了马克思主义的生机活力。

问题反映了现实的迫切需要，反映了马克思主义执政党强烈的责任意识和创新精神。在理论创新的道路上，我们党以我国改革开放和现代化建设的实际问题，以我们正在做的事情为中心，着眼于马克思主义理论的运用，着眼于对实际问题的理论思考，着眼于新的实践和新的发展，不离开本国实际和时代发展来谈马克思主义，推进了马克思主义在现实生活中的生动发展。建设中国特色社会主义是最大的实践问题和理论主题，我们党紧紧围绕这个主题，不断深化对社会主义本质属性的认识，不断拓展中国特色社会主义道路。从消除贫穷、增强国力的富强追求，到政治参与、自由平等的民主追求，到紧跟时代、繁荣文化的文明追求，到安居乐业、安定有序的和谐追求，都标志着对社会主义发展目标的认识升华。同时，努力探索保持社会主义生机活力的体制机制，得出了只有改革开放才能发展社会主义的时代性认识，建立了发展社会主义新的动力机制、利益机制、信息机制和调控机制，形成了不断赋予社会主义新的生机活力的体制机制基础。

问题无终结，创新无止境。重大问题是理论创新的动力，是与时俱进的起点。我们党在中国特色社会主义的伟大实践中，不断探索和回答重大理论和实际问题，把坚持马克思主义基本原理同推进马克思主义中国化结合起来，形成和发展了包括邓小平理论、“三个代表”重要思想以及科学发展观等重大战略思想在内的中国特色社会主义理论体系。中国特色社会主义理论体系是不断发展的开放的理论体系，一个重要原因在于，在一个经济文化比较落后的东方大国、在经济全球化不可逆转的时代条件下建设中国特色社会主义，肩负任务的艰巨性和繁重性、面临矛盾和问题的规模和复杂性、面对的困难和风险都是世所罕见的，会不断产生新的重大理论和实际问题，推动着当代中国马克思主义与时俱进。问题是变革的先导，是前进的牵引。问题的提出及其回答都是为了解决问题，都是要发挥思想导向和行动引领作用，不断开创改革开放和社会主义现代化建设新局面。

旗帜道路理论体系的高度统一*

中国特色社会主义伟大旗帜，是当代中国发展进步的旗帜，是全党全国各族人民团结奋斗的旗帜。高举中国特色社会主义伟大旗帜，是我们党在十七大向人民、向世界、向未来作出的庄严政治宣示。作为一个马克思主义执政党，旗帜是奋斗目标，旗帜是发展道路，旗帜是指导思想，这三者是高度统一的。胡锦涛总书记在十七大报告中明确指出，高举中国特色社会主义伟大旗帜，最根本的就是要坚持中国特色社会主义道路和中国特色社会主义理论体系。这一重要思想是学习领会十七大精神的关键，具有重大的理论和实践意义。

一、统一于改革开放的历史进程中

十一届三中全会以来，我们党带领人民进入了改革开

---

* 本文发表于《解放军报》2007年10月23日。

放历史新时期。新时期的主题就是中国特色社会主义。改革开放这一最鲜明的特点，在中国特色社会主义的全面展开中得以彰显；快速发展这一最显著的成就，在中国特色社会主义的全面跃升中得以实现；与时俱进这一最突出的标志，在中国特色社会主义的全面进步中得以证明。因此，中国特色社会主义的道路和理论体系，是改革开放以来我们取得一切成绩和进步的根本原因。我们党、国家和人民在新时期最根本的历史性成果，就是开辟了中国特色社会主义道路，形成了中国特色社会主义理论体系，举起了中国特色社会主义旗帜。旗帜、道路和理论体系，表现形态不同一，实质内容却是同一的，都是中国特色社会主义的实现形式。

中国特色社会主义道路，是在我们党作出改革开放历史性决策的同时开拓的，是在改革开放的历史进程中逐步展开和深入的，是在改革开放取得历史性跨越的成就中愈益自觉和坚定的，是在改革开放历史实践的长期坚持不断发展中越走越宽阔的。以毛泽东同志为核心的党的第一代中央领导集体，建立社会主义基本制度和探索社会主义建设规律取得的宝贵经验，为开辟中国特色社会主义道路奠定了根本政治前提和制度基础，提供了实践根据。以邓小平同志为核心的党的第二代中央领导集体，面对十年“文化大革命”造成的危难局面，彻底否定“以阶级斗争为纲”的错误理论和实践，实现党和国家工作中心转移，实行改革开放，确立社会主义初级阶段基本路线，吹响走自己的路、建设中国特色社会主义的时代号角。以江泽民同志为核心的党的第三代中央领导集体，在国内外政治风波、经济风险等严峻考验面前，捍卫中国特色社会主义，创建社会主义市场经济新体制，继续引领中国特色社会主义的航船沿着正确方向破浪前进。十六大以来，以胡锦涛同志为总书记的党中央，顺应国内外形势发展变化，抓住重要战略机遇期，着力推动科学发展、促进社会和谐，在全面建设小康社会实践中坚定不移地把中国特色社会主义伟大事业继续推向前进。

中国特色社会主义理论体系，是改革开放以来几代中国共产党人坚持和发展马克思列宁主义、毛泽东思想的理论结晶，不懈探索中国特色社会主义规律的智慧和心血，推进马克思主义中国化的创新成果和思想精华，创造的党最可宝贵的政治和精神财富。中国特色社会主义理论体系，就是包括邓小平理论、“三个代表”重要思想以及科学发展观等重大战略思想在内的科学理论体系。邓小平理论是在我国改革开放和现代化建设的实践中逐步形成和发展起来的。1978 年邓小平《解放思想，实事求是，团结一致向前看》的讲话，是开辟新时期新道路、开创新理论新思想的宣言书；1992 年邓小平南方谈话，是把改革开放和现代化建设推进到新阶段的又一个思想解放的宣言书。“三个代表”重要思想是在科学判断党的历史方位的基础上提出来的，是在对我国改革开放和现代化建设的发展变化科学认识的基础上形成的。改革开放以来特别是十三届四中全会以来建设中国特色社会主义的重大探索，是“三个代表”重要思想的实践基础。科学发展观是在继续全面建设小康社会、发展中国特色社会主义的新的发展阶段，立足社会主义初级阶段基本国情，总结我国发展实践，借鉴国外发展经验，适应新的发展要求提出来的。中国特色社会主义理论体系的主要成果，既一脉相承又与时俱进，既面对共同主题又侧重探索不同重大问题，既有独特贡献又紧密相连，构成一个随着新的实践不断发展的开放的理论体系。

中国特色社会主义旗帜，是在改革开放的历史进程中逐步确立、巩固和弘扬的。从开辟中国特色社会主义道路，到形成中国特色社会主义理论，再到高举中国特色社会主义旗帜，是一个合乎实践和认识规律的发展过程。1982 年邓小平在十二大宣告“建设有中国特色的社会主义”，标志着我们党举起了一面引导全国各族人民迈向 21 世纪的伟大旗帜。从十二大到十七大的主题，都是中国特色社会主义。十五大明确提出旗帜问题至关紧要，确定高举邓小平理论伟大旗帜。邓小平理论就是建设中国特色社会主义理论，高举邓小平理论伟大旗帜就是高举中国特色社会主义伟大旗帜。十六大以来，我们党高举邓小平理论和“三个代表”重要思想伟大旗帜，就是继续高举中国特色社会主义伟大旗帜。十七大科学总结中国特色社会主义的历史经验，准确把握中国特色社会主义的旗帜功能，积极推进中国特色社会主义的形态整合，第一次明确提出“中国特色社会主义旗帜”的科学范畴，明确作出高举中国特色社会主义伟大旗帜的战略决策。这一重大举措，是中国特色社会主义历史和逻辑的必然结果，充分体现了中国共产党人与时俱进、勇于创新的时代精神。

二、统一于中国特色社会主义的实践逻辑中

旗帜、道路、理论体系的统一是内在的、有机的统一，统一的基础在于中国特色社会主义的实践。实践有其自身的逻辑，也就是实践的规律，中国特色社会主义的实践逻辑，使得旗帜、道路、理论体系的统一逐步加强、渐进实现。

我们党从成立之始就把马克思主义和社会主义作为自己的旗帜。在指导中国革命、建设和改革事业的过程中，面临的一个基本课题就是马克思主义基本原理与中国实际和时代特征相结合，也就是马克思主义中国化。在中国搞革命、建设和改革，没有现成的答案和模式，必须走自己的路，必须有自己的旗帜。马克思主义中国化解决了道路中国化的问题，新民主主义革命道路和中国特色社会主义道路就是道路中国化的两大成果。马克思主义中国化解决了旗帜中国化的问题，毛泽东思想和邓小平理论就是我们党在新民主主义革命时期和社会主义改革开放和现代化建设新时期确立的时代性旗帜。改革开放以来，几代中国共产党人在中国特色社会主义道路上艰辛探索，继邓小平理论之后，又相继产生了中国特色社会主义理论的阶段性成果。随着中国特色社会主义道路的不断发展和深入，随着中国特色社会主义理论体系的逐步丰富和完善，迫切要求我们党在中国特色社会主义的基点上，实现旗帜和道路、理论和实践的进一步统一。也就是以我们正在做的事情为

中心，以我们党、国家和人民的共同事业为旗帜、道路和理论体系的统一名称，把道路中国化与旗帜中国化统一起来，从旗帜中国化的阶段性表述到历史性表述、个别性表述到共同性表述。十七大顺利完成了这一历史性任务。把中国特色社会主义作为旗帜，没有丢掉马克思主义和社会主义。在当代中国，坚持中国特色社会主义理论体系，就是真正坚持马克思主义；坚持中国特色社会主义道路，就是真正坚持社会主义。

中国特色社会主义面对的是处于并将长期处于社会主义初级阶段的基本国情，是人民日益增长的物质文化需要同落后的社会生产之间的社会主要矛盾，是发达国家在经济科技上占优势的压力长期存在。在这样的形势下发展中国特色社会主义，旗帜的作用尤其突出，旗帜的力量尤其重要。必须依靠旗帜的力量统一意志、凝聚人心，依靠旗帜的力量集聚资源、动员人民。在当代中国，只有中国特色社会主义旗帜，才是最具号召力、感召力的旗帜，才是能将旗帜的力量发挥至最大化的旗帜。旗帜的力量来自道路的力量支撑。一条正确的道路，一条越走越宽阔的道路，一条实现中华民族伟大复兴的道路，就是最有吸引力、说服力的旗帜。旗帜的力量来自理论的力量支持。理论把握道路的规律、指导道路的实践，理论论证旗帜的根据、丰富旗帜的内涵。以中国特色社会主义为主题的真理性理论体系，就是最有辐射力、生命力的旗帜。用中国特色社会主义把旗帜、道路、理论体系统一起来，就能够更好地实现旗帜、道路和理论的力量相互支持、相互转化、相互强化，更大地发挥旗帜、道路和理论的力量的整合效应，从而让中国特色社会主义旗帜成为高扬的旗帜、伟大的力量，成为全民族共同的理想信念、一致的奋斗目标。

中国特色社会主义是一项长期的事业，需要几代人、十几代人甚至几十代人坚持不懈地努力奋斗。在这样一个相当长的历史阶段中，实践无止境，创新无止境，要求我们党把拓宽中国特色社会主义道路与发展中国特色社会主义理论体系紧密结合起来，推动中国特色社会主义理论体系与时代发展同进步、与实践脉搏同节律，不断推出马克思主义中国化的最新成果。中国特色社会主义道路是永不停滞的道路，中国特色社会主义理论体系是永不僵化的理论体系。任何一代中国共产党人的理论成果，都为这个理论体系增添了新的珍宝，都为后人的与时俱进铺垫了新的起点，而又不能穷尽真理、代替后人的探索。一代又一代中国共产党人在新的发展实践中，写下和将写下理论创新的一页页新篇章，不断丰富着马克思主义中国化的理论宝库。这些创新理论，有着鲜明的时代和实践特征，有着独特的理论和历史价值，它们又都是同一项历史使命的思想求索，都是同一块实践土壤的认识之花，因而都属于中国特色社会主义理论体系。绚丽多彩，却又同根同源。中国特色社会主义理论体系的各个创新成果，既转化为中国特色社会主义道路新的实践，又凝结为中国特色社会主义旗帜新的内涵。正是在这种实践与理论生生不息的运动转化中，促进着中国特色社会主义旗帜、道路、理论体系的新的统一。

三、统一于夺取全面建设小康社会新胜利的奋斗历程中

十七大提出了夺取全面建设小康社会新胜利的战略任务。实现这一奋斗目标，对我国发展提出了新的更高要求，最重要的就是要提供更加有力的政治保证、路线保证和思想保证。高举中国特色社会主义伟大旗帜，实现旗帜、道路、理论体系的高度统一，就是顺利完成这一历史使命的坚强保证。在实现全面建设小康社会目标、发展中国特色社会主义新的征程中，旗帜、道路、理论体系的统一将得到进一步的发展和完善，实现这种高度统一的重大作用和深远意义将更加明显和增强。

夺取全面建设小康社会新胜利，是在当今世界和当代中国正在发生广泛而深刻变革，机遇和挑战前所未有的背景下推进的。要抓住和用好重要战略机遇期，战胜困难和风险，就必须坚定信念、增强斗志，明确道路、掌握方向，勇于探索、把握规律。旗帜、道路、理论体系的高度统一，为我们在新世纪新阶段有效应对机遇和挑战，提供了更加有力的保障。旗帜、道路、理论体系的高度统一，在更大程度、更高层次上实现了理论与实践、目标与道路、理想与规律的融合转化，必将把中国特色社会主义的政治资源、制度资源、思想资源更充分地运用起来，把它们的激励功能、导向功能、科学功能更完全地发挥出来，使其全部聚焦于、服务于发展中国特色社会主义新的实践。

夺取全面建设小康社会新胜利，是全国各族人民的根本利益所在。发展为了人民，还要依靠人民发展，造成万众一心、共同奋斗的政治局面。我国发展呈现的一系列阶段性特征，如统筹兼顾各方面利益难度加大，人们思想活动的独立性、选择性、多变性、差异性明显增强，社会结构、社会组织形式、社会利益格局发生深刻变化等，使得统一思想、凝聚力量的重要性加强、难度加大。旗帜、道路、理论体系的高度统一，为我们在新的历史起点上进一步引领人民、赢得民心，创造了更加有利的体制。旗帜、道路、理论体系的高度统一，高扬了众望所归的伟大旗帜，夯实了与民福祉的康庄大道，构建了团结奋斗共同思想基础的理论体系。这就从根本上顺应了人民过上更好生活的新期待，塑造了稳定的长期的向往的社会愿景，从而最大程度得到人民拥护和支持，最大限度激发社会创造活力，让全体人民谱写自己美好生活的新篇章。

夺取全面建设小康社会新胜利，必须深入贯彻落实科学发展观。科学发展观是发展中国特色社会主义必须坚持和贯彻的重大战略思想，是中国特色社会主义理论体系的最新成果。旗帜、道路、理论体系的高度统一，为我们在新的发展阶段努力实现科学发展、和谐发展、和平发展，确立了更加坚实的基础。深入贯彻落实科学发展观，从属于中国特色社会主义事业，是高举旗帜的重大部署，是拓宽道路的崭新举措，是发展理论体系的实践环节。深入贯彻落实科学发展观，又是促进旗帜、道路、理论体系高度统一的重要机制。作为发展中国特色社会主义的创新实践，深入贯彻落实科学发展观，将充分展现中国特色社会主义理论体系的真理力量，进一步增强高举旗帜、坚持道路的坚定性；将鲜明昭示中国特色社会主义道路的宽广前景，进一步增强发展理论体系、丰富旗帜的迫切性；将生动证明中国特色社会主义旗帜的时代价值，进一步增强坚信理论体系、坚固道路的自觉性。

路在脚下——论中国特色社会主义道路*

改革开放30年，中国共产党人和中国人民走出了一条开拓创新、顽强奋进的道路，这就是中国特色社会主义道路。这条道路是我们自己走出来的路，是能够引领中国发展进步的完全正确的路，是必须坚定不移走下去的路。

"敢问路在何方？路在脚下！"

一、坚实现实的路

新民主主义革命时期，我们党经历了因道路选择脱离国情导致的严重失败之后，坚持把马克思列宁主义与中国革命的实际相结合，开创了农村包围城市、武装夺取政权的中国革命道路，最终取得了中国革命的胜利。改革开放新时期，我们党吸取了因"以阶级斗争为纲"错误理论

* 本文发表于《国防大学学报》2008年第10期。

和实践造成危难局面的严重教训，坚持把科学社会主义的基本原则与中国国情和时代特征相结合，开创了以“一个中心、两个基本点”为核心内容的中国特色社会主义道路，中国人民的面貌、社会主义中国的面貌、中国共产党的面貌发生了历史性变化。道路问题上的两次根本性转折，都是由于从脱离实际到脚踏着中国的大地，依据中国国情走出一条坚实的路、现实的路。

中国特色社会主义道路不是从本本抄来的路，不是想象出来的路，也不是照搬外国模式的路，而是牢牢立足于我国社会主义初级阶段基本国情的路。从人民日益增长的物质文化需要同落后的社会生产之间的矛盾这一社会主要矛盾出发，我们党得出两条基本结论。一是只有社会主义才能救中国。我国人口多底子薄，人均资源少，生产力不发达，发展很不平衡，只有坚持社会主义的经济制度和政治制度，才能防止两极分化，走共同富裕道路，才能保证人民当家做主地位，才能防止社会动乱、国家分裂，促进社会和谐。二是只有改革开放才能发展中国。改革开放是解放和发展社会生产力的根本途径，改革开放使我国成功实现了从高度集中的计划经济体制到充满活力的社会主义市场经济体制、从封闭半封闭到全方位开放的伟大历史转折，推动我国以世界上少有的速度持续快速发展起来。把坚持四项基本原则同坚持改革开放结合起来，正是从最大的中国实际出发的正确道路。

改革开放以来，我们党不断加深对社会主义初级阶段基本国情的认识，强调不要离开现实和超越阶段，以此作为建设中国特色社会主义的现实基础。我们始终保持清醒头脑，既不妄自菲薄、自甘落后，也不头脑发热、脱离实际，急于求成、盲目跃进，而是踏踏实实、埋头苦干、稳步推进，坚持把基本国情作为推进改革、谋划发展的根本依据，坚定地为实现党的历史使命而不懈奋斗。

“云中漫步”固然浪漫，但脚下的路踩在地面上，走得扎实、走得稳固。

二、探索开拓的路

1840 年鸦片战争失败之后，先进的中国人向西方国家寻找真理，企图走西方的路，救国图强，结果破产了。十月革命一声炮响，中国的先进分子得出了走俄国人的路的结论。新中国成立后，在一个经济文化比较落后的东方大国建设社会主义，马克思、恩格斯没有指出现成的路，列宁、斯大林走过的路也不能亦步亦趋，中国共产党人必须上下求索、独立开创。以毛泽东为核心的党的第一代中央领导集体，艰辛探索社会主义建设规律，思考如何避免苏联建设社会主义过程中走过的弯路，独立自主地建设社会主义，取得了宝贵经验。但在实际工作中也一度存在着把苏联道路神圣化的倾向。

改革开放新时期，以邓小平为核心的党的第二代中央领导集体，带领我们党吹响了走自己的路、建设中国特色社会主义的时代号角。邓小平在党的十二大的开幕词铿锵有力：“把马克思主义的普遍真理同我国的具体实际结合起来，走自己的道路，建设有中国特色的社会主义，这就是我们总结长期历史经验得出的基本结论。”明确地宣告了我们党开辟中国特色社会主义道路新的觉醒。以江泽民为核心的党的第三代中央领导集体，面对国内外政治风波、经济风险等严峻考验，捍卫中国特色社会主义，创建社会主义市场经济新体制，继续引领中国特色社会主义的航船沿着正确方向破浪前进。以胡锦涛为总书记的党中央，在新的发展阶段继续全面建设小康社会，着力推动科学发展、促进社会和谐，坚定不移地把中国特色社会主义伟大事业继续推向前进。这条探索开拓的路，领路带头的是几代中国共产党人。

自己的路是自觉的路，道路的自觉依靠理论的自觉。我们党在开创中国特色社会主义道路的过程中，不断推进理论创新，形成了中国特色社会主义理论体系。这个理论体系，是几代中国共产党人不断探索和回答前进道路上重大理论和实际问题的智慧和结晶。什么是社会主义、怎样建设社会主义，建设什么样的党、怎样建设党，实现什么样的发展、怎样发展，既是中国特色社会主义理论体系的基本理论问题，也是中国特色社会主义道路的基本实践问题。我们党创造性地提出和回答了怎样在初级阶段建设社会主义，怎样在长期执政、对外开放条件下建设党，怎样在经济社会发展新课题新矛盾中实现发展的根本性问题，为探索开拓中国特色社会主义道路指明了方向。

没有现成的路可走，大胆地试、大胆地闯，结果走出了一条新路、一条大路。

三、攻坚破障的路

长征是我们党和军队走过的一条最为慷慨悲壮、艰苦卓绝的路。万水千山、雄关漫道，铁流二万五千里，围追堵截杀血路。长征之路是拼搏奋斗之路，是攀登绝顶之路，是冲向未来之路。建设中国特色社会主义，是新时期党带领人民的一次新的长征。不闻金沙水拍，同样要闯激流险滩；未见大渡桥横，同样要敢斩关夺隘。长征精神昭示着中国共产党人和中国人民，在革命和建设、改革和发展的所有征程中，都要有那么一种“不到长城非好汉”的锲而不舍追求精神，一种“刺破青天锷未残”的战胜困难顽强精神，一种“欲与天公试比高”的不畏强势挑战精神，一种“而今迈步从头越”的一往无前超越精神。

中国特色社会主义道路是依靠解放思想开路的。我们党以巨大的政治勇气和理论勇气，从“两个凡是”的思想禁锢中解放出来，拨乱反正，实现了党和国家工作中心的转移。不被一些姓“社”姓“资”的抽象争论束缚自己的思想和手脚，从根本上解除把计划经济和市场经济看作属于社会基本制度范畴的思想束缚，把社会主义市场经济作为经济体制改革的目标模式。决不停留在对马克思主义的某些原则、某些本本的教条式理解上，停留在对社会主义的一些不科学的甚至扭曲的认识上，停留在那些超越社会主义初级阶段的不正确的思想上，推进改革开放不断进入新阶段。在新的发展阶段，大力倡导继续解放思想，在新的思想高度上形成深化改革开放的共识，找到解决问题的突破口，在发展理念、发展思路、发展方式、发展体制上都来一个深刻转变。思想一解放，“禁止通行”的路打开了，遮蔽的路发现了。

中国特色社会主义道路是与改革开放同步的。改革开放是新的时代条件下的新的伟大革命，就是要从根本上扫除束缚经济社会发展的体制性障碍，推进从经济领域到其他各个领域的全面改革；就是要打开国门，大胆借鉴、吸收人类社会包括资本主义社会创造出的全部文明成果，在经济全球化、信息全球化的大环境中积极参与国际交往和竞争。在改革开放的征途上，一切妨碍发展的思想观念都要坚决冲破，一切束缚发展的做法和规定都要坚决改变，一切影响发展的体制弊端都要坚决革除。改革是利益调整、权利改变、体制重构，是一场深刻的社会变革，必然遇到这样或那样的阻力和困难。改革越是向纵深发展，深层次矛盾和问题的攻坚任务就越为艰巨。我们党坚定不移、迎难而上，不惧风险、步伐稳健，重点突破、循序渐进。从农村到城市、从沿海到内地、从经济到政治、从政策到制度，展开了一场波澜壮阔、持久不衰的改革开放大进军。无论是来自右的干扰，否定四项基本原则，还是来自“左”的阻力，否定改革开放，都没有动摇我们党坚持中国特色社会主义道路的决心和信心，都不能改变党的基本路线和基本纲领。

面对前所未有的复杂矛盾和问题，没有坦途可走，需要勇气和智慧，光明的前途正蕴于这曲折的道路之间。

四、愈益宽广的路

中国改革是从农村改革、从实行家庭联产承包制、从小岗村 18 户农民的一纸契约开始的。由此起步，我们沿着这条道路走过了 30 年。从老路到新路，从小路到大路，中国特色社会主义道路越走越宽广。走到今天，这条道路的丰富内涵与 30 年前相比，是大大拓展了。中国特色社会主义的壮丽实践就是一个不断拓宽道路的过程，中国特色社会主义的理论体系就是一个不断认识道路的过程。

十一届三中全会以后，我们逐步形成了新时期党的基本路线。党的基本路线是党和国家的生命线，是中国特色社会主义的生命线。以经济建设为中心是兴国之要，是我们党、我们国家兴旺发达和长治久安的根本要求；四项基本原则是立国之本，是我们党、我们国家生存发展的政治基石；改革开放是强国之路，是我们党、我们国家发展进步的活力源泉。要坚持把“一个中心、两个基本点”统一于发展中国特色社会主义的伟大实践。

随着改革开放的深化，我们逐步形成了中国特色社会主义事业的总体布局，这就是以社会主义市场经济为标志的中国特色社会主义经济建设道路，以社会主义民主政治为标志的中国特色社会主义政治建设道路，以社会主义先进文化为标志的中国特色社会主义文化建设道路，以社会主义和谐社会为标志的中国特色社会主义社会建设道路。这样，就能使社会主义物质文明、政治文明、精神文明建设与和谐社会建设全面发展，使社会主义经济建设、政治建设、文化建设、社会建设四位一体。

与中国特色社会主义事业的总体布局相适应，我们逐步形成了中国特色社会主义道路的总目标，这就是建设富强民主文明和谐的社会主义现代化国家。中国特色社会主义道路是服务于这一总目标的，也是导向于这一总目标的。从消除贫穷、增强国力的富强追求，到政治参与、自由平等的民主追求，到紧跟时代、繁荣文化的文明追求，到安居乐业、安定有序的和谐追求，总目标的每一次深化，都是走向社会主义现代化的坚实脚印，都是中国特色社会主义道路越走越宽广的里程碑。

进入新世纪新阶段，我国发展呈现一系列新的阶段性特征，我们党提出了科学发展观这一发展中国特色社会主义的重大战略思想。科学发展观坚持把发展作为党执政兴国的第一要务，作为解决中国一切问题的"总钥匙"，同时强调，发展必须是以人为本、全面协调可持续的科学发展，必须是各方面事业有机统一、社会成员团结和睦的和谐发展，必须是既通过维护世界和平发展自己、又通过自身发展维护世界和平的和平发展。这是中国特色社会主义道路在新的发展阶段的时代要求、具体体现和重要发展。科学发展、和谐发展、和平发展，为中国特色社会主义提供了长久、有序、安全的发展机制与环境。

走上了一条正确的路，就要义无反顾，不抛弃、不放弃，坚持走下去就会天高地阔。

五、人民大众的路

1984年国庆游行，大学生们在长安街上、天安门前打出了“小平您好”的横幅，生动表达了人民群众对我们的总设计师的由衷敬意，对中国特色社会主义的广泛认同。中国特色社会主义道路之所以能够越走越坚实、越走越宽广、越走越持久，从根本上说，就是因为这是一条人民大众的路。

路为谁而开、为谁而用，是走这条路人数多少的前提条件。中国特色社会主义道路是一条造福人民、为了人民的路，人民群众是这条道路的享用者和受益者。最广大人民走上了中国特色社会主义道路，与这条道路同命运，是这条道路最为稳固的群众基础。中国特色社会主义是坚持以人为本的社会主义，实现好、维护好、发展好最广大人民的根本利益是党和国家一切工作的出发点和落脚点。人民赞成不赞成、拥护不拥护、满意不满意，是衡量路线、方针、政策正确与否的根本准则，是检验改革开放成败得失的根本标准。改革开放以来，我国经济从一度濒于崩溃的边缘发展到总量跃至世界第四，人民生活从温饱不足发展到总体小康，农村贫困人口从两亿五千多万减少到两千多万，城乡居民收入较大增加，家庭财产普遍增多。同时，我们也清醒地看到，我国发展面临着城乡、区域、经济社会发展不平衡，农业稳定发展、农民持续增收任务艰巨，收入分配差距拉大趋势还未根本扭转，城乡贫困人口和低收入人口还有相当数量等突出矛盾和问题。承认矛盾正是为了解决矛盾，正视问题就是为了解决问题。敢于承认矛盾、正视问题，是一个政党有信心、一个制度有力量、一条道路有希望的体现，这样才能真正得到人民大众的信任和支持。

路由谁而建、由谁而护，是这条道路是否牢靠的关键问题。中国特色社会主义道路是一条依靠人民、动员人民的路，人民群众是这条道路的建设者和维护者。最广大人民共同参与到这条道路的事业中来，齐心协力为中国特色社会主义而奋斗，是这条道路长盛不衰的根本保证。人民是历史的创造者，是中国特色社会主义的主体力量。人民的主体地位得到尊重，主体精神得到发挥，主体价值得到实现，中国特色社会主义就会生机勃勃。改革开放以来，我们以保证人民当家做主为根本，以调动人民积极性为目标，扩大社会主义民主，保障人民经济、政治、文化、社会的各项权益，大大增强了人民群众在中国特色社会主义事业中的主体性。科学发展是中国特色社会主义的伟大实践，推动科学发展，就要紧紧依靠人民群众，做到谋划发展思路向人民群众问计，查找发展中的问题听人民群众意见，改进发展措施向人民群众问计，落实发展任务靠人民群众努力，以此进一步动员广大人民群众投身科学发展的伟大实践之中，最大限度地凝聚人民群众的智慧和力量，形成推动科学发展的强大合力。

路是有形的，也是无形的。有形的路在脚下，无形的路在心中。得人心、通民情、顺民意的路，是通向远方、走向未来的路。

六、不可逆转的路

站在新的历史起点上，党的十七大向人民、向世界、向未来庄严宣示：全党必须坚定不移地高举中国特色社会主义伟大旗帜。这就鲜明地表明了我们党举什么旗、走什么路的根本立场，表明了经过改革开放历史实践我们党在旗帜与道路问题上意志愈坚，表明了中国特色社会主义道路如同黄河之水，奔流到海不复回。

一条道路不可逆转，是由于实践证明这条道路是成功的路，逆转就要失败。改革开放 30 年来，中国人民稳定地走上富裕安康的广阔道路，国家经济建设、政治建设、文化建设、社会建设取得举世瞩目的成就，社会主义在中国大地上焕发出勃勃生机。今年四川汶川特大地震以来，全党全军全国各族人民团结奋斗，取得了抗震救灾斗争重大胜利，充分彰显了中国特色社会主义伟大力量。尽管中国特色社会主义道路不是一帆风顺的，在征途上也出现过坎坷起伏，但这条道路是完全正确的，成效和功绩不容否定，停顿和倒退没有出路。西化的路、回头的路、复古的路，包括其他各式各样社会主义的路，在当代中国行不通。中国特色社会主义道路不是先验的、从一开始就尽善尽美的，而是与时俱进、不断完善的，这也正是它的强大生命力所在。

一条道路不可逆转，是由于这条道路在世界历史的坐标中是顺应时代潮流的路，逆转就是倒退。我国实行改革开放的一个根本动因，是20世纪70年代世界范围内蓬勃兴起的新科技革命推动世界经济以更快的速度向前发展，我国经济实力、科技实力与国际先进水平的差距明显拉大，面临着巨大的国际竞争压力。必须通过改革开放，带领人民追赶时代前进潮流。中国特色社会主义道路与时代发展同进步，与历史潮流共节奏。今天，一个面向现代化、面向世界、面向未来的社会主义中国巍然屹立在世界东方，中华民族大踏步赶上了时代前进潮流，中国的发展为世界经济发展和人类文明进步作出了重大贡献。2008年八九月，我国成功举办“两奥”，让世界更广泛、更深入地认识了经过改革开放30年的中国风采、中国气度。“中国特色”包容人类文明，中国道路走在时代前列。

一条道路不可逆转，是由于这条道路是充满光明前景的路，逆转缺乏动力。我们在这条路上走过了30年，已经形成了党的基本理论、基本路线、基本纲领、基本经验，积聚了推进改革开放的持续动力，动员了坚定不移走中国特色社会主义道路的亿万人民，这是坚持走下去不可阻挡的力量。展望未来，我们党带领人民为夺取全面建设小康社会新胜利、谱写人民美好生活新篇章而努力奋斗，将实现中华民族伟大复兴的历史使命，让近代以来中国人民的志向成真。这是一个激动人心、激励人心的奋斗目标，又是一个可以预期、可以达到的奋斗目标。即使前进的道路上还会遇到新的严峻挑战、新的复杂因素、难以预见的风险，但我们也有信心、有能力，战胜困难、勇往直前。

符合历史趋势的路，代表时代进步的路，它的不可逆性将使自身更加丰富多彩，更加上升进步，更加兴旺发达。

坚持社会主义核心价值体系的重大问题*

社会主义核心价值体系是社会主义制度在价值层面的本质规定，坚持社会主义核心价值体系的实质，就是坚持中国特色社会主义基本制度。旗帜鲜明地回答六个“为什么”，关系到是否坚持中国特色社会主义道路的重大问题，同样也关系到是否坚持社会主义核心价值体系的重大问题。

一、六个“为什么”集中反映了社会主义价值体系与资本主义价值体系的较量

经历了新中国60年特别是改革开放30年的发展进步，社会主义在中国取得了伟大成就，充分证明了社会主义价值体系的巨大力量。当今世界，社会主义价值体系与

---

* 本文发表于《解放军报》2009年6月30日。

资本主义价值体系的较量，并不因和平发展合作成为世界潮流而消失，也不因社会主义运动遭受挫折而停止。社会主义旗帜在中国的高扬，使得中国成为资本主义全球化的主要障碍。西方敌对势力对我国实施西化、分化的图谋，目的就是要使我国纳入资本主义体系之中。国内也有人否定中国特色社会主义道路，向往西方资本主义，主张改弦易辙。现实生活中，社会主义初级阶段的某些不尽如人意之处，改革开放过程中出现的这样那样问题，等等原因，也使一些党员、干部和群众的理想动摇、信念衰退。这些因素使得举什么旗、走什么路的问题更加突出起来。党的十七大庄严宣示高举中国特色社会主义伟大旗帜，而六个“为什么”的提出及回答，则从指导思想、根本道路、政治制度、政党制度、经济制度、发展动力等方面，系统论述了举什么旗、走什么路的根本问题，直接表明了坚持社会主义价值体系、抵制资本主义价值体系的鲜明取向，是意识形态领域斗争的重要成果。回答六个“为什么”的重大问题，对于坚定不移走中国特色社会主义道路，具有重大现实意义和深远历史意义。

一个社会的价值体系，是指该社会占主导地位的价值观念、价值准则、价值取向的总和，价值体系中处于统摄和支配作用的基本价值部分，构成核心价值体系。价值体系明确表明了在社会发展的各个领域、各项关系和各种问题上的价值遵循，也就是坚持什么、否定什么，提倡什么、反对什么，依靠什么、抵制什么，形成了该社会的主流价值导向。一个社会的价值体系，是该社会占统治地位的经济体系、政治体系即制度体系的价值形式，反映了一定生产力和生产关系、经济基础和上层建筑的价值诉求，表达了一定阶级、集团、政党的利益要求。同时，价值体系又对构建什么样的制度体系起到有力的思想牵引和理论塑造作用。六个“为什么”集中体现了社会主义经济制度、政治制度和文化制度的价值目标，体现了中国特色社会主义的价值理念，体现了社会主义价值体系与资本主义价值体系较量的关键问题，是当前大力加强社会主义核心价值体系建设、推进中国特色社会主义事业必须认真回答的重大理论和实践问题。

社会主义价值体系与资本主义价值体系的较量，存在于各个领域、各个层面、各个方面，表现为重大价值判断的根本分歧和对立。尽管两大价值体系在一些具体理念上有着可相互借鉴之处，但在核心价值体系上，属于社会主义与资本主义的价值冲突，是“道不同，不相为谋”的。主要表现在：社会主义与资本主义作为两种意识形态，哪一种是代表真正的时代精神精华，走在人类精神文明前列的意识形态；社会主义与资本主义作为两种发展道路，哪一种是始终保持生机活力，引领社会长期持续进步的发展道路；社会主义与资本主义作为两种社会制度，哪一种是适应先进生产力和生产关系的发展要求，及时有效地调整社会基本矛盾的社会制度；社会主义与资本主义作为两种利益体制，哪一种是坚持以人为本，得到最大多数人拥护和支持的利益体制。应当承认，资本主义价值体系，在一定历史时期创造了具有进步意义的文明财富，在近代以来的历史上发挥过积极的革命的作用。但这种价值体系有其先天的阶级、制度、理论、利益的局限性，是资产阶级的价值表达，其落后性随着时代的进步日益暴露。社会主义价值体系正是建立在对资本主义价值体系否定的基础上的，是以对资本主义价值体系弊端的克服、矛盾的解决为前提的，是继承人类文明优秀成果，代表历史前进方向，代表最广大人民根本利益，具有强大生命力的价值体系。六个“为什么”所恪守的价值理念，正是以社会主义价值体系为根据和基础的。

二、六个“为什么”高度体现了中国特色社会主义制度体系与价值体系的统一

改革开放以来，我们党吸取新中国成立后社会主义建设的经验教训，把科学社会主义基本原则与中国实际和时代特征相结合，开辟了中国特色社会主义道路。中国特色社会主义道路既明确规定了中国特色社会主义的基本路线、基本纲领和基本目标，又明确指出了中国特色社会主义的价值准则、价值选择和价值追求，是制度体系与价值体系的统一。二者相辅相成、相互支撑。六个“为什么”则集中体现了中国特色社会主义制度体系和价值体系的基本之点，既是制度形态的价值体系，又是价值形态的制度体系。

必须坚持反映社会发展规律、代表人民群众利益的指导思想。坚持马克思主义在意识形态领域的指导地位，而不能搞指导思想的多元化，这是中国特色社会主义意识形

态建设的基本方针。“统治阶级的思想在每一时代都是占统治地位的思想”。马克思主义成为党和国家的指导思想，从根本上说是由于它的科学性和真理性。马克思主义是科学的世界观和方法论，代表最广大人民的利益，随着实践发展不断丰富与完善，是中国革命、建设和改革取得成功的思想指南。坚持马克思主义在意识形态领域的理论指导、价值导向和精神支撑作用，就能充分发挥科学理论的巨大价值，保证中国特色社会主义的正确方向。而创造性地探索和回答什么是马克思主义、怎样对待马克思主义，把坚持马克思主义基本原理同推进马克思主义中国化结合起来，则不断增强了马克思主义真理性和价值性的分量，进一步巩固了马克思主义的指导地位。如果搞指导思想的多元化，必然思想混乱、人心涣散，危害极大。

必须坚持符合中国国情、引领国家富强人民幸福的根本道路。只有社会主义才能救中国，只有中国特色社会主义才能发展中国，而不能搞民主社会主义和资本主义，这是坚持中国特色社会主义制度体系和价值体系的基本前提。中国走上社会主义道路，为当代中国一切进步和发展奠定了根本的政治和制度基础。改革开放以来，我国开辟了中国特色社会主义道路，逐步建立了中国特色社会主义经济、政治、文化、社会以及各方面的制度体制，为社会主义的巩固和发展奠定了坚实的制度基础。中国走社会主义道路是历史的选择、人民的选择，是求得民族独立和人民解放的唯一道路；中国特色社会主义道路是从社会主义初级阶段实际出发的正确选择，是实现国家富强和人民富裕的必由之路。中国的历史和国情决定了不可能走北欧式的民主社会主义道路；走资本主义道路不符合全国各族人民的根本利益，只能导致国家和民族的大灾难、历史的大倒退。

必须坚持保证人民当家做主地位、凝聚全体人民力量的政治制度。坚持人民代表大会制度，而不能搞“三权分立”，这是中国特色社会主义政治制度的基本标志。人民代表大会制度在我国政治制度体系中居于核心地位，是我国各种国家制度的源泉，属于国家的根本政治制度。这一制度既能充分反映广大人民的意愿又有利于形成全体人民的统一意志，切实保障了人民当家做主的权利，是人民掌握国家权力的根本途径和最高实现形式。在中国搞“三权分立”，既无政治基础和社会基础，也无经济基础和阶级基础，必将从根本上动摇人民当家做主的政治地位，动摇我国政治稳定的政治根基，导致民主倒退、社会大乱、人民遭殃。

必须坚持体现马克思主义执政党领导地位、发扬社会主义民主的政党制度。坚持中国共产党领导的多党合作和政治协商制度，而不能搞西方的多党制，这是中国特色社会主义政党制度的基本标志。这一制度是符合中国国情的新型政党制度，也是我国的一项基本政治制度。这一制度坚持中国共产党的领导，在多党合作中保持了正确的政治方向；具有极强的广泛性和代表性，能够把各种社会力量纳入现有政治体制，实现最广泛的有序政治参与；有利于执政党决策的民主化、科学化，执政党和参政党合作共事、求同存异、民主协商，避免了一党专制缺少监督导致的种种弊端。在中国搞西方的多党制，既不符合我国国情，也违背人民群众的根本利益，将引发政局动荡和社会冲突，危害极为严重。

必须坚持保障最大多数人经济权益、促进社会生产力发展的经济制度。坚持以公有制为主体、多种所有制经济共同发展的基本经济制度，而不能搞私有化和单一公有制，这是中国特色社会主义经济制度的基本标志。坚持公有制为主体，对于增强我国经济实力、国防实力和民族凝聚力，防止两极分化，维护社会公平正义，逐步实现共同富裕，为社会主义国家政权的巩固提供强大物质基础，具有十分重要的意义。发展非公有制经济，能够促进经济发展更加具有活力，各种所有制经济在市场竞争中发挥各自优势，一切创造社会财富的源泉充分涌流、造福人民。搞私有化，势必出现两极分化，社会矛盾激化，而且国家主权和民族独立也失去保障。但回到过去那种单一公有制上去，只能是体制僵化、活力缺乏、效率低下，同样没有出路。

必须坚持激发社会主义生机活力、走在时代发展前列的动力机制。坚持改革开放不动摇，而不能走回头路，这是中国特色社会主义巩固发展的机制保证。改革开放是新的时代条件下发展社会主义的伟大革命。这场革命建立了发展社会主义新的动力机制，形成了不断赋予社会主义新的生机活力的制度基础，保证了社会主义的与时俱进、永不僵化；这场革命构建出最大限度地激发社会活力的体制机制，放手让一切劳动、资本、技术、管理等生产要素的活力竞相迸发，使创新成为社会主义兴旺发达的不竭动力；这场革命为人民主体地位的提升奠定了新的基础，为人民主体地位的强化开拓了新的途径，为人民主体地位的发挥创造了新的机制。改革开放不走回头路，是由于实践证明这条道路是成功的路，走回头路就要失败；是由于这条道路在世界历史的坐标中是顺应时代潮流的路，走回头路就是倒退；是由于这条道路是充满光明前景的路，走回头路缺乏支持。

三、六个“为什么”有力促进了社会主义核心价值体系的建设

问题是理论与实践的焦点，也是建设和发展的动力。六个“为什么”包含了社会主义核心价值体系建设中提出的重大问题，这些问题的提出及回答又是促进社会主义核心价值体系建设的契机，回答六个“为什么”的过程本身就是加强社会主义核心价值体系建设的过程。

社会主义核心价值体系以马克思主义指导思想为灵魂，以中国特色社会主义共同理想为主题，以民族精神和时代精神为精髓，以社会主义荣辱观为基础。六个“为什么”正是紧密依据社会主义核心价值体系的本质内容，紧紧抓住当前意识形态领域的重大现实问题，更加彰显了我们党倡导的基本理论、思想观念和价值取向，特别突出了举什么旗、走什么路、以什么思想为指导的根本问题，从而进一步促进了对社会主义核心价值体系的全面深入理解。从六个“为什么”的内涵可以看出，这些重大问题

与社会主义核心价值体系的基本内容密切契合，表明了社会主义核心价值体系不仅具有逻辑上的完整性和严密性，更重要的是具有实践上的紧要性和针对性。这告诉我们，建设社会主义核心价值体系，绝不仅仅是精神文化领域的事情，而是关系到马克思主义指导地位能否巩固，中国特色社会主义道路能否坚持，改革开放事业能否继续，是关系到党和国家前途命运的战略任务。这些重大问题是理论与实践、历史与当代、现实与长远的统一，科学回答这些问题，深化对这些问题的认识，坚定对六个“为什么”的信念，绝非一朝一夕之功，而是一项长期的任务，不仅需要理论的力量，更加需要实践的力量。

社会主义核心价值体系，反映了我国社会主义制度的本质要求，这在六个“为什么”中得到了系统凝练的展现。深入回答六个“为什么”，是建设社会主义核心价值体系的重要步骤，将有力促进我国社会主义制度的巩固和发展，促进社会主义核心价值体系的实践转化。六个“为什么”涉及的都是发展中国特色社会主义的根本道路和方向问题，是在基本制度层面的价值取向问题。在这些重大问题上思想明确、认识正确，就能保证在实践中不动摇、不困惑，始终坚持社会主义核心价值体系的基本立场和取向，决不走封闭僵化的老路，也决不走改旗易帜的邪路。六个“为什么”的提出，本身就证明了用社会主义核心价值体系指引中国特色社会主义实践，有许多现实问题需要回答，有许多实践任务需要完成，有许多实际障碍需要克服。问题的提出就是推动实践发展的开端，就是促进问题解决的动力。六个“为什么”标示出促进社会主义核心价值体系实践转化的重点所在、焦点所在和难点所在，同时也将激发更大的决心，吸纳更多的智慧，集聚更多的力量，促使中国特色社会主义的基本制度和发展道路更加巩固、更加完善、更加持久。

社会主义核心价值体系是中国特色社会主义的思想根基和内在精神，建设社会主义核心价值体系是民族凝魂聚气、强基固本的战略举措。六个“为什么”既是中国特色社会主义的重大问题，同时也是广大干部群众十分关注的重大问题。在这些重大问题上，既有价值共识，也有思想困惑和不同看法，“西化”、私有化或僵化的观点不是没有一点市场。回答六个“为什么”，将以更为直接、更为集中、更为鲜明的方式，进行社会主义核心价值体系的宣传教育，促进社会主义核心价值体系的深入人心。马克思说：“理论只要彻底，就能说服人。所谓彻底，就是抓住事物的根本。”六个“为什么”的提出，显示出直面重大现实问题的理论勇气，不回避、不含糊，是非分明、理直气壮。六个“为什么”的回答，观点鲜明、分析深入、事例服人、说理透彻。广大干部群众将从社会主义中国的纵横对比中，从社会主义核心价值体系的实践成果中，增强对六个“为什么”基本结论的认同。深深体会到，在当代中国，只有中国特色社会主义道路而不是别的什么道路能够指引中华民族实现伟大复兴、带领全体人民走向富裕安康，从而更加积极自觉地投身于中国特色社会主义伟大事业之中。

增强政治鉴别力*

划界是鉴别力的锤炼与检验，划界要求达到一定水准的鉴别力。“四个重大界限”的实质是政治界限，划清“四个重大界限”要求增强政治鉴别力。党的十七届四中全会决定把引导党员、干部增强政治敏锐性和政治鉴别力，作为划清“四个重大界限”的前提和目的，突出了增强政治鉴别力的重要意义，提出了研究政治鉴别力的理论课题。

一、政治鉴别力是一种重要的特殊的鉴别力

世界是由不同性质、区域、层次、程度的对象构成的，人认识和改造世界首先要把不同对象区分开来，由此形成了鉴别力。鉴别力是抓住“构成一事物区别于他事

---

* 本文发表于《毛泽东邓小平理论研究》2010年第9期。

物的特殊的本质”[①] 的能力，是从复杂中提炼简单、从表象中揭示本质、从相似中发现差异、从纷繁中寻找统一、从模糊中确定边界的能力。鉴别力是经验、知识、思维、观念等的综合反映。鉴别真伪是非、好坏优劣，不仅包含事实判断，而且包含价值判断。鉴别力的高低之分，既体现了思维能力的差异，也表现了价值观念的分歧。

对象的多样性决定了鉴别力的多样性，对社会问题的鉴别力不同于对稻菽、分子、文物的鉴别力。如同马克思所说：“分析经济形式，既不能用显微镜，也不能用化学试剂。二者都必须用抽象力来代替。”[②] 政治是社会的重要领域、经济的集中反映、制度的核心内容、利益的实现机制，政治鉴别力是一种重要的、特殊的鉴别力。

政治鉴别力是在历史的发展潮流中区分先进与落后，在不同包括对立的意识形态中区分正确与错误，在社会发展的重大关头区分正道与邪路，在多种利益博弈、多样主张交锋的复杂格局中区分可行与不可行的判断力。具备高度的政治鉴别力，就能够懂得哪一种社会形态、生产方式是代表时代进步潮流的，哪一种价值体系、理论学说是符合真理、代表人民的，哪一种发展道路、政治路线是引领民族走向兴旺发达的，哪一种政策选择、制度设计是统筹兼顾效率与公平、发展与代价、多数与少数的。有了政治鉴别力，就能够“借我一双慧眼”、“把这纷扰看得清清

① 《毛泽东选集》第1卷，人民出版社1991年版，第309页。
② 《马克思恩格斯文集》第5卷，人民出版社2009年版，第8页。

楚楚明明白白真真切切”。

政治鉴别力取决于政治立场的正确与否，立场决定价值准则，不同的立场往往对同一个事物得出不同的结论。湖南农民运动是“好得很”还是“糟得很”，根本分歧就在于是站在贫苦农民的立场上还是站在地主阶级的立场上。政治鉴别力取决于政治意识的敏锐与否，及时扭住事关大局、事关根本、事关前途的重大问题，是明确作出是非判断的前提，政治敏锐性包含于政治鉴别力之中。“见微而知著”，就要有从“微”中发现大事、觉察趋势、知晓厉害的洞察力。政治鉴别力取决于政治水平的优秀与否，具有理论思维的训练、统观全局的视野、客观公正的品格，就有利于作出把真理与价值、普遍与特殊、当下与未来统一起来的正确判断。理论素养是政治鉴别力的基础，所以毛泽东在 1970 年的庐山会议上针对一些同志跟着“天才论”跑的现象，尖锐指出在英雄创造历史、还是奴隶们创造历史等基本问题上，“不要上号称懂得马克思，而实际上根本不懂马克思那样一些人的当”[①]。

二、政治鉴别力关系党和国家的前途命运

对一个政党来说，政治鉴别力是把握方向、决定道路的基本能力；对一个领导来说，政治鉴别力是坚定立场、

---

① 逄先知、金冲及主编：《毛泽东传》（1949—1976）下，中央文献出版社 2003 年版，第 1579 页。

坚持原则的基本能力；对一个党员来说，政治鉴别力是明辨是非、筑牢防线的基本能力。有没有政治鉴别力、政治鉴别力是高是低，关系到党和国家的前途命运，关系到各地区、部门和单位的发展大局，关系到每个党员在重大问题上的政治表现。新世纪新阶段，增强政治鉴别力有着更为深刻和重要的意义。

当今世界，经济全球化深入发展，全球思想文化交流交融交锋呈现新特点。一是交流交融包含着社会主义与资本主义两大价值体系的交锋，交锋隐含在我国与西方发达国家经济、政治、社会、文化、科技的开放交往之中。社会主义与资本主义在许多方面的分歧和对立，很多情况下并不是以直接、鲜明的形式表现出来，这就为把人类文明的优秀成果与资本主义的本质内容区别开来带来了难度。二是资本主义意识形态的输出是以文化软实力的方式渗透的，注重喜闻乐见、注重潜移默化、注重持之以恒。如果政治上缺乏警觉，头脑里不够清醒，就容易不加区别、不加抵制地被“西化”。三是资本主义制度体系及其价值体系的全球性扩张是以“普世价值”的面目出现的，如私有制“符合人的本性”，三权分立是“国际惯例”等，披上了合理性、正义性的外衣。如果理论准备不够、政治鉴别力不强，就容易被迷惑和误导。国际意识形态领域的深度较量，要求我们增强政治鉴别力。

我国正处在进一步发展的重要战略机遇期，推进改革开放、促进科学发展的艰巨性、复杂性、繁重性世所罕见。改革开放30多年取得了举世瞩目的成就，同时也产生了新的社会矛盾和问题。社会上既有企图倒退的思潮，不要社会主义的“中国特色”；也有主张西化的思潮，不要中国特色的“社会主义”。坚持中国特色社会主义道路，就要识别和抵制来自不同方面的错误思潮，在前进道路上防止错误倾向的干扰。我国社会经济结构、分配关系、利益格局发生深刻变化，社会利益诉求日益多样化，统筹兼顾各方面利益关系难度加大。越是多种声音，越要善于倾听，从而确定人民利益的“最大公约数”，寻求社会和谐的“最高指数”，不能偏听偏信，受狭隘动机的意见左右。推动科学发展、加快经济发展方式转变，是一场深刻变革，面临着对阻碍科学发展的各种利益关系进行调整的攻坚任务。对发展转变过程中的各种政策建议、改革方案，包括反对意见，都要加以综合分析、全面论证，既坚定不移地推动科学发展、加快经济发展方式转变，又要尽量减少阻力、代价和困难。领导改革开放、科学发展这样的伟大事业，同样要求我们增强政治鉴别力。

当前，我们党的领导水平和执政水平，包括政治鉴别力，同党肩负的历史使命是适应的。同时，从党自身建设的状况看，也存在着增强全党政治鉴别力的迫切需要。世情、国情、党情的深刻变化对提高党的思想政治水平提出了新的更高要求，但一些党员、干部缺乏忧患意识、政治意识，个人主义突出，不能有意识地提高自己的思想政治水平。国际国内形势的发展变化提出了许多需要深入探讨的新问题，但一些党员、干部忽视理论学习，疏于思考、人云亦云，习惯于用陈旧的思维定式去看待新问题，政治鉴别力没有与时俱进。更为严重的是，中国特色社会主义需要广大党员、干部忠实践行，但一些党员、干部理想信念动摇，成了贪官、“裸官”，表现出与政治鉴别力要求相反的价值取向。正因如此，党的十七届四中全会特别提出了建设马克思主义学习型政党，提高全党思想政治水平的战略任务，在这一过程中有效增强政治鉴别力。

三、在党的历史实践中增强政治鉴别力

我们党的历史就是在马克思主义基本原理同中国实际相结合的进程中，不断提高党的思想政治水平、增强党的政治鉴别力的历史。建党初期，大多数党员缺乏足够的马克思主义理论素养，“以为上了书的就是对的”①，这就很难识别和抵制教条主义的错误，很容易糊里糊涂地跟着跑。随着马克思主义中国化的深入，全党马克思主义集中教育活动的多次展开，中国革命、建设和改革的经验教训总结，反对错误倾向实践的磨炼，我们党不断探索和回答什么是马克思主义、什么不是马克思主义，什么是社会主义、什么不是社会主义，什么是资本主义、什么不是资本主义，什么是中国特色社会主义、什么不是中国特色社会主义，什么是马克思主义中国化、什么不是马克思主义中国化等根本性问题，极大地提高了党的政治鉴别力，保证了党的事业的正确方向。在这一过程中，获得了增强政治

① 《毛泽东选集》第1卷，人民出版社1991年版，第111页。

鉴别力的宝贵经验和重要启示。

政治鉴别力在重大问题、复杂局势中得到锻炼。“沧海横流，方显出英雄本色”。政治是国之大事，关系国家之兴衰存亡，往往表现为大是大非，集聚为矛盾焦点，演化为紧迫关头。正是在这样的关键问题上，特别要求各级领导不能暧昧含糊、必须旗帜鲜明；正是在这样的重要时刻里，特别要求各级领导不能犹豫徘徊、必须做出决断；正是在这样的矛盾关系中，特别要求各级领导不能左右逢源、必须立场坚定；正是在这样的重大压力前，特别要求各级领导不能畏缩不前、必须勇于担当。政治鉴别力不是在实验室里训练出来的，只能在现实的丰富复杂的政治实践中得以培养和检验。党的十一届三中全会之后，邓小平及时察觉党内和社会上怀疑或反对四项基本原则思潮的危害，旗帜鲜明地提出坚持四项基本原则；1998 年 4 月，江泽民针对有人暗中策划，企图通过新闻出版等渠道为所谓“六四”10 周年“创造气氛”等现象，谆谆告诫领导干部要增强政治鉴别力和政治敏锐性，一定要牢记 1989 年政治风波和苏东剧变给世人提供的深刻教训；党的十七大提出深化政治体制改革后，胡锦涛特别提醒全党由于政治发展道路选择错误而导致人亡政息的例子，古今中外比比皆是，专门强调要借鉴人类政治文明有益成果，但绝不照搬西方政治制度的模式，绝不放弃我国社会主义政治制度的根本。这些都是高度政治鉴别力的典范。

政治鉴别力在认识国情、创新理论中得到深化。政治鉴别力是道路选择、政策抉择、价值权衡的能力基础，它根植于对中国基本国情及民情民心的把握和理解。一条道路好不好，一项政策对不对，一种价值行不行，不在于形式，而在于内容，在于与中国国情及人民利益的契合程度，在于决策者对中国国情及人民愿望的理解程度。不了解中国国情、不理解人民愿望，在此基础上的政治抉择就会或是落后于时间和条件的现实可能性，或是超越时间和条件的现实可能性。政治的自觉还来源于理论的自觉。我们党历史上遇到的挫折和经历的曲折，很多都和理论的失误有关，或是因理论素养不足而迷失方向，或是因教条式地对待理论而误判方向。毛泽东曾批评把马克思列宁主义书本上的某些个别字句看做现成灵丹妙药的现象，“是一种幼稚者的蒙昧”①。我们党坚持不懈地用马克思主义的立场观点方法分析解决中国的实际问题，紧紧把握马克思主义解放思想、实事求是、与时俱进的精髓，不断推进马克思主义中国化。马克思主义中国化的理论成果，是党的理论思维能力包括政治鉴别力提高的产物和证明，同时又是增强政治鉴别力的理论指导，是政治鉴别力的理论依据。毛泽东思想指引我们党正确选择中国革命的道路，中国特色社会主义理论体系指引我们党正确选择新时期的中国社会主义道路。

政治鉴别力在辩证思维、善于学习中得到提高。鉴别是一个认识过程，鉴别力是一种认识能力，增强政治鉴别力需要在提高辩证思维上下工夫。黑白分明的事物容易鉴

① 《毛泽东选集》第3卷，人民出版社1991年版，第820页。

别，而现实世界的复杂性在于很多事物是界限模糊、标准多样、似是而非、表里不一的，这就为准确鉴别带来了困难。辩证思维则能帮助人们在认识事物的过程中理清关系、抓住本质、趋于全面。列宁论述过辩证思维的基本要求，这就是要真正地认识事物，就必须把握住、研究清楚它的一切方面、一切联系和“中介”，要从事物自身的发展、变化中来考察事物，等等。提高思维能力、增强辨别能力，需要加强理论学习。理论学习促进知识的拓展，通过掌握科学的世界观和方法论，促进理论思维能力的提升。组织党员、干部认真学习马克思主义基本原理，系统掌握中国特色社会主义理论体系，深入学习实践科学发展观，是增强政治鉴别力的理论基础。马克思主义哲学是通过学习提高政治鉴别力的重点内容。在延安时期，毛泽东亲自给陈云讲过三次要学哲学，强调张国焘等犯错误的主要原因不是经验少，而是思想方法不对头。新中国成立后，毛泽东进一步指出，马克思主义哲学“这个东西没有学通，我们就没有共同的语言，没有共同的方法，扯了许多皮，还扯不清楚。有了辩证唯物论的思想，就省许多事，也少犯许多错误。”① 学好哲学有助于避免主观主义和盲目性，防止片面性、绝对化。理论学习要和历史学习结合起来，以史为鉴，从前人的经验教训中学习，以防在重大问题上迷失方向、误入歧途。

---

① 《毛泽东文集》第6卷，人民出版社1999年版，第396页。

四、划清“四个重大界限”是增强政治鉴别力的重要实践

“四个重大界限”是发展中国特色社会主义必须回答和解决的重大问题，划清“四个重大界限”是增强政治鉴别力重要和有效的实践。政治鉴别力既体现在正确划清每个界限上，也体现在正确运用划清界限的方法论上。

紧紧抓住“四个重大界限”的根本分歧。“四个重大界限”表现为指导思想、经济制度、政治制度、思想文化方面的界限，表现为社会主义与资本主义、改革开放的社会主义与传统的社会主义、社会主义与封建主义在各个领域的界限。就“四个重大界限”的主体而言，就划清“四个重大界限”的主旨而言，就中国特色社会主义面临的主要威胁而言，是社会主义与资本主义的分歧和对立。马克思主义也是社会主义的意识形态，是批判资本主义的产物。划清社会主义公有制为主体、多种所有制经济共同发展同单一公有制的界限，社会主义思想文化同封建主义腐朽思想文化的界限，也是为了深入把握中国特色社会主义的本质特征，为了从历史的过程来看中国特色社会主义与资本主义的本质区别。社会主义同资本主义在各个领域的界限，从根本上说，是两大价值体系和制度体系的分歧和对立，两大价值体系和制度体系的较量体现在各个领域的界限之中。抓住“四个重大界限”的根本分歧，就有了划清各个界限的基本依据，无论具体界限有这样那样的

变化，但决定和产生这些界限的本质内容是不变的。

注重考察“四个重大界限”的历史发展。界限是在双方或多方的比较中显示出来的，而这种比较又是在一个历史过程中进行考察的，这就使得划界不是在某个静止点上的对照，而是要有一种历史的视野。社会主义和资本主义都不仅仅是一种概念，或概念的产物，而是一部历史，是现实的社会基本矛盾运动的产物。资本主义几百年的历史经历了若干个大的发展阶段，社会主义制度近一百年的历史也经历了不同的发展时期，在不同国度里进行着同一目标下各具特色的探索。具有这种历史意识，就能够在社会主义和资本主义的历史进程中揭示两种制度的界限，在宏观的历史思维中加以鉴别，体现历史与逻辑的统一；就能够依据历史提供的材料对两种制度的本质特征作出证明，从实际的经济关系、政治关系、思想关系出发说明或修正概念，体现事实与概念的统一；就能够把社会主义社会和资本主义社会“看成是经常变化和改革的社会”①，对象不是一成不变的，标志也不是一成不变的，进而努力发展社会主义的先进性、优越性和创造性，体现认识与价值的统一。

深入理解“四个重大界限”的区别联系。界限产生于事物的联系与区别，没有联系谈不上界限，没有区别不存在界限。划清“四个重大界限”侧重于搞清楚社会主义与资本主义这一对矛盾的对立性，但从根本上理解这一

---

① 《马克思恩格斯文集》第10卷，人民出版社2009年版，第588页。

对立性却要从矛盾的相关性、连接性着眼。社会主义是资本主义生产方式发展到一定历史阶段的产物，是从资本主义内在矛盾产生出解决自身矛盾的因素、力量和方式，是对资本主义束缚生产力、奴役人民、阻碍历史进步性质的否定。社会主义与资本主义的这种历史联系，使得透彻分析资本主义成为明确差异、划清界限的理论前提。由于社会主义对于资本主义的历史继承性，以及社会化大生产和生活社会化的共同性，使得这种界限成为社会主义进入新阶段、迈上新层次、包含新素质的界限。所以，辩证的思维方法“不承认什么普遍绝对有效的‘非此即彼!’”①，它教人清楚地意识到差异的中间阶段、对立的中间环节，既自觉理清重大界限的实质内容，又要像胡锦涛指出的那样，不同文明在竞争比较中取长补短、在求同存异中共同发展。

善于辨析“四个重大界限”的复杂多样。界限不一定是一条直线，也不一定能一眼望穿，呈现出复杂多样的情形。有的界限表面相似而实质不同。比如，反马克思主义既可以直接攻击马克思主义的形式出现，也可打着“马克思主义”的旗号，在“马克思主义”的包装下反马克思主义，如“民主社会主义”。有的界限相互包含却属性不同。比如，中国特色社会主义基本经济制度包含着私有经济共同发展的成分，但又不是搞私有化；资本主义社会包含着不同比重国有经济的成分，但不能说成是搞社会

① 《马克思恩格斯文集》第9卷，人民出版社2009年版，第471页。

主义。有的界限概念相同但内涵不同。比如，中国特色社会主义民主同西方资本主义民主都在追求民主，但无论是民主的目的和手段、形式和内容、程序和效果，都不是等价可以互换的。有的界限虽有传承但时代不同。比如，中国特色社会主义思想文化是在中华民族文化的土壤上生长起来的，传承了两千多年封建主义思想文化中属于优秀文化传统的部分，即使是传承的内容，经过新的时代洗礼，也成为新文化的有机组成部分。所以，划清“四个重大界限”，要把共性与个性、普遍结论和具体分析结合起来。

正确认识“四个重大界限”的实践意义。划清“四个重大界限”，不仅仅是一种理论分析活动，而是有着重要的现实意义，它是坚持和发展中国特色社会主义、深入贯彻落实科学发展观的重大举措。划清马克思主义同反马克思主义的界限，就能够坚定不移地坚持马克思主义的指导地位，旗帜鲜明地抵制反马克思主义的错误思想影响，同时与时俱进地发展马克思主义，理直气壮地用中国特色社会主义理论体系特别是科学发展观指导改革发展各项事业，决不困惑、永不僵化。划清社会主义公有制为主体、多种所有制经济共同发展的基本经济制度同私有化和单一公有制的界限，就能够坚持和完善中国特色社会主义基本经济制度，坚决抵制“新自由主义”等思潮侵袭，坚定老路不能走的共识，同时毫不动摇地坚持改革方向，继续深化改革开放，形成各种所有制经济相互竞争、相互促进新格局，不惧风险、永不停滞。划清中国特色社会主义民主同西方资本主义民主的界限，就能够在实践中坚持和发展中国特色社会主义民主，坚决抵制“三权分立”、“多党制”、“军队非党化、非政治化”、“军队国家化”等西化思潮冲击，同时在不断提高人民当家做主的实现程度和水平的历史过程中，促进这一民主形态臻于完善、臻于成熟。划清社会主义思想文化同封建主义、资本主义腐朽思想文化的界限，就能够有力推动社会主义核心价值体系建设，有效抵制资本主义思想文化的扩散，进一步清除封建主义糟粕的残迹，同时弘扬中华文化、推进文化创新，使社会文化生活更加丰富多彩，增强社会主义意识形态的吸引力和凝聚力。

加快转变经济发展方式是我国经济社会领域的一场深刻变革*

加快转变经济发展方式，是党的十七大提出的促进国民经济又好又快发展的重大战略任务。几年来，经历了推进科学发展、促进社会和谐的丰富实践，经历了有效应对国际金融危机和战胜重大自然灾害的严峻考验，我们对加快转变经济发展方式的基本内涵、重大意义、主要要求、实现机制等，认识更为全面深入，特别是体现为加快转变经济发展方式是我国经济社会领域的一场深刻变革这一科学判断，这是加深理解这一转变的根本之点。

一、经济发展方式从资源依赖型、投资驱动型向创新驱动型转变

经济发展是人类从事物质资料生产和再生产的活动总

* 本文发表于《天津日报》2010年11月29日。

称，是人类社会生存延续的物质前提和发展政治文明、精神文明、社会文明的经济基础。任何民族、任何社会的兴衰存亡，都与经济发展的状况密切相关。经济发展既表现为发展的成果，即以不同形式积累的物质财富，也表现为发展的方式，即以不同形式推动的经济过程。经济发展方式是经济发展的途径、手段、机制的总和，主要包括依靠什么生产要素推动经济增长，采用什么经济结构保持经济发展，通行什么消费方式牵引生产模式等。党的十七大提出的经济发展方式的“三个转变”，即促进经济增长由主要依靠投资、出口拉动向依靠消费、投资、出口协调拉动转变，由主要依靠第二产业带动向依靠第一、第二、第三产业协调带动转变，由主要依靠增加物质资源消耗向主要依靠科技进步、劳动者素质提高、管理创新转变，揭示了经济发展方式的内涵，这就是需求结构、产业结构、要素结构。经济发展方式通过对不同生产要素的不同使用方式，对不同经济结构的不同依赖程度，对不同消费方式的不同激励机制，而产生了不同的经济发展结果、效益和代价。经济发展方式是由多种因素综合作用而形成的，主要有生产要素的稀缺程度，科学技术的发展阶段，经济关系的社会属性，政治体制的引导能力，发展理念的价值导向等。

经济发展方式是一定生产力发展、生产关系变革的产物和标志，因而是历史的，需要根据社会发展的趋势和经济发展的规律而调整转变。没有一成不变的经济发展方式，也没有永久适用的经济发展方式，经济发展方式的转变是一种社会历史的事实和经济运动的内在要求。经济发展方式转变，是指经济发展的主要模式发生了根本性变革，也就是从依赖某种能源到开发利用其他能源，从使用某种工具生产到发明推广先进的生产工具，从依靠消耗物质资源、扩大投资规模来增加财富到依靠科技进步、生产创新来增加财富，从人力密集型、资本密集型为主的产业结构到技术密集型、文化密集型为主的产业结构，从追求物质享受的生活方式到崇尚文明健康合理的生活方式，从收入差距悬殊、引发社会矛盾的分配到趋于公平、有利和谐的分配，从限制人的全面发展到促进人的全面发展，从不可持续的发展到可持续的发展，等等。经济发展方式转变与生产力、生产关系变革既有联系、也有区别。经济发展方式转变，以生产力、生产关系变革为动力和条件，同时也是生产力、生产关系变革的内容和体现。经济发展方式转变，又包含着新的内涵和标准，它涉及生产过程的各个环节、经济领域的各种关系、生活方式的各种选择、发展理念的各种价值，不等同于生产力、生产关系变革，是需要作出专门界定和研究的范畴。

人类历史上发生过多次经济发展方式转变，可以根据多重标准作出分类。如从狩猎经济向农耕经济转变，是根据劳动对象的变化；从以碳水化合物为主要能源的低碳经济向以碳氢化合物为主要能源的高碳经济转变，是根据主要能源类型的变化。经济发展方式从资源依赖型、投资驱动型向创新驱动型为主转变，区分了历史上几种主要经济发展方式，是根据经济发展的主导要素和主要动力的变化，抓住了经济发展方式转变的根本。人类社会迄今经历了原始经济和农业经济、工业经济、知识经济几种主要经济类型，与此相对应的是资源依赖型、投资驱动型、创新驱动型三种主要经济发展方式。资源依赖型的经济发展方式，主要依赖动植物、土地等自然资源获取生活资料，生产工具简单，科技不发展，经济发展缓慢，缺少变革。投资驱动型的经济发展方式，主要依靠机器大规模生产，对自然资源特别是不可再生资源充分甚至过度开发利用，资本成为经济发展的“发动机”，投资与增长呈正比，科技广泛应用于生产过程，经济变革迅速。创新驱动型的经济发展方式，对自然资源的开发利用更加科学合理可持续，从扩大投资的外延式发展转向提高质量效益的内涵式发展，创新成为经济社会发展的主要驱动力，也就是知识创新成为国家竞争力的核心要素，知识生产和消费成为经济发展、社会进步乃至人的全面发展的重要方式。总的来说，经济发展方式的转变，是一种历史进步，是有利于社会发展和人民福祉的转变。

经济发展方式转变是要促成经济发展新的机制，但经济发展方式转变作为经济社会的一场深刻变革，实现这种转变也需要相应的机制。经济发展方式转变是在经济发展的某种要素成长为主导要素时，因生产力的变革力量所导致的经济发展方式转型；是在经济发展主要矛盾发展到一定阶段时，为解决矛盾回应挑战而推动的革故鼎新；是在经济发展出现特定形势态势时，抓住契机、因势利导、顺势而为，创新发展方式的战略筹划；是在经济发展的内在趋势和主体认知达到一致时，执政主体自觉主动、有力有效地引领变革，将经济发展纳入新的轨道；是在经济发展方式渐进性转变和迅速性转变、局部性转变和全局性转变的交互作用中，形成经济发展方式转变的周期和节律。

二、提升发展质量、增大发展空间、拓宽发展道路

经济发展方式是由一定历史时期科学技术、经济社会发展的状况所决定的，同时经济发展方式又对经济发展的水平、速度、效益等起着制约作用。方式牵引发展、道路改变结果、手段影响效果。经济发展方式为经济发展提供资源、动力和空间，是决定经济发展速度、效益和持续性的基础性条件。不同的经济发展方式，导致经济发展的效果也不同。经济发展方式适应经济的发展阶段和发展趋势，促进经济发展各种关系、各种因素、各种价值的统筹兼容，就能够保证经济稳步发展、健康发展、持续发展，为社会发展进步奠定坚实基础。如果某种经济发展方式滞后于经济发展的内在要求，导致了经济发展的畸形和无序，就会使经济社会付出很大代价、造成危害性后果。经济发展方式是与经济发展的形态、阶段和状况相适应的，需要根据社会发展的趋势和经济发展的规律而调整转变。当传统经济发展方式成为经济发展的障碍，建立新的经济发展方式成为现实可能时，就必然提出转变经济发展方式的历史任务。新的经济发展方式将为发展提供新的空间、

新的道路、新的机制，从而促使经济社会发展进入新的时期、迈上新的台阶。原始经济以狩猎、采集为主要生产方式，当野生动植物的繁殖和生长速度已经不能满足人类食物需求时，向以种植业、畜牧业为主要生产方式的农业经济转变，就成为人类经济发展史上第一次重大发展方式转变。农业经济以土地为财富生产的主要来源，当资本与劳动的结合创造出财富迅速增长的新方式时，向工业经济转变就成为第二次重大发展方式转变。

经济发展方式新的转变，是20世纪70年代开始的世界性潮流。一方面，工业经济对能源、资源的过度开发利用，发达国家消费至上的生活方式，导致了能源紧张、资源短缺、生态危机，暴露出这种经济发展方式的严重弊端，显示出转变经济发展方式的迫切性；一方面，以信息科学、生命科学为标志的现代科学技术突飞猛进，社会的价值观念、生活方式发生深刻变化，为转变经济发展方式准备了必要条件。我国改革开放以来，面临着在人口多、底子薄、人均资源少的国情中大力发展生产力、改变人民生活温饱不足、实现富裕安康的艰巨使命，面临着在一个农业人口占多数的国家里推进工业化、信息化、城镇化、市场化、国际化的艰巨使命，推动科技创新、优化产业结构、提高经济效益、增加居民收入，推进转变经济发展方式，一直是中国特色社会主义经济建设的重要主题。与建立社会主义市场经济体制相同步，党的十四届五中全会明确提出实行经济体制和经济增长方式两个根本性转变，表明了经济体制和经济发展方式密切相关、相互促进。经济体制解决的是资源配置的方式问题，也就是谁来配置资源，是由计划还是由市场；经济发展方式解决的是资源使用的方式问题，也就是怎样使用资源，是依靠外延式还是内涵式。经济体制为经济发展方式提供激励机制，经济发展方式为经济体制提供运行条件。

党的十六大以来，以胡锦涛为总书记的党中央提出了科学发展观，坚持以人为本、全面协调可持续、统筹兼顾的发展，将转变经济发展方式推进到科学发展、社会和谐的新阶段。党的十七大明确提出了加快转变经济发展方式的战略任务，丰富和深化了转变经济发展方式的内涵，增强和提高了转变经济发展方式的重要地位。国际金融危机发生以来，我国发展的外部环境和内部条件发生了很大变化，加快转变经济发展方式的紧迫性更加凸显出来，同时为我国加快经济发展方式转变提供了难得机遇。从外部环境看，各国尤其是主要大国都纷纷把发展新能源、新材料、信息网络、生物医药、节能环保、低碳经济、绿色经济等作为新一轮产业发展的重点，世界范围内生产力、生产方式、生活方式、经济社会发展格局正在发生深刻变革。我国只有加快转变经济发展方式，推动产业结构优化升级，努力改变经济大而不强的局面，才能在国际产业发展和国际经济技术竞争中赢得主动，否则就会处于战略被动局面。从内部条件看，尽管我国经济总量已列世界前茅，但长期形成的结构性矛盾和粗放型增长方式尚未根本改变，工业化、城镇化快速发展同能源资源和生态环境的矛盾日趋突出，部分地区资源环境承载能力接近极限，外延型扩张模式难以为继。加快转变经济发展方式，是科学发展的必然要求，是开创科学发展新局面的关键所在。如果我们不能加快转变经济发展方式，我国今后发展代价就会越来越大、空间就会越来越小、道路就会越走越艰难，科学发展就不能取得实质性进展。正因如此，我们必须紧紧抓住机遇，承担起历史使命，把加快经济发展方式转变作为深入贯彻落实科学发展观的重要目标和战略举措，毫不动摇地加快经济发展方式转变。从党的十六届五中全会把必须加快转变经济增长方式作为制订"十一五"规划的原则，到党的十七届五中全会把以加快转变经济发展方式为主线作为制订"十二五"规划的基本要求，充分反映了经济发展方式对于经济社会发展愈益重要的作用，反映了我们党对经济发展方式重要作用愈益深刻的认识。党的十七届五中全会把以科学发展为主题、以加快转变经济发展方式为主线，作为制订"十二五"规划的基本要求，深刻揭示了推动科学发展与加快转变经济发展方式的内在联系，为开创科学发展新局面指明了努力方向。

三、加快转变经济发展方式贯穿经济社会发展全过程各领域

党的十七届五中全会充分强调了加快转变经济发展方式的重大社会历史作用，指出加快转变经济发展方式是我国经济社会领域的一场深刻变革，必须贯穿经济社会发展全过程和各领域。加快转变经济发展方式，无论就其转变

领域的广度而言，还是就其变革内容的深度、影响社会的长久性而言，都可以说是我国经济社会领域的一场深刻变革。

结构变革。经济结构不合理仍然是我国经济发展方式存在诸多问题的主要症结，调整经济结构对加快经济发展方式转变具有决定性意义，是解决国内经济发展深层次矛盾的根本举措。要坚持把经济结构战略性调整作为加快转变经济发展方式的主攻方向，构建扩大内需长效机制，促进经济增长向依靠消费、投资、出口协调拉动转变；加强农业基础地位，提升制造业核心竞争力，发展战略型新兴产业，加快发展服务业，促进经济增长向依靠第一、第二、第三产业协同带动转变；统筹城乡发展，积极稳妥推进城镇化，加快推进社会主义新农村建设，促进区域良性互动、协调发展。

体制变革。经济结构与经济体制密切联系、相互作用。经济结构不合理既有历史原因，也有现实原因；既有技术性原因，也有体制性原因。如投资拉动与投资体制相关，消费拉动与分配体制、社会保障体制相关。应当承认，经济发展方式转变滞后是多方面因素造成的，但最大症结在于体制机制不合理。因此，加快经济发展方式转变，不仅以体制变革为条件，而且以体制变革为内容。要深化经济体制、政治体制、文化体制、社会体制以及其他各方面体制改革，努力在重要领域和关键环节实现改革的新突破，着力构建充满活力、富有效率、更加开放、有利于科学发展的体制机制，形成有利于加快转变经济发展方式的制度安排。如建设资源节约型、环境友好型社会，降低能耗和物耗，既要发展循环经济和低碳技术，也要推进资源性产品价格改革，使资源性产品价格在反映市场供求关系的同时，更加充分地反映资源稀缺程度和环境损害成本，从而抑制过度需求、增加有效供给，促进能源资源节约和环境保护。加快经济发展方式转变的过程，就是深化改革的过程。如果没有体制上的重大突破，就难以实现经济发展方式的根本性转变。

利益变革。经济发展方式并不仅仅是物的发展方式，而且是人的发展方式。一定的经济发展方式形成了相应的利益关系和利益格局，结构的背后是体制，体制的背后是利益。加快转变经济发展方式，核心问题是要对阻碍科学发展和加快经济发展方式转变的各种利益关系进行调整，难点和关键都在于调整利益格局。例如，加快经济发展方式转变，要求实现国民收入分配合理化。在我国经济持续较快增长过程中，收入分配不合理问题凸显，特别是居民收入在国民收入分配中的比重偏低、劳动报酬在初次分配中的比重偏低问题突出。居民收入比重偏低对扩大内需特别是居民消费需求构成严重制约。因此，要加快调整国民收入分配格局，改变收入分配不合理问题；加大税收对收入分配的调节作用，提高对高收入的调节力度；深化垄断行业收入分配制度改革，合理分配国有和国有控股企业利润；进一步规范收入分配秩序，逐步形成公开透明、公正合理的收入分配秩序；等等。只有注重缩小收入分配差距，不断提高居民收入水平，才能使扩大内需获得有力支撑，才能使经济增长、分配合理、社会和谐形成良性互动局面。

社会变革。加快转变经济发展方式，不仅仅是经济领域的深刻变革，而且是社会领域的深刻变革，其实质是一次社会发展方式的根本性转变。经济发展方式是社会发展方式的基础，社会怎样发展很大程度上取决于经济怎样发展，经济发展方式转变必然导致社会发展方式的转变。以加快转变经济发展方式为主线，就是将其贯穿于经济社会发展的全过程和各领域。经济发展方式的形成和转变是一个历史过程，不可能一蹴而就，既要时不我待、加快步伐，又要渐进推进、持之以恒。转变经济发展方式，必须贯彻于全面建设小康社会和现代化建设的整个过程，成为发展的主要动力、目标和导向，并根据发展规律和进程确定经济发展方式转变的重点、步骤和机制。经济发展方式与社会发展、社会生活、社会关系密切相关，转变经济发展方式必然体现在经济社会发展的各个领域，既表现为生产要素、经济结构、能源类型、增长动力的转变，也表现为分配体制、生活方式、消费行为、生态环境的转变，经济发展方式转变已经包含着社会发展方式转变的内涵。经济发展方式转变不能局限于经济领域单独推进，要以转变经济发展方式推动经济结构、体制机制、利益关系的整体变革，推动经济、政治、文化、社会的系统转型，才能深入持续、取得成效。如我国社会事业领域政府责任不到位和包揽过多同时并存，造成了公共产品供给不足、公共服务的资源配置不合理，这既制约了社会事业发展，也制约了经济发展方式转变，也就是政府能力还不能充分保障经济发展方式转变。为此，要进一步转变政府职能，加强公共服务职能，保障公共利益，有力缓解化解经济发展方式转变带来的社会问题，保证经济发展方式转变的顺利进行。

四、推动经济发展方式转变取得实质性进展

加快转变经济发展方式，是继经济体制变革之后的又一次经济社会深刻变革，更具有全局性、复杂性、艰巨性。推动这场深刻变革，既是一场攻坚战，也是一场持久战。要在推动学习实践科学发展观向深度和广度发展过程中，加快转变经济发展方式，坚定不移、科学决策，全面筹划、重点突破，依靠人民、注重实效，形成加快转变经济发展方式的强大合力。

在深化改革中实现科学发展。新世纪新阶段，我国发展新的阶段性特征生动表明，改革进入攻坚阶段，不能停滞倒退；发展要求科学发展，实现发展转型。深化改革开放、推动科学发展，二者相互促进，造就了经济社会又好又快发展的良好态势，显示了改革开放与科学发展的密切相关。科学发展内生于改革开放，是改革开放进入新的发展阶段的必然要求、中心内容和价值目标；改革开放着力于科学发展，是科学发展得以实现的动力机制、体制保障和环境条件。改革开放不仅是经济体制历史性转变的强大

动力，而且是经济发展方式历史性转变的强大动力；不仅要保证社会主义市场经济新体制的建立，而且要保证科学发展新模式的确立。当前，科学发展愈益向深度和广度推进，深层次矛盾和问题愈益凸显，体制机制不合理的障碍愈益突出，调整利益格局的难度愈益增大，坚定不移深化改革为科学发展开辟道路、破除障碍的重要性和迫切性就愈益强化。加快经济发展方式转变刻不容缓同时也是要求深化改革刻不容缓，加快转变经济发展方式与深化改革成为同一个过程，二者服从于同一个目的。要坚持把改革开放作为加快转变经济发展方式的强大动力，坚定推进经济、政治、文化、社会等领域改革，加快构建有利于科学发展的体制机制。这就为深化改革指明了攻坚方向，为科学发展提供了有力保障。

在有序转变中实现加快转变。转变经济发展方式关键是要在“加快”上下工夫、见实效。加快转变既是要加快转变的步伐，也是要加快转变的成效，表明了时不我待、刻不容缓。加快经济发展方式转变作为经济社会领域的一场深刻变革，必然会遇到这样那样的矛盾，引发这样那样的波动，这就要求加强规划引导、统筹各项部署，有序推进、平稳转变。同时更要清醒地认识到，传统的经济发展方式正是许多矛盾和问题的根源，只有加快经济发展方式转变，改变不合理的经济关系，才能保证经济社会平稳有序。如城乡发展不平衡的矛盾，正是要通过破除城乡二元结构，促进公共资源在城乡之间均衡配置，形成城乡经济社会一体化新格局等重大举措加以解决。

在人民支持中实现深刻变革。任何社会变革，没有人民的参与、支持和配合，是不可能成功、不可能持久的。转变经济发展方式，不仅要转变经济结构，而且要转变人们的行为方式。节约资源和能源，需要从每个人做起，而且只有每个人都为之自觉行动，才能真正转变。加快转变经济发展方式，是符合最广大人民共同利益、根本利益、长远利益的深刻变革，必须让这一重大转变成为人民的事业，人民像支持改革开放那样支持转变经济发展方式。如果说改革开放是让人民生活富起来，那么加快转变经济发展方式就是让人民生活好起来。人民充分认识到自己的利益及其实现方式，就能够成为加快转变经济发展方式取得成功的主体力量。发展不仅要解决要不要发展、怎样发展的问题，而且更要解决为什么发展、为了谁发展、发展成果属于谁的问题，这是决定发展成败与否、持续与否、和谐与否的根本问题。民生是民利之基、民意之系、民乐之源。要把保障和改善民生作为转变经济发展方式的根本出发点和落脚点，这表明了科学发展的利益属性、价值指向和评价标准，体现了包容性增长这一关于发展的价值观。包容性增长是科学发展、社会和谐、以人为本等理念的进一步丰富，是从发展的公正性、共享性、融洽性、人民性等性质来界定和引领发展。包容性增长强调科学发展是追求社会公平正义的发展，社会和谐是维护人民发展权利的和谐，以人为本是以全体人民共建共享发展成果为本。包容性增长说到底，是着眼于人民、立足于人民、有利于人民的发展，它要求公平合理地分配经济发展的成果，着力促进人人平等获得发展机会，逐步建立以权利公平、机会公平、规则公平、分配公平为主要内容的社会公平保障体系，不断消除人民参与经济发展、分享经济发展成果方面的障碍。着力保障和改善民生，就是包容性增长的生动实践和有力证明，这将更加有力地促进人民利益的拓展提升，更加充分地展现科学发展的本质属性。

在方式转变中实现效果转变。加快转变经济发展方式，转变的对象是发展方式，转变的目的是发展效果，是通过发展方式转变达到发展效果转变，实现经济社会又好又快发展。因此，转变经济发展方式，要着眼于效果、落实于效果、检验于效果。各级领导班子和领导干部，要大力弘扬科学发展观蕴涵的求真务实精神，以思想作风、工作作风的转变来保证经济发展方式的转变，以经济发展方式转变的实践来促进领导作风的转变。要准确把握发展趋势，科学谋划发展蓝图，努力创新发展模式，加强对发展的统筹协调，切实提高发展质量。要切实纠正形式主义、做表面文章、搞“政绩工程”的不良作风，开阔眼界、开阔思路、开阔胸襟，增强做好加快经济发展方式转变各项工作的意识和能力，为加快转变经济发展方式作出贡献，经得起实践、人民和历史的检验。

促进社会主义核心价值体系的实践转化*

建设社会主义核心价值体系，是一个从实践到理论、从理论到实践的双向转化过程，是在建设中转化、在转化中建设的过程。从根本上说，一个社会的核心价值体系，只有真正成为整个社会的普遍价值准则，成为广大社会成员的价值实践，才能达到核心价值体系建设的目的，收到实效。

一、从价值实践向价值体系转化

核心价值体系作为观念的上层建筑，是一定社会的生产力发展状况，以及与之相适应的经济基础和政治上层建筑的内在要求及其反映。任何核心价值体系都不是无源之水、无本之木，核心价值体系建设的基础在于开源溯本，

---

* 本文发表于《党建》2007 年第 7 期。

从社会实践中汲取思想资源，寻求理论根据，决定价值原则。社会主义核心价值体系是和谐文化的根本，也是和谐社会的价值建设根本。建设社会主义核心价值体系，首先就是要立足于构建社会主义和谐社会的实践，把和谐社会的本质属性，转化为核心价值体系的基本内容，为核心价值体系建设提供坚实基础、持续源泉和不竭动力。

构建社会主义和谐社会，是全面贯彻落实科学发展观，建设中国特色社会主义的重大战略任务。它反映了建设富强民主文明和谐的社会主义现代化国家的内在要求，既是一种社会实践，也是一种价值实践，还是一种价值建构。共同建设、共同享有的和谐社会，构成了社会主义核心价值体系的实践基础和制度源泉，建设社会主义核心价值体系，实质上就是把社会主义和谐社会的实践体系，转化为思想体系、理论体系、精神体系、道德体系。一是共同建设、共同享有的和谐社会，把马克思主义政党不懈追求的社会理想和价值理想，变成了社会实践和价值实践。在当代中国，构建社会主义和谐社会，就是在努力实现马克思主义的美好社会理想，这就要求坚持和巩固马克思主义的指导地位。二是共同建设、共同享有的和谐社会，凝聚了中国特色社会主义共同理想，是这一共同理想的社会依据。构建社会主义和谐社会，将极大地增强这一共同理想的说服力和感召力，在全体人民中进一步强化这一共同理想。三是共同建设、共同享有的和谐社会，巩固了以爱国主义为核心的民族精神，丰富了以改革创新为核心的时代精神，是民族精神和时代精神新的生长基础。共建共享的实践本身就是民族精神的再升华，就是时代精神的再塑造。四是共同建设、共同享有的和谐社会，支持着社会主义荣辱观，是社会主义基本道德规范的现实根据。社会主义荣辱观来源于社会主义的经济关系、政治关系和社会关系，构建社会主义和谐社会要求构建与之相适应的荣辱观。

社会主义核心价值体系的建设，是在构建社会主义和谐社会的总要求下进行的，这些总要求必然渗透在核心价值体系的内涵之中，转化为核心价值体系的基本理念。一是强化了民主法治的价值理念。把民主法治作为建设和谐社会的总要求，实际上也就是使民主法治的精神渗透于社会机体和公民心理，使民主法治的规则支配着社会运行和政府行为。二是突出了公平正义的价值准则。和谐社会要消除贫穷，和谐社会也要消除社会不公正。我们党在促进发展的同时，及时地把维护社会公平放到更加突出的位置，这就加强了公平正义在社会主义核心价值体系中的地位。三是弘扬了诚信友爱的价值关系。把诚信友爱作为社会主义和谐社会的总要求，表明了和谐社会必须确立的人际交往的价值规范和价值关系，这样就把贯彻社会主义和谐社会的总要求与建设社会主义荣辱观统一了起来。四是确立了充满活力的价值目标。充满活力是在崇尚创造的价值，充满活力本身也是社会建设的价值目标。这种价值目标体现在核心价值体系的建设中，就是形成有利于激发社会活力的价值导向和价值标准。五是提高了安定有序的价值地位。从企图由“天下大乱”达到“天下大治”，到把安定有序作为和谐社会的总要求，鲜明地表明了安定有序是社会主义社会的理想状态和健康状态，表明了在建设和谐社会的过程中应该倡导和为之努力的社会秩序和社会价值。六是拓展了人与自然和谐相处的价值空间。人与自然和谐相处，就要增强全民族的环境保护意识，在全社会形成爱护环境、保护环境的良好风尚；就要引导全社会树立节约资源的意识，加快建设节约型社会。

二、从价值理论向价值心理转化

社会主义核心价值体系的基本内容，无论是指导思想、共同理想，还是民族和时代精神、荣辱观，都是社会主义先进文化的体现，都符合广大人民群众的愿望要求，都有其深厚的社会心理基础。同时，社会主义核心价值体系又不是自然而然生成的，它需要先进阶级及其执政党的思想升华、理论概括、精神提炼、体系建构；它不是直接等同于社会心理，而是源于生活、高于生活，来自群众、引导群众。因此，建设社会主义核心价值体系，既要高度重视理论建设，坚持和发展马克思主义，概括和明确中国特色社会主义共同理想，丰富和深化民族精神、时代精神，论述和系统化社会主义荣辱观，使核心价值体系的理论形态更为科学与完备；也要高度重视实践建设，不是把核心价值体系建设只停留在理论建设层面，仅仅满足于理论化的成果形态，而是采取多种途径和措施，大力促进核心价值体系从理论形态向社会心理形态的转化，使其成为广大社会成员的心理认同、自觉意识和内化价值，真正发挥核心价值体系的教化作用和规范功能。一个社会的核心价值体系，只有广泛深入人心，成为人们心中牢不可破的信仰、信念和信条，才能有效地发挥其社会功能。

促进社会主义核心价值体系从理论形态向心理形态转化，是一个价值内在化的过程，是核心价值体系实践转化的基本前提和重要环节。这一转化的主要方式是教育。要坚持把社会主义核心价值体系融入国民教育和精神文明建设全过程、贯穿现代化建设各方面，普遍持久地开展核心价值体系教育。在教育内容方面，要坚持用马克思主义中国化的最新成果武装全党、教育人民，用民族精神和时代精神凝聚力量、激发活力，倡导爱国主义、集体主义、社会主义思想，加强理想信念教育，加强国情和形势政策教育，不断增强对中国共产党领导、社会主义制度、改革开放事业、全面建设小康社会目标的信念和信心。在教育途径方面，要在新闻出版、广播影视、文学艺术、社会科学等领域，坚持正确的价值导向，唱响核心价值体系的主旋律，营造良好的核心价值体系舆论氛围。如文学艺术要弘扬真善美，创作生产更多陶冶情操、愉悦身心的优秀作品，不仅寓教于学，而且寓教于乐。在教育方法方面，要像方永刚那样，在核心价值体系和广大群众心理之间架起一座桥梁，使核心价值体系对于群众的心理素质、思想状况、文化水平、关注问题来说，都具有易接受性。也就是要遵循心理接受的规律，采取多种多样群众喜闻乐见的形式，加强教育的吸引力、说服力和亲和力，进行潜移默化的价值引导，增强核心价值体系教育的效果，让其真正成为广大社会成员的精神修养和道德素养。

三、从价值评价向价值行为转化

建设社会主义核心价值体系，是要在全社会确立主导的价值准则、价值规范、价值标准，以此作为引领多样化价值观念的旗帜，作为引领社会全体成员价值行为的导向。核心价值体系也是一套规范体系和评价体系，它告诉人们社会主导和倡导的价值体系是什么，应该怎样认识和行动，不应该怎样认识和行动，什么是受到社会鼓励的，什么是受到社会约束的，从而影响、制约着人们的价值选择及行为，对人们的价值行为起着鼓励或约束作用。但价值评价并不完全等于价值行为，人们的行为并不一定在任何时候、任何情况下都遵循核心价值体系，依照主流的社会规范，顺应着社会的评价导向。个人行为或集体行为时有“犯规”。因此，从理论上、合法性上确立了核心价值体系，并以此作为正确的价值评价标准，作为判断是非、善恶、美丑的公正尺度，还要把行为的褒贬和行为的取舍一致起来，使价值评价机制转化为人的行为机制，使价值评价标准成为人们行为的自觉准则。如果一种核心价值体系，不能成为现实生活中人们的普遍价值行为，就不能说这种核心价值体系的建设是成功的。建设社会主义核心价值体系，重在实践。要使核心价值体系通过广大社会成员的价值行为，实际地体现出来，实现从价值评价向价值行为的转化，才能真正发挥核心价值体系的实践功能和建设功能。

从价值评价向价值行为转化，根本在于要在人们心中形成对于核心价值体系的敬重之心。外在的力量，如法律的力量、权力的力量，固然能够在很大程度上起到激励与约束人们行为的作用，但内在的力量、自发的力量，就像方永刚心中信仰的力量那样，对人的行为激励与约束的作用更为牢固、更为强烈、更为持久。建设核心价值体系是要建立一种价值规范和价值秩序，这种规范和秩序的维系，很大程度上是要依靠人们内心的力量，这是人应该如何的价值律令。正如康德所说，头上的星空和内心的道德法则这两种东西，“我们愈时常、愈反复加以思维，它们就给人心灌注了时时在翻新、有加无已的赞叹和敬畏”。[①] 人的内心世界没有对价值律令神圣和庄严的感情，价值的社会评价就很难规范其行为。一些腐败堕落分子并不是因为不知道、不懂得核心价值体系而犯错、犯罪，而是因为已经抛弃了美好的理想信念，丧失了基本的道德操守和廉耻之心，“无信者无畏”、“无德者无畏”。人的内心世界没有对价值律令神圣和庄严的感情，价值的社会评价就很难规范其行为。因此，要使人们的行为准则符合核心价值体系评价标准，就要培养对于核心价值体系的敬重之心，形成人人自律的心理氛围。当前，我国正处于经济体制深刻变革、社会结构深刻变动、利益格局深刻调整、思想观

① 康德：《实践理性批判》，商务印书馆1960年版，第164页。

念深刻变化的时期，越是在这种情况下，越要用核心价值体系统一思想、维系人心、指导行动，弘扬真善美，鞭挞假恶丑，扶正祛邪，抵制价值虚无主义。

四、从价值规范向价值示范转化

建设社会主义核心价值体系，促进其从价值评价向价值行为转化，一个关键问题，是要在现实生活中更多地涌现出像方永刚那样的核心价值体系的忠实践行者，实际地证明核心价值体系的现实性、可行性、普遍性，从而促使核心价值体系在最大程度上进入生活、进入群众、进入社会。价值规范是价值的理论规则，告诉人们应该怎样做，价值示范则是价值的实际表现，说明着价值的现实规则，指示给人们实际上是怎样做的。价值规范与价值示范不完全一致是正常的，但二者反差很大则很不利于核心价值体系建设。因为人们更多的是从现实生活中汲取他们的价值观念，塑造他们的价值取向的。社会主义核心价值体系是代表先进生产力、先进文化和最广大人民利益的先进价值体系，它首先应该在社会先进分子的价值实践中得到充分的体现。社会先进分子的价值实践就是先进的价值示范，就是核心价值体系的生动证明。价值示范的社会导向作用，比起价值规范的社会导向作用，更有说服力，教化效果更明显。核心价值体系建设不仅是规则建设，更重要的是行为建设。要通过党员干部、社会先进分子的身体力行，使价值示范与价值规范相吻合，为建设核心价值体系作出表率，为广大群众的价值行为作出榜样。核心价值体系建设不仅要用正确的理论，而且要用正确的实践说服人、引导人、教育人。

搞好价值示范，要从领导干部做起。最近，胡锦涛总书记要求全面加强新形势下的领导干部作风建设，这是建设社会主义核心价值体系的重要实践，是通过转变领导干部作风搞好价值示范的有力举措。各级领导干部是党和国家的骨干力量，领导干部作风就是是否坚持社会主义核心价值体系的实际体现和生动示范。各级领导干部作风如何，对建设社会主义核心价值体系有着极为重要的影响和导向作用，领导干部的良好作风本身就是促进建设核心价值体系的巨大力量。一些领导干部放松世界观改造，理想信念动摇，革命意志衰退，经不住权力、金钱、美色的考验，不仅损害了党和政府在人民群众中的形象，而且也削弱了核心价值体系的公信力。胡锦涛提出要在领导干部中大力倡导八个方面的良好风气，以此弘扬新风正气，抵制歪风邪气。这将有力地促进领导干部作风的进一步转变，为建设社会主义核心价值体系提供先进示范和良好教材，带动全党全社会的核心价值体系建设。

五、从价值体系向价值社会转化

建设社会主义核心价值体系，是和谐文化建设的根本，是在构建社会主义和谐社会进程中的思想文化战略工程。这将进一步形成全社会共同的理想信念和道德规范，打牢全党全国各族人民团结奋斗的思想道德基础，强化全民族奋发向上的精神力量和团结和睦的精神纽带。核心价值体系的建设，是和谐社会建设的有机组成部分，同时它又能很好地实现从精神力量到物质力量、从理论形态到实践形态、从价值体系到社会体系的转化，使社会主义核心价值体系与社会主义和谐社会融为一体、密不可分，使和谐社会成为核心价值体系的实践化和社会化形式。

促进价值体系向价值社会的转化，就要按照科学发展观的世界观和方法论要求，把核心价值体系建设与和谐社会建设紧密结合起来，使“转化”真正落到实处。一是坚持求真务实，防止形式主义。形式主义的重要表现就是做表面文章、学用脱节，“热闹”一阵、不见下文。在建设核心价值体系上坚持求真务实，就要把建设和谐社会作为核心价值体系建设的动力，把形成文明道德风尚、促进社会转化作为检验核心价值体系建设的标准，把做到知行统一、言行一致作为核心价值体系转化的关键，增强核心价值体系建设的实效。二是坚持以人为本，重在人的培养。核心价值体系的实践转化和社会转化，都是要通过人的转化来实现的，只有人的思想境界、精神面貌、道德素养得到了新的塑造和提升，实现了核心价值体系的“人化”，核心价值体系的社会化才有可能。因此，核心价值体系的转化，要着眼于人、聚焦于人、落实于人。三是坚持全面建设，保持持续动力。核心价值体系的社会转化是一个系统工程，必须与核心价值体系诸要素的自身建设相适应，与和谐社会建设的各项事业发展相协调，与和谐社会建设的总体进程相一致。核心价值体系的社会转化是一项长期任务，价值体系的自身建设是不断发展的，社会体系的发展进步也是没有止境的，总是有新形势、新任务、新要求出现，这就使得从价值体系向价值社会的转化不断进入新阶段、达到新水平。

永久的精神财富*

5·12以来中华民族气壮山河、情满人间的抗震救灾伟大斗争，锤炼升华出了伟大的抗震救灾精神。这种精神是民族精神和时代精神的反映和产物，又包含着特定内涵和新的因素，是我们民族的宝贵精神财富。5·12渐行渐远，特大地震不可能频繁发生，正常的生产生活、学习工作、建设发展将成为主要关注。如何把在生死搏斗、艰险考验、爱心涌流、全民动员中激发的抗震救灾精神，持久地延续下去，长期地发挥作用，成为永恒的民族精神，是社会主义核心价值体系以及公民道德建设的一个重要问题。

民族精神犹如一条长河，是在悠久的历史发展过程中，在连续的生产和交往实践中，在时常的重大活动和斗争中，逐渐孕育、丰富、承续，奔流不息、永不枯竭。每

---

* 中共中央宣传部宣传教育局编：《第五届中国公民道德论坛》，学习出版社2009年版，第93－98页。

一代人都为民族精神的继承与发展作出了贡献，每一次重大实践都推动着民族精神的强化与创新。抗震救灾精神谱写了民族精神和时代精神的新篇章，是民族精神和时代精神在新世纪新阶段的空前展现和极大提升。这是用鲜血与生命、坚强与泪水、拼搏与奉献冶炼而成的精神结晶，必须倍加珍惜，不能淡忘。只有让抗震救灾精神融入民族精神这条长河之中，成为民族精神的有机构成，才能真正实现抗震救灾精神的珍贵价值，才能不断赋予民族精神新的生机活力。如同战争年代的井冈山精神、长征精神、延安精神、抗战精神等，至今仍然是我们党、国家和人民的精神旗帜和精神动力，不因年代日益久远而衰减，抗震救灾精神以及近年来的抗洪精神、抗击非典精神、北京奥运精神、载人航天精神等，也必将在中华民族伟大复兴的征程中放射出更加绚丽的光芒，成为引导和激励人民的接力火炬，不断传递。

抗震救灾精神是在与特大自然灾害的顽强斗争中锻造和生成的精神，这种精神不仅是夺取抗震救灾斗争胜利的巨大力量，而且也是夺取全面建设小康社会新胜利、战胜前进道路上各种风险和挑战的巨大力量。伟大的事业需要和呼唤伟大的精神。大力弘扬抗震救灾精神，使之在发展中国特色社会主义的事业中成为强大的精神支柱，是抗震救灾精神得以永存的内在动力。人类实践及其精神产物是特殊性与普遍性的统一，这些精神既与特定实践相关联，又具有普遍意义。我们知道，奥林匹克精神是一种体育精神，但它同时也是一种人类精神，追求卓越、超越局限、公平竞赛、重在参与等，同样也是人类其他活动领域所需要的精神素质。抗震救灾精神是万众一心、众志成城的精神。在未来发展的道路上，面对传统安全威胁和非传统安全威胁相互交织的局势，面对社会利益格局发生的深刻变化以及各种社会矛盾，必须依靠民族的凝聚力，形成全民族的强大合力，有效应对来自各个方面的威胁和各个领域的矛盾。抗震救灾精神是不畏艰险、百折不挠的精神。在未来发展的道路上，改革攻坚面临深层次矛盾和问题，实现科学发展任务艰巨，必须锐意改革、迎难而上，不停顿、不倒退，坚定不移地把改革开放伟大事业继续推向前进。抗震救灾精神是以人为本、尊重科学的精神。在未来发展的道路上，公民意识更为成熟，更加需要尊重人民主体地位、发挥人民首创精神、保障人民各项权益；科学指导更为重要，更加需要自然科学、技术科学、社会科学、人文科学的综合运用及其实践转化。

一种精神要使之长存，就要让它成为牢固的集体意识。汶川大地震造成了巨大的生命财产损失，给无数人留下了心理创伤。与奥运精神的基调不同，抗震救灾精神是与灾难相关的。弘扬抗震救灾精神，一方面要尽可能地让人们走出悲伤，像“芭蕾女孩”李月那样积极面对人生；一方面又不能有意无意地忽略、遗忘这段激动人心、催人泪下的历史，而是从中汲取真诚、善良、美好、奋进的精神，作为民族永远缅怀的记忆。人类社会有欢庆也有痛苦，有喜剧也有悲剧，有新生也有牺牲。一个成熟的社会是坦诚面对曾经的灾难的社会，是把与灾难搏斗的伟大精神铭记在心的社会，是通过一定的制度、仪式唤醒人们的悲壮之情、慷慨之心的社会。即使是在和平发展的年代，一个民族也不可避免地会遇到这样那样的自然灾害，会出现或大或小的伤亡损失，尤其是生态环境的变化更使得如极端天气等灾害发生的频率增加。与灾害搏斗，呼唤不怕牺牲、迎难而上的革命英雄主义。抗震救灾精神是新时期革命英雄主义的集中体现，大力弘扬抗震救灾精神就是不让民族精神中的英雄精神淡化和稀缺。与灾害搏斗，呼唤尊重生命、抢救生命的人道主义。抗震救灾精神包含着深厚的人道主义，大力弘扬抗震救灾精神就是牢固树立人的生命高于一切的理念，强化民族精神中的真情与大爱。

一种精神的延续与继承，是与对这种精神的感悟和研究密切相关的。感悟的越透，研究的越深，这种精神的价值就展现得越为充分，也就能够得到更加自觉和有效的传承。抗震救灾精神是民族精神宝库中的又一座富矿，对它的发现和发掘还有待深化。例如，在大灾难面前激发出的民族高度团结精神，无数志愿者身上洋溢着的富于时代气息的公民精神，“80 后”、“90 后”表现出的奉献精神，人民军队在完成抢险救灾艰巨任务中展示出的勇于担当精神，等等，都是需要进一步深入研究的课题。深入研究有助于丰富内涵，有助于揭示规律。精神的遗传，既依靠感性的熏陶，用事实、事例、事迹感动人、影响人；也依靠理性的启迪，懂得该种精神为何需要、如何体现、因何可能，用思想的逻辑、理想的力量教育人、完善人。抗震救灾精神是民族精神和时代精神的最新结晶，是弘扬民族精神和时代精神的最新教材，精心透视这块结晶，潜心研读这本教材，是使这笔宝贵精神财富的价值得到更大发挥、长传久承的重要举措。即使将来在新的实践活动中，民族精神还会产生新的成果、出现新的形式，抗震救灾精神因其深刻的内涵、独特的价值、巨大的力量，仍将保持它的崇高位置，仍将成为持续研究不可替代的对象、感召人心不可或缺的旗帜。

一种精神能否生生不息、薪火相传，很大程度上取决于该种精神自身的生命力。抗震救灾精神是具有强大生命力的精神，因而也是具有永久性的精神。抗震救灾精神是民族性与时代性的统一。这种精神根源于悠久深厚的民族精神，是优秀文化传统的显现。如自力更生、艰苦奋斗，就是人在自然界从事物质资料生产的必然要求。这种精神充满着改革创新的时代精神，是改革开放的精神成果。社会援助、信息公开、救援开放、公民责任等，都体现了现代社会的救灾特点。这就使得抗震救灾精神既有民族精神的基础，又是与时俱进的精神。抗震救灾精神是先进性与群众性的统一。这种精神是社会主义核心价值体系的集中体现和新的发展，广大共产党人在紧要关头率先垂范、冲在前面，许多教师牺牲自己、保护学生。这种精神又是全国各族人民、灾区广大群众在齐心协力、同抗震灾中共同参与创造的，广大群众同时又接受了这种精神的洗礼。这就使得抗震救灾精神既符合社会主义先进文化的发展方向，又有广泛的群众基础。抗震救灾精神是典型性与普及性的统一。这种精神是在特大地震的特定环境中打造出的精神，犹如井喷泉涌，喷然而发。虽然震前震后难以遇到山崩地裂、巨石滚滚、危湖悬顶的场境，但抗震救灾中涌现出来的无数舍己救人、敢于牺牲、无私奉献的动人事迹，在日常生活中同样可以遇到，同样应当做到。这就使得抗震救灾精神既适用于抗震救灾实践，也适用于日常生活实践。

一种精神只有化为人的价值观念和行为方式，进入实践、进入生活，才能根深叶茂、代代相传。精神是实践的升华与概括，它还必须回归社会心理、回归社会实践，成为人们的行为准则，成为大众的普遍行为，从而造就精神延续的“社会场”。抗震救灾精神已经在抗震救灾实践中得到实现与证明，它的继承发扬还需要在今后长期的实践中继续得到实现与证明。正如和平年代保持战争年代那样一种精神会遇到许多新问题一样，实现抗震救灾精神新的实践转化同样也要研究解决新问题。要把弘扬抗震救灾精神与建设社会主义核心价值体系紧密结合起来，使之成为社会主义核心价值体系建设的重要抓手和有力推动，增强社会主义核心价值体系的感召力和信服力。要把弘扬抗震救灾精神与弘扬民族精神和时代精神紧密结合起来，使之成为民族精神与时代精神的有机组成部分和最新表现形式，发挥民族精神和时代精神的整体效应。要把弘扬抗震救灾精神与加强青少年思想教育紧密结合起来，使之成为青少年思想教育的生动教材和重要内容，让宝贵的精神财富后继有人。要把弘扬抗震救灾精神与党员先进性教育和领导干部作风建设紧密结合起来，使之成为党员干部的

“镜子”和“尺子”，让广大党员和各级干部把关键时刻表现出的境界与操守在各项工作中发扬光大，为人民群众作出表率。

构建社会主义和谐社会的重大意义*

党的十六届四中全会提出了构建社会主义和谐社会的执政理念和目标，胡锦涛同志在中央党校2005年省部级主要领导干部提高构建社会主义和谐社会能力专题研讨班上，进一步论述了这一治国目标的重大意义和战略任务。构建社会主义和谐社会，是重大的理论创新和实践创新，具有重要而深远的历史意义。

一、构建社会主义和谐社会，是在马克思主义经典作家关于未来社会理想的基础上，在马克思主义发展史上第一次提出了“社会主义和谐社会”的概念，是马克思主义中国化的重大理论创新

实现社会和谐，建设美好社会，始终是人类孜孜以求

---

* 本文发表于《军队政工理论研究》2005年第4期。

的一个社会理想，也是马克思主义及其政党的一个社会理想。马克思主义的创始人，批判了空想社会主义从抽象的理性原则出发去构想未来社会美好图景的方法，从现实的生产力水平和经济关系状况出发去建立未来社会前景的理论。马克思和恩格斯目睹了以往的私有制社会，特别是19世纪资本主义社会造成的阶级关系对立、阶级矛盾尖锐、社会冲突严重的状态，他们认为，只有建立生产资料公有制的经济关系，消除“一切人反对一切人的战争”的制度根源，才能在社会方面把人从其余的动物中提升出来，实现社会和谐和人的自由全面发展。在马克思主义经典作家那里，最美好的未来和谐社会只有到了共产主义才能实现，他们也就没有相应地提出“社会主义和谐社会”的设想与概念。

我国改革开放20多年来的历史，既是不断开辟社会主义建设新道路的过程，也是不断开创马克思主义中国化新境界、大力推进理论创新的过程。实践的逻辑进程决定了理论的逻辑进程。根据马克思主义基本原理和我国社会主义建设的实践经验，根据新世纪新阶段我国经济社会发展的新要求和我国社会出现的新趋势新特点，我们党从全面建设小康社会、开创中国特色社会主义事业新局面的全局出发，在十六大提出促进社会更加和谐、全面建设小康社会的任务之后，适时提出了构建社会主义和谐社会的战略任务。这一战略任务，适应了我国改革发展进入关键时期的客观要求，体现了广大人民群众的根本利益和共同愿望。同时，这也是在马克思主义发展史上第一次提出

“社会主义和谐社会”这一概念，是马克思主义中国化的重大理论创新，表明了我们党对共产党执政规律、社会主义建设规律和人类社会发展规律认识的新进展和新飞跃。

“社会主义和谐社会”这一命题本身，就包含着一个基本观点，一个重大的创新观点，也就是在社会主义阶段产生和谐社会，不仅是必须的，而且是可能的。构建社会主义和谐社会的提出，深入揭示了社会主义社会建设的重要规律，鲜明地表明了和谐社会是社会主义的社会建设目标，和谐是社会主义社会的发展动力和运行机制，和谐社会是社会主义社会的理想状态和健康状态，这就从基本理论上澄清了人们在这些问题上的模糊认识和思想障碍，大大丰富和发展了马克思主义的唯物史观。把和谐社会作为社会主义的社会建设目标，鲜明地表明了在社会主义社会的各种矛盾面前，要善于把握矛盾的斗争性和同一性的关系，促使社会矛盾向缓和、消解、兼容、共存方面转化，这就丰富和发展了社会主义辩证法，是认识和处理社会主义社会的矛盾和冲突的新视野新思路。构建社会主义和谐社会的思想，鲜明地表明了一种价值取向、价值追求和价值理想，这就是在建设社会主义的过程中，应该倡导和为之努力的社会关系、社会状态和社会理想，是民主法治、公平正义、诚信友爱、充满活力、安定有序、人与自然和谐相处，而不是相反，这就明确树立了建设中国特色社会主义的共同理想和共同价值观。

二、构建社会主义和谐社会，是在十一届三中全会毅然抛弃"以阶级斗争为纲"的错误方针之后，经过二十多年改革开放的实践发展，对社会主义的社会关系、社会状态正确认识的理论升华，是社会主义建设规律的深刻揭示和社会主义建设理论的新的进展

新中国成立以后，在关于社会主义社会的发展动力问题上，我们党也一度产生过错误认识，出现过错误方针。"文化大革命"是在社会主义条件下进行所谓"一个阶级推翻一个阶级"的政治大革命，企图由"天下大乱"达到"天下大治"，是阶级斗争的严重扩大化，造成了严重的混乱、破坏和倒退。十一届三中全会在正确分析国内外形势的基础上，果断决定停止使用"以阶级斗争为纲"的口号，否定"无产阶级专政下继续革命"的错误理论，决定把全党工作的重点和全国人民的注意力转移到社会主义现代化建设上来，实现了党的政治路线的拨乱反正。

十一届三中全会之后，邓小平领导我们党进行组织路线的拨乱反正，妥善地解决了大量党内和人民内部的矛盾，努力团结一切可以团结的力量，调动一切可以调动的积极因素。在全党全国造成了团结一致、生气勃勃、维护稳定、反对动乱的政治局面。"三个代表"重要思想，提出最大多数人的利益和全社会全民族的积极性创造性，对

党和国家事业的发展始终是最有决定性的因素；在社会变革中出现的社会阶层，都是中国特色社会主义事业的建设者，对为祖国富强贡献力量的社会各阶层人们都要团结；全国人民的根本利益是一致的，各种具体的利益关系和内部矛盾可以在这个基础上进行调节。

进入新世纪新阶段，我国加快推进工业化、城镇化，一些社会矛盾和问题可能会集中出现。要求党和政府妥善处理各种利益矛盾，兼顾不同群体的利益诉求，防止出现大的社会动荡或冲突，因而构建社会主义和谐社会的任务也更为紧迫。在经济全球化带来的挑战和风险中，西方敌对势力对我国实行西化、分化的政治战略，进行渗透、破坏、颠覆活动。要求党和政府更加注重保持国家的统一、民族的团结、社会的稳定，通过构建社会主义和谐社会的过程及其成就，来迎接挑战、抵御风险。随着社会主义市场经济的深入发展，社会经济成分、组织形式、就业方式、利益关系和分配方式的日益多样化，产生了人民内部不同程度的利益差距，不同群体的利益满足状况差别较大。要求党和政府在促进发展的同时，要把维护社会公平放到更加突出的位置，综合运用多种手段，依法逐步建立以权利公平、机会公平、规则公平、分配公平为主要内容的社会公平保障体系，保障全体社会成员共享改革发展成果。构建社会主义和谐社会正是着眼于我们党面临的新形势新特点，着眼于我国社会已经出现和正在出现的深刻变化提出来的。

从以“阶级斗争为纲”到构建社会主义和谐社会，

反映了党对社会主义建设规律认识的飞跃性进展，表明了取得社会主义建设规律的正确性认识来之不易。在民主革命时期，党的指导方针正确与否，决定着党和军队的生死存亡；在社会主义时期，党的指导方针的正确与否，决定着党和国家的兴衰成败。构建社会主义和谐社会，是引导我国社会走向稳定、有序、持续、健康发展的正确指导方针，是治国安民的正确理念。

三、构建社会主义和谐社会，是在邓小平南方谈话、十四大确立社会主义市场经济体制之后，对我国的社会体制目标和社会运行方式的重大抉择，是经济与社会协调发展、经济法则与社会法则互补兼容的实践要求

邓小平1992年年初的南方谈话，从根本上解除了把计划经济和市场经济看做属于社会基本制度范畴的思想束缚。十四大明确地把社会主义市场经济作为我国经济体制改革的目标模式，确定了我国的经济体制基本模式和资源配置基本方式。建立社会主义市场经济体制，是对我国的经济体制目标和经济运行方式的重大抉择，由此构建了一个长时期内经济体制建设的基本框架，为进一步解放和发展生产力奠定了一个有利有效的良好制度基础。

经济体制是国家的基础性体制之一，在国家的制度结构中占有重要的地位。经济体制所代表的经济模式和经济关系，影响和制约着国家的社会模式和社会关系，社会体

制要与经济体制相适应。市场的经济关系是竞争性的，社会的人际关系就不可能是完全排斥竞争的。但经济体制不能等于所有社会体制，经济法则不能替代或覆盖所有社会法则，它有自身的合理性范围和限度。而且，市场不是完美的，也不是万能的，它有其自身的弱点和消极方面，如自发地导致资源分配的悬殊差距等。经济体制的制度性缺陷，恰恰需要更加完善与合理的社会体制来弥补与修正。经济与社会的协调发展，既包含着二者的相互适应，也包含着二者的相互补充。

经过建立社会主义市场经济体制的十几年实践，显示出经济体制与社会体制共同建设、协调发展的极其重要性。没有社会体制的相配合、相补充，社会主义市场经济体制不可能成功建立，也不可能充分发挥其积极效应，有效抑制其消极作用。经济体制改革的实践，迫切要求明确提出社会体制建设的任务。而核心的问题是确定社会主义的社会建设的目标模式，也就是明确构建一个什么样的社会。我们党经过长期的深入思考，最终确定把社会主义和谐社会作为社会建设的目标和社会文明的标志。这是继建立社会主义市场经济体制之后，对我国构建什么样的社会所作出的重大抉择。这一重大抉择，为社会主义市场经济的顺利建立和健康发展提供了重要的社会保证。社会主义市场经济要求体现社会公平和正义，而这正是社会主义和谐社会所要建设的价值体系。社会主义市场经济规定了社会的经济关系，而社会主义和谐社会则在更加广泛的领域内和更加丰富的内涵上，规定了社会的社会关系以至人与自然的关系。社会主义市场经济不可避免地要出现各种利益矛盾，而社会主义和谐社会的目标，正是要通过多种方式和手段，妥善协调各种利益关系，正确处理各种利益矛盾，化解潜在的社会冲突。同时，社会主义市场经济也是保持社会充满活力的内在动力，是社会主义和谐社会的经济体制基础。社会主义市场经济与社会主义和谐社会相互依存、相互促进。

四、构建社会主义和谐社会，是在十六大提出建设社会主义政治文明之后,进一步提出了建设社会主义社会文明的战略部署,由此构成了建设社会主义物质、精神、政治、社会文明的完整体系,是全面建设小康社会的系统建构

我们党对中国特色社会主义道路的探索，是一个随着实践的发展和认识的深化，逐步展开和成熟的过程。十一届三中全会把党和国家的工作重点转移到以经济建设为中心之后，邓小平和党中央及时提出要防止物质文明建设和精神文明建设一手硬、一手软的倾向，两个文明一起抓。在大力推进经济建设和经济体制改革的同时，我们党在坚持四项基本原则的前提下，积极稳妥地推进政治建设和政治体制改革。十六大明确提出，发展社会主义民主政治，建设社会主义政治文明，是全面建设小康社会的重要目标。这就从两个文明拓展为物质文明、政治文明和精神文明。十六届四中全会提出的构建社会主义和谐社会，则实

际上是在三大文明的基础上，进一步提出了建设社会主义社会文明的重要任务，使全面建设小康社会的战略部署，更为完整与系统。

物质文明，是在处理人与自然的关系中，发展生产力特别是先进生产力的产物，是一个国家生存、发展与延续的经济基础。政治文明，是在处理生产力和生产关系、经济基础和上层建筑的关系中，建立符合生产力、经济基础发展要求的政治制度的产物，是一个国家稳定、有序和持久的制度基础。精神文明，是在处理物质生活和精神生活的关系，处理经济、政治和文化的关系中，发展文化特别是先进文化的产物，是一个国家统一、凝聚和激励的文化基础。而社会文明，则是在处理社会阶层之间、地区之间、民族之间等方面的关系中，发展协调、友爱、兼容、有序的社会关系的产物，是一个国家公正、和谐、安定的社会基础。

建设中国特色的社会主义，全面建设小康社会，不仅需要建设高度发展的物质文明、政治文明和精神文明，而且需要建设高度发展的社会文明。构建社会主义和谐社会的提出，就表明了我们党把建设物质、政治、精神、社会四位一体的社会主义文明，作为了建设小康社会的全面部署和系统目标。社会文明，包含了物质、政治、精神文明的内容，是以它们的建设和发展为条件的。物质文明是社会文明的物质基础，政治文明是社会文明的政治保障，精神文明是社会文明的精神支撑。社会文明，又有自己的独特内容，它的着重点是建立与保持社会各种集团、群体、阶层、人们之间包容的、融洽的关系。和谐社会，就是社会文明的凝练表述。在和谐社会这种社会状态中，社会关系的性质是相容的，而不是对抗的；社会矛盾的解决方式是和平的、法治的，而不是暴力的、无法的；社会成员的身份和地位是可流动变化的，而不是命定不变的；社会阶层的政治、经济、文化的差别，是在缩小的，而不是在扩大的，等等。和谐社会的实现是一个渐进的历史过程，它需要经济的、政治的、文化的等多方面的条件支持，它是社会全面发展的一个结果，也是一个标志。构建社会主义和谐社会，是发展社会主义经济、政治、文化的社会保障与社会条件。社会关系对抗，社会矛盾激化，社会冲突加剧，社会环境恶劣，是不可能使经济、政治、文化得到健康持续发展的。经济、政治、文化、社会建设，相互支持，互为条件；物质、政治、精神、社会文明，相互渗透，相得益彰。

五、构建社会主义和谐社会，是在十六届三中全会提出科学发展观之后，把以人为本、全面协调可持续发展的理念，以社会建设目标的方式，实际具体深入地体现出来，是科学发展观的逻辑结果

十六届三中全会以邓小平理论和“三个代表”重要思想为指导，从新世纪新阶段党和国家事业发展全局出发，提出了科学发展观，以此统领我国经济社会发展全

局。要求坚持以人为本，树立全面、协调、可持续的发展观，促进经济社会和人的全面发展。贯彻落实科学发展观，就要统筹城乡发展、区域发展、经济社会发展、人与自然和谐发展等。科学发展观内在地包含着构建社会主义和谐社会的要求。科学发展观的本质与核心是以人为本，它强调的是在经济增长的基础上，要进一步着眼于促进人的全面发展，为人的生存与发展提供更加良好的社会条件与环境；它注重的是以最广大人民的根本利益为发展的最高追求与根本标准，发展是为了维护、实现和增加最大多数人福利的，而不是仅仅为了保护、强化和扩大某个社会集团或少数人的利益；它突出的是保障人的权利，包括人的生存和发展权利与公民和社会权利，其基本点就是切实维护和实现社会公平和正义。科学发展观的基本理念是全面、协调、可持续发展，全面发展包括经济、政治、文化与社会的全面发展，协调发展包括物质财富与社会状态、效率与公平的协调发展，可持续发展包括人与自然的关系、人与社会的关系、人与人的关系的可持续发展。体现科学发展观的“四个统筹”，实际上就是以构建社会主义和谐社会为价值目标，就是构建社会主义和谐社会的重要内容和方面。

科学发展观是党在新世纪新阶段的重大战略思想和指导方针，具有世界观和方法论的性质和意义。贯彻落实科学发展观，要从理论到实践，从指导原则到社会实现。继十六届三中全会之后，十六届四中全会明确提出了构建社会主义和谐社会的战略任务。这就把科学发展观的理念，通过社会建设的目标具体实际地体现了出来，用社会主义和谐社会的构建，来保证以人为本，来实现全面协调可持续的发展。建构社会主义和谐社会，典型、生动、深刻地体现和落实了科学发展观。从科学发展观到构建社会主义和谐社会，是创新理论的深化、转化和具体化的过程，是战略思想的对象化、目标化和实践化的过程，是理论和实践的逻辑合乎规律的进展过程。构建社会主义和谐社会的提出，使科学发展观的内涵更为丰富，包含了更多的时代、历史与实践的声音，也更加显示出科学发展观重大的深远的意义。

六、构建社会主义和谐社会，是在客观认识中国国情，认真吸取世界各国经验教训，准确把握中国社会矛盾和发展道路的基础上，对确定中国特色社会主义的治国方略、政治导向和价值追求的正确方针，是国家稳定健康有序发展、长治久安、实现现代化的社会保证

构建社会主义和谐社会，是在中共中央关于加强党的执政能力建设的决定中正式提出的，表明了构建社会主义和谐社会，代表最广大人民的根本利益，符合最广大人民的愿望要求，是提高党的执政能力的重要内容。历史表明，任何政党的兴衰存亡，归根结底取决于它在推动历史前进中的作用，取决于人民群众对这种作用的认可程度。

而执政党的历史作用以及人民群众的认可程度，与执政党能不能领导一个国家走向繁荣富强、长治久安有很大关系。上世纪90年代以来，世界上一些执政几十年的政党先后下台，有的已经衰亡，这些都给了我们党很大的警示。前苏联和东欧的共产党先后丧失执政地位，原因很多，从根本上说是因为这些政党在广大人民群众的心目中丧失了先进性。丧失先进性的重要表现，就是党不能代表最广大人民的根本利益，没有处理好各种社会矛盾和利益关系，导致了党群关系、阶层关系、民族关系、中央和地方关系的紧张与冲突，最终导致垮台。

党的先进性要通过代表的广泛性和执政的公正性中体现出来。我们党作为执政党，面临着复杂多样的利益关系和各种各样的社会矛盾。一是城乡之间的利益关系，这是由历史等原因形成的；二是社会阶层之间的利益关系，这是由分工等原因形成的；三是干部和群众之间的利益关系，这是由权力等原因形成的；四是地区之间的利益关系，这是由资源等原因形成的；五是民族之间的利益关系，这是由文化等原因形成的。如果不能正确处理这些利益关系，就可能引发社会冲突，背离和谐社会的价值目标。社会主义就是以社会公平和正义为基本价值追求的，社会主义国家的执政党，不能只是少数人的利益代表者和维护者，必须统筹兼顾、妥善协调各种利益关系，正确处理各种社会矛盾。现实的中国国情，面临着人口多、乡村人口多、低收入人口多、利益矛盾多与人均资源少的矛盾。真正满足最大多数人的利益需求很不容易，真正建成社会主义和谐社会很不容易。越是不容易，就越表明构建社会主义和谐社会的极端重要性，就越是要在党的执政使命和治国目标中鲜明地提出构建社会主义和谐社会的战略任务。构建社会主义和谐社会，表明了我们党在领导中国特色社会主义建设事业中，确定了正确的治国方略、政治导向和价值追求，这将有力地促进党的执政地位的巩固，促进党的执政使命的实现，促进小康社会的全面建设和加快推进社会主义现代化的历史进程。

形成推动科学发展的强大合力*

科学发展观是发展中国特色社会主义必须坚持和贯彻的重大战略思想，推动科学发展是改革开放和现代化建设进入新阶段的重大实践。胡锦涛总书记 2010 年 4 月 6 日在全党深入学习实践科学发展观活动总结大会的重要讲话，全面总结了在全党开展的深入学习实践科学发展观活动的鲜明特点和取得的丰硕成果，深刻阐述了这次学习实践活动的重要经验和有益启示，对以改革创新精神加强党的建设、为深入贯彻落实科学发展观提供坚强保证提出了明确要求。讲话提出了形成推动科学发展强大合力的重要思想，既是对科学发展观思想内涵的深入揭示，也是对推动科学发展基本经验的深刻总结，为进一步推动学习实践科学发展观向深度和广度发展指明了正确方向。

---

* 本文发表于《党建》2010 年第 5 期。

一、推动科学发展需要强大合力

合力，是系统各种要素内在力量相互作用所形成的整体力，是克服摩擦和阻力之后产生的和谐力，是经济社会健康发展、不断前进的推动力。历史表明，一个民族和国家走向兴旺发达、实现长治久安，必须依靠社会的强大合力，否则只能是一盘散沙、一事无成。社会历史领域的合力，是自发力与自觉力的统一，既是“无数个力的平行四边形”，是“可以看做一个作为整体的、不自觉地和不自主地起着作用的力量的产物”（恩格斯），又是社会先进阶级及其政党自觉整合各种意志、利益和关系，凝聚起有利于民族团结进步社会力量的产物。我国的改革开放之所以能够历经 30 多年而生生不息、蓬勃向前，取得巨大成效，一个重要原因，就是我们党团结带领最广大人民，最大限度激发社会创造活力，最大限度增加和谐因素，最大限度减少不和谐因素，把亿万人民凝聚在中国特色社会主义旗帜下，形成了推动改革开放和现代化建设的强大合力。合力就是动力，合力就有力量。

新世纪新阶段，我国发展呈现一系列新的阶段性特征，加快经济发展方式转变，走科学发展之路，是继续全面建设小康社会、发展中国特色社会主义的必然选择。推动科学发展就要集聚发展合力，没有全党全民族的合力，没有体制机制的合力，科学发展就难以实现。推动科学发展首先要求转变发展观念，用科学发展观统一思想、更新观念，形成推动科学发展的思想合力。一些党员干部的思想观念还是习惯于粗放型的发展方式，还是停留在GDP第一的政绩观。必须通过深入学习中国特色社会主义理论体系，提高思想认识，确立与科学发展观相符合的思维方式和价值准则，切实增强贯彻落实科学发展观的自觉性和坚定性，心往科学发展上想，劲往科学发展上使。推动科学发展还要求推进各方面体制机制创新，转变不适应科学发展的体制机制，着力构建充满活力、富有效率、更加开放、有利于科学发展的体制机制，形成推动科学发展的体制机制合力。发展愈益深入，发展面临的深层次矛盾和问题愈益明显，破除影响发展的体制机制障碍愈益迫切。必须把加快发展方式转变与发展体制变革结合起来、同步起来，尽快地让体制机制与科学发展相协调，体制建构与机制功能相吻合，体制运转与体制目标相匹配。体制蕴藏能量，机制迸发能量，体制机制的力量是发展的重要力量。推进科学发展最重要的是凝聚民心、集中民智，最大限度地把人民群众的智慧和力量凝聚到推动科学发展上来，形成推动科学发展的主体合力。在发展的进程中，经济社会发展产生较大不平衡，社会利益格局发生深刻变化，人民内部出现许多新情况新问题。必须正确处理各种社会矛盾，统筹兼顾各方面利益需求，坚持社会公平正义的原则，以社会和谐促科学发展，造就共享发展成果、共建小康社会的政治局面。

二、深入学习实践科学发展观活动是形成强大合力的过程

深入学习实践科学发展观活动，既因其鲜明的时代内涵、深刻的历史背景、重大的战略目标而具有丰富的历史意义，更因在此期间经历的大事多、喜事多、难事多，党和国家经受考验、中华民族众志成城而载入史册。在开展学习实践活动期间，我国成功举办北京奥运会、残奥会，隆重庆祝新中国成立 60 周年和党的十一届三中全会召开 30 周年，全力抗击四川汶川特大地震灾害和全面开展灾后恢复重建，有力应对国际金融危机冲击、保持经济平稳较快发展，积极筹办上海世博会，依法坚决平息和妥善处理拉萨“3·14”事件和乌鲁木齐“7·5”事件。依靠党的坚强领导，依靠广大人民的共同奋斗，依靠全民族的空前团结，一句话，依靠中国特色社会主义的强大合力，我们办成了大事、办好了喜事、办妥了难事。毫无疑问，这次学习实践活动，为取得这样的历史性实践成果提供了强大动力和重要保证。可以说，深入学习实践科学发展观活动，是发掘、铸造、强化科学发展强大合力的过程，这在学习实践活动的众多重大成果中得到了充分显现和证明。

这次学习实践活动基本实现预期目标，取得明显成效，从不同层面、以不同方式强化了推动科学发展的合力。一是广大党员、干部领导和推动科学发展能力进一步提高，以能力提升增强合力。党员干部受到深刻的马克思

主义教育，贯彻落实科学发展观的自觉性和坚定性明显增强，在深化理论学习中提高思想认识，在提高思想认识中推动工作，在推动工作实践中提高能力本领。系统能力不等于要素能力之和，但又不能脱离要素能力，广大党员、干部领导和推动科学发展的能力提高了，形成推动科学发展强大合力就有了坚实基础。二是建立健全了一批保障和促进科学发展的体制机制，以体制机制转变增强合力。学习实践活动立足于解决制约科学发展的突出矛盾和问题，着眼于建立健全保障和促进科学发展的体制机制、推动科学发展的政策法规、体现科学发展要求的规章制度，在解决问题与创新体制机制的结合上进行了积极探索。创新体制机制是科学发展的必然要求，将为推动科学发展提供有力制度保障和持久推动力量。三是人民群众得到更多实惠，以密切党群关系、干群关系增强合力。着力为群众办实事、做好事、解难事，努力使学习实践活动成为群众满意工程。最广大人民的利益和愿望得到实现、维护和发展，就能把全社会的发展积极性引导到推动科学发展上来。四是党的基层组织建设得到明显加强，以提高党组织创造力凝聚力战斗力增强合力。学习实践活动扩大了党的组织和党的工作覆盖面，丰富了党组织和党员发挥作用的有效途径和方法，改进了基层党的建设领导体制和工作机制。努力把基层党组织建设成为贯彻落实科学发展观的坚强战斗堡垒，就能夯实科学发展的基础工程。

我们党是中国特色社会主义事业的领导核心，是推动科学发展的主导力量。在全党开展深入学习实践科学发展观活动，是提高党的执政能力、保持和发展党的先进性的战略举措。党的执政能力和先进性建设取得大的成效，就是形成推动科学发展强大合力的关键性进展。面对长期、复杂、严峻的执政考验、改革开放考验、市场经济考验、外部环境考验，我们承认，党的领导水平和执政水平、党的建设状况、党员队伍素质同党肩负的历史使命还存在不少不相适应的地方。这次学习实践活动，是新世纪新阶段开展的全党马克思主义集中教育活动。一年多的学习实践活动，紧紧围绕推动科学发展这一党的中心任务来谋划、来推进、来检验，把集中教育活动作为解放思想、统一认识、振奋精神、凝聚力量、攻坚克难、推动工作的总动员，使全党创造活力和奋进动力得到广泛激发。一年多的学习实践活动，坚持把党的执政能力建设和先进性建设作为主线，以改革创新为动力，以解决影响和制约科学发展的突出问题为重点，努力在以科学理论指导党的建设、以科学制度保障党的建设、以科学方法推进党的建设上取得新的成效，不断提高党的建设科学化水平，为推动科学发展提供坚强保证。党的核心作用发挥得越好，党的核心力量越是增强，推动科学发展的强大合力就越有保障。

三、充分发挥科学发展蕴涵的强大合力

当今世界正处在大发展大变革大调整时期，当代中国正在新的历史起点上向前迈进。我国处在改革发展关键阶段，面临的机遇和挑战前所未有。认真总结学习实践活动

的丰富经验，重视运用深入贯彻落实科学发展观的重要启示，开创改革开放、科学发展新局面，一个重要方面，就是要更加自觉和坚定地形成推动科学发展的强大合力，把各种资源、各种力量都凝聚到科学发展的宏伟事业中来，把全民族的积极性主动性创造性都拧成一股绳、汇成一股劲，依靠全党和全体人民的共同奋斗，夺取全面建设小康社会的新胜利。形成强大合力是科学发展的必然要求，而强大合力正蕴涵在科学发展之中，是科学发展的本质要求和必然产物。推动科学发展和形成强大合力是同一个事物、同一个过程，科学发展观越是得到贯彻落实，科学发展的实践越是走向深入，科学发展的合力就越是强大。

科学发展是以人为本的发展，发挥人民主体作用是合力之基。科学发展是为了人民、依靠人民的发展，把实现好、维护好、发展好最广大人民根本利益作为一切工作的出发点和落脚点，把科学发展的过程作为为民造福、为民谋利的过程。人民是发展的目的，也是发展的动力。人民的主体地位得到尊重，人民的各项权益得到保障，发展的各种成果人民共享，人民就会真心实意地支持改革开放、科学发展的伟大事业，把它作为自己的事情，尽心尽力地投身于这一事业之中，焕发出极大的科学发展热情，汇聚成推动科学发展的巨大力量。党是人民的主心骨，党员干部的带头示范作用对发挥人民群众积极性关系重大。胡锦涛在“4·6”讲话中强调，要以优良的党风促政风带民风，形成凝聚党心民心的强大力量；要深入了解民情，充分反映民意，广泛集中民智，切实珍惜民力，着力解决好人民最关心最直接最现实的利益问题。党的形象进一步提升，党的影响力进一步增强，党群关系进一步改善，就能够更加有力地发挥人民主体作用，激发最广大人民推动科学发展的无穷力量。

科学发展是全面协调可持续的发展，各种要素的和谐互补、相互促进是合力之源。科学发展要求经济建设、政治建设、文化建设、社会建设的全面推进，促进现代化建设各个环节、各个方面协调发展，促进生产关系与生产力、上层建筑与经济基础协调发展。社会是系统，合力是系统力，是系统的和谐力。可以说，和谐发展是全面协调可持续发展的精髓，是科学发展的要旨，和谐出合力。合力产生于经济、政治、文化、社会、党建、生态建设的和谐发展，各个领域共同发展，构成良性循环，经济社会就能够又好又快发展。合力产生于经济体制与社会生产力的发展要求相适应，政治体制与经济体制的发展要求相适应，体制的合力促进而不是阻碍社会发展。合力产生于经济发展方式与科学发展要求相一致，科学发展理念牵引着经济发展方式转变，经济发展方式顺应了科学发展的时代要求，科学发展新要求与当前发展阶段新特征紧密结合，就会产生科学的、健康的、有力的发展力量。合力产生于当前与未来的连续性、持久性、稳定性，不倒退、不动荡、不中断，既在改革创新中求变革发展，又维护社会系统的和谐稳定、持续发展。

科学发展是统筹兼顾的发展，善于对待和解决矛盾是合力之要。和谐发展不是否认矛盾、回避矛盾，而是在各种矛盾中的统筹兼顾。统筹各种矛盾，兼顾各种利益，就能够化矛盾为合力。科学发展统筹城乡发展，就能够缩小城乡差距，改变农业基础薄弱、农村发展滞后、农民收入偏低的局面，让农业、农村、农民在现代化建设中发挥更大作用。科学发展统筹区域发展，就能够缩小区域差距，促进各民族共同繁荣进步，依靠民族团结增强建设中国特色社会主义的力量。科学发展统筹中央和地方关系，就能够正确处理上和下、统和分、控和放、权和责的关系，充分发挥两个积极性。科学发展统筹个人利益和集体利益、局部利益和整体利益，不一味地牺牲一方利益来保全另一方利益，而是追求互利共赢，这就能够充分调动各方面积极性，把科学发展作为利益满足和实现的根本途径。科学发展统筹国内国际两个大局，善于从国际形势发展变化中把握发展机遇，把世界大局、国际大势、国外资源转化为发展动力，如 2008 年年末以来，全党全国积极应对国际金融危机冲击，化危为机、转危为机。只要我们认真贯彻落实科学发展观，就能够形成推动科学发展的强大合力，开创中国特色社会主义建设的新局面，进入科学发展的新阶段。

军事哲学是指挥员的重要认识工具

——关于军事哲学的探讨

JUNSHI ZHEXUE SHI ZHIHUIYUAN DE ZHONGYAO RENSHI GONGJU

军事指挥员的重要认识工具*

马克思主义哲学是“伟大的认识工具”，它给人们提供了认识与改造世界的锐利思想武器。军事哲学是哲学的军事实现，是军事的哲学提炼，是军事与哲学有机结合的产物。作为关于军事活动的哲学思维，军事哲学是深入理解与把握军事活动规律有效的认识工具，它有助于军事指挥员洞察战争本质，驾驭战争全局，运用战争规律，预测战争趋势。提高军事哲学素养，是军事指挥员成长的必要条件。

一、军事活动的本质性和普遍性规律

理解军事哲学，首先要理解哲学。哲学具有普遍性，这种普遍性又是不能脱离特殊性而存在的；哲学具有抽象性，这种抽象性又是不能回避具体性而产生的；哲学具有

* 本文发表于《国防大学学报》2004 年第 12 期。

根本性，这种根本性又是不能跳跃过程性而达到的。因此，军事哲学是扎根于实际的军事活动之中的。

军事是人类一个重要而特殊的活动领域，军事实践是哲学生长的丰厚土壤。具体的特殊的东西越是丰富与成熟，由此而来的抽象的普遍的东西也就越是全面与深刻。“矛盾”概念现已成为辩证法的核心概念，它却是起源于军事器械与军事斗争，成为对立统一关系的形象表述。《孙子兵法》是对春秋时期连绵不断战争的深刻感悟，它所揭示的战争唯物论、战争辩证法和战争认识论规律，很多也同样适用于社会其他领域。如许多企业在现代商战中奉《孙子兵法》为至宝，将其谋略与智慧运用于市场竞争。

哲学是理论思维的精华，只有理论思维才能实现从感性认识到理性认识，从现象到本质的飞跃。恩格斯曾说过：“一个民族要想登上科学的高峰，究竟是不能离开理论思维的”①。哲学看起来是那样的玄奥和“形而上”，但真正的哲学都应该在现实生活中，在实践的领域内找到自己的来源和根基。以此说明哲学的概括是有其现实根据的，证明哲学的规律是具有普遍适用性的。军事和人类的历史一样悠久，哲学也应该在军事领域得到实现和体现，要具有解释和揭示战争特殊规律的穿透力，这样的哲学才更有实践基础，更有生命力。毛泽东写作《中国革命战争的战略问题》和写作《实践论》、《矛盾论》都是在

① 《马克思恩格斯选集》第4卷，人民出版社1995年版，第285页。

1936 年至 1937 年期间，这几篇著作之间存在紧密的逻辑联系。毛泽东军事哲学的产生既是总结中国革命战争实践经验的产物，也是毛泽东哲学思想的成熟在军事领域的一个运用和验证。

《孙子兵法》、《战争论》、《中国革命战争的战略问题》，是军事哲学的 3 个经典文本。它们的共同特征是蕴涵其中的军事哲学思想是超越时空的。它们产生的共同条件是：（1）作者身处严酷的战争时代，打赢战争的迫切需要推动战争规律的研究；（2）作者身经丰富的战争实践，对战争的历史有深入的了解；（3）作者深受该时代哲学的熏陶，善于进行理论思维。

所以，军事哲学应该是军事与哲学的有机结合，而不是二者的机械结合。机械结合就是简单地把哲学教科书的原理和范畴，照搬照套于军事领域，这样的“结合”并没有得哲学之精髓，反而显得生硬和不管用。哲学首先是一种思维方式，是一种全面性、彻底性、发展性的思维方式，而不仅仅是一套概念体系。徐寅生 1964 年《怎样打乒乓球》一文，毛泽东的评价是“全文充满了辩证唯物论，处处反对唯心主义和任何一种形而上学”。因为徐寅生讲打乒乓球讲出了哲学，讲出了辩证法，但叙述又是运用乒乓球的术语而不是哲学的术语，正所谓“不著一字，尽得风流”。这是一种返璞归真、得其真谛的哲学。毛泽东的《论持久战》，讲的是抗日战争，也讲的是战争哲学，是哲学化了的军事学，军事学化了的哲学，是军事哲学的很高境界。

军事哲学是对军事活动本质性和普遍性规律的研究，军事理论，特别是把军事与战争作为一个整体来研究的军事理论，也是要找出其本质，发现其规律。军事哲学与军事理论究竟是一回事，还是两回事？合理的理解应该是，二者既有联系又有区别。

军事哲学与军事理论的联系：一是军事哲学与军事理论在内容上有交叉之处，军事理论的部分内容，如战争的本质和规律，战争与政治的关系，战争指导的规律等，同样也属于军事哲学的内容。二是有的著作从不同的学科看待，可以作出不同的分类。《战争论》既是军事理论的经典，也是军事哲学的经典。三是军事哲学与军事理论的边界不是精确的而是模糊的。世界上有许多现象的边界不是一条线，而是一个区间，是模糊的，像强与弱、大与小、快与慢等。人们的感觉和思维还不能在精确的意义上区分它们，只能在模糊的意义上把握它们。所以，如果硬要给某个理论进行定性，说它是哲学还是军事，有时候是一件得不出有意义结论的事情。

军事哲学与军事理论的区别：一是军事哲学的抽象程度比军事理论更高一些，概括性更强一些，但又处于哲学与军事的一个恰当的结合点。就拿概念的使用来说，步枪、轻武器还属于军事概念，“武器”概念就可以既作为军事概念，又作为军事哲学概念使用，再抽象为“物质”概念，就有些缺乏军事特色了。所以，人和武器的关系，就属于军事哲学的命题。二是军事哲学的着眼点是给出军事理论的根据，从哲理上证明军事理论得以成立的前提。

比如说军事理论的集中兵力原则，要进行深入的论证，就需要从数量与质量的关系，相对与绝对的关系，局部与整体的关系等方面作出论证。军事理论的着眼点是应用性和可操作性。三是军事哲学对于战争指导而言，主要具有世界观方法论的功能，具有思想方法、思维方式的意义，是间接性的指导，并不能代替所有的军事理论。孙子说，“不战而屈人之兵，善之善者也”，他认为这是战争哲学的最高境界。但怎样才能“不战而屈人之兵”，就要研究具体形势、具体条件、可行手段，不能用理想代替现实。军事理论对于军事实践的指导就更直接一些。

我们的军事哲学是马克思主义的军事哲学，是以马克思主义哲学为指导和依据的军事哲学。马克思主义哲学是时代精神的精华，它吸收和借鉴了人类文明的一切优秀成果，以生产力的革命性发展为物质基础，以现代科学的最新发现为科学基础，以人民群众创造历史的进步活动为实践基础，体现了先进生产力、先进文化和最广大人民利益的内在要求，是充满时代精神和科学精神，反映社会前进方向和人民群众愿望的理论思维。马克思主义哲学的精髓是解放思想、实事求是、与时俱进，基本内容是辩证唯物主义和历史唯物主义的世界观方法论，它把革命性与科学性、继承性与创造性高度统一起来，自觉接受实践的检验，适应实践的发展，根据实践的要求不断进行理论创新，在新的实践中保持着生机和活力。马克思主义哲学的精神实质和基本原理，同样也体现在军事哲学之中。

二、把握军事全局、驾驭军事规律的思维方式

既然已经有哲学，为什么还要在哲学与军事之间加进一个军事哲学，依此类推，是否还要衍生出战略哲学、战役哲学、战术哲学或陆军哲学、海军哲学、空军哲学来呢？这就提出了军事哲学独立存在的必要性问题。应该承认，哲学泛化的倾向，也就是把一切理论都贴上哲学标签，以为这样就能上层次的观念是要克服的。这是又回到了哲学和科学还没有分化，处于前科学阶段的认识，认为哲学是无所不包的知识总汇。繁琐哲学的倾向，也就是在各种分类知识之上，都要叠床架屋式地再搞出一套"哲学"来，也是要防止的。西方哲学史上有一个著名的"奥卡姆剃刀"，说的是"如无必要，勿增实体"，是对经院哲学的反抗。军事斗争是最讲实际、最讲实效的，容不得"银样镴枪头——中看不中用"的东西，容不得繁琐的程序、冗余的信息和时间的白白消耗，追求简洁、快速、有效。因此，判定军事哲学有没有必要的标准，也只能是军事主体认识、指挥和决策活动的效果。要看它对于哲学在军事领域的具体化和深化，是否具有不可替代的作用，产生了更为直接的效果，具有相对独立性；要看它对于开阔军事指挥员的视野，启迪军事指挥员的思维，开发军事指挥员的智慧，丰富军事指挥员的素质，是否起到了重要的作用，是不可或缺的训练，是理解运用哲学更为有效的方式；要看它对于军事指挥员抓住军事斗争的本质，

驾驭军事活动的规律，增强指挥战争的能力，是否能够引导到从感性到理性，从自发到自觉，从盲从到主动。毛泽东在《实践论》中认为，“真正亲知的是天下实践的人”。所以，对于军事哲学有没有必要的问题，最有权威的回答者不是别人，正是军事指挥员自己。

在军事哲学的研究中，有一个军事哲学是姓“军”还是姓“哲”的问题，也就是军事哲学是属于军事学的分枝，还是属于哲学的分枝。这个学科分类问题对于不同学科的研究者来说还是有一定意义的，但对于实践着的军事主体来说，这个问题没有更多的实际意义。对待不同形态的军事哲学，也应该坚持实践标准、战斗力标准特别是先进战斗力标准。不管是姓“军”还是姓“哲”，只要是有利于打赢战争和遏制战争，有利于以较小的代价换取更大的胜利，有利于指挥员提高战略思维和指挥谋略水平，就是好的、管用的军事哲学，就应该兼容并蓄，为我所用。反之，如果是先验的、生造的、牵强的体系，远离军事实践，远离战争形态的最新发展，远离军事指挥员的迫切需求，不管是姓“军”还是姓“哲”，都是没有用处、误人子弟的。就像恩格斯对普鲁士将军维利森《关于1831 年俄波之战中运用的大规模战争的理论》一书的批评那样，“在这本书中哲学论述多于军事科学，对大部分是不言自明的东西，却以冗长的和大量的旁征博引先验地加以论证，而且中间还夹杂一些关于简单和复杂以及诸如此类的对立面的最学究式的论述。这种军事科学从一般的艺术概念谈起，接着证明烹调术也是一种艺术，并详尽地论述艺术和科学的关系，最后则把军事学术上的一切规则、相互关系和可能性等，归结为一个绝对的原则，即强者总是击败弱者。对这样的军事科学能说什么呢！”“我还没有看到他在实践中的运用，但是有一个事实对维利森并不很有利，那就是拿破仑的重大胜利每一次都是由于藐视维利森的基本规则而取得的，——一个正统的黑格尔分子却能够很好地解释这个结果，而又丝毫不损害这些规则。”①

哲学的作用是一种思维的力量、精神的力量，它是通过塑造人的思想观念、思维方式、价值准则，来改变人的行为方式，进而改变世界的。这是一个“润物细无声”的过程，因此哲学的“用处”是不容易直接地、精确地衡量出来的。经验表明，军事指挥员的实践经验和各种知识越丰富，就越需要哲学的提炼和梳理；军事指挥员的位置越高，控制的层级越多，自主权越大，就越需要哲学的修养和功底；军事指挥员面对的局势越复杂，形势越紧迫，任务越艰巨，就越需要哲学的思维和引导。毛泽东是大军事家，也是大哲学家，帅才与哲人在他身上相映生辉，和谐一致。

具体说来，军事哲学对军事指挥员的用处主要表现在：（1）军事哲学可以帮助军事指挥员对战争与军事的认识更为深刻与全面，从而在军事实践中，认清制约战争发生、进展和结局的多种因素及其相互关系，把握遏制战

① 《马克思恩格斯全集》第28卷，人民出版社1973年版，第67－68页。

争的多种条件及其限度，懂得军事与政治经济等因素的关系，成长为具有政治头脑和大局观念的指挥人才。（2）军事哲学可以帮助军事指挥员正确认识军事斗争的客观实际，处理军事活动中的多种矛盾关系，抓住关键，把握战机，借势用势，促进转化，克服一相情愿的幻想和唯意志论的蛮干，从敌我力量的对比出发，作出可行的有利的军事部署，成长为审时度势、大智大勇的指挥人才。（3）军事哲学可以帮助军事指挥员克服战争中教条主义和经验主义的束缚，不唯书、不唯古、不唯美，一切因时、事、势而变化，在军事斗争中大胆变革，勇于创新，与时俱进，适应新军事变革的挑战，更新知识、观念和作风，成长为能够打赢信息化战争的知识型创新型指挥人才。

三、熟悉战史、学好哲学、面向时代、开拓创新

军事指挥员经过了较长时间的教育训练和实践磨炼，积累了较为丰富的军事经验，培养了一定的哲学素养，能够在不同程度上运用军事哲学思想分析和解决军事活动中的问题。并且有的还能够自觉研究军事哲学问题，创新军事哲学思想，在军事哲学领域有所建树。在这样的基础上学习研究军事哲学，应更上一层楼，在加深理解、开拓创新上下工夫。

军事哲学的逻辑存在于战争的历史之中，从战史中领悟哲学是学习研究的基础。逻辑和历史是统一的，思想的逻辑存在于历史的逻辑之中，是历史的东西在思维中的再

现。恩格斯认为："历史从哪里开始，思想进程也应当从哪里开始，而思想进程的进一步发展不过是历史进程在抽象的、理论上前后一贯的形式上的反映"。[①] 恩格斯还指出："黑格尔的思维方式不同于所有其他哲学家的地方，就是他的思维方式有巨大的历史感作基础。形式尽管是那么抽象和唯心，他的思想发展却总是与世界历史的发展平行着，而后者按他的本意只是前者的验证。"[②] 考察军事哲学思想的历史可以发现，繁荣的军事哲学与壮观的战争历史是密切相关的。军事思想家们，都精通战争历史，是极端激烈和极其复杂的战争实践本身，浇灌出了一朵朵绚丽多彩的军事思想之花。克劳塞维茨不仅亲历了战争，而且先后研究了历史上 130 多个战例，在此基础上他才提炼出了具有普遍性的军事哲学，特别是战争与政治的关系。恩格斯从 1852 年开始，十分注意研究军事学术史，想写一部 1848—1849 年革命时期的战争，特别是匈牙利和意大利战局的历史，他为此研究了克劳塞维茨、若米尼、维利森以及许多其他人的著作。这也是恩格斯为马克思主义军事思想和军事哲学作出杰出贡献的必要准备。在毛泽东的军事著作中，对中国古代战例的恰当引用已经达到了信手拈来的程度。由此可见，研究军事哲学的最好方式不是先研究军事思想，而是先研究军事历史。

哲学思维是军事哲学的灵魂，提高哲学思维能力是学

---

① 《马克思恩格斯选集》第 2 卷，人民出版社 1995 年版，第 43 页。

② 《马克思恩格斯选集》第 2 卷，人民出版社 1995 年版，第 42 页。

习研究军事哲学的必要条件。哲学来源于历史，但又不是对历史的简单记录，而是对历史的反思，对历史的理论思维。军事哲学是对军事实践和军事理论进行哲学思维的产物，哲学思维是军事哲学的灵魂。真正意义上的军事哲学，不仅它的结论是合乎哲学的，而且它的思考过程也是合乎哲学的。怎样才能提高哲学思维能力？恩格斯的看法是，一旦科学走上理论领域，“在这里经验的方法不中用了，在这里只有理论思维才管用。但是理论思维无非是才能方面的一种生来就有的素质。这种才能需要发展和培养，而为了进行这种培养，除了学习以往的哲学，直到现在还没有别的办法。”[①] 这就是学习哲学的历史、成果和经典，在潜移默化之中吸收哲学的睿智。一般来说，每个有一定阅历的人，都能自发地产生某种哲学。但这是远远不够的，还应该进一步较系统地学习哲学，特别是学习马克思主义哲学，接受人类智慧结晶的熏陶。人的全面发展要求，不仅应具有良好的科学修养，而且应具有良好的哲学修养。这是学习研究军事哲学的必要条件。

中国特色的军事变革为发展繁荣军事哲学提供了良好契机，研究现实问题离不开基础研究的支持。马克思主义哲学的基础与对象，都是现实的、活生生的、发展着的实践，马克思主义哲学始终都把回答时代的课题作为自己的主要使命。只有面对时代课题，作出科学解答，马克思主义哲学才能在新的时代真正成为时代精神的精华。军事哲

① 《马克思恩格斯选集》第 4 卷，人民出版社 1995 年版，第 284 页。

学的发展与繁荣，也离不开它所处的时代。“第一个值得一提的近代军事著作家”马基雅弗利，他创作的《战争艺术》一书，就是文艺复兴的产物。文艺复兴“这是人类以往从来没有经历过的一次最伟大的、进步的变革，是一个需要巨人而且产生了巨人——在思维能力、激情和性格方面，在多才多艺和学识渊博方面的巨人的时代。”[①]积极推进中国特色的军事变革，是一个呼唤军事人才而且推出军事人才的时代，是一个呼唤军事创新而且推出军事创新的时代，军事实践基础上的军事理论创新是推进中国特色军事变革的先导，而军事哲学创新则是军事理论创新的前提与基础。中国特色的军事变革必然作为军事哲学的背景、框架和视角，强烈地影响和引导着每一个军事哲学课题，有力地塑造着军事哲学创新的广度和深度。这种导向将使军事哲学科研成果更具有时代特征和实践意义，使军事哲学科研目的更为明确，焦点更为集中，使军事哲学科研评价具有更为过硬和统一的标准。

在世界新军事变革大潮中的中国特色的军事变革，是军事领域的一场深刻的革命。深刻认识新军事变革的本质，正确把握这场变革的发展趋势，充分估计其战略影响，清醒地看到我军现代化建设与军事斗争准备所面临的严峻形势和艰巨任务，首先要求军事理论的变革与创新。在军事理论创新的过程中，一定会遇到这样那样的军事哲学问题，这就涉及了军事理论的基础研究，说明了研究现

① 《马克思恩格斯选集》第4卷，人民出版社1995年版，第261－262页。

实问题也需要基础研究做支撑。世界军事领域关于未来军队和未来战争的新学说、新观点层出不穷，细细追究，就会发现其中蕴涵的理论假设，也就是军事哲学原理是不同的。军事哲学的发展与创新，必须贯彻辩证唯物主义和历史唯物主义的立场、观点和方法，研究军事活动的特殊性质和规律，依据世界新军事变革和中国特色军事变革的最新发展，提出具有根本性重大性现实性的军事哲学课题，给予深入全面科学的回答，为发展中国特色的军事科学提供“要精，要管用”的方法论指导。

和平发展合作潮流中的战争价值*

战争是政治通过另一种手段的继续，是用以解决阶级和阶级、民族和民族、国家和国家、政治集团和政治集团之间，在一定发展阶段上的矛盾的一种最高的斗争形式；正义战争是历史进步的推动力量，是消灭一切战争的必由之路。这是马克思主义战争价值观的基本观点。这些基本观点是依据唯物史观对人类战争史的科学总结，是对战争这一客观存在的社会现象历史作用的正确评价，也是战争价值判断的根本标准。“二战”结束特别是冷战结束，和平与发展成为时代主题以来，世界包括战争发生了很大变化。战争的根源没有根本改变，但影响和决定战争的因素更加多样；战争的性质没有根本改变，但判断和评价战争的标准更加复杂；战争的目的没有根本改变，但从事和运用战争的手段更加灵活；战争的毁灭性没有根本改变，但制约和控制战争的机制更加增强。这些新变化新情况新问

---

* 本文部分发表于《中国社会科学报》2010 年 7 月 27 日。

题表明，在和平、发展、合作成为时代主旋律和历史潮流的形势下，全面认识战争价值，正确树立判断战争价值的历史观和方法论，是继承和发展马克思主义战争与和平观的关键问题，是证明和确立国防、军事、军队、军人价值的理论前提，也是新世纪新阶段加强我国国防和军队建设，有效履行我军历史使命的内在要求。

一、战争价值是战争活动对人类社会和战争主体的效用关系

战争是人类社会在一定历史条件下的特殊斗争方式。依据唯物史观，把握战争价值的主要之点是：

历史地看待战争价值，承认战争在历史发展中的进步作用。唯物史观认为阶级斗争是阶级社会的发展动力，同时认为战争作为阶级斗争的最高形式，也起着推动历史发展进步的作用。历史上发生过的多次战争，虽然不可避免地带来种种惨祸、暴行、灾难和痛苦，但它们破坏了旧制度而有利于人类的发展。正如毛泽东在《中国革命和中国共产党》中所说的："中国历史上的农民起义和农民战争的规模之大，是世界历史上所仅见的。在中国封建社会里，只有这种农民的阶级斗争、农民的起义和农民的战争，才是历史发展的真正动力。因为每一次较大的农民起义和农民战争的结果，都打击了当时的封建统治，因而也

就多少推动了社会生产力的发展。”①

依据战争的进步性和非进步性，区分为正义战争和非正义战争。根据战争的政治目的和历史作用，战争分为进步的战争和阻碍进步的战争。进步的战争就是正义的非掠夺的谋解放的战争，阻碍进步的战争就是非正义的掠夺的战争。同一场战争对于不同战争主体具有不同性质。日本发动的侵华战争是非正义战争，中国人民开展的抗日战争就是正义战争。马克思主义者拥护正义战争反对非正义战争。

从不同角度分析，战争具有多重价值。战争是实现和平的途径，消灭战争、实现永久和平，就要用战争反对战争，通过战争转化为和平。战争是政治的特殊手段，战争为政治服务，是解决政治矛盾的最高斗争形式。战争还具有经济、文化、社会等多种价值。

对战争双方而言，战争价值具有对抗性。在战争中，战争双方都是力图通过战胜对方来实现战争价值的，一方的价值实现是建立在对方的价值破灭前提下的，例如对某一地区的控制权争夺。战争价值是不能实现“共赢”的。

二、战争仍然是实现政治目的的有效手段和维护和平的必要条件

发生于20世纪80年代末、90年代初的东欧剧变、苏

① 《毛泽东选集》第2卷，人民出版社1991年版，第625页。

联解体，标志着长达近半个世纪的冷战结束，也就是两大社会阵营对峙、两大军事集团较量、两个超级大国争霸的结束。冷战结束，加速了资本的全球流动和信息的全球传播，经济全球化、信息全球化的进程愈益强劲。在这一进程中，政治与经济、政治与信息的联系更加紧密，经济和信息作为实现政治目的手段的作用更加明显。金融攻击就可以使一个国家、地区陷入危机，文化入侵成为“不战而屈人之‘民’”的战略手段。冷战结束，更加彰显了和平与发展的时代主题，要和平、促发展、谋合作成为不可逆转的世界潮流。加强合作、共同发展日益成为各国的普遍选择，各国更加重视以和平方式解决争端，通过联合国预防和制止武装冲突、维护世界和平日益成为国际社会的普遍诉求。在这样的时代条件下，战争还是不是政治的继续和实现政治目的的手段，战争能力还是不是综合国力的重要组成部分和维护和平的重要因素，就成为迫切需要回答的理论和实践问题。

（一）战争是以武力手段争夺资源

战争的根源是私有制，是所有权的不同归属。战争是不同阶级、集团、国家用军事手段夺取或改变资源所有权的较量，胜利者享有争夺对象的占有权和支配权。列宁评价第一次世界大战是帝国主义瓜分和重新瓜分世界，瓜分的领土、势力范围等实质上都是支配资源的权力。在楚汉战争中，刘邦先打进咸阳，他约法三章，对秦朝官府财宝的处置方式是封存起来以表清白。而项羽打进咸阳后，滥杀无辜，烧阿房宫，将所有的财宝宫女收为己有，还违背约定，乱封乱赏。同样的胜利者对待同样的对象作出了不同的处置方式，因为他们拥有胜者的权力。

在不同的历史时代，资源争夺的主要对象是不同的。在农业社会，主要对象是土地和人口。土地是粮食之本、房屋之基，人口是隶农、士兵之源。土地和人口，决定了农业社会的兴衰，也决定了农业社会战争的性质和特征。春秋战国，诸侯争霸、烽火连天，打天下、争天下，“问天下谁是英雄”，以秦始皇的大一统而告终。历史上的农民起义、农民战争，是反抗封建土地所有制及其土地收益分配制度的斗争，是摧毁现有的权力结构和秩序、改朝换代的斗争。陈胜起义就喊出了“王侯将相，宁有种乎?”的口号。在工业社会，主要对象是矿藏和市场。矿藏是动力之源、机器之本、产品之原料，市场是商品之场、价值之场、利润之场。矿藏和市场，是资本运动的必要条件和环节，也是资本主义战争的根本动因。近代美国的美西战争，是资本的对外扩张；南北战争，是资本的对内扩张，实质上都是为北美新大陆资本主义的发展扫清障碍、开拓空间。

争夺资源、获取利益可以使用不同方式，如政治、经济、文化、外交、军事等方式，或者说是不同方式的交替使用和综合运用。不同的方式运用不同的规则。政治方式运用制度的规则，法律决定进退；经济方式运用交换的规则，效率决定盈亏；文化方式运用心理的规则，感化决定效果；外交方式运用谈判的规则，地位决定条约；军事方式运用武力的规则，胜负决定归属。尽管通行的规则不同，但目的都是维护、扩大或改变阶级、集团、国家的利益。毛泽东曾深刻地指出：“政治是不流血的战争，战争是流血的政治。”①

（二）战争方式的主要决定因素

战争是特殊形式的政治，是政治的继续。政治的本质是利益，是获取利益的权力和权利。在阶级、集团、国家获取利益的过程中，使不使用战争方式，并不完全取决于主观意志，也不完全取决于单方，而是在不同历史条件下面临多种压力、依据多种因素、进行多种权衡而作出的反应和抉择。回顾几千年的人类战争史，使不使用战争方式的主要决定因素是：

阶级、集团、民族之间矛盾的发展程度。矛盾斗争分为对抗和非对抗两种形式，由此产生了革命、战争和共存、合作的不同解决方式。战争是矛盾激化、运用非战争方式不能解决矛盾时的产物。共产党和国民党80多年的关系史，既有从南昌起义到大决战的生死搏斗，也有北伐战争、抗日战争和“一个中国”的国共合作、统一战线。是兵戎相见，还是“相逢一笑泯恩仇”，皆因特定历史条件下两党矛盾关系的性质。在矛盾关系中，存在着战争的发动者、侵略者，另一方为反抗暴力、抗击侵略，必须投入战争、争取胜利。中国共产党从不要枪杆子到必须拿起枪杆子是如此，中国人民开展抗日战争、进行抗美援朝也是如此。

非战争方式的发展程度。非战争方式发展得越不成

---

① 《毛泽东选集》第2卷，人民出版社1991年版，第480页。

熟，使用战争方式就越为频繁；反之亦然。在贸易、通婚、契约等交往方式没有发展起来之前，部落之间夺取资源的主要手段，只能是以“抢”为标志的械斗。战争的暴烈性和毁灭性使得它成为达到政治目的的最后手段，在有其他可替代方式的情况，一般还是首先选用非战争方式达到目的。我国古代的军事思想就认识到这一点，《吕氏春秋·论威》中说：“兵，天下之凶器也；勇，天下之凶德也。举凶器，行凶德，犹不得已也。”不主张把军事手段和战争方式作为第一和最佳选择。总的说来，随着人类的经济、政治、文化、外交等交往方式的发展和普遍，使用战争方式的频率在下降。第二次世界大战结束以来，人类享受了60多年以至将延续更长时间的无世界大战的和平，就是人类文明进步的标志。

战争方式的代价程度。战争是争夺资源、获取利益的活动，同时又是必须付出巨大的生命、财富代价的活动，即使是战胜者也不能不付出巨大代价。《孙子》中就指出打仗要“日费千金”。战争的代价就使得权衡得失成为战还是不战的重要因素。西汉初年，面对匈奴的威胁，因国力衰弱，只能采取和亲政策，“以公主换和平”，休养生息。到了汉武帝时，国力恢复，开始对匈奴进行长期的讨伐战争，取得了决定性胜利，成就了一代名将卫青、霍去病，同时也造成了“海内虚耗，人口减半”的代价。随着人类文明的发展，战争的代价愈益受到重视，特别是重视人的生命的代价。

战争方式的制约程度。战争代价是战争方式的最大制约。除此之外，战争方式还要受到国际关系及条约、国内政治体制和形势、民众支持与否、战争法与战争伦理、国防和军队建设状况等因素的制约。德意日法西斯能够发动第二次世界大战，反映了当时国际国内制约战争力量的薄弱。总的趋势是人类文明愈益发展，战争受到的制约因素越多，非军事因素对战争的制约作用越大。

（三）当代和平与战争的新形势

当今国际局势的基本态势是总体和平、局部战乱，总体缓和、局部紧张，总体稳定、局部动荡，呈现出复杂多样的格局。和平成为主潮流、大趋势，但世界远没有进入“永久和平”的境界，局部战争、武装冲突仍不断发生。和平方式成为解决国际国内矛盾的主要方式，但很多民族、宗教、主权冲突仍然需要诉诸武力的矛盾解决方式，武力仍然是世界通行的“语言”之一。技术、金融、信息、文化、制度的主导成为征服世界的主要手段，但并不排除军事力量作为必要手段和威慑因素，让军事更灵活有效地为政治服务。以经济实力为基础、以发展速度和效益为标志的综合国力竞争日益激烈，各国的军事能力建设也同步加强，世界军费开支不降反升。这些事实表明，战争仍然是政治的手段、政治的继续，仍然是世界的现实，没有退出历史舞台。

战争方式在当今世界之所以有其现实性和必要性，是因为：

不同集团、民族、国家的利益矛盾没有消除，而且以新的形式表现出来。冷战结束，并没有从根本上消除国际社会和国家内部的各种矛盾，随着形势的变化，一些矛盾更加尖锐。一是恐怖主义与反恐怖主义的冲突。经济全球化并没有带来世界大同，反而产生了中心化与边缘化新的深刻冲突。经济全球化是资本的全球化，不可避免地伴随着西方资本主义的扩张，产生一系列“文明的冲突”。这种冲突的暴力形式就是恐怖主义与反恐怖主义，恐怖主义实质上是对全球化趋势的暴力反抗。二是霸权主义与反霸权主义的冲突。冷战结束，打破了大国的均衡，加强了美国的霸权地位，美国使用武力实现全球扩张的霸权主义行径有恃无恐。尽管世界格局呈现出从两极化向多极化的态势，但美国一家独大，操纵国际事务，在国际事务中形不成有力制约的状况短期内很难改变。自 1991 年以来，美国连续发动了海湾战争、科索沃战争、阿富汗战争、伊拉克战争，又在策划对伊朗的战争。霸权主义成为当今世界战火不息的一个根源。三是民族分裂主义与反民族分裂主义的冲突。在一些国家和地区，例如俄罗斯，民族分裂主义掌握武装，与政府军的武装对抗在所难免。

发展的资源矛盾日趋突出，需要军事能力的有力保障。随着世界人口的迅速增长和人均消费资源的日趋上升，资源的稀缺性日益突出。不仅金属、石油等战略资源成为可持续发展的瓶颈，而且基本的生存资源，如耕地、淡水，在许多地区也日益匮乏。用水权有可能成为未来冲突的起因。各国争夺的资源不限于传统空间，如领土、领海、领空，随着人类资源需求的增长和开发资源能力的提高，争夺的战略空间已拓展到极地、公海、太空，深入到无形的电磁、网络空间。这些公共资源、公共空间都是发展的重要资源空间，其重要程度将日益提高，围绕控制权的争夺将日趋激烈。对这些公共空间、公共资源，尽管国际公约是以共同享有、和平开发为原则的，但实际控制权是与各国的经济力、科技力包括军事力密切相关的。维护国家的发展利益，拓展国家的战略空间，维护获取资源的规则秩序，保持争夺资源的优势地位，需要军事能力作为战略支撑。一些国家研制太空武器，就是为太空争夺战而准备。

战争方式仍然有效，在争夺资源中与非战争方式相互补充。当今世界和平发展与局部战争并存的局面表明，战争作为政治的特殊形式和特殊手段，仍然有其现实根据和存在价值。和平发展是世界潮流，但人类文明还没有发展到消灭战争、铸剑为犁的境界，各国之间的互信并没有真正建立起来，而且把战争形态从机械化战争推进到信息化战争，展开着新军事变革的又一轮竞赛。保持和加强使用战争手段的能力，说明非战争方式在维护国家的发展利益方面并不是完全有效的，在当代历史条件下有其适用范围。巴以冲突60年，恩恩怨怨、根深蒂固，诺贝尔和平奖也没有奖出长久和平。在非战争方式失效的情况下，或者在战争方式更有效的情况下，就不可避免要打出战争这张牌。战争方式和非战争方式都是手段，两手硬比一手硬要更有力量。恰当灵活地运用这两手，将大大加强国家的战略能力。

和平发展要求遏制战争，既要以和止战又要以战止战。当代世界的和平发展不是建立在人类大同、战争消亡基础上的，而是建立在遏制战争基础上的。遏制战争就是把战争因素、战争威胁降低到最低限度，实现从战争可能到和平现实的转化。遏制战争有着多种途径，概括地说，一是以和止战，一是以战止战。以和止战就是运用和平的方式遏制战争，如国际组织、和平条约、世界舆论、经济制裁等机制，迫使矛盾冲突双方不能采取战争的方式解决矛盾。以战止战就是用战争遏制战争，用正义战争遏制非正义战争，用小的战争遏制大的战争，用维护和平的战争遏制扩大战争的战争。以战止战不是悖论，而是战争与和平的逻辑。争取和平就要准备战争。现实世界中的和平，不能仅仅建立在美好的愿望、善良的呼吁、良心的发现的基础上，而是一种政治的均衡、实力的均衡、军事的均衡。以战止战既包括以打赢战争来遏制战争，也包括以战争威慑来遏制战争。战争威慑以打赢战争的能力为依据，凭借军事上的优势地位，迫使对手就范，也就是“不战而屈人之兵”。

三、信息化战争形态拓展了战争的价值

当代战争领域发生的最深刻变化，就是人类社会的战争形态正由机械化战争转化为信息化战争。信息化武器装备的出现，改变了战争的样式，改变了战争的面貌，也改变了战争的价值，使军事手段的运用产生了许多新的情况。1991 年以来，美国频频出手，主导了几场新型战争。一个重要原因，就是它在信息化军队建设方面走在世界前

列，具备控制信息化战争的能力。这样，把战争作为政治手段运用更加得心应手。

（一）从冷兵器战争到机械化战争的战争价值变化

人类迄今经历了冷兵器战争、热兵器战争、机械化战争几种战争形态。生产工具是生产方式的基本标志，正如马克思所说："手推磨产生的是封建主的社会，蒸汽磨产生的是工业资本家的社会。"[①] 战争工具也是战争形态的基本标志，战争工具的变化带来了战争形态以及战争价值的种种变化。

武器威力越来越大，战争的毁灭价值走到极端。战争形态的演变首先是技术形态即武器形态的变化，从大刀长矛到机枪大炮、飞机坦克。从冷兵器战争到机械化战争，基本的趋势是武器的杀伤距离越来越远、杀伤面积越来越大，杀伤效力越来越大。托夫勒借鉴马克思的"生产方式"概念，提出了"毁灭方式"的概念。不同武器形态的毁灭方式是不同的，冷兵器是以金属为中介对人的身体的毁灭，热兵器是以火力为中介对人体和物体的毁灭，机械化战争则是依靠大范围、高密度、高强度、高频率地使用火力，造成局部地区的毁灭性打击。核武器的出现，把武器的毁灭方式推向了极端。不只是对军队的毁灭，而且是对所有人的毁灭；不只是对地面建筑的毁灭，而且是对所有生物的毁灭；不只是一时不可恢复的毁灭，而且是长期不可恢复的毁灭。核武器的价值已经威胁到人类自身的

① 《马克思恩格斯选集》第1卷，人民出版社1995年版，第142页。

生存，就走向反面，核武器的极端毁灭性反而成了遏制核武器使用和核战争爆发的因素。核时代条件下的战争样式还是常规战争。

战争规模越来越大，战争日益成为大国的工具。人类战争从部落、阶级、集团、民族、国家之间的战争，发展到20世纪的两次世界大战，特别是第二次世界大战，把战争的规模推进到空前的程度。基本的发展规律是，战争的技术形态越先进，军队的组织化程度越复杂，对国家的军事能力要求越高，使大国容易建立一支现代化的军队；战争的技术形态越先进，对国家的生产能力和科技能力要求越高，机器大工业为武器装备的大规模批量化生产提供了物质条件；武器装备的研制和生产能力越强，武器装备的质量和数量对战争胜负的影响程度越高，就使战争规模越来越大；战争愈益成为综合国力的竞争，大国在大规模战争中占有优势地位，更容易利用战争获利。

战争空间越来越大，战争手段对于争夺资源更加重要。随着战争的技术形态发展，军队的机动速度越来越快，战争空间的维度不断增多。从陆地到海洋、天空，从海面到深海。战争空间的扩大，是扩大战略空间的需要。战争空间的边界，就是战略空间的边界，战争空间扩大到哪里，战略空间就扩大到哪里。战争空间的扩大，是增加武器发射平台、增强打击力的需要。海上、空中、深海的武器发射平台，都增加了军事进攻能力和对战争的控制能力。战争空间的扩大，是争夺资源、扩大利益空间的需要。哪里有资源，哪里就有争夺；哪里有新的资源，哪里就有新的争夺；哪里的资源争夺需要凭借武力，哪里就有战争。近代西方的几个大国崛起，如葡萄牙、西班牙、荷兰等，都是从发展舰队，控制海洋，经海上通道占领殖民地的。20世纪的两次世界大战，是资本全球扩张的战争方式。本国的领土和资源，已经不能满足资本扩张的需要。而机械化战争手段，又使得发动世界大战成为可能。

战争代价越来越大，反对战争维护和平的力量生长壮大。战争形态的演变，带来的是战争代价的巨大增长。战争双方，即使是胜利者，也不得不付出极大的生命、财富代价，而社会代价包括心理创伤更是难以统计。原子弹在广岛、长崎的爆炸后果，人们至今记忆犹新。大众传播媒体的发展，如电影、电视、多媒体等，使得“二战”的残酷图景成为人类牢固的集体记忆。战争在强化自己力量的同时，也在塑造着反对战争的力量，塑造着和平的力量。“二战”结束以后，世界上要求和平的愿望在增长，促进和平的力量在壮大，维护和平的机制在发展。这也造就了冷战这样一种非战非和的特殊状态。世界和平力量的生长壮大，特别是发展中国家在国际事务的作用加大，形成了和平与发展的时代主题。

（二）信息化战争的新价值

以信息化为核心的新军事变革，促使了战争形态的根本性转折，产生了武器装备、军队建设和作战方式的一系列革命性变化，也导致了战争价值的新变化和新的战争价值观。

信息化武器装备使得战争的毁灭性减小。信息化武器装备极大地提高了打击的精度和弹药的效应，“精确打击”成为新的作战样式。这就从根本上改变了机械化战争以大面积狂轰滥炸保证摧毁效果的作战样式，减少了平民的伤亡和民用设施的毁坏。信息化武器装备减少了军队机动的时间，加快了战争的速度，呈现出战争周期缩短的趋势。这就能尽量避免陷入战争泥潭不能自拔，消耗越来越大。核武器使战争手段走进死胡同，毁灭性太大，不能实战；而远程精确制导武器则开辟了战争手段的新途径，既能实战，又有威力。

信息化军队优势使得战争的非对称性增加。世界新军事变革的加速发展，导致发达国家与发展中国家的军事技术形态出现又一轮“时代差”，形成了信息化军事对机械化半机械化军事的新的军事技术优势。这种差距是时代的差距，这种优势是质量的优势，导致了战争的攻与防、强与弱、胜与负的非对称性加大。非对称性不能直接等同于战争胜负，但对战争结局的影响很大。在信息化战争中，信息化武器装备将成为军队作战能力的关键因素，非接触、非线性作战将成为重要作战方式，体系对抗将成为战场对抗的基本形态，太空将成为国际军事竞争新的战略制高点。因此，信息化军队占有战争的主动权，也将更倾向于利用这种优势扩大战略利益。

信息化作战方式使得局部战争更加可行。信息化作战方式提高了战争的精度，既达到了同样战争目的，又缩小了战争范围。信息化作战方式延长了打击的距离，可以在非接触、非线性的条件下实现作战目标，减少了涉入战争的国家。信息化作战方式增强了控制战争的能力，C^4ISR

系统实现了战场感知能力、信息传递能力、快速机动能力、精确打击能力的综合集成，战争进程和效果也体现了信息化的特征，减少了战争的不确定性。信息化作战方式增强了军队的作战能力和信息能力，作战部队高度合成，作战单元趋于小型化、轻型化和多样化，小规模部队就能遂行以往需要大规模部队才能完成的作战任务。当代战争以局部战争为主要样式，信息化作战方式是军事条件和技术条件。

信息化战争形态使得战争手段更加灵活。信息化战争改变了战争样式，对于在新军事变革走在前列的国家来说，战争作为政治手段更加好用、有用，用得更多、更活。信息化战争降低了战争的伤亡和损失，这就减少了反对战争的阻力和压力。信息化战争缩小了打击目标，这就降低了民众的反抗程度。信息化战争缩小了战争规模，减少了投入战争的力量，这就降低了发动战争的门槛。信息化战争提高了战争的打击能力，并且运用起来比较容易，这就增加了这种战争样式的威慑力。

（三）新军事变革对战争价值的证明

与和平发展合作潮流并行不悖的，是世界新军事变革的潮流，是信息化战争形态的涌现，是一场又一场的高技术局部战争。这一现象并不矛盾。在形而上学的和平与战争观看来，和平就是和平，战争就是战争，两个东西只是互相排斥，毫无联系，更不能共存。而在马克思主义的和平与战争观看来，在人类实现永久和平之前，“战争与和平既互相排斥，又相互联结，并在一定条件下互相转化。”① 这一现象就是对和平发展合作潮流中战争价值的有力证明。

新军事变革表明，综合国力竞争必然包含军事能力的竞争。军事能力既是一个国家综合国力不可缺少的部分，又是综合国力的重要证明。在维护和发展国家利益的战略博弈中，世界各国都要保持相应的军事能力以维护国家安全，一些国家还要建立确保全球利益的绝对军事优势。均衡与反均衡，优势与反优势，威胁与反威胁，形成了新军事变革的动力。

新军事变革表明，军事能力竞争已经从数量到质量，从宽度到精度，从要素到体系，从实体到信息，从有形空间到无形空间。战争制胜要素发生了重要变化，军事能力竞争在更新、更广、更深的领域展开。建设一支什么样的军队，怎样建设军队，打一场什么样的战争，怎样打赢战争，是军队建设和军事斗争准备的根本问题。

新军事变革表明，打赢战争的能力可以转化为遏制战争的能力。缺乏打赢信息化战争的能力，很难具备遏制信息化战争的能力。我军积极推进中国特色军事变革，正是以打赢信息化战争、建设信息化军队的目标，做好军事斗争准备，履行维护国家安全和祖国统一的使命，并为维护世界和平作出贡献。

---

① 《毛泽东文集》第7卷，人民出版社1999年版，第194－195页。

国家文化的竞争与较量*

研究军事哲学，不仅要一般性地说出来军事哲学的意义及其原理，而且要抓住当代军事实践的重大现实问题，进行军事哲学的专题研究，作出带有根本性、规律性的概括。这样，才能是有说服力、有用的军事哲学。“国家文化的竞争与较量”，就是当代军事实践的一个重大现实问题。

一、从国家文化看战略心理战

战略心理战这一范畴，规定了心理战的战略层次，表明了研究和从事心理战的战略眼光和宏观视野。战略心理战，既包括军事战略层面的心理战，也包括国家战略层面的心理战。从国家战略的角度看，战略心理战属于国家行为，是国家战略以及国家安全战略的重要组成部分。从战

---

* 本文发表于《中国军事科学》2004 年第 4 期。

略心理战的目的看，它要改变、打击或防卫的是军队、民众以至民族的心理，是社会心理。从社会心理的性质看，心理是文化的产物和载体，心理现象是一种文化现象，心理变化是一种文化变化。因此，战略心理战的底蕴，是国家文化的竞争与较量；战略心理战的胜与负，从根本上说，是国家文化的胜与负。

文化是人类社会生活的重要方面。十六大报告突出强调了文化在当代社会的重要地位和作用，指出："当今世界，文化与经济和政治相互交融，在综合国力竞争中的地位和作用越来越突出。文化的力量，深深熔铸在民族的生命力、创造力和凝聚力之中。"这是由于在社会结构一体化的过程中，经济、政治、军事和文化越来越相互渗透、相互包含。经济、政治、军事都可以表现为文化、转化为文化、上升为文化；文化又可以影响作用于经济、政治和军事，深藏于经济、政治和军事，转化为经济、政治和军事。

战略心理战是一种战争手段和战争样式，是着眼于战略全局，服务于战争目的，对心理力量的战略谋划与战争运用，对心理对象的战略打击或战略防御。战略心理战战略是与军事、经济、政治等战略手段配合使用，形成整体的综合的国家战略能力的。战略心理战又是贯穿于各种战略手段之中，是运用各种战略手段所产生的心理效应。战略心理战的能量，根源于国家文化的力量。

文化是综合国力的重要内容，同时也是国家战略能力的重要因素。从有战略时起，文化就被当做战略要素看待。如《孙子兵法》中提出了决定战争胜负的5个要素：道、天、地、将、法，第一位的就是“道”。什么是“道”？孙子说：“道者，令民与上同意也，可与之死，可与之生，而民不畏危。”[1] 在这里，“道”就是上下团结、齐心协力的国家文化。从有战略家时起，战略家就要把文化作为一种战略力量使用。如刘邦、韩信在“楚汉战争”中垓下（今安徽灵璧县）之战策划的“四面楚歌”，“四面楚歌”既有四面包围的震慑作用，也有“楚歌”唤起的乡思乡愁、涣散军心斗志的作用。只是在当代，国际竞争以至战争中的文化战略表现得更加明显和重要；配合战争目的的文化战略运用得更加自觉，领域更加广泛，手段更加多样。

当代战争形态已经向信息化战争转变，信息化战争造就了新型的战争时空、战争样式、战争进程和战争工具，也包括造就了新型的战略心理战。信息化战争是信息技术和信息社会的产物，信息技术还加速、加大了不同国家文化的交流与碰撞、融合与冲突。这就使战争战略要尽早、尽多地围绕着国家文化的竞争与较量而展开。因此，着眼于打赢未来的信息化战争，在战略心理战中占据主动地位，必须注重国家文化的战略竞争问题。国家文化的主导与自立，文化战略的进攻、防御与建设，成为国家战略指导和筹划的重要方面。

---

① 《孙子·计篇》。

二、国家文化：以民族精神为精髓，以意识形态为标志

研究国家文化的战略竞争，先从文化和国家文化的概念谈起。

（一）文化是“社会的素质”

文化与经济政治也是互为表里的关系。文化是经济政治的反映，在这个意义上，文化是表，经济政治是里；同时，经济政治之中也包含着文化，文化也渗透于、深藏于经济政治之中，在这个意义上，经济政治是表，文化是里。我们可以说，文化是“社会的素质”（恩格斯）。

文化的存在，既是有形的又是无形的。我们可以看见具体的文化表现、有形的文化形式，但我们看不见作为整体的文化、作为精髓的文化，这只能经过抽象在思维中把握。文化的效果，是难以直接观察和量化的。生产劳动的效果，可以通过产量产值衡量；文化的效果要通过人的活动转化，而人的活动效果是多种因素的综合效应，文化的效果只能通过分析比较来判断。文化的建设，是不容易在短期内取得明显成效的，是一个长期的、潜移默化的过程。因为文化要塑造和改变的是人的心灵，是社会的、民族的、国家的心灵。“冰冻三尺，非一日之寒。”

（二）民族文化与国家文化

表明文化的民族与国家属性，一般用民族文化的概念。这里使用国家文化概念，一是强调在一个国家内部各

民族文化的总和。国家文化是广义的民族文化，即民族国家的文化，国家多民族文化的综合体。每个国家都有自己的地理、民族、语言、宗教、历史、制度，也就形成了各具特色的人类文化中的国家文化。二是强调民族文化的政治与制度属性。自从人类产生国家以来，国家就是在一个地域内管理与控制经济政治文化军事的主体和基本单位。任何民族都是从属于一定的政治与国家制度的，政治与国家制度强烈地影响制约着民族文化。国家文化这一范畴是包容了文化的政治与制度属性。

文化形态有其相对独立性，但总体说来，国家文化的形成与发展，是与该国家的经济政治等方面共同发展、协调发展的，是相互依赖、相互促进的。国家文化不是在孤立、封闭状态下形成与发展的，而是在世界各民族文化的交流、交往中相互渗透、相互学习，既有输出，也有输入。这种文化交流和交往具有两重性，既有利于一个民族文化的生长，也会削弱一个民族的文化优势。在世界文化的格局中，国家文化是一种相对独立的民族文化，它的相对独立性就是从该国文化的独特性质中体现出来。

（三）国家文化的精髓与标志

国家文化是一个国家的民族精神、意识形态、传统习俗、思维方式、科学素质等因素的总和。国家文化需要在分解与综合相结合的层面上把握。国家文化是由一个国家各种具体文化的总和构成的，如社会意识形态的各种形式：政治法律思想、道德、艺术、宗教、科学和哲学等，如社会心理的各种形式：情感、意志、习惯、情趣等。这些具体的文化形式从不同侧面表征着一个国家的文化，揭示出国家文化的底蕴，显示出相互渗透、相互适应的性质。在这些林林总总的文化形式中，可以表现出一个国家文化的总体面貌、总体特征。

在国家文化的体系中，民族精神是精髓，意识形态是标志。民族精神是一个民族在几千年的文明史中，在特定的自然、历史和生产等条件下，发展起来的民族信仰和信念、性格和气质。民族精神是一个国家的灵魂，表现在国家文化的方方面面。十六大报告指出："民族精神是一个民族赖以生存和发展的精神支撑。一个民族，没有振奋的精神和高尚的品格，不可能自立于世界民族之林。在五千多年的发展中，中华民族形成了以爱国主义为核心的团结统一、爱好和平、勤劳勇敢、自强不息的伟大民族精神。"各个国家的民族精神，既有共同之处，也有自己的特色。任何国家在历史发展的一定阶段，都有自己的社会制度，都要形成维护该社会制度的意识形态。意识形态赋予该社会制度以合法性和权威性，是国家政权的思想理论支柱。

三、国家文化：一种战略资源和战略武器

资源，包括物质资源，也包括精神资源；武器，包括硬杀伤武器，也包括软杀伤武器。战略资源和战略武器，是可以在战略意义上，也就是在全局的长久的意义上运用的资源和武器。国家文化，就是一种战略资源和战略武器。

（一）民族文化是民族凝聚力的内核

一个民族，要有自己的民族凝聚力，否则就是一盘散沙。民族凝聚力就是这个民族成员对自己民族的归属感、热爱感和献身精神。一个民族的大多数成员愿意为自己的民族奉献与牺牲，这个民族就是有凝聚力的。民族凝聚力首先来自于民族文化的吸引力，来自于民族成员对本民族文化的认同和眷恋，也就是民族感情。民族文化是民族凝聚力的内核。

民族文化是民族成员生长、活动、交往的精神环境，也是民族成员的精神家园。一个民族要增强民族的凝聚力，首先就要增强民族文化的生命力。一个民族的文化是有生命力的，这个民族就是有生命力的。无论遇到什么艰难困苦，无论遇到什么样的强大敌人，民族文化的力量支撑着这个民族最终是不可战胜的。

（二）国家文化是战争胜负的重要因素

讲国家文化是战争胜负的重要因素，不能不说中国人民的抗日战争。抗日战争是中国历史上最伟大的一场抗击外国侵略的全面战争，是中国近代以来第一场取得彻底胜利的抗击外国侵略的全面战争。抗日战争的胜利，依靠的是共产党领导的抗日民族统一战线，依靠的是发动全民抗战的抗日政治动员，依靠的是抗日军民宁死不屈、前赴后继、坚持到底的抗日精神，依靠的是人民战争和持久战。抗日战争中，能够把不同阶级、不同政党团结起来，把全国各阶层的人民群众动员起来，把广大民众的抗日心理激发出来，支撑着抗日军民抗战到底的精神资源，一是中华民族深厚的爱国主义文化传统，表现为千百年来培育出来的民族自尊心，对中华民族文化的认同感和归属感，对日本帝国主义的仇恨和对日本帝国主义文化的鄙视；二是中国共产党主导创立的新民主主义文化，它是中华民族优秀文化传统的延续，是中华民族的新文化。它代表了正义、进步和光明，给予了全国人民特别是广大劳动人民以希望和信心。当时成千上万的进步青年，包括很多富家子女，向往革命，投奔延安，就是证明。中华民族文化和新民主主义文化的统一，就是赢得抗日战争胜利的文化的力量。这就使得抗日战争既是一场民族解放战争，又是一场人民革命战争，这样的战争终究是要胜利的。

毛泽东在《论持久战》中指出："战争的伟力之最深厚的根源，存在于民众之中。"① 显然，战争的伟力之最深厚的根源，不仅存在于民众的人数之中，不仅存在于民众的组织之中，最根本的，它存在于民众的爱国精神、牺牲精神等文化心理之中。没有这种文化的凝聚力和感召力，就不能把民众组织起来，人的数量再多，也不能形成战斗力。我们知道，抗日战争中应时而生的"义勇军进行曲"，是中华民族精神、抗日精神的写照和结晶。它所号召的"把我们的血肉，筑成我们新的长城"，就是对中华民族文化精神的动员，对中华民族文化力量的动员；它对团结全国各族人民奋起抗战，最终赢得抗日战争胜利所起的作用，是与武器的力量、物质的力量和军队的力量同

① 《毛泽东选集》第2卷，人民出版社1991年版，第511页。

样重要的。

抗日战争的胜利，生动地证明了国家文化的力量。战争既是军事、经济、政治力量的竞争与较量，也是文化力量的竞争与较量。军事、经济、政治力量的竞争与较量，更多地表现为有形的竞争与较量，是“硬”力量的竞争与较量；文化力量的竞争与较量，更多地表现为无形的竞争与较量，是“软”力量的竞争与较量。但不要以为无形的力量、“软”的力量就没有力量。水是柔软的，但滴水能穿石，水能冲垮大坝，能“水淹七军”。《老子》中说“柔弱胜刚强”，也就是无形能胜有形，“软”也能转化为“硬”。国家文化渗透于国民心理之中，塑造了国民的信仰信念、性格意志，无形地参与了战争的进程，影响着战争的结局。战略家在谋划战争战略时，不能不考虑到国家文化的力量。

由此可见，国家战略力量包括国家文化的力量，国家文化是决定战争胜负的重要因素。国家文化是国家安全的战略资源，是一种极为重要的、有着强大能量的战略资源。国家文化也是一种战略武器，它既可以用于进攻，也可以用于防御，可以用于震慑与反震慑。国家文化这种无形的力量，可以支撑、强化、塑造、创造着国家战略能力，转化为有形的力量，支持着战争的进程，增大着战争投入的力量。国家文化是一个国家生存的精神命脉和发展的精神动力。国家文化的战略竞争和较量，就是处于潜在冲突或冲突的国家间不同文化的进攻与防御、征服与反征服。我们讲战略心理战，就是以国家文化为攻防对象，战争的目的是改变或守卫国家的文化。

（三）国家文化的较量是当代国际战略竞争的重要内容

在"一战"、"二战"期间，战争征服的主要标志是领土占领，战争征服的主要手段是硬打击，占领国对被占领国的文化征服很大程度上是凭借武力强制推行的。如纳粹德国对欧洲犹太文化的围剿，是通过大屠杀来实行的。

在长达近半个世纪的冷战中，有两条战线。一条战线是两大军事集团的核威慑战略对抗和常规武器竞赛，另一条战线是两大政治集团的战略心理战对抗和政治文化竞争。冷战中的战略较量既包括经济优势、科技优势、武器优势的较量，也包括政治优势、心理优势、文化优势的较量。苏联在卫国战争中，在极其严峻的形势下和极端困难的条件下，依靠苏联共产党的坚强领导，依靠苏联人民惊天地、泣鬼神的伟大爱国主义精神，赢得了反法西斯战争的最后胜利。"横扫欧陆如卷席"。可是在冷战中，没有硝烟，没有流血，苏联却轰然解体，政息人亡。解体之日，"莫斯科的黎明静悄悄"。苏联解体，除了政治、经济等方面的原因外，执政党内和群众中发生思想变化、思想混乱也是一个很重要的原因。思想的变化和混乱，既有苏联党和国家自身的错误，也与西方国家长期进行的意识形态渗透有密切关系。有的俄罗斯学者认为，冷战的实质是信息心理战。这场战争的目的是按一定方向改变社会意识，控制和操纵整个民族的意识。信息心理武器的运用，最终"导致社会经济进程和社会经济关系的破坏，从而使国家毁灭。它可以使民心涣散，从而无力抵抗。”[①] 苏联是信息心理战的失败者，也就是国家文化竞争的失败者。苏联的解体，是从国家文化的解体开始的。

国家文化在当代国际竞争以至战争中，越来越被作为一种战略武器来使用。在文化全球传播的条件下，一个国家的文化传播，可以影响甚至部分改变其他国家的文化体系。如果这种传播是蓄意的、敌意的，就属于发动了一场以文化侵略为目的的战略心理战。发动文化进攻的一方，力图在对方国家获得更大程度上的文化认同，使该国的民众特别是精英层接受、偏好、向往他国的价值观念、思想理念、生活方式以至社会制度，逐步地放松戒备，消除敌意，产生好感。这样在以后可能爆发的战争中，难以激发该国的同仇敌忾精神，难以保持宁死不屈的气概，难以强化民族自尊心、民族自豪感和为国流血牺牲的心理。掌握国家主权的政府，同样也把国家文化作为维护国家安全的战略武器。本国文化是国家团结、统一、稳定的精神基础，民族精神是国家凝聚力、向心力的深层结构，爱国主义是国家最为持久、最为强大的战斗力。真正的铜墙铁壁是群众，是群众对自己国家的热爱，对国家政权的支持，对国家利益的捍卫。国家之间的战争，如果文化上没有征服，就不能算是真赢、全赢；如果文化上没有被征服，就不能算是真输、全输。

---

① B. A. 利西奇金、Л. A. 谢列平：《第三次世界大战——信息心理战》，社会科学文献出版社 2003 年版，第 2 页。

四、国家文化战略竞争的特点与规律

国家文化的战略竞争，在经济全球化、信息社会和信息化战争的条件下，显示出自身的特征、规律与表现形式。

（一）国家文化较量是一种战略选择

战略是一种选择，是在不同方向、不同重点、不同配置之间，反复权衡之后的一种理性选择。把国家文化作为一种战略武器使用，也是一种国际竞争的战略选择。表明了国家文化在综合国力竞争中的重要地位，在现代战争中的重要作用。这就是文化征服先于武力征服，文化摧毁重于武力摧毁。

从冷战以及冷战结束以后的历史可以看出，国家文化的战略地位在上升，国家文化对国际竞争、国家安全、国家利益的影响越来越大。国家文化的影响与渗透，可以起到军事斗争手段、武力打击所起不到的作用，可以作为一种相对独立的战略手段使用，在一定条件下甚至可以成为达到战略目的的主要手段。

战争是政治的继续，是实现国家利益的工具。战争战略是国家安全战略的一部分，是否采用战争战略实现国家利益，要受到国际社会、战略格局、国家实力、军事力量等多种因素的制约。在和平与发展成为时代主题的条件下，通过经济、政治、文化和外交等和平方式以实现国家利益，通过建立巩固的国防来保卫国家利益，保证和平发展的道路，是国家战略的首选和优选。

战争包括多种形式，既有暴力手段，也有非暴力手段；既有物理打击，也有心理打击。采用何种战争形式，或主要采取何种战争形式，取决于战略目标需要与可行手段选择的有机结合。现代战争形态正在发生着从机械化战争向信息化战争的转型。战争形态的转型表明，如果信息化武器装备能够有效地帮助达成战略目标，战争样式就可以不采取狂轰滥炸、大规模杀伤的手段，而采取精确打击的手段，武力打击的范围和强度就可以控制在需要的范围内。同样，如果文化制胜的战略可以起到与武力制胜相同的效应，甚至超过了武力征服的效应，战争形式就可以采用以战略心理战为主要的长期的手段，实现“上兵伐‘心’”。

战略选择取决于条件，国家之间的文化竞争依赖于信息传播手段。在信息传播技术不发达，大众传播媒介覆盖面小的条件下，不同国家文化的传播与扩散需要一个很长的周期，并且传播频率低、扩散范围小。因此，文化战略的攻防内容、时空范围和能量效应都要受到很大的限制，国家文化的征服还不能成为主要的战略武器。随着信息时代的到来，信息全球化、网络化、大众化和实时化，使得“信息没有祖国”，国家文化的传播与扩散已经不再受技术条件的限制。因此，国家文化的征服就有可能成为主要的战略武器，国家文化战略所达成的目标不仅是“不战而屈人之兵”，而且有可能达成“不战而屈人之‘国’”。

（二）国家文化战略竞争的不对等格局

当代国家文化的战略竞争是在经济全球化的背景下展

开的，经济全球化的过程形成了由西方发达国家主导的格局。西方发达国家不仅力图推行经济的全球化，而且力图推行文化的全球化。西方发达国家凭借其雄厚的资本优势，控制着世界上主要的大众传播媒体，向世界各地源源不断地传送着包含着舆论导向的新闻报道，推销着包含着西方价值观的大众文化。美国的文化产业，像在世界范围建立“麦当劳”那样，把好莱坞电影、摇滚音乐等西方文化输送到世界上的大多数地区。西方发达国家掌握着全球的“话语霸权”，推行着文化霸权主义，一些发展中国家面临着政治、经济、文化进一步被边缘化的危险。这种文化传播的不对等状况，产生了主导文化与边缘文化、强势文化与弱势文化、文化攻势与文化守势的区分。在全球文化的现存格局中看待国家文化的竞争与较量，就必须承认，不同国家在文化战略竞争中的力量对比和战略态势是不同的。

国家文化竞争的不对等格局，并不等于发展中国家在西方发达国家的文化侵略面前，束手无策，坐以待毙。不同的文化交汇发生的冲突表明，某种国家文化的潜入如同武装入侵，同样会对国家的利益造成威胁和伤害。有文化扩张就有反扩张，有文化渗透就有反渗透，有文化侵略就有反侵略。一方是扩张某种文化的企图，一方是抵制外来文化、保持自己文化的努力。西方国家要在其他国家推行自己的体制与文化，而发展中国家出于国家利益、民族文化、宗教感情等因素，都使得他们不能同化于西方文明，不能淡化、弱化本土化的特色。如印度的民族主义者就把文化的挑战看成是全球化的最大挑战，认为“全球化是对印度的传教进攻、信息进攻和文化进攻”，是“对我们神圣文化的进攻”。[①] 文化冲突的内容显然不是仅仅表现在生活习惯、民间风俗、审美标准等表面化的事物上，而是表现在不同生产方式所要求的不同价值观念与行为准则上。文化冲突的背后是利益的冲突，各个国家都有自己的利益要求，这种利益要求各有自己的文化表现，各国的文化又保护着自己的利益。

（三）文化认同：国家文化战略竞争的核心问题

国家文化战略竞争的核心问题，是对以民族精神为精髓、以意识形态为标志的国家文化的认同。任何国家在国际竞争的大环境中，都有自己的独特利益，都要维护自己的国家主权和统一。维护国家主权和统一，经济上依靠社会的生产力，政治上依靠国家的统治力，军事上依靠军队的战斗力，文化上依靠民族的凝聚力。民族凝聚力就是民众对祖国文化的热爱，对民族精神的信奉。文化战略的国家主体，一方面要大力弘扬本国的民族精神，增强民族凝聚力，培育民族自尊心和自豪感，努力强化意识形态的牢固地位，提高对国家政治文化的认同程度，建筑起国防的心理长城；一方面要尽力削弱破坏敌对国家的民族精神，攻击瓦解该国的意识形态，涣散泯灭该国国民对本国文化的认同和信赖，逐步摧毁该国国防的心理长城。民族精神和意识形态，是一个国家的精神支柱，是维系国家文化的

---

① 赖纳·特茨拉夫主编：《全球化压力下的世界文化》，江西人民出版社 2001 年版，第 117 – 118 页。

命脉。有的学者认为，要摧毁一个国家，军事上、经济上的打击都不可怕，都不一定致命。最可怕的是一个国家在文化上没有自尊自信，文化上自己先垮了，那么这个国家虽存犹亡。[①]

文化认同就是对某种文化的接受和偏好，国家文化认同就是对某个国家文化的接受和偏好。对一个国家的公民来说，国家文化认同既包括对祖国文化是否认同，也包括对外国文化是否认同。文化认同的形成与改变是一个逐步发生的长期过程。美国对我国的意识形态战略，就是“西化”、“分化”，也就是力图逐渐改变我国人民，特别是青少年和知识界的文化认同。一方面，通过广播、电影、电视、网络等大众传播媒介，企图使青少年从小就受到美国文化的耳濡目染，培养欣赏美国文化的习惯，形成对美国文化的偏好；一方面，通过出版、学术交流、学者访问等渠道，大肆推销西方式民主自由的价值观及其政治文化，企图使知识界把西方文化奉为楷模。因此，必须从国家文化战略的高度，看待中美文化交流问题。

（四）军事震慑与文化震慑两手并用

对于取得战争胜利，武备与文攻、军事战略与文化战略，两手都要有，两手都要硬。即使是“不战”，也是要依靠强大军事力量的遏制与震慑。震慑是战略心理战的进攻一方所要实现的心理效应，震慑一是依靠军事力量的显

---

① 河清：《全球化与国家意识的衰微》，中国人民大学出版社 2003 年版，第 94 页。

示，二是依靠文化力量的显示。军事震慑与文化震慑这两手，在战略心理战中共同使用、相互配合。军事震慑是要让对方产生战与不战、抵抗与不抵抗都改变不了失败结局的认知，从而摧毁抵抗意志，自动放弃抵抗。文化震慑则是运用舆论工具，宣扬发动战争的正义性和合法性，让对方民众不仅不敢抵抗，而且不愿抵抗，甚至于“箪食壶浆，以迎王师”。军事震慑可以打击对方的战争意志，但不能减弱对方的仇恨心理；文化震慑是通过消除对方的仇恨心理，增加对方的接受程度，来化解其战争意志。文化震慑的效应比军事震慑的效应，更加深入持久。反震慑也是战略心理战的重要任务，反震慑同样也要在反军事震慑和反文化震慑这两条战线同时展开。反军事震慑就是要破除“武器决定论”、“技术决定论”的神话，树立敢打必胜的信心，在精神上、意志上压倒敌人。反文化震慑则是要坚定对本国文化的忠诚，粉碎敌方的文化征服图谋，始终保持民众对国家文化的认同和对敌国文化的抵制。只要反文化震慑的战略奏效，即使在战争中暂时失败，仍然还有反败为胜的希望，因为抵抗的意志还深深地植根于民众的心底。“野火烧不尽，春风吹又生”。

（五）民族心理之战

国家文化的战略竞争，从竞争的领域看，实际上就是一场民族心理之战。国家文化所打击或防御的领域，不是国家的某些地区、部门、建筑、部队、设施，而是整个国家的心理，是从军队到民众、从领导到群众的全体成员，它的作用力在人。国家文化所影响和改变的，不是人的肉体和体力，而是人的心灵、信仰、意志、人格，是人的精神生命。一个国家的物理长城被摧毁了，只要它的心理长城没有被摧毁，这个国家还有希望从失败到胜利；如果一个国家的心理长城被摧毁了，即使它的物理长城还在，也是不堪一击的。国家文化的打击或防御效能，没有任何外部毁伤或强固，但它的效果是内虚内伤，或内强内壮。国家文化的征服功能，主要不是强制性的，而是在一个潜移默化的过程中，从了解、接受、认同到诚服的；国家文化的抵抗功能，也不是单纯依靠号召起作用的，而是国民发自心底的爱与憎、从与逆。中远程精确制导武器，可以在很短时间内实现战略目标；而文化这种战略武器，却要经过一个较长的时期，精心策划，灵活使用，全面渗透，持之以恒，才能发挥作用。“看不见的战争”比看得见的战争更有竞争性，也更有杀伤力。

五、用我们的先进武器和先进文化，筑成我们新的长城

国家文化的战略竞争，需要正确的战略指导。战略心理战的国家文化战略，包括国家文化的进攻战略，也包括国家文化的防御战略。以美国为首的西方霸权主义和强权政治对我国实施“西化”、“分化”的政治图谋没有也不可能改变，我们必须高度警惕，坚持不懈地抵御它们削弱和瓦解我国文化的意识形态战略。在新的历史条件下，用我们的先进武器和先进文化，筑成我们新的长城。长城，

是中华民族文化的一个象征。它表明了我国历史上根深蒂固的国家意识、忧患意识和守土意识。长城既是用砖石、水泥、钢铁、导弹防御系统等物质材料和高技术修建而成的，也是用具有高度感召力和凝聚力的国家文化修建成的。长城不仅存在于万里边关和海疆之中，存在于浩渺太空、电磁空间、互联网络之中，而且也存在于亿万人民的心中。

（一）强本固基

战略心理战的国家文化防御战略，不仅包括抵御敌对势力的文化进攻图谋，而且包括建设自己国家先进文化的战略。强本固基是国家文化战略之魂。一个国家不仅有强大的经济、政治和军事力量，而且有强大的文化力量，形成坚不可摧的文化感召力和凝聚力，这个国家就能自立于世界民族之林，这个国家就是不可战胜的。在这样的国家面前，其他任何国家的战略心理战意图，都是徒劳的，“蚍蜉撼树谈何易”。

国家的强大、国家安全的保障，不仅需要有先进的武器装备，而且需要有先进的国家文化。建设先进的国家文化与建设先进的武器装备同样重要，而且任务更为艰巨。武器装备的更新换代是较快的，有的还没有等到实战就淘汰了；国家文化的建设则是一个逐步巩固、发展、调整的过程，它时时都在起着巩固国防的作用，时时都属于战争准备与动员的内容，无论何时发生战争，它的效果都能显示出来。

应该看到，有形的力量，易于观察和量化，作用便于显示，也就容易受到重视，有形力量的建设能在较短时期内取得成效；无形的力量，不易观察和量化，作用不便显示，在有些情况下就容易受到忽视，或者只是在口头上重视，无形力量的建设一般不能在短期内取得成效，但又确实是国家战略竞争中的重要因素。国家文化的建设，需要有战略意识和战略眼光。国家文化的培育和建设，需要从大处着眼、小处着手，既有宏观规划，又有具体措施。

（二）紧抓核心

民族精神和意识形态是国家文化的核心，国家文化的战略竞争，也要紧紧抓住这个核心。

任何国家都有自己文化的独特优势，这是宝贵的战略文化资源。我国的国家文化战略，就要发掘中华民族的文化资源，弘扬中华民族的文化传统，强化中华民族的文化优势。民族精神是民族文化的精髓，坚持弘扬和培育民族精神是国家文化战略的重要任务。面对世界范围各种思想文化的相互激荡，必须把弘扬和培育民族精神作为文化建设极为重要的任务，纳入国民教育全过程，纳入精神文明建设全过程，使全体人民始终保持昂扬向上的精神状态。中华民族有着深厚的爱国主义传统，爱国主义是中华民族精神的核心。越是在困难的时候，越是在外敌入侵，民族的生存和发展受到威胁的危急关头，中国人民的爱国主义精神就越加显示出强大的力量。要通过近代史、现代史教育和国情教育，增强民族的自尊、自信、自强的精神。如果对西方国家盲目崇拜，对祖国妄自菲薄，走向民族虚无主义，只能是自毁长城。

国家文化是历史的、具体的，当代中国是中国特色社会主义的中国，当代中国的国家文化和先进文化，是中国特色社会主义的文化，是面向现代化、面向世界、面向未来的，民族的科学的大众的社会主义文化。中国特色社会主义的文化，是引导和团结全国人民同心同德、共同奋斗的旗帜。大力发展社会主义文化，坚持马克思主义在意识形态领域的指导地位，不断增强中国特色社会主义文化的吸引力和感召力，是国家文化战略的根本任务。在国家文化的竞争与较量中，社会主义和资本主义在意识形态领域的斗争依然是长期的、复杂的，有时甚至是很尖锐的。在世界社会主义运动处于低潮的时期，强化社会主义的理想信念就更为重要。由敌对势力所发动的战略心理战，就是千方百计地散布“中不如西”、“社会主义不如资本主义”的观念，企图搞垮我国的社会主义意识形态，动摇广大群众拥护、支持和捍卫社会主义国家利益的意志和决心。因此，巩固社会主义意识形态阵地，用建设中国特色社会主义的伟大成就说服人、教育人，是关系到国家文化较量的胜负，关系到社会主义中国存亡的重大问题。

（三）战略协同

国家文化战略，不可能脱离对外开放的大背景。国家文化的竞争，并不排斥积极吸取世界其他民族的优秀文化成果。只有继承发扬人类社会创造的一切先进文明成果，才能使我们的国家文化充分体现时代精神，走在世界前列，增强感召力。在世界各种思想文化的相互激荡中，应该是有吸纳又有排斥，有融合又有斗争，有渗透又有抵御。对待世界各国之间的文化传播，必须区分出善意和敌意、有益和有害，从而采取不同的对策。

国家文化战略，既要继承民族文化的优秀传统，又要推动文化创新，实现国家文化的与时俱进。能够与时俱进的国家文化是有生命力的国家文化，只有与时俱进的先进国家文化，才能在全国人民乃至世界人民中间不断保持强大的吸引力和感召力，得到更多的国家及其人民的认同、理解和支持。国家文化就是国家的形象，先进的国家文化就是威力极大的战略武器，它向世人昭示了我国爱好和平、坚持正义、追求进步的文明形象，使那些污蔑诽谤的阴谋不攻自破。

国家文化战略，是与国家发展战略密切相关的，不可能脱离经济、政治的发展状况来独立地推行文化发展。国家文化不是自生的，而是国家经济、政治的反映和表现，经济、政治和文化的建设与发展是一体化的过程。国家文化的竞争，实质上也是国家全面发展、全面进步的竞争。国家文化最强大的后盾和力量源泉，是国家的综合国力。国家文化的竞争与较量，说到底还是国家综合国力的竞争与较量。

推进中国特色军事变革的系统动力*

积极推进中国特色的军事变革，对于实现我军建设的整体转型，建设一支能够打赢未来信息化战争的强大的现代化正规化革命军队，是一种强大的动力。同时，任何社会变革包括军事变革，都不是自生的、无动因的，变革需要推进，也就是需要自身的动力，任何变革首先要解决动力问题。社会系统包括军事系统是一个复杂系统，多种要素、多重关系、多层结构、多种机制的综合作用，共同制约着该系统的运行及其效能，显示出动力的系统性和系统动力的集成性。因此，要使中国特色军事变革取得有效进展，达到预期目的，就要研究和解决推进这场变革的系统动力问题，充分发挥各种动力的整体能量，统一协调各种动力的结构关系。经过若干年的努力奋斗，使中国特色的军事变革，真正从军事理论创新转化为军事实践创新，从军事思想变革转化为军队战斗力提升，实现我军建设的历

---

* 本文发表于《军事学术》2005 年第 5 期。

史性飞跃，完成信息化战争条件下党和国家赋予我军的神圣使命。

一、外部动力与内部动力的互动

从20世纪90年代起，以美国为首的发达国家带动的世界新军事变革，使发达国家与发展中国家的军事技术形态出现了又一轮“时代差”，形成了发达国家军队以信息化为核心的军事优势。这种同发达国家军事实力的差距和我国军事安全的潜在威胁，构成了中国特色军事变革的外部动力。积极推进中国特色的军事变革，是应对世界新军事变革挑战的及时反应。面对国家安全的复杂环境和世界军事发展的新形势，我军要占领未来军事斗争的制高点，始终处于战略主动地位，保障我国不断发展的战略利益，积极推进中国特色的军事变革是必由之路。军事领域是竞争最为激烈的领域，军事竞争中的弱势在战争以及国际竞争中，将处于极为不利的地位。世界新军事变革造成的国家战略能力对比的差距，是中国特色军事变革的环境和背景。只有顺流而下，乘势而发，变挑战为机遇，变压力为动力，才能催生打赢战争和遏制战争的战略动力，促进我军建设的信息化转型。

面对世界新军事变革的挑战和压力，可以有两种态度：一种是居安思危、发愤图强、积极有为，努力缩小与发达国家军事实力的差距；另一种是安于现状、得过且过、无所作为，尽量推卸在关键时期的历史责任。这说明，外部动力并不一定能够自然而然地变为内部动力，只有同时产生内部动力，并且和外部动力结合起来形成互动，才能形成推进中国特色军事变革的系统动力。中国特色军事变革的内部动力，一是来自于战略决策层对世界新军事变革的大势和中国国防和军队建设的任务有清醒的认识和科学的判断，形成推进中国特色军事变革的坚强意志和决心，制订中国特色军事变革的战略目标和全盘规划。二是来自于国家和军队对外部威胁和压力灵活有效的反馈机制，及时调整国防投入的数量与方向，迅速推动与战争转型相适应的军队转型，实现国防和军队建设的与时俱进。三是来自于以爱国主义为核心的民族精神，建立巩固的国防和强大的军队，让祖国自立于世界民族之林，是全体人民的共同愿望，军政军民齐心协力构筑新时期的钢铁长城。四是来自于军队官兵坚决维护国家主权和安全的崇高使命感，始终保持拥有打赢战争和遏制战争能力的高度责任感，随时准备完成党和人民赋予的捍卫国家利益的神圣使命。外部动力的强弱大小，是不受我们的意志支配和改变的；但内部动力的强弱大小，却是由我们自己决定和控制的。因此，必须强化和优化内部动力，发掘实现打赢信息化战争、建设信息化军队目标的不竭动力，这是推进中国特色军事变革的基本保证。

二、打赢战争动力与遏制战争动力的共存

军队是为打仗而存在的，打赢战争是军队的天职。战

争年代，军队的战斗力直接通过战场的胜负得到检验，“死生之地，存亡之道”成为锤炼和提高军队战斗力最强烈的动力。和平年代，国际战略关系和国家安全形势在不同时期会处于不同的状态。当冲突与对抗成为国际战略关系的主要矛盾，战争威胁迫在眉睫时，准备战争特别是准备打赢战争就会成为军队建设最紧迫的任务，推进新军事变革以提高战斗力，增强战争较量中的优势，就会成为军队建设最现实的需求。在这种态势下，战争现实的实践要求就成为推进新军事变革的实实在在的动力，打赢即将发生的战争，就成为加强军队质量建设不能含糊、不能马虎的严格标准。当缓和与合作成为国际战略关系的主要趋势，战争在近期内不会打起来时，战争准备还不是当务之急，军队战斗力不容易得到直接检验，就有可能缺乏推进新军事变革的紧迫感，缺乏以时不我待精神建军强军的干劲，缺乏把新军事变革扎扎实实落在实处的行动。

在相对和平时期，我军不仅负有打赢战争的神圣使命，打赢战争是推进中国特色军事变革的直接动力，而且负有遏制战争的重大责任，遏制战争也是推进中国特色军事变革的直接动力。遏制战争，是相对和平时期维护国家安全统一和发展利益的最佳战略选择。当代中国的军队建设既要努力提高打赢战争的能力，又要努力提高遏制战争的能力。遏制战争的能力依赖于打赢战争的能力，是打赢战争的能力在和平时期的表现形式，二者是一个东西的两面。遏制战争是一场间接的战争、模拟的战争，它是由战争实力而派生的威慑力所产生的效应，“不战”是由于

"能战"。遏制战争的能力是维护国家安全统一和发展利益的重要保证，它是以信息化军队建设的强大实力为后盾的，提高这种能力容不得松懈，容不得拖延，容不得虚假。因此，按照打赢战争和遏制战争的双重要求建设军队，就使得推进中国特色的军事变革成为一项长期不懈的任务，时时刻刻都有着迫切的现实要求，成为国家和军队的共同意志和自觉行动。这样，即使是在相对和平时期，也具有推进中国特色军事变革的强劲动力，也就是用提高打赢战争和遏制战争能力的高标准建设军队，始终保持我军威武之师、强大之师、胜利之师的力量、地位和形象。

三、顶层动力与各层动力的结合

我军是高度集中统一的武装集团，一切行动听从党中央、中央军委指挥，有关军队建设根本性、全局性、长远性的重大决策，都要在党中央、中央军委的统一部署下行动。积极推进中国特色的军事变革，是江泽民同志任军委主席期间，敏锐把握世界新军事变革发展趋势和我国军事安全态势，引导我军建设整体转型所作出的重大战略决策。这一战略决策，规定了我军在今后一个时期发展的总目标和总方向，将对我军建设产生革命性的深远影响。在推进中国特色军事变革的动力系统中，顶层动力、顶层设计、顶层控制具有极其重要的作用。因为最高指挥决策层能够统观全局、洞察大势，掌握战略判断所需要的充分信息，正确地作出推进军事变革的战略决策；能够精心谋划、周密运筹，从武器装备、编制体制、思想理论等方面全方位推进军事变革，使军事变革有序展开；能够动员资源、集中力量，通过各级组织的能量传递，有效贯彻执行推进我军军事变革的意志和决心。

中国特色军事变革是一项庞大的系统工程，它需要军事系统各要素的全面发动、充分激活才能展开，需要全军自上而下的层层动员、层层努力才能实现，需要全军指战员的励精图“变”、共同奋斗才能完成。系统动力要求既要有顶层动力，也要有各层动力。只有上和下的积极性相互配合、相互促进，才能形成推进中国特色军事变革的合力。在全军广大官兵积极投身于中国特色军事变革伟大事业的同时，也有一些同志对个人的进退得失算计的多，对国家和军队的忧患意识少，做表面文章多，真抓实干少，没有把主要精力真正放在谋打赢、求变革上。要使中国特色军事变革成为我军的共同旋律和共同步调，就要进行广泛的思想发动，使各级官兵充分认识到积极推进中国特色军事变革的重大意义，把部队的教育训练、改革创新等各项工作，都统一在推进中国特色军事变革的伟大事业中；就要在军队培养和造就出为中国特色军事变革建功立业的拼搏精神、奋斗精神、献身精神，培养和造就出一批又一批、一代又一代打赢信息化战争、建设信息化军队所需要的新型军事人才；就要抓紧做好相关制度的调整完善，激励军心，凝聚人心，让广大指战员把精力和才华都全部贡献给中国特色的军事变革，不辱使命，不负时代。

把好中求快作为军队贯彻落实科学发展观的根本着眼点*

科学发展观是我们推进经济建设、政治建设、文化建设、社会建设必须长期坚持的根本指导方针，也是加强国防和军队建设的重要指导方针。贯彻落实科学发展观是一个认识不断深入、内涵不断丰富、要求不断深化的过程，我们党明确提出必须深刻认识又好又快发展是全面落实科学发展观的本质要求，表明了对科学发展观的认识和把握达到了一个新的层次。在国防和军队建设中贯彻落实科学发展观，一个带全局性的关键问题就是把好中求快作为贯彻落实科学发展观的根本着眼点。

* 本文发表于《解放军报》2007 年 1 月 9 日。

一、以科学发展观指导国防和军队建设的新认识新要求

建设和发展内含着速度与质量、成本与效益、规模与功能等方面的矛盾关系，科学认识与正确把握这些基本关系，是遵循发展规律、推进科学发展的前提。从强调又快又好到强调又好又快、好中求快，表明了把质量、效益、功能的要求放到更加突出和重要的位置，反映了把快与好的关系处理得更加合理与准确。又好又快发展是有机统一的整体，既要求保持经济平稳较快增长，防止大起大落，更要求坚持好中求快，注重优化结构，努力提高质量和效益。国防和军队建设有自身的目标、任务、效能、标准等方面的要求，以各种资源的投入、使用、消耗为条件，同样存在着快与好的关系。又好又快、好中求快同样也适用于国防和军队建设，同样也是军队全面贯彻落实科学发展观的本质要求。

把好中求快作为贯彻落实科学发展观的根本着眼点，符合快与好良性互动的辩证法。在社会发展及军队建设过程中，快与好属于同一事物内部的两种属性、两重标准、两股动力，构成了一对矛盾。如何认识与处理这对矛盾，形成了形而上学与辩证法的不同取向。形而上学把快与好对立起来、割裂开来，把二者看成是不能兼容和转化，只能此消彼长的关系，片面强调一种要求而去抑制或牺牲另一种要求。或是只讲快不求好，或是只求好不讲快，最终

造成了快与好的同时丧失。辩证法深刻揭示了快与好的相互依存、相互促进、相互转化关系，把二者作为共存、内联、和谐、互益的良性循环关系，强调又快又好、又好又快的现实可能性，在快中求好，在好中求快。在辩证法看来，快是以好为条件和基础的，离开好的快不是真正的、稳固的、可持续的快；好是以快为内涵和标准的，没有快的好是虚弱的、低效的、难以为继的好。辩证法是两点论与重点论的统一，在现实生活中，快与好孰先孰后、孰重孰轻、孰主孰从，不是固定不变的，而是取决于具体形势与格局。现在，无论是国家还是军队，各方面的发展已经比较快，关键是做到好中求快。好中求快，把好作为第一位的要求，表明了好已经成为发展矛盾的主要方面，必须予以高度重视和认真解决；好中求快，把好作为快的前提，要求好字当头、快在其中，要求以好统快、以好促快；好中求快，把快作为好的目标和产物，强调了好不忘快、好导致快，防止了把重点论变成一点论的倾向。科学发展观是唯物辩证法的创造性运用和创新性发展，把好中求快作为军队贯彻落实科学发展观的根本着眼点，正是这一运用和发展的生动体现。

把好中求快作为贯彻落实科学发展观的根本着眼点，反映了以科学发展观指导国防和军队建设的新认识新要求。军队全面贯彻落实科学发展观，坚持走好中求快的发展道路，就是要适应国家安全形势发展变化对国防和军队建设提出的新的更高要求，在转变发展观念、创新发展模式、提高发展质量的基础上，加快发展步伐，科学筹划、科学组织、科学实施军队建设，努力把军队建设推进到一个新阶段；就是要在国防和军队现代化建设的需求与经费供应相对不足的矛盾长期存在的条件下，坚定不移地走投入较少、效益较高的国防和军队现代化建设路子，发扬艰苦奋斗、勤俭建军的优良传统，坚持统筹兼顾、综合平衡、科学管理，通过科学的发展规划和计划把国防和军队现代化建设融入国家现代化建设的战略全局之中，实现富国与强军的统一；就是要依据科学发展观的价值标准，科学分析改变我军现代化水平与打赢信息化条件下局部战争的要求还不相适应、军事能力与履行新世纪新阶段我军历史使命还不相适应状况的途径，将其确定为不仅仅是注重数量的增加、投入的扩大、速度的加快，更重要的是追求高质量的数量、高产出的投入、高效益的速度。

从实际情况看，好中求快是国防和军队建设贯彻落实科学发展观必须解决好的带全局性的突出课题。新世纪新阶段国家安全形势的发展变化以及赋予我军的历史使命，迫切要求把好中求快作为军队贯彻落实科学发展观的根本着眼点。应对多种安全威胁、完成多样化军事任务和确保在各种复杂形势下有效应对危机、维护和平、遏制战争、打赢战争的能力要求，对军事能力的多层次、多性质、多功能提出了很高要求，使得军队建设必须着眼于增强军事能力的多样性、适用性、精确性和灵活性。国防和军队现代化建设的系统性和复杂性，突出了全面协调、统筹调控、精密布局的控制和运行要求，必须科学统筹中国特色军事变革与军事斗争准备、机械化建设与信息化建设、诸军兵种作战力量建设、当前建设与长远发展、主要战略方向建设与其他战略方向建设的发展，防止单向突进、顾此失彼、无序失调。世界新军事变革的纵深发展把信息化推向了新的军事制高点，能否建成信息化军队和打赢信息化战争成为现代化军队的核心价值，迫切要求加强以信息化为主要标志的军队质量建设，依靠科技进步加快战斗力生成模式的转变，着眼提高诸军兵种一体化联合作战能力，积极推进机械化条件下军事训练向信息化条件下军事训练转变，培养大批适应军队信息化建设、胜任信息化条件下作战任务的高素质新型军事人才。

二、牢牢把握国防和军队建设好中求快的主要着力点

把好中求快作为军队贯彻落实科学发展观的根本着眼点，就是要抓准抓住军队贯彻落实科学发展观的根本之点，在军队建设各种要求中把好中求快作为根本标准。我们在国防和军队建设中注重发展的全面性、协调性和可持续性，说到底就是要坚持好中求快。好中求快是一种系统行为，需要做好各方面的工作，关键是要抓住具有全局性的主要着力点。

在体系建设、宏观协调中实现好中求快。体系建设是军队质量建设的重要内容，体系协调是好中求快的重要保证。速度是体系的速度，质量是体系的质量，效益是体系的效益。脱离了体系建设的总体要求，各行其是、乱铺摊

子、乱上项目，造成了宏观发展的混乱和浪费，即使产生了微观层面的速度、质量和效益，也是必须坚决反对和纠正的。要坚决贯彻体系建设思想，适应一体化联合作战的要求，加紧构建适应信息化战争需要的联合作战指挥体制、训练体制和保障体制，加强诸军兵种的综合集成建设，着眼于实现军队火力、突击力、机动能力、防护能力和信息能力的整体提高。要切实加强对军队建设资源重点投入领域的顶层设计和集中统一领导，优化战略资源配置，增强战略规划的科学性和可行性，运用综合集成的方法对各种资源进行系统整合。军兵种发展战略的制订和实施，要坚持以新时期军事战略方针为统揽，与军队一系列发展规划相衔接，确保军兵种建设按照统一的顶层设计协调有序进行。要以联合作战为基本作战形式，着眼于发挥诸军兵种作战优长。

在优化结构、提高效益中实现好中求快。结构制约功能，结构产出功能，好中求快的功能要求结构的优化，通过优化结构保证好中求快。结构优化减少了冗余和损耗，使各种结构的要素兼容、比例适当、关系顺畅、整合力强，提高了系统的整体效能。要按照规模适度、结构合理、机构精干、指挥灵便、战斗力强的目标，压缩军队规模，优化军兵种内部编成，改革领导指挥体制，深化联勤保障体制，改善官兵比例。要认真研究如何逐步优化军队内部各种结构，下工夫解决某些结构失调、关系不顺的问题，继续深化体制编制调整改革，克服产生形式主义、官僚主义的深层次原因。国防和军队建设需要投入大量资源，更要讲究投入产出比，追求高效率、高效能、高效益的发展模式。必须进一步实施科技强军战略，推进军队建设由数量规模型向质量效能型、由人力密集型向科技密集型转变，充分发挥科技进步和创新对战斗力提高的巨大推动作用。必须从实战需要出发从难从严训练，不断深化科技练兵，不断增大军事训练科技含量，持续推进军事训练改革，创新训练内容、方式和手段，着力提高军事训练的质量和效果，把军事训练提高到一个新水平。必须防止和克服一些建设项目重投入轻管理、不计成本不计消耗的现象。否则，不仅会造成国家资源的极大浪费，而且势必延误军队现代化建设和军事斗争准备进程。

在科学管理、安全发展中实现好中求快。科学高效的管理，对于降低军队建设成本，提高军事系统运行效率，实现军队建设的好中求快，具有非常重要的作用。现在，我军武器装备的现代化水平越来越高，部队组织结构和编成越来越复杂，军费投入也不断增加，如何加强科学管理、进一步提高我军现代化建设的效益，是一个亟待解决的问题。要努力适应军队科学发展的新形势，更新管理观念，改革管理方式，创新管理机制，大力提高科学管理的能力，向科学管理要效益，向科学管理要战斗力。要真正把管理作为一门科学来对待，借鉴吸收外军有益的管理经验，在军队建设的各个领域积极引入先进适用的管理方法、技术和手段，坚决摒弃粗放型管理方式。要组织全军部队深入研究新形势下部队管理工作的特点规律，不断提高部队管理工作的科学化、规范化、法制化水平。科学发展包含安全发展，安全发展是又好又快发展的内在要求和基本保证。没有安全发展，既不能快，更不能好。必须把安全工作作为关系全局的大事来抓，牢固树立安全发展的理念。安全发展不是消极防事故、保守求平安，而是安全的发展、发展的安全，是在好中求快的发展过程中消除安全隐患，防范事故发生，提高安全水准，降低事故风险。要把从严治军作为全局性、基础性、长期性工作紧抓不放，严格遵守条令条例和规章制度，坚决纠正有法不依、执法不严、违法不究的问题，保持部队正规的战备、训练、工作和生活秩序。通过从严治军、依法治军，打牢部队安全稳定的基础，实现安全发展。

三、努力形成促进好中求快的体制机制保障

好中求快是发展观念变革的产物，同时也是具有激励和约束作用的体制机制的产物。把好中求快作为军队贯彻落实科学发展观的根本着眼点，需要确立相应的体制机制保障。

要确立有利于贯彻好中求快原则的工作运行机制。军队贯彻落实科学发展观是一项长期的历史任务，必须经过一个较长时期的努力，形成一整套有利于好中求快发展、促进和保证好中求快发展的组织模式、制度安排和运作方式，使得好中求快成为一种制度产出。领导层次多、机关多、部门职能交叉的问题，条块分割、政出多门、工作重叠的现象，都是好中求快发展的体制机制障碍。当前，围

绕在国防和军队建设贯彻落实科学发展观的军队改革，在一些方面已经取得重要的阶段性成果，但制约军队建设科学发展的一些体制性、机制性问题还比较突出，深化改革势在必行。要毫不动摇地坚持改革方向，对那些长期积累、认识比较一致而又能够解决的问题要抓紧解决，对发展中出现的新问题要积极探索解决的办法，力争不失时机地在一些重要领域和关键环节实现改革的新突破。深化改革就要把影响和制约军队建设又好又快发展的体制性机制性因素搞清楚，正确解决军队建设发展中的深层次矛盾和问题，通过体制机制改革，把军队建设切实转入好中求快的发展轨道。随着科学发展观在国防和军队建设的日益深入，广大官兵贯彻落实科学发展观的自觉性坚定性不断增强，充分发挥科学发展观的实践功能，抓好落实，加强完善好中求快的实践转化机制的任务也就越为重要。好中求快作为科学发展的价值标准，进入实践、深入实践、转化为实践越为及时有效，就越能尽早变成现实的强大军事能力，越能有效履行新世纪新阶段我军历史使命。用会议落实会议、用文件落实文件、用讲话落实讲话的问题，说明了必须在确立高效的实践转化机制上下大工夫。

要确立有利于贯彻好中求快原则的科学决策机制。好中求快作为一种价值观标准和方法论要求，要依靠相适应的科学决策机制做保证。如果决策过程不严密，决策机制不完善，决策方法不科学，好中求快就很难真正变为现实。好中求快要求加强决策的可行性论证。对国防和军队建设各项决策的目标与条件、规范与现实、工作与效果等，要作出严格的论证，用多重标准特别是好与快的双重标准来评价和约束决策，防止决策制订的简单化和随意性。好中求快要求加强决策的预见性研究。一项决策的后果需要经历一定的时间才能逐步显现出来，是否达到又好又快也是一个需要历史检验的过程，因此要充分考虑到决策的各种效应，特别是长期效应、隐性效应和连锁效应，着眼长远、着眼未来，防止决策视野的短视和狭隘。好中求快要求加强决策的反馈性机制。任何决策都不可能从一开始就天衣无缝、不可修改，好与快的要求是不断发展深化的，随时都会有新情况新问题，要求对以往决策的调整改变、修正完善，在推进好中求快的过程中更加趋近好中求快、更好实现好中求快。

要确立有利于贯彻好中求快原则的政绩评价体系。好中求快是科学发展观的政绩观，是求真务实的政绩观。政绩观在很大程度上要受到政绩评价体系的牵引，形象工程、表面文章的问题，也反映了政绩评价体系存在着缺陷，使得不真实的信息进入政绩评价体系的运行过程。因此，必须建立健全一整套科学合理的制度、标准和方法，形成检验好中求快的科学评价体系，引导各级领导和部门按照好中求快的政绩评价体系去工作做事、建功立业。政绩评价体系与选人用人标准是密切联系在一起的，要进一步形成促进好中求快的用人导向，激励各级干部积极自觉地在部队建设中把好中求快作为行为准则和价值追求。在科学的政绩评价体系和正确的选人用人标准的激励下，各级领导干部就能够端正工作指导思想，树立求真务实的工作作风，把部队建设的发展进步、战斗力的提高和官兵的满意程度作为衡量领导政绩的基本尺度，真正使各项工作经得起发展检验，经得起实战检验，经得起历史检验。

把握当代革命军人核心价值观的全面性要求*

深入理解把握当代革命军人核心价值观，既要全面理解把握“5句话、20个字”的深刻内涵及其体系结构、相互关系，也要全面理解把握当代革命军人核心价值观与其他密切相关要素的关系，从而加强培育当代革命军人核心价值观的理论支持和实践效果。

一、军人职业道德与公民共同道德的统一

培育当代革命军人核心价值观，是建设社会主义核心价值体系的重要方面。这就是说，无论从价值体系、思想属性，还是从展开动因、从属关系来看，当代革命军人核心价值观统一于、服务于社会主义核心价值体系，是社会主义核心价值体系在军队的生动实践。同时，当代革命军

* 本文发表于《军队政治工作》2010年第7期。

人核心价值观，又以履行军队使命的独特要求，以军队建设社会主义核心价值体系的创新实践，丰富和推动着社会主义核心价值体系的建设，是军队对建设社会主义核心价值体系的重要贡献。

社会主义核心价值体系包括社会主义道德规范体系，这不仅直接体现在社会主义荣辱观，也就是“八荣八耻”之中，也体现在我国的指导思想、共同理想、民族精神和时代精神之中。社会主义道德规范体系是对每一个公民的共同道德要求，可以统称为公民道德。公民道德以为人民服务为核心，以集体主义为原则，以爱祖国、爱人民、爱劳动、爱科学、爱社会主义为基本要求，以社会公德、职业道德、家庭美德为着力点，概括为“爱国守法、明礼诚信、团结友善、勤俭自强、敬业奉献”的基本道德规范。

从价值观主体的角度看，当代革命军人核心价值观是军人这一特定职业的价值规范，具有军人职业道德的性质。军人是双重身份的统一，既是公民也是军人。不仅在入伍前或退役后，就是在服役期间也是一名公民。因此，军人职业道德与公民共同道德应该是统一的，也就是说，在军人道德和公民道德之间，是相互吻合、相互促进的关系。公民道德与军人道德的思想体系是一致的，都是与社会主义市场经济相适应、与社会主义法律规范相协调、与中华民族传统美德相承接的道德体系。公民道德与军人道德的价值取向是一致的，都是社会主义核心价值体系的内在要求，恪守公民道德并不妨碍而是有利于践行军人道德，倡导军人道德与遵循公民道德并不冲突，而是有助于培养模范公民。公民道德与军人道德的基本要求是一致的，都是要履行好对国家、人民和社会的义务，使个人价值与社会价值相一致。

公民共同道德与军人职业道德的统一是普遍性与特殊性、群众性与先进性的统一。军队作为一个执行政治任务的武装集团，作为一个以军事斗争和多样化军事任务为己任的社会组织，对其成员的道德规范必然有着特定的更高的要求。我军是党绝对领导下的人民军队，忠诚于党是对全体官兵的根本政治要求，也是全体官兵的根本伦理要求，这就体现了高于普通公民的道德规范，是以共产党员的道德规范作为全体军人的道德规范。公民也要讲爱祖国、爱人民、爱社会主义，军人对国家和人民的热爱，主要是通过维护祖国统一、国家安全和社会稳定来实现的，通过战争或非战争军事行动来实现的。军事行动的暴力性、危险性、牺牲性，就使得牺牲奉献的道德规范对于军人来说更加普遍、更加需要、更加现实。军人职业道德的特殊性、先进性是以公民共同道德的普遍性、群众性为基础，与其相连接的。

二、军人核心价值观与军人整体价值观的统一

当代革命军人核心价值观集中体现了我军官兵的根本价值取向和行为准则，是军人价值观中的最重要最关键部分，对军人思想道德和行为方式起着主导作用。胡主席提

出大力培育当代革命军人核心价值观并对其内涵作出科学概括，抓住了军人价值观建设的根本与核心，指明了军人价值观建设的正确方向。因此，大力培育当代革命军人核心价值观，是我军思想政治建设的战略任务和基础工程。

核心价值观是价值观的核心部分，在价值观建设中发挥着统领作用，是价值观建设的主要内容。同时我们也应明确，军人价值观是由不同层次、不同功能、不同内容构成的价值规范体系，核心价值观与整体价值观是相互联系、相互作用的统一整体。就像我军的“三大纪律八项注意”，“三大纪律”是核心纪律，与“八项注意”共同构成革命军人的行为规范。没有“说话和气、买卖公平、借东西要还、损坏东西要赔、不打人骂人、不损坏庄稼、不调戏妇女”这些规定，我军的性质和宗旨就不能得到全面充分细致的展现，官兵在处理军民关系的各种问题上就缺乏统一的规范，我军纪律规范体系就不够完整严密。所以，培育军人核心价值观，要与培育军人整体价值观结合起来。

军人整体价值观，是指作为一名合格军人所必须具备的各方面价值规范、道德操守的总和，是以核心价值观为指导的展开和细化。比如，军人不仅要坚持对党、国家和人民的忠诚、报效与热爱，而且要在上下级关系、战友关系、亲友关系、家庭关系和各种社会关系中遵循正确的道德规范。很难想象，一个平时只顾自己、不顾别人的人，能够在大是大非上表现出大忠大爱。军人献身使命、爱岗敬业，不仅要有献身敬业的志向，还要有献身敬业的素质，这些基本素质也包含着一些重要的价值准则，如求真务实、讲求科学。没有这些基本素质作保证，习惯于弄虚作假，就会贻误使命、损害事业。崇高起于平凡，大德积于细节，培育军人核心价值观不能忽视基础的道德培育。

三、军队价值需求与军人价值需求的统一

当代革命军人核心价值观反映了从军队的职责使命出发，从军队的价值需求出发，对军人的价值观要求。只有全体军人按照这样的价值准则去做，这支军队才能够有效履行职责使命。军队的价值需求规定了军人的价值需求，军人以军队的价值需求为自己的最高价值需求，二者必须是一致的。人们说：军人生来为战胜，从根本上说是因为军队生来为战胜。

军队是个体中的整体，军人是整体中的个体。军人核心价值观必须服从于军队的整体目标和利益，这是毫无疑问的。但不可否认，军人也有作为个人的价值需求，军人价值观具有双重属性，既是服务于军队价值目标的，也是有利于个体价值目标的。在社会主义市场经济条件下，通过多种途径成为一名军人，从主观动机考察，既包含着履行公民义务的价值导向，也包含着保卫祖国安全的价值追求，还包含着向往军旅生涯的价值爱好，还包含着作为就业机会的价值选择。在军人的各个岗位上，军人首先要履职尽责，保证完成承担的各项军事任务。同时军人还是一个社会的人，有全面发展的价值需要，满足求知、求善、

求美、求乐、求友的心理需要，不少人还有退出现役后的谋生需要。这些个体价值需求与军队价值需求并不是不能兼容的，而是能够统一的。

践行当代革命军人核心价值观，既是军人满足军队价值需求的基本遵循，也是军人满足个人价值需求的基本途径，二者是同一个过程。践行当代革命军人核心价值观，履行了军人的神圣职责，同时也促进了军人个人价值的实现。这在国家和军队的制度安排、政策导向中，都得到了很好的体现。大量事实表明，凡是践行当代革命军人核心价值观贡献突出的，既为军队建设创造了更大价值，同时也使个人素质得到了更大提升，个人价值得到了更大实现。

论国防和军队建设的主题与主线*

国防和军队建设的主题主线与经济社会发展的主题主线密切相关。党的十七届五中全会根据党的十七大提出的实现全面建设小康社会奋斗目标的新要求，深刻认识并准确把握国内外形势新变化新特点，确定了“十二五”时期我国经济社会发展的指导思想、总体思路、目标任务和重大举措，特别是提出了以科学发展为主题、以加快转变经济发展方式为主线的指导方针。这对于继续抓住和用好我国发展的重要战略机遇期，为全面建设小康社会打下具有决定性意义的基础，起着选择路线方向、抓住关键问题、确定动力机制的重要作用。国防和军队建设始终与党的要求相符合，与国家发展同脉动。“十二五”时期是实现国防和军队建设现代化建设“三步走”发展战略第二步目标的重要时期，也是切实做好军事斗争准备、推进国防和军队改革的关键时期。胡主席从国家安全和发展形势

---

* 本文发表于《解放军报》2011 年 3 月 17 日。

对国防和军队建设的新要求出发，着眼不断增强有效履行新世纪新阶段我军历史使命能力，为全面建设小康社会提供重要力量支撑和坚强安全保障，科学统筹经济社会发展与国防和军队建设，提出了以推动国防和军队建设科学发展为主题、以加快转变战斗力生成模式为主线的重大战略思想。国防和军队建设主题主线的确定，与经济社会发展主题主线的确定，时间衔接、思想一致、内容契合、功能互动，是同一主旋律在不同领域的生动体现。

主题和主线在不同的场合有不同的含义，既可以分别使用表达大致相同的含义，也可以并列使用表达有所不同的含义。在以推动国防和军队建设科学发展为主题、以加快转变战斗力生成模式为主线并列使用的情况下，具体分析二者的关系，可以看出：主题强调的是基本方针，主线强调的是基本途径；主题规定了发展过程的主导价值，主线规定了发展过程的主导机制；主题的性质决定了主线的样式，主线的确立保证了主题的贯彻；没有主题，主线就缺少灵魂，没有主线，主题就只能悬置。

以推动国防和军队建设科学发展为主题，就是要把科学发展观作为国防和军队建设的重要指导方针，把在国防和军队建设中贯彻落实科学发展观作为军队建设的战略任务，努力提高国防和军队建设科学发展水平，不断开创国防和军队建设科学发展新局面。

以加快转变战斗力生成模式为主线，就是要充分认识经济社会发展以加快转变经济发展方式为主线这一战略部署对于军队战斗力建设的重要指导意义，自觉运用科技进步推动战斗力生成模式转变的规律，把战斗力生成模式切实转到以信息为主导、以新型作战力量建设为增长点、提高基于信息系统的体系作战能力上来，转到依靠科技进步、官兵素质提高、管理创新上来，转到走军民融合式发展路子上来，在新的起点上推动国防和军队现代化建设又好又快发展。这就要求以加快战斗力生成模式转变促进军事斗争准备水平的提高，推进我军由机械化半机械化向信息化转变，坚持把是否有利于提高基于信息系统的体系作战能力来衡量和检验军事、政治、后勤、装备各领域建设成效，通过发展新型作战力量提升军队整体作战能力，切实转变军队建设发展方式和军队保障方式。

作品主题是作者根据对生活内涵的体验感悟而提炼出来的，时代主题是思想家政治家根据对历史趋势的洞察把握而概括出来的，经济社会主题是执政党根据对社会发展主要矛盾的分析判断而确定出来的。确立科学发展这一经济社会发展主题，就能够着力解决阻碍发展的矛盾问题，牢牢把握全面协调可持续发展的必然趋势，坚持贯彻有利于科学发展的基本原则，为实现科学发展目标而共同奋斗。国防和军队建设的主题，是党中央、中央军委根据国家安全形势、军队建设环境变化、国防和军队建设的发展阶段，着眼履行军队历史使命要求，针对军事能力与军事任务还不相适应的问题，确定的一个时期国防和军队建设的“纲”。主题是要解决的主要问题，是发展的主要趋势，是确立的主要原则，是奋斗的主要目标。确立科学发展这一主题表明，面对更趋复杂的安全和发展外部环境，面对更加艰巨的维护社会大局稳定的繁重任务，面对维护重要战略机遇期的重大使命，我军必须主动适应国内外形势发展变化，进一步增强机遇意识、忧患意识、使命意识，坚持把发展作为第一要务，全面提高以打赢信息化条件下局部战争能力为核心的完成多样化军事任务能力，着力解决影响体系作战能力建设的突出问题，努力把国防和军队改革不断引向深入。

经济社会发展的主线是破解经济社会发展内在矛盾的主要途径，是按照主题要求实现又好又快发展的必由之路。国防和军队建设的主线，是确立科学发展主题并使之进入国防和军队建设实践的必然要求，是对战斗力要素及其结合方式发生深刻变化的正确反映，是对信息技术条件下战斗力关键因素和基本形态的准确把握。确立加快转变战斗力生成模式这一主线表明，提高军队的科学技术含量，加强以信息化为主要标志的军队质量建设，成为世界军事发展的主要趋势，过去那种单纯依靠增加人员规模和一般技术武器装备数量来提高军队战斗力的模式已经不能适应信息化战争的要求，必须推进军队建设由数量规模型向质量效能型、由人力密集型向科技密集型的转变，切实把军队战斗力生成模式转到依靠科技进步特别是以信息技术为主要标志的高新技术进步上来。

胡主席明确提出以推动国防和军队建设科学发展为主题，以加快转变战斗力生成模式为主线，是对新世纪新阶段我军坚持科学发展经验的科学总结，是对新形势下国防和军队建设基本规律的深刻揭示，是为“十二五”时期国防和军队建设制定了指导方针。主题和主线的确立，使我们对以往推进科学发展的实践有了更为深刻的理解，对当前和今后发展的战略方针有了更为自觉的认识。坚持以推动国防和军队建设科学发展为主题，以加快转变战斗力生成模式为主线，是有效履行新世纪新阶段军队历史使命的根本保证。牢牢把握这一主题和主线，就能够在诸多目标当中明确主要目标，在诸多“招数”当中抓住主要“招数”，在诸多问题当中把握主要问题，在诸多方针当中服务主要方针，确保在重要时期、关键时期平稳快速发展，取得切实成效。

以科学发展为主题，必将有力推动有效履行使命能力的提高。从能力的生成机制看，能力是一个综合性的问题，是多种因素的综合产物。能力要以资源为基础，一般来说，可支配资源越多，能力基础越厚实。但如果资源分配使用不合理，没有真正主要用在能力建设上，资源也不能转化为能力。能力不仅是硬件的能力、武器装备的能力，而且也是软件的能力、编制体制的能力。如果编制臃肿、体制繁琐，武器装备的效能也不能得到充分发挥。只有以科学发展为主题，才能围绕提高有效履行使命能力，全面加强部队建设；才能增强军费使用的科学性和效益，让有限的军费转化为更大的战斗力；才能加快战斗力生成模式转变，着力构建有利于履行使命的体制机制。以科学发展为主题，必将有力推动我军抓住和用好重要战略机遇期发展自己。科学发展是贯穿重要战略机遇期的主题，也是维护重要战略机遇期的主题。坚持科学发展这一主题，就能够从国家安全发展的大局出发搞好军队建设的战略筹划，积极主动地把风险挑战转化为军队改革发展的动力机制，更加有效地发挥重要战略机遇期提供的发展环境、空间和条件。以科学发展为主题，必将有力推动深化国防和军队改革。当前，国防和军队深化改革主要不是在数量规模上做文章，而重点是要解决体制性障碍和结构性矛盾，调整和优化军队组织形态。深化国防和军队改革，一方面为推动国防和军队建设科学发展提供更具活力的体制机制保证，一方面又需要依靠科学发展观指导，依靠符合科学发展的改革方式。这就要求我们既勇于迈出改革步伐，又坚持科学慎重态度；立足军队改革发展全局，正确处理深化改革、保持稳定、提高战斗力三者关系；加强可行性研究，积极推进、加强论证，总体设计、分步进行，尽可能降低改革的风险和代价，掌控好各项改革任务的节奏。

以加快转变战斗力生成模式为主线，是关系国防和军队建设全局的重大战略任务。战斗力生成模式是战斗力高低强弱的决定性因素，战斗力要素的内涵发生根本性变化，加快转变战斗力生成模式必然成为刻不容缓的战略任务。否则，维持原有的战斗力生成模式，势必迟滞拖延军事能力的提高，难以有效履行军队使命，“该出手时出不了手”。战斗力生成模式涉及军队的技术结构、组织形态、人员素质等，转变战斗力生成模式实质上是国防和军队建设的一场深刻变革，必将促进军队建设、改革和军事斗争准备各领域的整体提升。以加快转变战斗力生成模式为主线，是解决我军建设两个“不相适应”主要矛盾的内在要求。我军武器装备建设自主创新能力还不强，信息化建设总体技术水平还不高，存在着影响体系作战能力建设的矛盾和问题，高素质新型军事人才不足，等等。这些问题说到底都是战斗力生成模式尚未完成转变所造成的，解决这些问题从根本上说就是要实现战斗力生成模式的转变，依靠模式转型提高我军现代化水平和军事能力。以加快转变战斗力生成模式为主线，是推动国防和军队建设科学发展的必由之路。贯彻这一主线，才能从难从严从实战需要出发训练部队，推进信息资源深度开发和高效利用，统筹谋划新型作战力量建设的体系配套，不断完善军民融合式发展的融合机制，丰富融合形式，拓展融合范围，提高融合层次。

以推动国防和军队建设科学发展为主题，以加快转变战斗力生成模式为主线，二者相辅相成、相互促进。正确理解和把握二者之间的辩证统一关系，是在实践中坚持好这一主题、贯穿好这一主线的前提。

主题决定主线，主线深化主题。以科学发展为主题，是新形势下国防和军队建设的基本方针和指导原则，决定了国防和军队建设的发展方向，决定了建设什么样的军队、怎样建设军队的基本遵循，决定了以什么主线建设军队。按照科学发展的要求，战斗力作为军队发挥功能的基石，必须不断提高更新，用科技进步的最新成果赋予战斗力以新质，用系统优化的科学标准构建新型战斗力生成模式，用建设信息化军队、打赢信息化战争的战略目标引导我军战斗力建设，科学发展主题决定了加快转变战斗力生成模式这一主线。确立主题，还要有主线与之相配合，主线具有独特作用。在2005年年底军队一次重要会议上，胡主席从国防和军队建设贯彻落实科学发展观的要求出发，明确提出了加快转变战斗力生成模式的思想，实际上已经包含着主题与主线相呼应的思想。经过这些年的实践，对这一思想的认识更加深刻，加快转变战斗力生成模式在军队建设发展中的地位作用更加突显，明确提出以加快转变战斗力生成模式为主线，已成为实践的逻辑与思想的逻辑的必然要求。主线作为基本方法，是使主题向实践深化的基本途径；主线作为关键问题，是使主题向实质深化的焦点所在；主线作为贯穿线索，是使主题向各领域深化的中介条件。切实增强加快转变战斗力生成模式的主动性和责任感、紧迫感，把加快转变战斗力生成模式作为“十二五”时期国防和军队发展的主线，贯穿军队建设、改革和军事斗争准备全过程和各领域，正是科学发展主题的深化。

主题是主线的出发点，主线是主题的落脚点。胡主席在提出科学发展观这一重大战略思想之后，一直在深入思考新世纪新阶段国防和军队建设的根本性、方向性、全局性问题，主题和主线就是不断深入思考的结晶。确立国防和军队科学发展主题，就要继续回答和解决依靠什么主要方式、通过什么主要途径，把科学发展落在实处、变为现实的问题，也就是解决影响和制约科学发展主要矛盾的问题。由此出发，在全面系统深入地研究军队建设阶段性特点的基础上，依据军队建设的发展方向和主要任务，形成了加快转变战斗力生成模式这一主线。可以说，推动国防和军队建设科学发展是形成主线的出发点，加快转变战斗力生成模式是推进主题的落脚点。没有科学发展，加快转变战斗力生成模式就缺少目标牵引；没有加快转变战斗力生成模式，科学发展就很难落到实处。战斗力生成模式既是科学发展的落脚点，同时也是科学发展主题的生长点。正是基于对我军战斗力建设的基础与现状的全面了解，基于对信息化条件下战争形态、作战样式、组织形态新特点新规律的深刻认知，才能够从具体到普遍，提炼出科学发展这一主题和纲领。

主题为主线确立标准，主线为主题提供支撑。主题既提供目标导向，也提供价值导向、标准导向。科学发展促使经济社会发展、国防和军队建设迈上新台阶、进入新阶段、达到新高度。新世纪新阶段国防和军队建设，只有以科学发展为主题，才能有正确的方向、科学的内涵、强大的动力，才能为加快转变战斗力生成模式确立目标、标准和牵引。战斗力生成模式怎样转变、转变成效怎样检验，都要符合科学发展主题要求，都要保证增强军事斗争准备的有效性，充分发挥信息能力在战斗力生成中的主导作用，抓好各种作战力量、作战单元、作战要素的融合集成，着力培育军队战斗力新的增长点，推动国防和军队建设融入国家经济社会发展体系之中。主线既体现和实践着主题，也证明和支持着主题。贯穿主线就是坚持主题的实践证明，就是支持主题的重要活动。战斗力生成模式转变的速度、进度和力度，在很大程度上确证着国防和军队科学发展的广度、深度和高度。推动科学发展，就必须加快转变战斗力生成模式。以加快转变战斗力生成模式为主线，国防和军队建设就有了发展的重点、建设的抓手、工作的聚焦，就能够获得支撑、力量和保障。加快转变战斗力生成模式成效越为显著，国防和军队建设科学发展就越为扎实。

主题已确定，主线已明确。进入“十二五”时期，大力加强国防和军队现代化建设，有效履行新世纪新阶段我军历史使命，必须坚持主题与主线的统一。

坚持主题与主线的统一，就要切实体现在“五个更加注重”上。“五个更加注重”突出了贯彻主题主线的着力点，从不同方面加强了主题与主线的统一。更加注重从思想上政治上建设部队，是贯彻主题主线的思想政治要求，思想政治建设增强了贯彻主题主线的自觉性和坚定性；更加注重拓展和深化军事斗争准备，是贯彻主题主线的军事职能要求，军事斗争准备蕴涵了贯彻主题主线的指向性和迫切性；更加注重改革创新，是贯彻主题主线的动力机制要求，改革创新促进了贯彻主题主线的进展和深化；更加注重依法治军、从严治军，是贯彻主题主线的治军方针要求，依法治军、从严治军提供了贯彻主题主线的法制基础和纪律保障；更加注重提高军队建设质量和效益，是贯彻主题主线的质量效益要求，质量效益确立了贯彻主题主线的价值准则和检验标准。

坚持主题与主线的统一，就要提供更具活力的体制机制保证。推动国防和军队科学发展，加快转变战斗力生成模式，都要以构建相适应相符合的体制机制为任务，同时也要以提供相适应相符合的体制机制为条件。是否科学发展，能否转变战斗力生成模式，从某种意义上说，是一定的体制机制的产物。比如，如果可以采取军民融合式发展的很多事情都要自成体系、自我保障，既不符合科学发展要求，也不利于转变战斗力生成模式，但改变这种状况又是和改革创新体制机制连在一起的。因此，要认真研究和解决保证科学发展和转变战斗力生成模式的体制机制问题，如领导管理体制机制、联合作战体制机制、作战力量结构编成、教育训练体制机制、人力资源政策制度、后勤保障政策制度等，逐步建立起一整套既有中国特色又符合现代军队建设规律的科学的组织模式、制度安排、运作方式，实现从要素到体系、从实体到信息、从硬件到软件、从分散到联合的能力跃升。

战争形态与认识变革*

《孙子兵法》中引用最多的话，莫过于“知彼知己，百战不殆”。这句话点出了军事认识的精髓，就是知与胜的关系。知为了胜，知才能胜。这句兵家名言历经两千多年还仍然灵验，说明了它反映的是战争的共同规律。知，包括知天知地知将知战等，是从事战争的前提条件；知己还是知彼，半知还是全知，是决定战争胜负的关键因素。毛泽东的著名军事原则是：“打得赢就打，打不赢就走”。在这里，打得赢还是打不赢，都是一种事前判断，是打还是走都是建立在这种判断基础上的，都要依靠知的结果。既然军事认识与战争胜负有这样密切的关系，军事指挥员就有必要了解掌握军事认识的特点和规律，在军事斗争中科学地正确地去知。目前，我们面临的是打赢信息化战争的任务，我们要研究的重点是信息化战争条件下知什么、怎样知的问题，贯彻其中的主线是战争形态与认识变革的

* 本文发表于《中国军事科学》2004 年第 3 期。

关系。

一、历史上的战争形态与认识变革

未来是历史的延续。在考察信息化战争的军事认识之前，有必要先简要回顾一下冷兵器战争、热兵器战争和机械化战争中的军事认识。战争形态是与时俱进的，战争认识也是与时俱进的。考察历次重大军事变革，不仅要看到武器装备这种物质形态的变化，编制体制这种结构形态的变化，军事理论这种学说形态的变化，作战样式这种合成形态的变化，还要看到与这些变化密切相关的、贯穿于这些变化之中的认识活动这种信息形态的变化。这是一种无形的变化与变革，可正是这种无形的认识变革影响和推动着有形的军事变革。可以说是“此时无形胜有形”。公元前490年，一名希腊士兵跑了大约40公里，从马拉松跑到雅典，把战胜波斯的消息报告给同胞。这个捷报传得很累，也很费时。到了19世纪电报发明后，用跑马拉松相同的时间（到2003年9月，世界纪录是2小时4分55秒），传递同样的信息，可以绕赤道56000多圈。这一进步非同小可，它对于战争指挥、战争节奏、战争进程的意义是不言而喻的。在人类战争史上，先后出现过冷兵器战争、热兵器战争、机械化战争等几次重大军事变革。伴随着这些新的战争形态，也产生了新的战争认识手段与模式，具有战争认识的新特征，体现了军事认识的历史进步。

（一）冷兵器战争的认识变革

冷兵器战争是以金属兵器的使用为标志的，属于农业时代的军事变革。冷兵器战争的武器变革，是增强了兵器的坚固性、锋利性和可塑性。冷兵器战争的战场空间从部落之间扩展为国家之间，军队的机动范围可达上千公里，这就使军事认识的范围超越了部落的狭隘性，从地域的固定性到地域的移动性。很多战争是在生疏的地形和不习惯的气候条件下进行的，因此为将者就需要知"地"以及知"天"。冷兵器战争的作战样式是两军对阵、短兵相接，这就刺激了阵法、战术的发展。阵战表明了智力在拼杀中得到运用，在战争中得到发展。战斗力已经不再仅仅是勇敢、力气加人数了，而是要加上智慧设计的结构的力量。阵战也加强了军队内部的"知己"和各级指挥之间的协调。步兵、车兵、骑兵、水师的产生，战争涉及的各种因素增多，使指挥的复杂程度提高。仅仅凭主帅或将领"拍脑袋"决策已经不够了，于是专职的谋士应运而生，出现了主帅加军师的决策模式。在缺乏技术侦察手段的条件下，自然条件如地形、植被和气象等对知的限制很大，使得难于"知彼"。这种知己与知彼的信息极大不对称性，为谋略智慧的发展提供了很大的空间，谋略智慧在冷兵器战争中得到充分发展，其代表作就是《三十六计》。农业社会夺取土地、人力、财富、权力的最有效手段是暴力，频繁的战争与打赢战争的动力，刺激了兵学的产生与繁荣，兵学取得独立地位，成为显学，兵学家经常成为帝王师。兵学是军事认识的结晶，兵学的繁荣表明了军事认识的理论进步。军事信息的传递是军事认识过程的重要环节。冷兵器战争的信息传递利用了可见光（如火、烟、烛），使用了马匹，运用了文字，发明了驿站。这就延长了信息传递的距离，提高了信息传递的速度。在缺乏技术情报手段的情况下，为了弥补知己与知彼的信息不对称状况，使得人力情报手段丰富，产生了最早的“特种部队”——“间”。《孙子》十三篇，最后一篇就是《用间篇》，是当时人力情报手段运用的理论成果。

（二）热兵器战争的认识变革

热兵器战争是以火药兵器的使用为标志的，属于工业时代前期的军事变革。马克思曾说过：“火药、指南针、印刷术——这是预告资产阶级社会到来的三大发明。火药把骑士阶层炸得粉碎……”。[①] 热兵器战争的武器变革是，兵器成为火药驱动弹丸的长距离发射工具，杀伤手段与兵器和士兵相分离。火枪火炮是机械制造技术和力学、化学、光学发展的产物，表明了科学技术作为人类理性的标志，已经物化于武器之中，显示了科技与武器的有机结合。人的智力渗入并放大了武器的杀伤力，利用物理能和化学能来替代人的体能，驱动着和加大了打击的距离。射距的延长是以视距的延长为条件的，科技的力量不仅延长了射距，而且延长了视距。光学望远镜的发明使人看得更远、更清楚，由此提高了射击的精度，并且在人不移动的条件下增加了观察和指挥的范围。战场规模的扩大，兵力与火

① 《马克思恩格斯全集》第47卷，人民出版社1979年版，第427页。

力的集中，步兵、骑兵与炮兵的协同，大量部队的调动，使得个人型的指挥模式在时间和能力上不能适应了。军事认识的矛盾是和解决这种矛盾的手段共同生长的，于是就产生了作战指挥的专门机构——参谋和司令部制度，通过分工协作来提高指挥决策的效率。机器工业生产的组织方式也同样体现在近代军队的组织方式中。火器杀伤距离的延长和杀伤力的增强，使作战方式由密集阵形转为灵活的队形和散兵式，要求士兵的是尽可能地“保存自己，消灭敌人”，而不再仅仅是在阵形中的步法一致和使用刀枪的一招一式，由此促进了士兵战术技能的提高和主动灵活性的发挥。

（三）机械化战争的认识变革

机械化战争是以武器装备机械化为标志的，属于工业时代强盛时期的军事变革。机械化战争的武器变革是，兵器机动由内燃机驱动，成为快速运动的兵器，并且还能在空中运动。随着飞机的出现及其用于战场侦察，战场感知空间从二维到三维，侦察的视角从地面到空中，摆脱了从地面观察地面的局限，观察的视野跨越了战场的敌我边界。雷达的应用第一次实现了依靠电子技术手段的超视距观测，标志着军事侦察超越了人的感官限制，这样就可以在作战中用延伸视距的方式来争取时间。随着有线、无线通信技术应用于传递军事信息，电磁波作为传递信息的新媒介，用光速消除了信息传递的距离和时间。这就加强了远距离机动各作战单元之间的联系和配合，实现了指挥员在大范围战场上的及时指挥与有效控制。军事信息的空间同样也是敌我争夺的空间，无线通信的监听反监听，雷达操作的干扰反干扰，开辟了新的战场空间——电磁空间，开始了依靠现代技术的信息战。在机械化战争中，坦克成为陆战的主战兵器，提高了进攻的速度，更加显示了“时间就是军队”、“时间就是胜利”。机械的速度推动了认识的速度，带动加快了军事认识的节奏，机动作战的快速多变性促进了指挥决策的应变能力，要求指挥决策的速度与之相适应。武器装备的更新换代，推动着作战样式的与时俱进，而以往战争形态的成功理论，容易成为下一次军事变革的思想束缚。因此，创新作战思想，就成为机械化战争军事变革的思想先导。机械化武器装备的更新，促进了作战思想、军事理论的创新，这些理论创新，在一战、二战中得到了充分的运用和检验，如海权论、制空权论、闪击战论等。

从冷兵器战争、热兵器战争、机械化战争的认识变革，可以看出其总的趋向：（1）知的空间趋于扩大。战场的感知空间平面扩展，向立体延伸，观测距离加大，从视距内到超视距。（2）知的速度趋于加快。信息传递从步速到光速，“神行太保”望尘莫及，信息处理的程序从串行到并行，信息处理的主体从个别人到组织，决策的速度与机动的速度同步。（3）知的工具趋于强化。观测工具的进步克服了人的感官的局限，放大了人的感知能力，“千里眼”、“顺风耳”成为现实；军事理论的进步为指挥员提供了有效的思维工具，战争指导从经验到理论、从艺术到科学，越来越需要技术的帮助。（4）知的结构趋于复杂。军事决策的主体结构演变为不同层级的分与合，不同军兵种的分与合，不同职能（作战、后勤、技术等）的分与合，指挥与参谋的分与合等。（5）知的程度趋于提高。克劳塞维茨认为："战争是充满不确实性的领域。战争中行动所依据的情况有四分之三好像隐藏在云雾里一样，是或多或少不确实的。"[①] 随着对战争规律的逐步掌握，情报手段的不断丰富，战争准备的日益慎重，总的来说，军事认识的趋势是在减少不确定性和偶然性，降低信息不完全的程度，从模糊到比较精确，从把握较小到把握较大。（6）知的对抗趋于激烈。知识、谋略、技术的较量，同样应用于侦察反侦察、情报反情报、窃听反窃听、破译反破译、欺骗反欺骗、伪装反伪装之中，推动着知的对抗逐步升级。（7）知的力量趋于上升。与武器装备、科学技术在战争中的地位上升相适应，知识、信息、人才在军事竞争中的地位也在上升。这些趋向在信息化战争的认识变革中表现得更为明显、更为典型、更为全面。

二、信息化战争的认识变革

信息化战争是以军事体系信息化为基本标志的，属于信息时代的新军事变革。信息化战争的武器变革是，杀伤手段的运载和投射过程加入了智能控制，杀伤力加入了软杀伤，杀伤对象实现了中远程精确打击，武器信息化，信

① 克劳塞维茨：《战争论》第1卷，商务印书馆1978年版，第68页。

息武器化。新军事变革，是迄今人类历史上影响最深刻最广泛的军事领域的一场革命。对这场军事革命，人们通过这十几年来发生的几场高技术战争，特别是 2003 年的伊拉克战争，都有直观的感受和深刻的印象。可以看出，这场革命的实质不是军事领域中物质利用方式或能量释放方式的革命，而是军事领域信息获取、处理、传递、使用方式的革命，是一场知的革命。知彼知己知天知地，说到底就是知信息。世界新军事变革有四大发展趋势，这四大发展趋势都是知的革命的表现和结果。一是信息化武器装备将成为军队作战能力的关键因素。信息化武器装备的显著特征就是知得更多、知得更快、知得更精，打得更准。二是非接触、非线性作战将成为重要作战方式。之所以能够实施远程攻击和全纵深打击，不仅是由于飞机的马力大并且可以空中加油，不仅是由于火箭的燃料高级、推动力大，关键是由于全球指挥控制系统的建立，可以对远方战场做到遥知和遥控。“将军不出门，便知战场闻”，“运筹帷幄之中，决胜千里之外”。三是体系对抗将成为战场对抗的基本形态。信息化的体系是依靠计算机网络和通信网络连接在一起的，实现了信息的无缝链接，也就是己方的共知、同时知，同时还要对敌方形成先知和反知。四是太空将成为国际军事竞争新的战略制高点。制天权的重要功能，还是在于争夺信息的战略制高点，是争夺制信息权和信息优势，是为了居高临下地知、无障碍地知、全球性地知。所以也可以说，这场以信息化为核心的新军事变革，也是军事认识史上影响最深刻最广泛的一场革命。

与机械化战争相比，信息化战争的认识变革主要表现为：

（一）军事认识空间多维一体

信息化战争的空间多维化，不仅包括原有的陆、海、空、电（磁）、心理空间，而且增加了太空和网络空间。这些战场空间，几乎包括了人类目前所能到达、开拓和创造的所有空间。既有物理空间，又有心理空间；既有实体空间，又有电磁空间；既有大气层空间，又有外层空间；既有真实空间，又有虚拟（赛博 Cyberspace）空间。《孙子·形篇》中说："善守者，藏于九地之下，善攻者，动于九天之上，故能自保而全胜也。"在天基武器系统中，孙子的这一思想将得到实现。战场空间的全方位性，决定了军事认识的全方位性。知战必须知战场。战争扩展到什么空间，认识也就要进入到什么空间，二者是不可分离的。可以打一场无硝烟的战争，但不能打一场无认识的战争。战场形式的多样性，决定了军事认识形式的多样性。像磁场、太空和网络，已经不是仅仅依靠人的感觉器官就能观察和把握的，这需要专门的知识和训练，科盲进不了新战场。

太空和网络，开辟了军事认识的新空间。占领了太空的制高点，侦察卫星将小小寰球尽收眼底，全天候、全时域、无国界的侦察、监视和预警，可以说是"溥天之下，莫非'星'土"；卫星通信覆盖范围大、通信距离远、通信容量大、传输质量高、生存能力强；导航卫星，如美国的 GPS（全球定位系统），可以高精度、实时地为军队提供三维位置、三维速度和精确时间信息；测地卫星可以为陆基洲际导弹和潜艇发射的弹道导弹提供准确的目标位置数据和地球重力场数据。可以说，在信息化战争中，天上人间浑然一体。不知天，就不能知地；要在人间取胜，先要在天上取胜。计算机网络战开始登上战争舞台，这种战争新形式，是知识与知识、技术与技术、能力与能力的直接较量，不需要经过武器杀伤、部队冲锋的转换。在计算机网络战中，知识已经直接成为武器，直接具有杀伤力，直接成为战斗力。知就等于胜，不知就等于败。这就使认识的战争达到了新的高度。

信息化的战场空间，具有新的战场性质。即使是在以往战争出现过的陆海空战场，由于智能化武器装备的使用，信息化作战平台的引入，自动化指挥系统的形成，数字化战场体系的建设，知战的方法手段也不同于以往战争的认知模式，需要形成战场认知的新模式。信息化的战场空间，不仅多维，而且一体。现代高技术战争，联合作战正在成为主要作战样式，战场对抗不是不同战场空间各自为战，孤军作战，而是体系的对抗。因此，陆海空军不仅要知陆知海知空，而且要知天知电知网。联合作战要树立强烈的联合作战意识，研究联合作战的理论和战法，适应联合作战的指挥体制，提高联合作战的指挥能力。

（二）军事认识活动综合集成

信息化战争将实现指挥自动化。以计算机为核心、基于网络的 C^4ISR 指挥自动化系统，融指挥控制、情报侦察、预警探测、通信和电子对抗为一体，把各军兵种武器系统、作战平台、保障装备结合成有机的整体。这就能够优化军队结构和作战力量，实现各种作战单元、作战要素的高度融合，实现战场感知能力、信息传递能力、快速机动能力、精确打击能力的综合集成。C^4ISR 系统促成了不同层次的作战系统一体化，不同军兵种的系统一体化，作战系统各种功能的一体化，信息系统与武器系统的一体化。

从认识论的角度看，C^4ISR 系统实际上也是军事认识不同功能的综合集成，是信息与知识的集约化管理，表现为 Command（指挥）、Control（控制）、Communication（通信）、Computer（计算机）、Intelligence（情报）、Surveillance（监视）和 Reconnaissance（侦察）等功能的一体化。由于高技术战争的信息量和复杂性剧增，兵器发射距离远、速度快，指挥时间缩短，人工指挥系统无法满足新型战争要求，必须依靠基于高技术的指挥自动化系统。C^4ISR 是一个综合的信息系统，实现了分系统的互连、互通和互操作。它的有效使用，可以极大限度地发挥作战部队、武器装备的潜能，成为战斗力的倍增器。它是在信息化战争的多维战场联合作战的神经中枢，没有它的实时指挥协调，联合作战是不可能实施的。它的情报系统实现了多源信息的融合，也就是在探测系统层上的数据融合，在信息分析层上的特征融合，在决策层次上的知识融合。它的指挥控制系统具有较强的信息收集与处理、信息传递、信息检索、信息显示、辅助决策、武器控制、系统监控和适时报告运行状态与安全保密等功能。它的结构、功能、服务、管理、操作等方面都要求实现一体化，具有更好的安全性、可靠性及资源共享性。C^4ISR 系统与武器系统相连接，将把目标信息直接传递给武器控制器，“从传感器到射手”，发现与打击一体化，“发现即摧毁”，也就进化为 C^4ISRK 系统。

C^4ISR 系统是信息化战争的标志，也是信息化战争的条件。只有通过这个系统，才能把无数军事信息资源高速有效地转化为信息攻防、远程打击、部队行动的精确指令，由此实现军事认识活动在信息化水平上的综合集成。这种综合集成是军事认识的重大进步。这体现在军事认识资源的“联网”，信息资源从分散配置到集中配置，从分别占有到共同享用，从重复收集到高效鉴别。还体现在军事认识功能的整合，形成了分工明确、结构合理、程序科学的有机整体。军事认识的情报收集、作战方案产生与评价、作战模拟、决策分析、资源分配、计划拟定等环节，都在同一系统内迅速有序地实现了综合集成，融合为包含着更多确定性、更少冒险性的作战计划。军事认识的信息输入、处理、评估、反馈、输出等功能，都由不同的技术和部门分系统分别执行并及时整合。C^4ISR 系统的作战体系结构，负责完成和支持作战功能所需要的作战要素、分派任务以及信息流程的描述；它的系统体系结构，负责提供作战功能和支持作战功能的系统及其内部部件之间的连接关系；它的技术体系结构，负责确立指导系统的部件和结构的配置、相互作用、相互依赖的规则，保证系统的一致性。C^4ISR 系统的目标，就是要求实现作战系统的控制协调与横向组网。该系统是 21 世纪的战争中先知广知、知战知胜的技术手段。

（三）人工智能广泛应用于军事系统

信息社会的出现是以计算机的发明与应用为开端的，由此才有网络技术，才有数字通信。信息化战争与机械化战争在军事工具上的根本区别，就是计算机技术广泛应用于军事系统，导致了武器装备、战争形态、作战样式、指挥样式、组织结构的智能化转型。机械化战争的信息手段，如望远镜、电报、雷达等，只是放大和增强了人的感知能力，可以使人看得更远、听得更清、知得更快；但还不能放大和增强人的思维能力，像情报分析、决策论证、计划协调这些智能活动，还只能依靠人脑加上手工操作。人工智能在信息化战争的广泛应用，继续放大和增强了人的感知能力，但更重要的是提高和强化了人的思维能力。在信息储存和检索、数据计算和处理等方面，电脑甚至超过了人脑。这就为战争指导提供了新的有效决策工具，是军事思维的一次革命。人工智能在战争中的应用，不仅是军事认知的革命，而且也是武器装备的革命，这就是武器装备的智能化。攻击兵器能够发射后自动跟踪并精确打击目标，主要作战平台和指挥体系都具有自动化功能。人不仅把智力物化于武器装备，而且把智力赋予给武器装备，让武器装备具有智能，这是信息化与机械化武器装备的根本区别。

人工智能系统在军事领域的广泛应用，是战争形态从机械化向信息化转变的前提与核心。安装使用电脑，武器装备实现智能化，攻击兵器才能具有远程打击、精确制导和隐蔽突防能力，各种主要作战平台才能具有信息传感、目标探测与引导、信息攻击与防护能力。没有电脑及其网络，指挥控制自动化、C^4ISR 系统不要说做出来，连想都想不出来。人工智能参与作战行动，加快了作战指挥的速度，提高了作战筹划的精度，加强了作战评估的量化，增强了作战资源的效能。总之，显示了信息化战争的智能化性质。

人创造工具，工具也在塑造人。电脑已成为信息化战争中指挥决策不可缺少的工具，人脑与电脑的组合已成为信息化战争的决策模式。在信息化战争中，一个指挥员离开了电脑及其网络，他将一筹莫展、一事无成，因为他的信息来源、决心形成与命令传达，都要依赖电脑及其网络。人脑依赖电脑，但电脑不能代替人脑。对于指挥员来说，战争决策中的经验、直觉、灵感、偏好等个性因素是始终存在和必要的，主动性、灵活性、创造性的空间是始终不会消除的。但在人工智能参与作战指挥，并发挥着越来越重要的作用的条件下，战争艺术与战法创新都要取得人工智能的决策支持，都要得到数和量的确证，人脑的智慧要与电脑的智能实行互补。

（四）军队组织结构及其信息模式扁平化

组织结构也是一种信息模式，组织结构的形成是与信息条件相关的。工业经济时代建立的组织是等级制的直线型组织，信息是由上至下和由下至上经过层级流动的。机械化军队的编组方式，是与工业经济时代相适应的。军队的组织形式，是纵长横窄、层级众多的树状结构。这是由于部队规模庞大，战场广阔，信息传递与控制又不能“一竿子插到底”，只能增设层级，分层传递与控制。随着信息技术在军事领域的广泛应用，军队数字通信网络的形成，军队的信息传递与控制条件发生变化，从而要求军队组织结构也要相应进行变革。军队体制编制从来不是固定不变的，始终要随着武器装备的改进、作战样式的演变而不断发展变化。原有的树状结构，暴露出信息流程长，中间环节多，不利于战场信息快速流动等弊端。信息化军队的信息模式，应该以有利于信息快速流动，有利于加强集中统一指挥为原则，减少指挥环节和纵向层次，缩短信息流程，更加灵便高效，由直线型模式变为扁平型模式。而且，信息化军队的作战能力和信息能力得到极大提高，作战部队高度合成，作战单元趋于小型化、轻型化和多样化，小规模部队就能遂行以往需要大规模部队才能完成的作战任务。部队规模的缩小，作战单元的小型化也使得减少层级、组织结构扁平化成为新军事变革的必然趋势。

信息模式的扁平化，减少了信息流动的中间环节和信道堵塞的可能，提高了信息传递和控制的效率。信息流动的环节越多，也就越增加了信息失真、衰减和失效的概率。军队的行动是通过一定组织结构的信息传递与控制来运转的，信息模式的扁平化，有利于高级指挥层与作战单元的直接接触与互动。在伊拉克战争中，美军战区中央司令部能够与作战部队，也就是与师以下部队保持直接联系，进行实时指挥。

信息模式的扁平化，提高了军队运动的速度，为赢得时间争取胜利创造了条件。人们往往注意了战争中飞机坦克的速度，导弹飞行的速度，却不容易感受到信息流动的速度，而正是信息流动的速度制约着武器装备运动的速度。因为武器装备是从属于一定的编制体制的，编制体制的信息模式影响着武器装备的运动速度。信息流动的速度一是由技术条件决定，二是由制度条件决定。军队编制体制向着规模适度、结构合理、机构精干、指挥灵活的方向发展，重要目的之一，就是通过改变信息模式，提高信息流动的速度。

信息模式的扁平化，使信息配置方式更为合理。信息是有价的，不仅物资、货币、人力等资源的闲置是不合理的，而且信息资源的闲置也是不合理的。军事信息是具有更为重要意义的信息，军事行动既要获得尽可能充分的信息，又要通过一定的信息模式，使信息尽可能合理地分布，让相关人员获得相关信息，而不是相反。如果信息模式不合理，就会出现一方面在某些环节有用信息大量堆积、闲置，另一方面直接作战的部队却处于信息饥渴之中的情况。扁平化的信息模式，有助于作战单元能及时得到相关信息，并采取相应的行动抓住战机。信息化战争要求作战行动的同步性和一体化，尽量减少因人为因素、体制因素导致的信息传递的迟滞与不均等。在新的信息模式中，信息是按需要程度分布的，信息的分布与需要的相关单元相对应，信息在网络中以自动的方式进行着信息的配置，组织成员能在恰当时间与区域搜集到恰当的信息。例如数字化部队的每个作战单元包括士兵，都能获得准确无误的战场信息，使作战行动更加迅速，作战协同更趋简单，作战效能整体提高。

（五）制胜新观念：知识的较量

江泽民在 1998 年的一次重要讲话中指出："现在可以看得很清楚，知识作为一种重要的军事要素，在军队建设和军事斗争中的作用越来越突出。未来的信息化战争，从某种意义上说，就是知识的较量。"① 在不同的战争形态里，受战斗力发展水平和状况的影响，制胜诸要素的比重是不同的。没有唯一的制胜要素，但是如同"科学技术是第一生产力"一样，在制胜诸要素的比较中，不同的战争形态有不同的主导的制胜要素。因此，我们也可以在相对的意义上说，冷兵器战争是兵力的较量，热兵器战争是火力的较量，机械化战争是机动力的较量。当然，历史上的战争形态，也离不开谋略、信息、知识的较量。只是在知识经济时代的信息化战争中，知识这种制胜要素，已经超过了兵力、火力和机动力，上升为主导要素。我们承认，"批判的武器当然不能代替武器的批判，物质力量只能用物质力量来摧毁"②。一般情况下，知识这种无形的要素是不能独立构成战斗力的，它必须要和有形的要素结合在一起，才具有打击力和杀伤力。当知识特别是创新知识渗透和应用于其他战斗力要素之中，就可以极大地放大物质、能量的杀伤力，可以极大地缩短军事行动的时间，可以极大地减少兵力、火力和机动力的消耗。知识成为战斗力的灵魂。而且，知识在战争成本中的比重日益上升，

① 江泽民：《论国防和军队建设》，解放军出版社 2003 年版，第 299 页。

② 《马克思恩格斯选集》第 1 卷，人民出版社 1995 年版，第 9 页。

仅从信息化装备和人才培养的费用比例，就可以认识到这一点。确立知识的较量这一制胜新观念，是信息化战争的认识变革的关键。

三、增强打赢信息化战争的认识能力

“自古知兵为胜战”。认识战争是为了赢得战争，打赢战争就必须学习战争。打赢未来的信息化战争，是新的历史条件下我军建设必须长期着力解决好的一个历史性课题。对于指挥员来说，就是要懂得信息化战争指挥和信息化军队建设，从不会打信息化战争到学会打信息化战争。提高组织指挥信息化战争的能力，也就是提高信息化战争的军事认识能力。邓小平 1977 年就曾针对军队的状况明确指出，我们各级干部指挥现代化战争的能力不够，我们军队打现代化战争的能力不够。实际上就是承认我们打赢机械化战争的能力还不够。江泽民 1993 年进一步明确指出，在高技术战争的理论和实践方面，与某些发达国家相比，我们不仅存在着武器装备硬件上的差距，而且还有组织指挥能力软件上的差距。如果这个问题不加快解决，一旦遇到战争，我们就要吃亏，就要打败仗。实际上就是承认我们打赢信息化战争的能力还有差距，如果不抓紧有针对性的学习和研究，差距就会拉得更大。古语说“学然后知不足”，现在我们更应该说“知不足然后学”。

（一）从多种形式学习信息化战争

在战争年代，“从战争学习战争——这是我们的主要方法”，“常常不是先学好了再干，而是干起来再学习，干就是学习。”[1] 在和平年代，战争实践在减少，从战争学习战争遇到了新情况新问题，需要寻找从战争学习战争的新形式。

从教育训练学习。教育训练是和平时期提高军队战斗力的基本途径，在没有战争的条件下，学习战争主要是靠教育训练。在高技术条件下，战争的复杂性增加，指挥战争所需要的知识增多，即使有战争，不经过教育训练也不行。信息化战争的复杂性和系统性特点，对指挥员的知识水平和指挥能力提出了更高的标准，必须通过教育训练提高指挥员组织指挥信息化战争的能力。教育训练有理论学习、实际操作、想定作业、实兵演习、作战模拟等形式。通过教育训练学习战争的可行性，是因为知识可以来自直接经验和间接经验这两种途径，人不可能事事直接经验，很多知识都是来自间接经验。信息时代知识爆炸，人们从间接经验学习到的知识比例越来越大。教育训练就是以间接方式学习战争的一种方式，在教育训练中学习前人的他人的战争经验。由于教育训练具有科学性、全面性、浓缩性、规律性等特点，它在学习战争的效果上有着自己的优势。

从实战研究学习。20 世纪 90 年代以来世界上几场高技术战争，特别是 2003 年的伊拉克战争，展示了信息化战争的雏形，信息化战争的味道越来越浓。这些最新的实战经验，显示了战争形态的转型方向和高技术战争的发展

① 《毛泽东选集》第 1 卷，人民出版社 1991 年版，第 181 页。

程度，是学习信息化战争的最新实战材料。“实战之树常绿”，因为实战是对新军事变革的最终检验，它可以证实许多东西，也可以证伪许多东西，还可以暴露许多东西。这些最新的实战研究对于我们来说，就是有益的间接经验。“他山之石，可以攻玉”。当然，国情军情不同，不能完全模仿照搬。美国是世界新军事变革的领头羊，也是近几场高技术战争的主要参与者，美军把这几个战场也当成了信息化战争的试验场和信息化军队的练兵场。这些实战经验对于我们来说还是缺乏的，应该重视美军的经验。学习战争包括从对手学习，从强手学习。

从战争预见学习。准备打赢信息化战争，准备的是未来的仗，是没打过的仗。这就首先要明确未来打什么样的仗、怎样打仗的问题，在未来战争的基点上准备打仗。因此，学习战争既要从过去的战争学习（未来的战争是过去的战争的历史延续），又不能仅仅从过去的战争学习（未来的战争是新形态的战争）。而是要进行借鉴式、前瞻型、预见性的学习，以未来战争的形态为导向，牵引军队现代化建设；以未来战争的要求为标准，提高部队的战斗力。这也是从战争学习战争的新形式，是从未来的战争学习战争。未来是依靠预见来把握的，从未来的战争学习战争就是从战争预见学习战争。人的认识具有三个时间维度——过去、现在和未来，其中难度最大的就是认识未来，也就是预见。军事认识要预测未来战争的趋势、特点和规律，以此为依据，未雨绸缪，使打赢未来信息化战争的准备更加自觉、更有成效。

从作战模拟学习。学习战争可以从实际的战争学习，这是由对抗双方“导演”的战争；也可以从实验的战争学习，这是由一方模拟替代另一方、自我导演的战争。作战模拟有实兵演习、沙盘作业、博弈运筹和计算机模拟等多种形式，主要采取物理方法、数学方法、定性与定量相结合的方法，建立人工的军事认识控制模型，把真实的对象系统转换为可操作、控制、实验的物理、数学和符号系统，从而达到从实验的战争学习战争的目的。随着计算机数字技术、仿真技术、交互技术和多媒体技术的日趋成熟，计算机作战模拟的真实感、准确性越来越强，越来越多地用于指挥训练与战争研究，是以信息化的手段来学习信息化战争。计算机作战模拟的可重复性质，使作战模拟既是认识的过程，也是检验认识的过程。当然，战争中真实的敌人并没有参与由一方导演的作战模拟，这种方式还是有一定局限性的，还要拿到实战中去修正完善。

（二）从关键词看信息化战争认识的关键

增强打赢信息化战争的认识能力，就要对信息化战争认识的特点与规律、问题与矛盾，有比较全面深入的研究。这是一个认识循序渐进、不断扩展的过程。信息化战争本身是一个正在生成的事物，提出信息化战争的认识规律，还只是属于理论上的探索。在这里，可以根据关于信息化战争的关键词，来抓住信息化战争认识的几个关键问题，以此作为研究信息化战争认识的起点。

信息优势：怎样通过加强信息攻防能力争取信息优势。信息是信息化战争的精髓，信息优势是打赢信息化战争的战略制高点。在未来信息化战争中，信息能力将发挥主导作用，拥有信息优势并能有效转化为知识优势和决策优势、迅速制敌的一方，就能更多地掌握战略和战场上的主动权。信息优势是在作战双方的比较、竞争、对抗中产生的，是在信息之矛与信息之盾的进化相关中形成的，是一种动态优势。信息优势不仅可以凭借技术手段，而且可以通过武力手段来夺取。信息对抗不仅贯穿于战争进行的全过程，而且贯穿于战争准备的全过程。信息对抗既有专门用于电子战、网络站等信息战的武器装备和技术手段，也有借助电视等大众传播媒介“视觉轰炸”的攻心手段。信息攻防并不仅仅是电子对抗部队的事情，各作战要素都要具备信息攻防能力。

非接触作战：怎样在非接触作战条件下达到知彼而又不让敌方知己。信息化武器装备具有直接对纵深目标实施中远程精确打击的能力，这就拉长了两军对阵的距离。对作战距离控制的“距离差”，就标志着军事认识的“能力差”，看得远、知得远才能非接触地进攻。防御的一方如果缺乏相应的中远程非接触攻防手段，即使拥有庞大的机械化军团也没多少还手之力。非接触只是部队人员的非接触，而侦察情报监视的“火眼金睛”始终没有脱离过接触。要拥有非接触的中远程精确打击能力，就要拥有密切接触的精确认知能力以及精确的信息传递能力。非接触作战攻易守难，全面的目标防守与有选择的目标打击相比要困难得多，因为“盾牌”的面积太小或“防护网”的网眼过大。但还不是防不胜防，而是可以或直接拦截导弹，或采取多种技术手段与欺骗手段扰乱迷惑敌方的"眼睛",让其偏离目标或达不到效果。

精确打击:怎样驾驭精确打击能力。现代战争所受到的制约因素越来越多,特别是在武器使用的类型和人员伤亡的数量上受到很大限制。为了克服这些制约因素,制胜的主要手段从消灭有生力量转变为摧毁指挥系统和抵抗意志,依靠信息技术打敌要害,精打巧打成为重要指导原则。精确打击是军事打击手段的质的进步,它增强了军事斗争的灵活性,减少了战争的破坏性和伤亡数,但它是以军事系统的技术能力、协调水平,包括认知能力的极大提高为条件的。精确制导武器的出现并没有减轻指挥员的认识压力,反而对指挥员的认识能力提出了新的更高要求。因为精确打击能力并不仅仅是精确制导武器的性能,武器是要人去控制的。指挥员在实施精确打击作战时,要精确确定打击效果,精心选择行动方案,精确投放作战力量,恰当运用打击手段,准确评估行动效果,精确实施指挥控制,以最小的风险和资源达到理想的效果,这是战争指挥的科学与艺术体现。精确打击要求军事认识的精度,要在知数的层次上知敌知战;要求作战效果的精确,尽量缩小作战目的与实际结果之间的差距。同时还要削弱敌方的精确打击效果,增强己方反精确打击的防护能力。

初战决胜:怎样全力做好初战准备以求胜避败。未来高技术战争突发性强,初战即具有决定性意义。进攻的一方不再专注于消灭对方的有生力量,而是主要通过重点打击对方的侦察预警系统、指挥控制和防空作战系统,瘫痪对方的整个作战体系，以决定性的速度和压倒性的行动节奏，摧毁对方的战争潜力和国家意志来达成战略目的。初战的决战性改变了传统战争一仗接一仗拼消耗、一年接一年拼时间的战争模式，使“慎重初战”具有了更为深刻的意义，不得不“毕其功于一役”。决定性初战使得战争准备对战争胜负具有决定性的意义和作用，不允许初战的重大失误，也没有吸取教训、改正错误、以利再战的机会。全力做好初战准备，要求系统筹划、精心论证，充分发挥利用己方的优势，找准敌方的劣势。保证不打则已，打则打赢。

体系对抗：怎样把体系的功能和人的创造性更好地结合起来。信息化战争是体系和体系的对抗，体系是以庞大复杂的技术系统为支撑的。无论作战体系的自动化智能化的程度有多高，无论无人化武器用于战争的有多少，也改变不了人是战争的主体。一方面，人要适应体系对抗这种战争运行机制，学会在体系之内、运用体系的能力作战。一方面，体系同样给人的主动性创造性留出了空间，人的智慧能使体系的功能发挥得更好。因为体系是按照人的意志、人的指令来运作的。美军十分重视作战体系建设，同时也时刻不忘培养军人在体系中的能动作用。在《2020年联合构想》中，提出军人将面对各种各样的任务和技术挑战，需要表现出适应力、创造力、准确的判断力、超前的思维能力以及对多元文化的理解能力。“总体力量”的每个成员都必须准备好作为联合部队的一员在各类任务中运用自己的专业特长①。没有具有创新精神和创新能力的高素质军事人才，体系再先进，也难以发挥应有的效能。越是先进的作战体系，越需要具有创新精神和创新能力的高素质军事人才来掌握和使用。

震慑：怎样在震慑反震慑的较量中达到“志胜”。震慑已成为凭借现实的军事优势，通过策划使用军事打击力量，来达到“首战而屈人之兵”的战略手段。震慑就是让对手产生抵抗是没有意义的心理效果，放弃抵抗，达到摧毁对手抵抗意志的目的。震慑的能量就在于“伐心”，是对国家和民众战争意志的征服。震慑行动在瘫痪对手的战争机器之前，先行瘫痪对手的战争意志，从而让对手的战争机器停运无效。震慑的打击效果是意志，反震慑的最有效武器就是“志胜”。战争既是物质力量的较量，也是精神力量的较量，既是知识的较量，也是意志的较量，意志的力量可以弥补物质力量和知识力量的不足。同仇敌忾、众志成城、宁死不屈、前仆后继，同样也能产生对震慑方的震慑效果。就是让敌人明白，武力是征服不了这个民族的，进攻和打击是达不到震慑目的的，从而不得不放弃进攻。老子说过，“民不畏死，奈何以死惧之?”② 这就实现了反震慑，达到了“志胜”。震慑与反震慑也是一种意志博弈，两军争锋，坚持者胜。

---

① 《备战2020——美军21世纪初构想》，军事科学出版社2001年版，第193页。

② 《老子·七十四章》。

试析军事认识的对抗性*

一、军事对抗主体的相互认识

军事认识系统，如同一般认识系统一样，其解剖结构也是由主体、客体和中介子系统及其关系组成的认识活动系统。但军事认识系统是由特定的军事认识主体、军事认识客体、军事认识中介构成的特殊关系系统，有独特的性质、规律和研究价值。探索军事认识系统的复杂性，要遵循从抽象到具体的思维规律，从认识系统的一般描述，到研究军事认识系统的具体内容，在思维具体中，达到对认识系统丰富多样性的具体把握。相同要素的系统，由于要素的关系不同，会产生相异的系统质。人类认识是在特定的环境条件下，不同的主体根据实际的目的，对具体的客体采用一定的中介手段进行的现实的认识，由此构成了不

---

* 本文发表于《中国军事科学》1998 年第 3 期。

同性质、类型的认识系统。可以根据不同的标准对认识系统进行分类，其中客体的性质以及由此产生的主客体关系是本文采用的基本依据。

军事认识系统的复杂性，是体现军事认识特点的具体的、特殊的复杂性；军事认识系统的具体性、特殊性，受军事认识性质的制约，同时也是复杂的具体性、特殊性。具体性、特殊性和复杂性，在军事认识系统中是一致的。军事认识系统复杂性的“这一个”，就在于军事认识客体的特殊性质，以及由此产生的系统内部的复杂关系。我们可以通过比较不同类型的认识活动，发现和明确军事认识的基本特征。

军事认识属于社会认识。社会认识不同于认识自然，认识客体是社会领域及其人的活动，其中自然界作为社会实践的对象，已成为“属人的自然”或社会的物质生活条件。这一点，军事认识与社会认识是一致的。在军事认识过程中，客体系统同样包括国际国内关系、政治经济形势、阶级力量对比、历史文化背景、天时地利条件、人心向背状况等要素，成为军事决策的环境背景。在军事认识中，社会认识的一般原则和基本方法是适用的。就一般社会认识系统的主客体关系而言，社会客体的宏观行为对认识主体是公开的；社会的个体或群体成为认识对象，很多情况下没有自觉意识到成为被认识的客体；即使在一定的环境状态中，具备了这种自觉意识，也有依据自我与认识主体的关系性质而采取合作、默契或抵制几种态度的可能。所以，一般社会认识系统的主客体关系，主要是主体对客体的单向认识。

军事认识是一种特殊的社会认识，它属于社会认识中包含着竞争关系和行为的对策认识，是一种博弈行为。社会生活领域存在着利益不同的实体，他们之间的关系具有对立、竞争以至对抗的性质。利益不同的实体为实现和保护自己利益采取的行动，既影响到对方，又受对方的行动以及自己行动的后果的制约。于是，就产生了对策行为与认识。在对策认识系统中，对策双方（或多方）为了在竞争中取得有利地位，都要认识对方，形成互为主客体的双向认识关系。对策双方还必须把自己和对方作为“局中人”，综合各种因素进行策略运筹，在策略集合中选择有利或满意的对策，形成多向多维的复杂对策认识。在这种条件中，每一方的认识都要考虑到另一方的认识，一方的决策必须考虑到另一方的反应与对策。也就是一方的效用函数不仅依赖于自己的选择，而且依赖于对方的选择，己方的最优选择是对方选择的函数。由于对策双方利益对立，对策认识具有保密性和封闭性。对策行为及认识在政治、经济、军事和生活领域大量存在，如市场经济中买家与卖家之间的讨价还价，同一行业的厂家之间的竞争战略。至于体育、棋类中的竞技、对弈，不过是人类行为的缩影或摹本。在对策认识系统中，认识客体内包含着作为认识主体的对方，形成了两个（或多个）认识主体的互为主客体的相互认识关系。而且这种关系具有对立性质，每方既要认识对方，又不让对方所认识；既要干扰对方的认识，又要对付对方的干扰。在这些方面，军事认识与对策认识是一致的。政治、经济、生活以及军事领域的对策，密切联系，互相启发，同出一源。中国古代兵法的许多智慧，既是军事谋略，也是政治权术，还可用于市场竞争，具有多方面的应用价值。现代博弈论建立了高度形式化的模型，用以概括这种认识行为，并应用于经济、军事等领域。

军事认识是一种特殊的对策认识。与一般对策认识相比，军事认识的特殊性、复杂性就在于是武装的对抗主体的相互认识。军事活动的典型表现，就是武装集团的对抗。武装集团的对抗，是有意识的人的能动活动，必然伴随着武装对抗主体的相互认识活动，由此产生了不同于其他社会领域对策认识的特点。主要表现在：（1）军事对策认识的实践目的和结果，具有强烈的利害性。“一着不慎，满盘皆输”的后果，不是权势、利润、荣誉的损失，而可能是物力的白白消耗，生命的无谓牺牲，甚至可能是国土的沦丧，是民族和国家的灭亡。（2）军事认识的方式和手段没有双方共同确认和接受的竞争规则，无规可守，不存在公正监督的机制。为达到既定目标，往往不择手段（包括武装手段）。（3）军事对策认识的思考和运筹可以不受固定的程序和模式的限制，思考和运筹的范围，主要取决于现实的主体能力、中介手段和客体状态所形成的认识条件。（4）在军事认识的对抗主体之间，不存在竞争中的合作关系。即不是为了双方的共同利益，交换情报提供信息，成为非零和对策，而是系统间的破坏关系，一方的失算等于另一方的得分，是零和对策。

军事认识系统的内部存在的军事对抗主体的相互认识关系，形成了军事认识系统特有的结构。这就是，在军事认识系统中，客体系统的核心部分是有军事对抗关系的敌方客体。敌方客体又以己为主体自成认识系统，从而构成了两个对抗的认识中心系统。这两个对抗的认识中心系统使用各自的中介系统，互为主客体。敌方主体是我方为中心的认识系统的客体一部分，反之亦然，形成交叉关系。这种军事对抗主体的相互认识关系，是运用武装手段，认识反认识，对策反对策，干扰反干扰的争斗，构成了军事认识系统的基本关系和基本特征，是军事认识系统复杂性的根源。军事认识系统的要素、关系和运动的复杂性，都是由此派生出来的。军事对抗主体的相互认识，是理解和把握军事认识系统复杂性的钥匙，从这个典型特征入手，可以逐步展示这个系统的复杂性的主要表现和规律。

二、反认识：敌方客体的主体性

军事认识的客体系统是由多因素、多变量、多关系组成的复杂系统，这些因素、变量和关系随着军事对抗活动在时空中的展开，随时在变化着、流动着，表现为客体系统复杂的行为。研究军事认识客体系统的复杂性，关键是研究客体系统中敌方客体的性质。敌方客体的性质，影响和制约着整个客体系统的性质和状态，导致军事认识特殊的主客体关系。敌方客体的存在对于军事认识的重要意义，就是它具有反认识的主体能动性，增加了军事认识的复杂性。

反认识，是社会认识活动中的一种重要现象。在具有利益冲突、竞争或对抗的社会认识主客体关系中，作为认识客体的一方，为了保护自己的利益或实现某种目的，往往采取种种措施，干扰对方的认识活动及效果，成为反认识的主体，而把对方主体作为反认识的客体。怎样认识具有反认识性的客体，就成为社会认识论不能回避的问题。在军事认识的对抗关系中，反认识是双方必然进行的重要主体性活动，在社会认识领域最具有典型意义。军事反认识行为，是作为认识客体的敌方，掩蔽保护己方真实信息，干扰破坏对方的认识活动及其效果的主体性活动。在"知彼知己，百战不殆"中，孙子将"知彼"列在首位，既点明了"知彼"的重要意义，也表明了"知彼"的困难程度。彼难知的重要原因，就在于敌方客体采取反认识活动及其效应。

反认识行为根源于军事领域的对抗关系以及敌方客体的主体性。军事领域对抗关系的基本形式是攻与防的矛盾，军事行动的攻与防关系也必然表现为军事认识的攻与防关系。军事认识的敌对双方互为主客体关系，每一方既有作为认识主体时的自觉能动性，也有作为认识客体时的自觉能动性。作为认识客体时，不是消极被动地成为对方对象性活动指向和控制的客体，而是积极主动地根据军事斗争利害关系的需要，成为具有主体性的客体，成为对另一方具有反认识性的客体。甲方要认识乙方，乙方就要发挥其主体能动性，干扰破坏甲方的认识活动，使甲方不能全面、准确、及时地获取乙方状态和意图的真实信息。军事认识具体实施中的侦察反侦察、情报反情报、间谍反间谍、窃听反窃听等形式，抽象地说，都是军事认识与反认识活动。

从有战争活动和战争认识时起，军事对抗的主体都高度重视反认识行为的任务和作用。孙子既论述了“知彼知己”的重要性，又从这两个方面研究了如何通过用计、用谋和用间，不让对方“知己”和达到“知彼”。反认识活动是军事斗争达到“保存自己，消灭敌人”这一目的的重要、有效的手段。反认识行为可以通过运用各种谋略手段和技术手段，造成对方主体的认识障碍和错误，表现为侦察失灵、情报失效、判断失真、决策失误等。从而保护己方主体的有生力量和武装手段，避免和减少对方打击造成的损失。反认识行为还可以通过隐蔽己方的军事意图和运动状态，减少对方认清己方军事意图和运动状态的时机和条件；通过兵力、火力和技术的佯动迷惑对方主体，造成己方行动的突然性，达到用较小代价取得较大的军事活动效果的目的。现代战争作战双方高度重视争夺“制信息权”，既包括获取、控制信息的优势，也包括打击对方的信息作战能力。

反认识行为造成了军事认识“知彼”的人工屏障，使军事认识更为困难和复杂。在对抗的军事认识中，认识与反认识活动不是单方面的行为或同水平的反复，而是“道高一尺，魔高一丈”的循环上升。中国古代兵书已经指出：“我以此防人之制，人亦可以此防我之制，而增设一破人之防；我破彼防，彼破我防，又应增一破彼之破，递法以生，踵事而起，深乎!”（《兵经百篇·累字》）这种认识与反认识活动的较量，伴着军事手段的发展而复杂，随着军事斗争的激化而升级。军事认识活动与反认识活动是主体智慧与手段综合运用的竞赛。由于军事斗争的特殊性质，这种竞赛没有宋襄公那种“蠢猪式的仁义道德”，所以，反认识行为的虚假、寡信、诡诈等的无规则、多样性，使军事主体难以认识敌方客体以及难以把握反认识活动的规律。反认识行为的手段往往与武装力量配合使用，保护自己不被对方认识，最直接、最彻底的方式是消灭对方的认识主体，摧毁对方的认识工具，如侦察、情报、决策人员和侦察、通信、控制设备。使对方主体的认识活动受到极大威胁，降低了认识活动的效果。

敌方客体运用多种方式和手段进行反认识活动，可以充分发挥能动性。反认识行为的基本方式是：

造成自身的封闭性。军事活动是人、武器、装备等物质实体在时空中的展开和运动，具有一定的形状、声音、颜色和热辐射等外部特征，能够确定其时空坐标和发现其踪迹。军事活动又是在双方相互认识、严密监督的状态下进行的，己方系统的自然暴露会给对方的认识提供有利条件。敌方客体具备这方面的自觉意识，首先应该做到和能够做到的就是自我隐藏，利用气象、夜幕、地形、地物等自然条件以及各种人工手段进行伪装，隐蔽自身的形象、特征和行踪，给自己覆盖上“保护色”，努力造成自身的封闭性。现代军事的隐形技术，针对现代战场上使用的高技术侦察探测系统，相应地发展了反雷达、反红外、反可见光和反声波探测等手段，使伪装的科技含量以及封闭效果不断提高。这就使对方各种侦察手段遇上了人为的纱幕，削弱了其功能的正常发挥。敌方客体的自我封闭不仅限于实体部分的外部特征，还包括“无形”的机密，如军事活动的方案等，也采取严格的保护措施，防止对方窃取。越重要的机密也是封锁保护最严密的。

造成自身的抵制性。造成自身的封闭性存在着实际的困难。克劳塞维茨分析了隐藏伪装所受的条件限制：战争的范围越大，投入的军队越多，机动的距离越远，持续的时间越长，就越难做到隐蔽。在现代条件下，造成自身的封闭性还存在着技术的困难。现代科学技术的发展应用于军事认识活动，提高了军事认识手段的“透视”能力，能见度、遮蔽物、保护色等障碍已不再构成认识对方的主要困难。藏不胜藏，藏不如防。敌方客体的主体性从自我封闭到主动抵制，利用自己拥有的进攻和防御手段，对另一方的认识活动进行干扰破坏，努力造成自身的抵制性。对方的人力情报手段，可以歼灭之；对方的技术情报手段，可以干扰、压制甚至摧毁之。也就是“把敌人的眼睛和耳朵尽可能地封住，使他们变成瞎子和聋子……用以争取自己的胜利。”①

造成自身的虚假性。有干扰，就有反干扰；有反认识，就有反反认识。抵制对方情报手段的能力也是有限

① 《毛泽东选集》第2卷，人民出版社1991年版，第492页。

的，不可能全部封锁对方情报渗透的渠道。防不胜防，防不如诈，既斗力也斗智。我国自春秋时起，“战阵之间不厌诈伪”（《韩非子·难一》），“兵者，诡道也”（《孙子·计篇》），“以正治国，以奇用兵”（《老子》），已成为用兵的准则和格言。用兵、用谋、用诈，浑然一体。用诈的目的就是运用各种手段，制造种种假象，造成己方的虚假性和欺骗性，促成对方认识的错误，使反认识和谋略也成为战争的重要手段。造成自身的虚假性是敌方客体对军事认识规律的自觉运用，通过了解和掌握对方的认识能力和特点，运用对己方行动的控制权，化被动为主动，因势利导，使对方的认识结果符合己方的目的和利益。造成自身的虚假性是敌方客体反认识的主体性的集中、典型表现，是一门军事认识的艺术。造成自身的虚假性和欺骗性的要点是：

（一）将计就计，反客为主，使对方的情报工具和手段为我所用

敌方客体能够意识到自己采取的反认识措施并不是无懈可击的，肯定有被对方获取情报的可能。对方的侦察情报网既是对己方的威胁，又是可以利用为我服务的条件。因此，在隐真的基础上还可以示假。对方要了解己方的作战企图，己方就可以采取佯动的手段，造成对方判断的错误导向。对方急于掌握己方情报，己方就可以制造假情报有意识让对方获取。这些行为的关键是要把假象表现得自然、真实。如美军规定：欺骗行动必须在敌军可能搜集的真假数据总量上达到精确平衡。必须使敌情报分析员得到足够的数据，以得出我军表面意图的结论，而不会怀疑自己在受骗。反情报分析要力图精确地辨别应暴露给敌军那些情报要素，并使每种要素达到最有效、最少可疑的程度。

（二）虚虚实实，真真假假，造成对方分析鉴别情报的错误

搜集敌方情报存在着层层障碍，正确地鉴别判断情报的真伪，可信度也是困难重重。军事认识主体清楚地意识到，“战争中得到的情报，很大一部分是互相矛盾的，更多的是假的，绝大部分是相当不确实的。”① 这就必然会产生主体的猜疑、胆怯、寡断的心理效应。前苏军规定，必须要有两种或两种以上的情报来源核实情报。敌方客体正是利用对方这一心理特点，有意造成真假情报混淆、虚实变幻不定的状况。有时“假作真”导致“真亦假”的效果，虚则实之，实则虚之，让对方受骗；有时却反其道而用之，虚而虚之，实而实之，采取“大智若愚”的手法，让对方难以置信。敌方客体之所以能够造成真假虚实难辨的效果，是因为己方对对方始终是灰色系统，既有已知信息，又有非确知信息。敌方客体正是利用这种灰白相间的状态，再制造混乱，就使对方更加难以认识。

（三）灵活用诈，巧妙运筹，始终在战术运用上智高一筹

判定一事物的真与假在标准逻辑的框架内只有两种解，集中国古代军事谋略大全的兵书是《三十六记》（其中有些还是可以合并的），但军事谋略的运用是变化无穷

① 克劳塞维茨：《战争论》第1卷，商务印书馆1978年版，第93页。

的。“兵无常势，水无常形；能因敌变化而取胜者，谓之神。”（《孙子·虚实篇》）“战势不过奇正，奇正之变，不可胜穷也。奇正相生，如循环之无端，孰能穷之?”（《孙子·势篇》）要想在军事欺骗中成功，不完全在于对所运用谋略的理论掌握，而在于能因时、因地、因人、因事、因势而恰当运用谋略，掌握在特定的条件下灵活用诈的艺术，在方法的运用上达到“大巧若拙”（《老子》）的境界。通过分析对方的认识能力、思维方式、性格特征以及对己方判断，制定有效的欺骗措施，做到料敌如神，立于不败之地。三国时，蜀将姜维对魏将邓艾使用“声东击西”之计，由于没有同时使用支援欺骗的配套措施，被邓艾识破。姜维兵还未临城下，邓艾军已严阵以待，使其“声东击西”计破产（参见《三国志·魏书》卷二十八）。毛泽东的战争指导方法论，就是着眼其特点和发展，反对战争问题上的机械论，反对照搬外国的条令和经验，削足适履。强调聪明的指挥员在战略战术上“运用之妙，存乎一心”，要有灵活性，善于根据客观情况，审时度势，采取及时的和恰当的处置方法。

军事认识的对抗性造成了敌方客体的反认识行为，反认识增加了认识敌方客体的困难和复杂性，但从根本上说，反认识行为也有可以认识的性质和规律。

首先，敌方客体反认识行为是受其客观基础限制的，军事家活动的舞台要建筑在客观物质条件许可的范围内。反认识行为的能动性要依靠谋略手段和技术手段的帮助才能发挥。谋略手段的运用要受所依赖的客观条件的限制。

毛泽东曾指出，造成敌人的错觉和给以不意的进攻，先决条件和客观基础是优越的民众组织。只有做到这一点，才能封锁消息，掩护我军，欺骗敌人。有客观条件保证才能使军事谋略达到预期效果。技术手段的运用要受所拥有的客观条件的限制。对抗主体的技术力量不会完全均等，也不可能互通有无。当敌方还不具备对付对方某种侦察情报技术的能力时，就不能在同等水平上构建认识屏障。所以，反认识行为的方式和手段在现实可能性上是有限的，选择的余地不会很多，“不能看作是指挥官可以随意进行的活动”。这样，对方可以从总体上把握其现实可能性，然后具体分析，寻求有效对策。

其次，任何事物及其运动都是有其客观规律的，违反规律也是一种规律，是对规律认识不够的效果规律或为某种目的利用规律的反向思维规律。反认识行为虽然经常以反常的形式出现，但也是一种认识的规律，是在特定的主客体地位和关系中，一种为保护自己而进行的认识活动的规律，是可以认识的。前面对反认识基本方式的分析过程，就是对它的认识过程。反认识现象常常表现出假象，但假象也有“假象的规律”，它和真相总保持着某种具体的联系，它总有自己一定的表现形式。孙子揭示的“能而示之不能，用而示之不用，近而示之远，远而示之近”（《孙子·计篇》），“辞卑而益备者，进也；辞强而进驱者，退也”（《孙子·行军篇》），就是假象的一种规律。反认识现象对认识造成了复杂性，但复杂性也有“复杂的规律”。能够对事物或系统的复杂性做出科学的描述，就是“减少复杂性”的发现，就能发现不确定中的确定，虚假中的真实，复杂中的简单。

最后，对己方反认识行为的自我反思是把握敌方反认识行为的重要途径。敌方客体具有反认识的主体性，认识主体同样也具有认识反认识的主体性。军事认识主体必须同时兼备认识和反认识的双重功能，这样，可以通过对反认识的自我认识达到对敌方客体的认识。因为军事认识主体要经历与敌方主体相同程序的思维逻辑和决策过程。军事认识主体不能感知对方大脑的思维活动，但可以“将心比心”，利用人类思维活动的共同规律，体验、理解对方的内心世界，分析对方的真实意图。军事认识主体不能规定对方反认识活动的范围和模式，但可以通过相似规律，由“己”及彼，从己方的反认识活动规律，推知对方行为的规律。军事认识主体虽然不操纵对方的干扰压制器材装备，但科学无国界，科学定律是统一的。可以了解对方器材装备的性能、机制及制造技术，研究抗干扰、抗压制的措施，保障己方认识手段的正常工作和认识活动的顺利进行。所以，军事认识的客体固然有其人为的屏障，但不是不可攻破的，关键在于军事认识主体自身的“自觉能动性”的强化和发挥程度。

图书在版编目（CIP）数据

颜晓峰自选集/颜晓峰著.（“学习”理论文库）
-北京：学习出版社，2012.2
ISBN 978-7-5147-0050-3

Ⅰ.①颜… Ⅱ.①颜… Ⅲ.①社会科学-文集
Ⅳ.①C53

中国版本图书馆CIP数据核字（2011）第218791号

颜晓峰自选集

YANXIAOFENG ZIXUANJI

颜晓峰　著

责任编辑：于　薇
技术编辑：王晓勇

出版发行：学习出版社
北京市崇文门外大街11号新成文化大厦B座11层（100062）
010-66063020　010-66061634
经　　销：新华书店
印　　刷：北京联兴盛业印刷股份有限公司

开　　本：880毫米×1230毫米 1/32
印　　张：19.5
字　　数：389千字
版次印次：2012年2月第1版　2012年2月第1次印刷

书　　号：ISBN 978-7-5147-0050-3
定　　价：88.00元